6º ANO

Ciências da NATUREZA

ARMÊNIO UZUNIAN

Mestre em Ciências na área de Histologia pela Universidade Federal de São Paulo

Médico pela Universidade Federal de São Paulo

Professor e Supervisor de Biologia em cursos pré-vestibulares na cidade de São Paulo

ERNESTO BIRNER

Licenciado em Ciências Biológicas pelo Instituto de Biociências da Universidade de São Paulo

Professor de Biologia na cidade de São Paulo

JOSÉ EDUARDO REZENDE

Bacharel em Física pela Universidade Estadual de Campinas

Coordenador e professor de Física, Química e Matemática em escolas particulares e cursos pré-vestibulares

Trabalha com projetos de formação continuada de professores da rede privada

MARLON WRUBLEWSKI

Mestre em Ciência e Engenharia de Materiais pela Universidade Federal do Paraná

Licenciado em Física pela Universidade Federal do Paraná

Professor de Física em cursos de graduação em Engenharia na Pontifícia Universidade Católica do Paraná

Professor de Física do Ensino Fundamental e Médio

editora HARBRA

Direção Geral:
Julio E. Emöd

Supervisão Editorial:
Maria Pia Castiglia

Edição de Texto:
Carla Castiglia Gonzaga

Programação Visual:
Mônica Roberta Suguiyama

Editoração Eletrônica:
Neusa Sayuri Shinya

Assistente Editorial:
Darlene Fernandes Escribano

Capa:
Grasiele Lacerda Favatto Cortez

Fotografias da Capa:
Shutterstock

Impressão e Acabamento:
Gráfica Forma Certa

CIP-BRASIL. CATALOGAÇÃO NA PUBLICAÇÃO
SINDICATO NACIONAL DOS EDITORES DE LIVROS, RJ

C511

Ciências da Natureza: 6º ano / Armênio Uzunian ... [et al.]. - 1. ed. - São Paulo : HARBRA, 2019.
288 p. : il. ; 28 cm. (Ciências da natureza)

Inclui bibliografia
manual do professor e objetos digitais
ISBN 978-85-294-0517-9

1. Ciências - Estudo e ensino (Ensino fundamental). I. Uzunian, Armênio.

18-53054 CDD: 372.35
CDU: 373.3.016:5

Ciências da NATUREZA – 6º ano

Rua Mauro, 400
04055-041 – São Paulo – SP
Tel.: (0.xx.11) 5084-2482. Site: www.harbra.com.br

ISBN (coleção) 978-85-294-0516-2

ISBN 978-85-294-0517-9

Impresso no Brasil *Printed in Brazil*

PREFÁCIO

Prezado estudante:

É com prazer que lançamos uma coleção que valorizará sempre a sua intensa participação e incentivará o conhecimento das Ciências da Natureza com ética, responsabilidade, estimulando o respeito a si próprio e ao outro. Dirigiremos nossas abordagens principalmente ao princípio da valorização do meio ambiente e incentivaremos sempre que possível a sustentabilidade ambiental de forma responsável, conscientes de que é preciso interagir e efetuar um trabalho em conjunto, com ênfase na ética e na cidadania, sempre com a meta de formar cidadãos responsáveis e participativos.

Nesta coleção, valorizaremos insistentemente o processo investigativo e questionador, sempre recorreremos à contextualização dos conhecimentos, e utilizaremos as Ciências da Natureza para incentivá-lo a tomar decisões frente a questões científicas, tecnológicas e socioambientais, com respeito à saúde individual e coletiva. Enfatizaremos os princípios éticos, democráticos, sustentáveis e solidários. Para isso, é preciso reconhecer a importância da transversalidade e a integração dos conhecimentos de Química, Biologia e Física, e mostrar que as novidades derivadas dessas áreas contribuem para formar cidadãos participativos, questionadores e difusores de boas práticas diárias de respeito ao meio ambiente e às pessoas que nos cercam, valorizando a diversidade de indivíduos e grupos sociais, sem preconceitos de qualquer natureza.

Nós, professores, precisamos levar em conta a opinião dos nossos alunos. Precisamos valorizar a sua opinião, necessitamos de sua conhecida capacidade de observar fenômenos, propor hipóteses, fazer perguntas, planejar e realizar atividades que permitam a perfeita compreensão dos fenômenos que ocorrem à sua volta. Esse é um dos importantes diferenciais da presente obra – contar com a participação dos estudantes. Esse foi o desejo da editora HARBRA e dos autores, também professores, ao lançar a presente coleção de Ciências destinada aos alunos do Ensino Fundamental de nosso país e que se enquadra perfeitamente bem às novas orientações geradas pela Base Nacional Comum Curricular.

Os autores.

APRESENTAÇÃO DA COLEÇÃO

Organização do volume

2 Linguagem adequada à faixa etária dos alunos
Textos escritos em linguagem acessível, de modo a facilitar a compreensão dos conceitos.

1 Unidades organizadas segundo a BNCC
A abertura de cada unidade assim como de cada capítulo, com fotos motivadoras e texto cuidadosamente preparado, visam captar a atenção dos alunos, apresentando-os ao conteúdo a ser estudado e sua relação com o cotidiano.

Quadros à margem do texto estimulam a interação dos alunos com o conteúdo

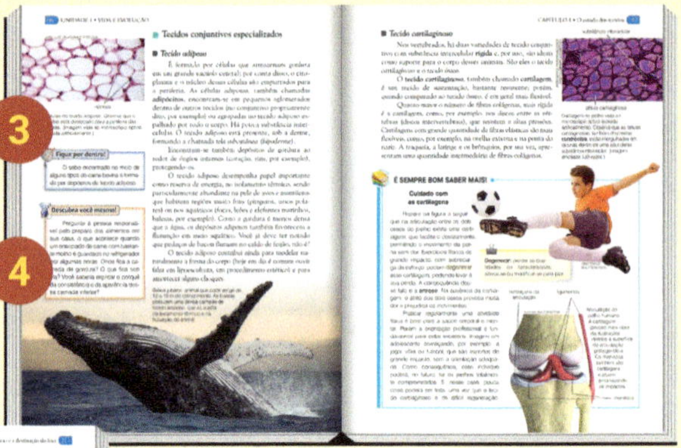

3 Fique por dentro!
Pequenas curiosidades motivadoras sobre o tema em pauta.

4 Descubra você mesmo!
Neste momento, os alunos são convidados a pesquisar em livros da biblioteca ou por meio eletrônico, hoje praticamente ao alcance de todos, para descobrir respostas a atividades propostas.

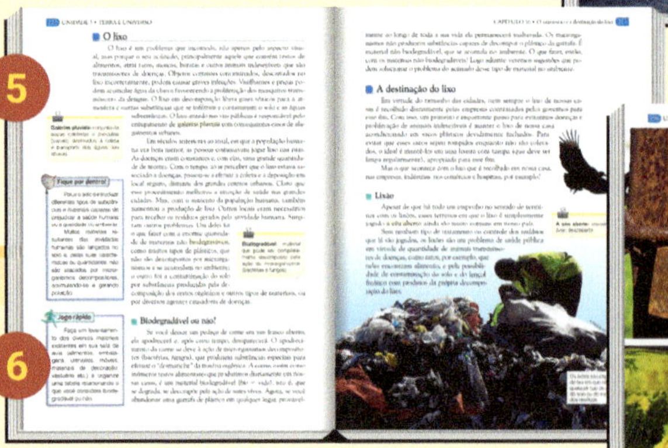

5 Glossário
Nova oportunidade para enriquecer o vocabulário dos leitores.

6 Jogo rápido
Perguntas simples sobre o tema que acabou de ser exposto, cujas respostas podem estar no próprio capítulo ou já fazer parte do repertório dos alunos.

Lembre-se
São destacados do corpo do texto dados e informações relevantes que os alunos não podem deixar de contemplar.

Complementando a teoria, quadros apresentam uma diversidade de situações em que o tema em estudo é aplicado

7 De olho no planeta
Meio ambiente, Sustentabilidade e Ética & Cidadania
Neste quadro, a importantíssima questão socioambiental, tema da atualidade, é abordada, em seus três pilares, objetivando o desenvolvimento da capacidade de atuação no e sobre o mundo, importante ao exercício pleno da cidadania.

8 Estabelecendo conexões
Cotidiano, Interdisciplinaridade e Saúde
Quadros que integram os temas abordados no capítulo com outras áreas do conhecimento, situações do cotidiano e saúde.

9 É sempre bom saber mais!
Destacados do corpo principal do texto, esses sempre interessantes aprofundamentos podem ser abordados em sala de aula a critério do professor.

12 Nosso desafio
Ao fim do capítulo, atividade de construção de mapas de conceitos.

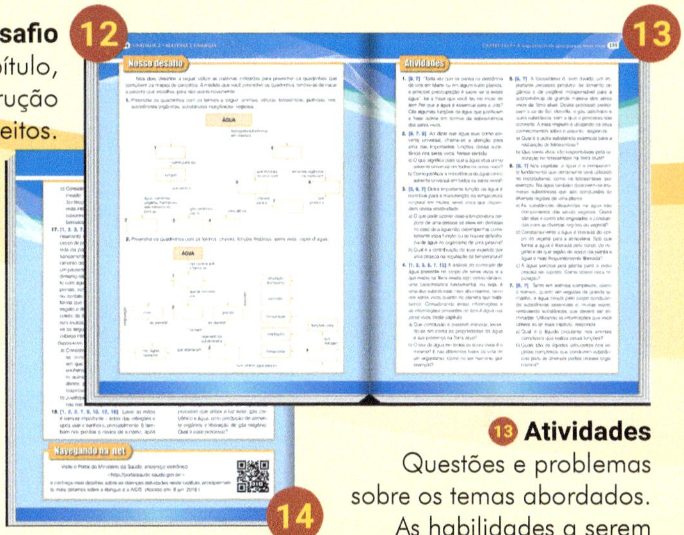

10 Entrando em ação!
Práticas que não precisam de laboratório para serem realizadas.

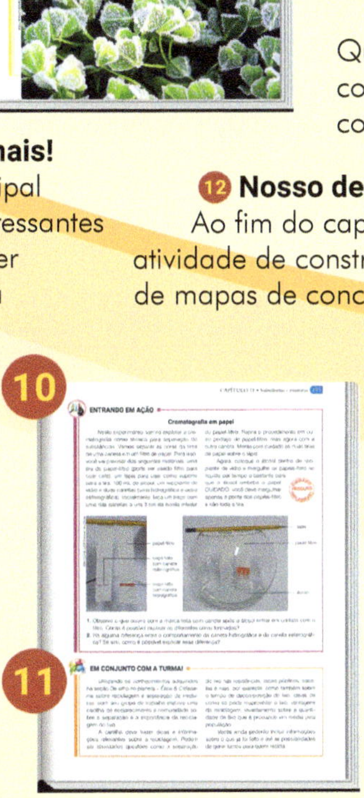

11 Em conjunto com a turma!
Atividades facilitadoras de integração e interação entre os membros da equipe. Estimulam o interesse e a curiosidade científica, permitem definir problemas, levantar, analisar e representar resultados, comunicar conclusões e propor intervenções.

14 Navegando na net!
Sugestão de *sites* relacionados ao tema do capítulo.

13 Atividades
Questões e problemas sobre os temas abordados. As habilidades a serem desenvolvidas em cada atividade estão indicadas entre colchetes no início de cada uma.

Ao final de cada unidade

15 Leitura
Enriquecendo a unidade, uma leitura direcionada, seguida de uma ou mais questões para reflexão, é mais uma oportunidade para estimular os alunos a investigar sobre os temas apresentados.

16 *Tecnews*
Leitura em formato de revista científica. Inclui sugestão de pesquisa, oportunidade em que os alunos podem utilizar ferramentas, inclusive digitais, para coleta, análise e representação de dados.

CONTEÚDO

capítulo 9 A IMPORTÂNCIA DA ÁGUA PARA OS SERES VIVOS 146

capítulo 10 AS PROPRIEDADES DA ÁGUA 160

capítulo 11 SUBSTÂNCIAS E MISTURAS 179

UNIDADE 3 — Terra e UNIVERSO 207

capítulo 12 — A EXPLORAÇÃO DO ESPAÇO CÓSMICO 208

capítulo 13 — A SUPERFÍCIE E O INTERIOR DA TERRA 221

capítulo 14 — O SOLO 236

INTRODUÇÃO

Você observa o mundo à sua volta e começa a se perguntar: do que é feito o nosso planeta? Você vê que há uma enorme diversidade de seres vivos adaptados a determinados ambientes. Quais são as características básicas desses seres, o que há de comum em todos eles? Será que esses organismos existem só em nosso planeta ou haverá vida além dele? Como seria a viagem ao interior da Terra, que substâncias e materiais seriam nele encontrados? O que possibilita a existência de vida como a conhecemos?

Essas e outras tantas perguntas relacionadas às ciências naturais fazem parte de nossa vida – seres curiosos que somos – e de tantos cientistas que buscaram explicar os fenômenos naturais à nossa volta. Com o conhecimento, com o desenvolvimento científico, modificaram-se as sociedades. As tecnologias voltadas às Ciências da Natureza tornaram-se relevantes na produção de alimentos, de medicamentos, na preservação do meio ambiente, no desenvolvimento sustentável, entre tantas outras aplicações.

A Ciência é uma construção humana e, se humanos somos, queremos incentivar vocês, estudantes, a pensar sobre os fatos da natureza. Queremos que se posicionem com respeito a questões científicas, tecnológicas e socioambientais; que estejam atentos à saúde individual e coletiva, assim como à valorização do meio ambiente, à sustentabilidade do planeta. Queremos que estejam conscientes de que é preciso interagir e efetuar um trabalho em conjunto, valorizando a busca pelo conhecimento com ênfase na ética, sempre com respeito à diversidade de indivíduos e de grupos sociais, sem preconceitos de qualquer natureza.

WAVEBREAKMEDIA/SHUTTERSTOCK

O estudo das Ciências da Natureza

Uma das preocupações atuais dos cientistas é saber se existe vida em Marte. Tamanha preocupação tem sentido na medida em que os recursos da Terra atual podem vir a se esgotar em vista do futuro excesso populacional. Quem sabe seria possível a obtenção dos mesmos recursos provenientes daquele planeta?

Outra justificativa para essa busca seria relativa à composição da vida em Marte. Será que lá também o desenvolvimento da vida seguiu os mesmos passos que se supõe tenham sido seguidos na Terra? Exagero pensar nesses temas? Pois é assim que a Ciência trabalha, por meio de pesquisas que visam a encontrar respostas de fenômenos que frequentemente são observados por nós seres humanos e que tentamos a todo custo esclarecer. E pensar que a Ciência, no passado, era dotada de poucos instrumentos, que dificultavam o encontro de respostas esclarecedoras pelos assim denominados filósofos e cientistas...

Fique por dentro!

A palavra "ciência" deriva do latim *scientia*, que significa conhecimento.

É só pensar, por exemplo, nos tempos em que indivíduos de nossa espécie eram considerados caçadores/coletores e caminhavam sem parar por diversos ambientes à procura de alimentos e locais de repouso. Progressivamente, porém, surgiram as comunidades de seres humanos e, com elas, as primeiras manifestações da chamada **agricultura primitiva**, por meio da qual eram produzidos alimentos essenciais à sobrevivência. Hoje, com os recursos tecnológicos disponíveis, a agricultura está praticamente "mecanizada" e, quem sabe, em um futuro próximo, será totalmente automatizada com o objetivo de produzir alimento para bilhões de pessoas.

E o que a Ciência tem a ver com tudo isso? Pois foi justamente a partir do trabalho incessante dos cientistas que esses e outros progressos foram obtidos. Pensemos, por exemplo, nas primeiras cirurgias e seus instrumentos realizadas por médicos de séculos passados e comparemos com o que ocorre hoje, em que é comum "cirurgias robóticas", ou seja, com a utilização de máquinas "chamadas de robôs" sem a interferência direta das mãos do cirurgião. Este é outro exemplo do progresso da Ciência em benefício da nossa espécie.

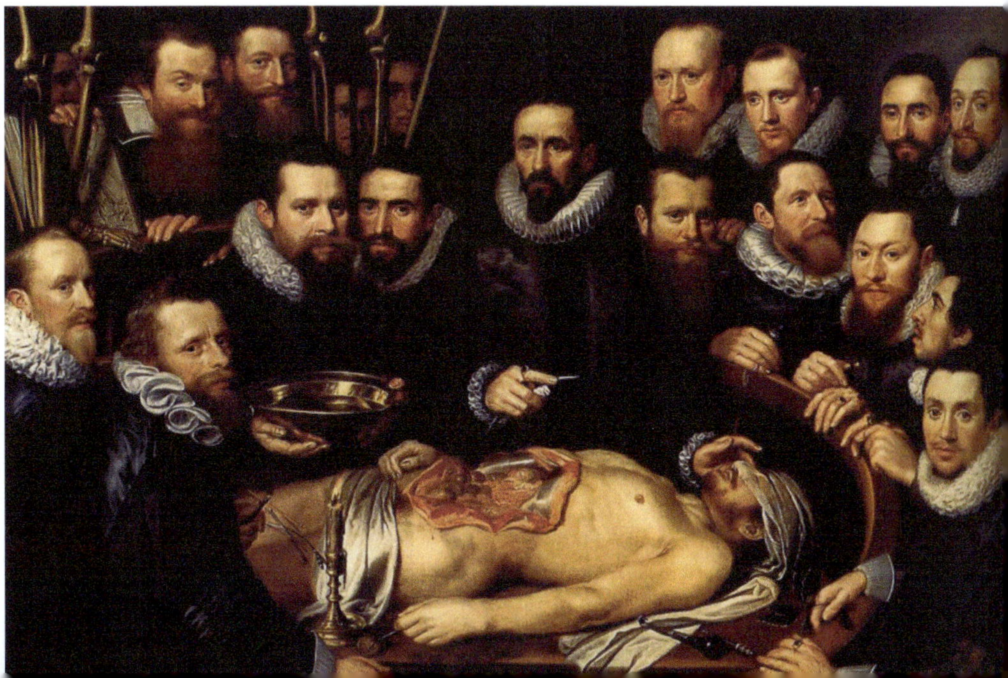

Pintura do holandês Michiel Jansz van Miereveld (1567-1641), intitulada *Aula de Anatomia do Dr. Willem van der Meer*, 1617, uma das primeiras obras do gênero na pintura da Holanda. (Óleo sobre tela, 144 cm × 198 cm. Gemeente Musea, Haia, Holanda.)

DARIOS/SHUTTERSTOCK

Torre inclinada de Piza, Itália.

NICKU/SHUTTERSTOCK

Galileu, Galilei. Gravura da coleção Meyers Lexicon (21 volumes, 1905-1909).

E o que dizer, então, das hipóteses a respeito da posição da Terra em relação ao Sol e a outros planetas? Foi célebre e histórica a discussão efetuada pelo físico e matemático italiano Galileu Galilei (1564-1642) ao não concordar com posições anteriormente defendidas pelos filósofos Aristóteles e Cláudio Ptolomeu. Este último propunha a ideia do chamado **geocentrismo**, ou seja, de que a Terra ocupava o centro do Sistema Solar, opinião totalmente contrária à de Galileu, que acreditava que nosso planeta simplesmente girava ao redor do Sol e estava sujeito às leis da gravidade. Para comprovar sua tese, diz-se que Galileu subiu até o alto da torre de Piza, na Itália, e de lá soltou objetos: analisando a queda desses objetos, propôs a existência de **efeitos da gravidade** sobre os corpos, ou seja, independentemente de suas massas, eles chegariam ao solo ao mesmo tempo (desprezando-se a resistência do ar), ao contrário do que pensava Aristóteles, que objetos pesados cairiam antes do que objetos leves.

CREATIVE COMMONS

Cláudio Ptolomeu, matemático e astrônomo grego (gravura do século XVI).

No modelo de Universo de Ptolomeu, a Terra ocupa o centro do Sistema Solar. Gravura de Andreas Cellarius, cartógrafo holandês,1660.

Esses fatos todos mostram que a Ciência atravessou vários períodos até atingir-se a chamada **Revolução Científica**, a partir da qual hoje podemos dizer que as conquistas tecnológicas permitem que, entre outros exemplos, investiguemos a suposta existência de vida em outros planetas, adotemos métodos mais eficientes de cultivo de alimentos, possamos realizar cirurgias de modo mais seguro com a utilização de instrumentos mais adequados, sintetizemos medicamentos mais eficientes contra inúmeras infecções bacterianas e virais e, ainda, criemos mecanismos de comunicação e pesquisa rápida, tais como celulares e *tablets*, que permitem o envio de mensagens com rapidez impressionante entre pessoas.

A utilização crescente de computadores de última geração favoreceu a ideia hoje muito valorizada da chamada **Inteligência Artificial (IA)** que, por meio da criação de **algoritmos**, permitirá melhor compreensão de vários fenômenos, entre eles alterações da saúde humana, como vários tipos de câncer, o que permitirá melhor avaliação e tratamento mais adequado, com benefício acentuado à saúde das pessoas. Isso é Ciência, é desenvolvimento científico, que resultará em benefícios para o ambiente, em termos de sustentabilidade e, claro, para a saúde em seus diversos níveis.

Algoritmos: sequência de passos lógicos de um raciocínio, visando a obtenção de um resultado ou realização de uma tarefa. Os algoritmos são a base de toda programação de computadores modernos.

ESTABELECENDO CONEXÕES

Linguagem

Quais são as linguagens utilizadas pela Ciência para registrar e comunicar seus resultados? De forma mais ampla, qual a importância das linguagens para o desenvolvimento científico?

As civilizações das culturas norte-americanas, desde o México até o Canadá, possuíam uma linguagem de símbolos que, apesar das diferentes línguas faladas, era compartilhada por todas as tribos. Isso foi muito importante para a transmissão dos conhecimentos. A existência de uma língua comum que possibilite um diálogo entre diferentes culturas é fundamental para a transmissão do conhecimento científico e o desenvolvimento da Ciência. Diversas línguas cumpriram esse papel quando pensamos no progresso da Ciência de maneira geral: na Idade Média, por exemplo, era o árabe; depois, passou a ser o latim e, atualmente, temos o inglês.

Descubra você mesmo!

A Wikipédia é uma enciclopédia virtual que conta com a contribuição de inúmeras pessoas do mundo todo. Quando mencionamos a importância de uma língua comum para transmitir o conhecimento científico, citamos o inglês como aquela que cumpre esse papel atualmente. Será que o banco de dados de informações da Wikipédia reflete esse fato? Pesquise qual a quantidade de páginas em inglês, francês, espanhol e português que existem na Wikipédia.

Enfim, o estudo das chamadas **Ciências da Natureza** é plenamente justificado por todas as conquistas científicas promovidas por cientistas, filósofos e pensadores de modo geral, com o único objetivo que é o de melhorar a vida das pessoas. Nas próximas páginas desta Introdução você entrará em contato com os mecanismos mais usuais que fundamentam o chamado **método científico** e perceberá, por que, afinal, o estudo das **Ciências da Natureza** é tão importante nos dias atuais.

Como a Ciência trabalha?

Você percebe que o seu celular não funciona e logo pensa: "acho que é porque a bateria está descarregada". Como confirmar essa suspeita? Fácil, colocando a bateria do celular para carregar. Pronto, após certo tempo, ele volta a funcionar, confirmando que a bateria estava descarregada mesmo. Provavelmente, de cada 100 celulares que não ligam em 98 deles a causa deve ser a falta de carga na bateria. E nos outros dois, qual deve ser o problema? Que tal arriscar uma outra suposição? Será que a bateria não retém mais carga? Ou outra peça qualquer deixou de funcionar? Para saber a resposta é preciso investigar.

Ao constatar o problema no celular, desconfiar da causa que impedia o funcionamento e recorrer ao simples teste de recarregar a bateria e, assim, confirmar ou não a sua suspeita, você, sem perceber, adotou alguns dos procedimentos que os cientistas utilizam em seu trabalho. Esses procedimentos fazem parte do *método científico*, cujos detalhes você compreenderá ao ler esta seção.

Você perceberá, ao estudar os assuntos que abordaremos neste livro, que muito do conhecimento que temos hoje dependeu, e ainda depende, do trabalho de inúmeros cientistas no esclarecimento da origem, da evolução e das características dos seres vivos que você conhecerá ao longo das próximas páginas.

Já aconteceu com você?

IRABEL8/SHUTTERSTOCK

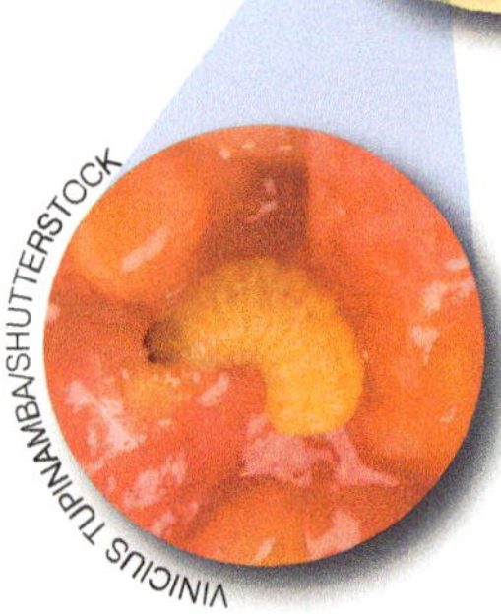

VINICIUS TUPINAMBA/SHUTTERSTOCK

Goiaba aberta em que se vê uma larva (também conhecida como bicho-da-goiaba).

Alguma vez, ao saborear uma goiaba madura colhida diretamente do pé, você encontrou pequenos "vermes" (na verdade, são formas jovens de insetos, chamadas *larvas*), movimentando-se no interior da polpa? As pessoas costumam dizer que aqueles bichinhos foram "gerados" pela goiaba. Será verdade? Como proceder para confirmar ou rejeitar tal afirmação? Essas perguntas têm tudo a ver com os procedimentos utilizados pelos cientistas que investigam as ocorrências relacionadas ao mundo dos seres vivos. Esses procedimentos fazem parte do **método científico**, uma série de passos seguidos pelos cientistas no esclarecimento dos mistérios da natureza. As etapas desse método são:

a) **Observação de algum fato ou ocorrência que chame a atenção do cientista** – no caso presente, o fato é: existem pequenas larvas na polpa da goiaba. Essa observação conduz a outro passo da investigação científica que é a *formulação ou elaboração de hipóteses* (suposições).

b) **Hipótese** – nesse caso, são duas as hipóteses:

1. as larvas são geradas espontaneamente pela goiaba;
2. as larvas são geradas a partir do desenvolvimento de ovos depositados por insetos sobre o fruto.

Para testar essas hipóteses, o cientista deve passar à etapa seguinte de seu trabalho, que é *planejar e realizar um experimento controlado*.

Por meio da experimentação e dos resultados obtidos, o cientista poderá, então, aceitar ou rejeitar as hipóteses formuladas e dar prosseguimento ao seu trabalho.

c) **Experimentação (experimento controlado)** – no caso presente, um experimento de fácil execução consiste em separar dois grupos de frutas em início de formação. As goiabas de um grupo serão envolvidas por um saquinho de papel, bem amarrado para evitar a visita de insetos. O outro grupo de goiabas deverá permanecer sem essa proteção.

Após o amadurecimento das frutas, o cientista deverá analisar o resultado do experimento e tirar suas conclusões.

FECUNDAP STOCK/SHUTTERSTOCK

d) **Resultados obtidos** – vamos imaginar dois resultados:

1. larvas desenvolveram-se igualmente nos dois grupos de frutas selecionados (protegidos e não protegidos);
2. larvas desenvolveram-se apenas no grupo de goiabas sem a proteção dos saquinhos.

Como já dissemos, os resultados levam o investigador a aceitar ou rejeitar hipóteses e prosseguir o seu trabalho a caminho de alguma *conclusão*.

e) **Conclusão** – nessa etapa do trabalho científico, o que se poderia concluir a partir de cada um desses resultados?

Se o primeiro resultado fosse obtido, poderíamos concluir que as goiabas, de fato, geram espontaneamente as larvas.

No segundo caso, a conclusão seria outra: as larvas não são geradas espontaneamente pelas frutas, mas a partir do contato com insetos que sobre elas depositam seus ovos.

Você já deve ter conhecimento suficiente para saber que o resultado desse experimento é o segundo, e que as larvas se originam de ovos de insetos depositados sobre os frutos.

A *repetição do experimento* leva o cientista a confirmar suas conclusões.

f) **Repetição do experimento por outros cientistas** – para que o trabalho do cientista tenha credibilidade, é preciso que experimentos semelhantes sejam efetuados por outros pesquisadores e que os resultados por eles obtidos sejam comparados.

EM CONJUNTO COM A TURMA!

Que outras situações da sua vida diária o fazem agir como um cientista? Converse com os seus colegas e descubram os tipos de ocorrências comuns nas suas casas, na escola, nos passeios, que os levam a adotar os procedimentos que você acabou de ler no texto.

Generalização e elaboração de teorias

Somente depois de os mesmos resultados terem sido obtidos por outros cientistas em experimentos iguais ou semelhantes – por exemplo, a partir de outros frutos, carne etc. onde se desenvolvam larvas –, é possível chegar a uma *generalização*, isto é, afirmar que larvas de insetos surgem somente se fêmeas adultas neles depositarem seus ovos. Nos diversos campos do conhecimento científico, quando os mesmos resultados e conclusões são obtidos por meio da experimentação, pode-se partir para a elaboração de *teorias* ou *leis*, aceitas pela comunidade científica.

A **teoria** *é uma ideia, apoiada pelo conhecimento científico, que tenta explicar fenômenos naturais relacionados, permitindo fazer previsões sobre eles*. Ou seja, poderemos prever o que ocorrerá quando os mesmos fenômenos se apresentarem novamente.

Mas, é bom lembrar, teorias e leis podem ser reformuladas, quer dizer, pode ser que novas observações, seguidas de novas hipóteses e experimentos, produzam novos conhecimentos e conduzam a novas teorias e leis que substituam as anteriores.

Jogo rápido

1. Na página anterior, utilizou-se a expressão experimento controlado. Qual é a razão dessa expressão?
2. Afinal, a goiaba é mesmo importante para o desenvolvimento de larvas de moscas ou elas acabariam se formando mesmo sem a presença das frutas? Por quê? Justifique a sua resposta.

É SEMPRE BOM SABER MAIS!

Para trabalhar com pesquisa científica, são necessárias algumas qualidades, desejáveis em qualquer um de nós, mas indispensáveis aos homens de ciência. É preciso:

- ter desejo de conhecimento, isto é, ter uma curiosidade muito desenvolvida;
- não aceitar conclusões sem estarem acompanhadas dos experimentos e dos resultados que as comprovem;
- mudar os conceitos nos quais acredita, toda vez que lhe sejam apresentadas provas confiáveis contrárias;
- não desanimar diante de possíveis insucessos.

ESTABELECENDO CONEXÕES

Saúde

Um exemplo de cientista persistente

Ignác Semmelweis (1818-1865) nasceu na capital da Hungria, em uma família de classe média. Para contentar o pai, que queria que ele fosse advogado, frequentou o curso de Direito em Viena, na Áustria, mas, depois de casualmente assistir a uma aula de anatomia dada por um famoso professor de Medicina, resolveu mudar de carreira.

Formado em Medicina, Semmelweis tentou trabalhar com professores famosos, que, aliás, não faltavam em Viena. Por falta de oportunidade, não conseguiu. Acabou optando por ser médico obstetra (parteiro). Foi, então, que sua carreira e sua vida sofreram uma brusca mudança. Sua capacidade de observação, de juntar uma grande quantidade de fatos, e compará-los, foi decisiva. Foi capaz de associar as mortes por febre pós-parto (assustadoramente comuns naqueles tempos) ao precário atendimento que as pacientes recebiam dos médicos.

Ocorreu, então, um fato até certo ponto inesperado e doloroso que, no entanto, foi de grande

Patologista: médico especialista no estudo de células, tecidos ou órgãos, a fim de verificar se há mudanças que possam estar causando alguma doença ou mal-estar.

Autópsia: exame minucioso de um cadáver, realizado por especialista qualificado para determinar o momento e a causa da morte.

importância para a investigação que Semmelweis vinha realizando. Um amigo seu, grande patologista, adoeceu e morreu depois de ter se ferido acidentalmente, após uma autópsia. Seu cadáver mostrava os mesmos achados encontrados em mulheres falecidas de febre pós-parto. Ora, pensou Semmelweis, se a infecção generalizada resulta da inoculação de partículas de um cadáver, como acontecera com o amigo, então a febre pós-parto origina-se da mesma maneira. Mas, quem inoculava as partículas nas pacientes? Os médicos que as atendiam no parto, claro. Para evitar a doença era preciso remover tais partículas das mãos dos profissionais (que, é bom lembrar, não usavam luvas) mediante simples medidas de higiene.

Adaptado de: NULAND, S. B. *A Peste dos Médicos.* São Paulo: Cia. das Letras, 2005. p. 13.

➢ Por que é necessário lavar as mãos antes de qualquer refeição?

Nosso desafio

Para preencher os quadrinhos de 1 a 5, você deve utilizar as seguintes palavras: experimentação, generalização, hipótese(s), observação, teorias ou leis.

À medida que você preencher os quadrinhos, risque a palavra que escolheu para não usá-la novamente.

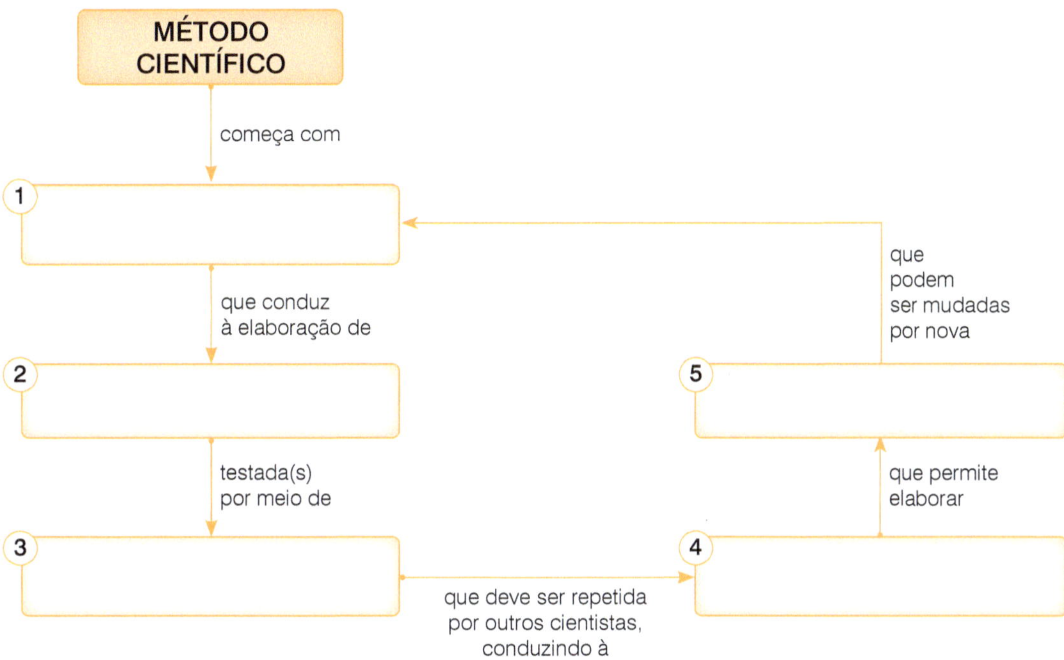

Atividades

1. **[1, 4, 6]** O trabalho de todo e qualquer cientista é recheado de curiosidade. Todo cientista é um ser curioso e procura elucidar ou esclarecer dúvidas a respeito do dia a dia da vida de todos os seres vivos. Para isso, o cientista recorre às etapas do que se denomina *método científico*.
   a) Cite as etapas componentes do método científico.
   b) Uma dessas etapas necessita de alguns equipamentos para sua execução. Qual é essa etapa?

2. **[6, 7]** Neste capítulo, o texto do item *Já aconteceu com você?* faz referência a algumas etapas relacionadas à boa metodologia científica. Assim, indique a que etapa do método científico está relacionada cada uma das frases a seguir.
   a) Goiabas costumam ter muitas larvas de insetos.
   b) Acho que larvas de insetos presentes na goiaba surgiram da própria goiaba.
   c) Acho que larvas de insetos presentes na goiaba se originaram de ovos depositados por insetos na goiaba.
   d) Embrulhar algumas goiabas em saco plástico transparente e não embrulhar outras goiabas com saco plástico transparente.
   e) Goiabas embrulhadas em saco plástico transparente não apresentaram larvas de inseto.
   f) Goiabas não embrulhadas em saco plástico transparente apresentaram larvas de inseto.
   g) Resultados demonstram que larvas de inseto surgem apenas em goiabas que não foram embrulhadas com saco plástico e foram visitadas por insetos.

3. **[3, 6, 7]** No caso de os resultados relativos à existência de larvas em goiabas serem confirmados por experimentos feitos por outros cientistas ou mesmo agricultores, que importante etapa do método científico terá sido obedecida?

4. **[3, 4, 6, 7]** Nutrientes minerais presentes no solo são considerados essenciais para o bom desenvolvimento de um pé de laranja e para a produção de frutos dessa planta. É o caso de sais contendo sódio, potássio, fósforo, magnésio, nitrogênio, entre outros. O nitrogênio, por exemplo, é essencial para a produção de proteínas, moléculas orgânicas importantes para o crescimento da planta. Considerando essas informações:
   a) A que etapa do método científico está relacionada a frase: "a ausência de sais de nitrogênio prejudica o crescimento e o desenvolvimento de uma planta que produz laranjas"?
   b) Sugira um experimento que comprove que sais de nitrogênio contidos em adubos são essenciais para o bom desenvolvimento de vegetais.

5. **[3, 4, 6, 7]** Na casa de um estudante, havia uma planta que estava crescendo em um vaso de plástico, e que devia ser regada periodicamente para evitar que a planta murchasse e até viesse a morrer. Curioso, o estudante quis saber se havia perda de água a partir da terra do vaso, da própria planta ou de ambas.
   Para isso:
   1. embalou a planta e o vaso com um saco plástico transparente;
   2. no dia seguinte, percebeu que as paredes internas do saco plástico encontravam-se umedecidas, cheias de gotículas de água;
   3. supôs que a água poderia ter evaporado da terra ou poderia ser proveniente das folhas da planta.

   Com relação aos itens anteriores, responda:
   a) A que etapa do método científico se relaciona o item 2?
   b) A que etapa do método científico se relaciona o item 3?
   c) O procedimento adotado pelo estudante pode ser considerado um experimento controlado? Justifique a sua resposta.

6. [3, 6, 7] No meio científico, sobretudo nos meios biológico e médico, é comum o aparecimento de artigos relatando importantes conquistas relacionadas ao tratamento de doenças ou mesmo à utilização das chamadas células-troncos, que são células ainda indiferenciadas que poderão ser empregadas na cura de várias doenças. Ocorre que tais experimentos, feitos por outros cientistas, muitas vezes resultam em fracassos ou os resultados obtidos não são os mesmos relatados pelos primeiros cientistas que fizeram as descobertas. Em termos de metodologia científica:
   a) Indique a etapa do método científico que não foi bem-sucedida nesse caso.
   b) Sugira uma simples medida que poderia resolver o problema da não confirmação dos resultados obtidos.

7. [3, 6, 7] É inegável que atualmente se considere o material genético existente no núcleo de células como o comandante dos processos vitais dos seres vivos. Mas demorou bastante para que se reconhecesse o ácido nucleico DNA como, de modo geral, a molécula dotada de informações que resultarão no controle do metabolismo, ou seja, da vida de todos os seres vivos. Vários experimentos precisaram ser feitos, desde o início do século 20, para se chegar a essas informações, sendo que apenas a partir da década de 1940 é que houve razoável concordância a respeito da atividade da molécula de DNA.

   Considerando o método científico, que termo pode ser empregado depois de os mesmos resultados terem sido obtidos por vários cientistas em experimentos iguais ou semelhantes.

8. [2, 6, 7] O trecho "é uma ideia, apoiada pelo conhecimento científico, que tenta explicar fenômenos naturais relacionados, permitindo fazer previsões sobre eles" está presente na página 18.
   a) A que etapa do método científico se refere o texto grifado?
   b) É comum, no meio científico, ocorrer a substituição da ideia original, ou da generalização original, por outra que explique melhor os fatos e hipótese elaboradas. Em sua opinião, por que isso pode ocorrer?

9. [3, 6, 7] Foi graças à observação do médico húngaro Ignác Semmelweis (1818-1865) que se iniciou a compreensão da natureza das infecções em mulheres após o trabalho de parto. Esse médico e cientista conseguiu demonstrar, por meio de simples constatações, que a falta de cuidados higiênicos durante o trabalho de parto executado por um médico, por exemplo, ao não lavar as mãos, conduzia a sérios casos de infecção pós-parto e mesmo mortes.
   a) Semmelweis não realizou experimento controlado que poderia esclarecer sua suspeita, mas mesmo assim ele recorreu, com sucesso, a importantes etapas da metodologia científica. Quais foram essas etapas?
   b) Que procedimento sugerido por Semmelweis, e que passou a ser implementado em maternidades do mundo inteiro, contribuiu para evitar contaminações e mortes após a realização de partos e cirurgias de diversas naturezas?

10. [3, 4, 6, 7] Agora que você aprendeu quais são as etapas do método científico, a partir da releitura do texto sobre o celular, página 16, aponte o que corresponde a:
   a) observação do fato;
   b) hipótese (suposição);
   c) experimentação (verificação da hipótese);
   d) resultado;
   e) conclusão e confirmação da hipótese.

SYDA PRODUCTIONS

UNIDADE 1

FILIPE FRAZAO/SHUTTERSTOCK

VIDA E EVOLUÇÃO

Dos corpos celestes descobertos, pelo menos por enquanto, o único que possui ***vida***, na forma como a conhecemos, é o nosso. Como ela teria surgido nesse nosso planeta Terra? O que os seres vivos têm em comum? O que os torna capazes de habitar ambientes tão diferentes como a água (rios, lagos, oceanos) e a terra (cidades, florestas, campos, montanhas, desertos)?

Nesta unidade, vamos conhecer a resposta que a Ciência dá a essas e outras perguntas, percebendo que o conhecimento é uma eterna construção humana, em que os "tijolos" desse edifício vão sendo produzidos a partir da investigação científica, cada vez mais apoiada por ferramentas tecnológicas.

capítulo 1

AS CARACTERÍSTICAS DOS SERES VIVOS

WHYFRAME/DIOGOPPR/SHUTTERSTOCK

Você...

... anda, come, bebe, respira, ri, chora. Pessoas à sua volta nascem, envelhecem, morrem, em um processo chamado vida!

A preocupação dos seres humanos sempre esteve voltada para sua própria sobrevivência, sem se preocupar de maneira mais ativa com a preservação da biodiversidade. Agora, felizmente, já se nota um movimento no sentido de se preservar não só nossa espécie, mas também a vida do maior número delas possível. Da atitude que tomarmos de agora em diante depende o futuro de nosso planeta e a sobrevivência das espécies que nele habitam, inclusive da nossa.

Neste capítulo, você aprenderá a caracterizar os seres vivos, poderá compará-los com a matéria inanimada, além de outros detalhes daquilo que mais estimamos: a VIDA.

Você já parou para se perguntar o que é vida? Essa é uma tarefa desafiadora e, frequentemente, qualquer conceituação a respeito do tema é muito complexa. Por isso, acreditamos que mais atraente do que conceituar vida, seja conhecer as **características gerais dos seres vivos**.

Um fato que nos chama a atenção é a grande variedade de formas de vida que existe em nosso planeta. Ao observarmos um vegetal simples, como um musgo, é difícil acreditar que ele tenha algo em comum com uma araucária. O mesmo ocorre ao compararmos um elefante com um carrapato. A dificuldade é ainda maior quando comparamos o musgo e o elefante. A verdade é que a grande maioria dos seres vivos apresenta algumas características comuns. Entre elas, podemos citar a *composição química*, o *metabolismo*, a *organização celular* e a capacidade de *reprodução*.

VICTOR LAPAEV/SHUTTERSTOCK

NECHAEVKON/SHUTTERSTOCK

O que têm em comum carrapato, elefante, araucária e musgo, seres vivos tão distintos? (Tamanho médio dos indivíduos quando adultos: carrapato, 2 mm; elefante, de 2 a 3 m de altura; araucária, de 10 a 35 m de altura e musgo, de 3 a 5 cm de altura.)

DESERTOFSNOWFLAKE/PANTHERMEDIA/KEYDISC

LISANDRO LUIS TRARBACH/SHUTTERSTOCK

As substâncias químicas presentes nos seres vivos

Componentes orgânicos	Componentes inorgânicos
• proteínas	• água
• ácidos nucleicos (DNA, RNA)	• sais inorgânicos
• açúcares (carboidratos)	
• gorduras (lipídios)	
• vitaminas	

Jogo rápido

Se, no lugar da fatia de fígado, triturássemos grãos de feijão no liquidificador e analisássemos a composição do caldo obtido, o resultado seria o mesmo?

Se você pegasse uma fatia de fígado, triturasse em um liquidificador, transformando-a em uma pasta homogênea e, a seguir, entregasse o caldo a um químico para que ele fizesse uma análise da composição química, sabe qual seria o resultado? Provavelmente, algo parecido com a tabela ao lado.

Componentes orgânicos são aqueles nos quais a estrutura de suas moléculas é constituída de uma sequência variável de **átomos de carbono**, ligados entre si e a outros átomos, como, por exemplo, os de hidrogênio e oxigênio. Formam-se, assim, as *moléculas orgânicas* como, por exemplo, as de proteínas, carboidratos e ácidos nucleicos. Os compostos orgânicos encontrados nos seres vivos constituem também uma *característica exclusiva* desses organismos. Essas moléculas não fazem parte, por exemplo, de uma rocha.

A água é um *componente inorgânico* (formado apenas por hidrogênio e oxigênio) indispensável para a vida de qualquer ser vivo existente na Terra atual.

Dentre os sais inorgânicos podemos citar os que são formados por elementos químicos, como o sódio, o potássio, o ferro etc.

Metabolismo

Metabolismo é o nome dado ao conjunto de reações químicas que ocorrem nas células dos seres vivos a fim de manter todas as suas funções vitais. Desde os seres unicelulares mais simples, como as bactérias, até os mais complexos pluricelulares, como você, uma árvore ou um ratinho, em todos ocorrem reações químicas extremamente semelhantes. Dessas reações participam diferentes tipos de substâncias orgânicas (como açúcares, gorduras, proteínas, DNA etc.) e outras inorgânicas (como a água, o oxigênio, os sais

Provavelmente, o sal inorgânico que você mais conhece seja o sal de cozinha, ou cloreto de sódio, formado pelos elementos químicos sódio e cloro.

minerais). Para que essas reações químicas aconteçam, é necessária uma fonte de energia, sem a qual elas não se realizam. Essa energia é liberada a partir de reações químicas celulares que utilizam os alimentos orgânicos que os seres vivos consomem, como, por exemplo, a glicose.

HANDMADEPICTURES/ SHUTTERSTOCK

A energia que utilizamos para nossas atividades é liberada a partir da glicose um açúcar.

Organização celular

Se lhe perguntassem de que é composto o seu bichinho de estimação, você provavelmente diria que o animal possui muitos órgãos e estruturas que lhe permitem viver. Esta resposta está correta, mas uma procura mais detalhada dos componentes do animal mostraria que ele é formado por unidades básicas conhecidas como **células**.

A palavra célula é derivada do latim, *cellula*, e significa pequeno compartimento. Veja, ao lado, o esquema de uma célula animal.

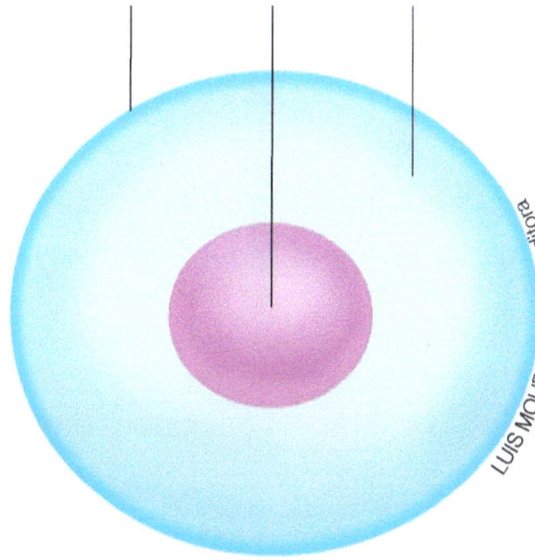

LUIS MOURA/acervo da editora

A maioria das células é formada basicamente por três partes: membrana, citoplasma e núcleo. (Cores-fantasia. Ilustração fora de escala.)

Toda célula pode ser comparada a uma fábrica com vários departamentos. Assim como na fábrica existe um muro com portões para a entrada e saída de pessoas e veículos, também a célula possui um envoltório, a *membrana* (cujo nome correto é **membrana plasmática**), que separa o meio interno do externo e permite a entrada e saída de substâncias. O **citosol** (ou **hialoplasma**) é o conteúdo interno da

Lembre-se!

Os vírus não possuem organização celular, nem metabolismo próprio ou capacidade de reprodução. Somente quando se encontram no interior de uma célula é que, a partir dos componentes dessa célula, conseguem se multiplicar. Por isso, muitos cientistas não consideram os vírus como seres vivos.

célula e nele estão mergulhadas várias **organelas** ou **orgânulos** (do latim, *organum* = órgão + *ulo* = pequeno tamanho). Cada organela desempenha determinada função, assim como os vários setores de uma indústria. Ao conjunto citosol e organelas dá-se o nome de **citoplasma**.

A célula em geral possui um compartimento reservado à "diretoria", o **núcleo**, limitado por um envoltório e dentro do qual se encontra o material que dirige as atividades da célula, constituído por ácidos nucleicos, principalmente DNA (ácido desoxirribonucleico).

Os seres vivos podem ser formados por apenas uma célula, como as amebas e as bactérias, por exemplo, e nesse caso são chamados **unicelulares**. Já os seres vivos, como os humanos, por exemplo, que são formados por várias células, são chamados **pluricelulares**.

Note que apesar de amebas e bactérias serem constituídas por uma única célula, há uma diferença entre esses dois seres unicelulares: a célula da ameba possui um núcleo diferenciado, isto é, envolvido por uma *membrana nuclear*; o mesmo não ocorre com a célula da bactéria. Nas bactérias, o material que comanda a célula (material genético) fica disperso no citoplasma. Seres vivos como as bactérias, que não possuem núcleo diferenciado, são denominados **procariontes** (do grego, *pró* = antes + *kárion* = = núcleo + *óntos* = ser, criatura). Já a ameba e todos os demais seres celulares que possuem núcleo diferenciado são **eucariontes** (do grego, *eu* = propriamente dito, bom, verdadeiro).

Disperso: espalhado.

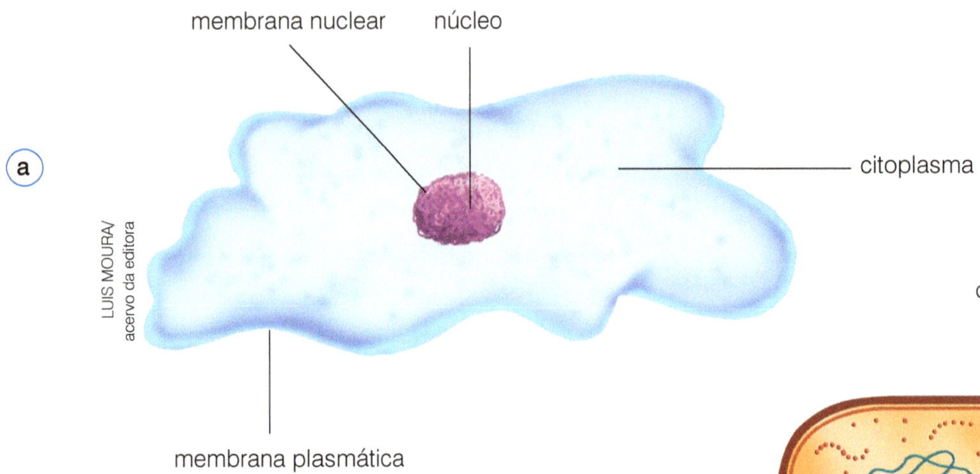

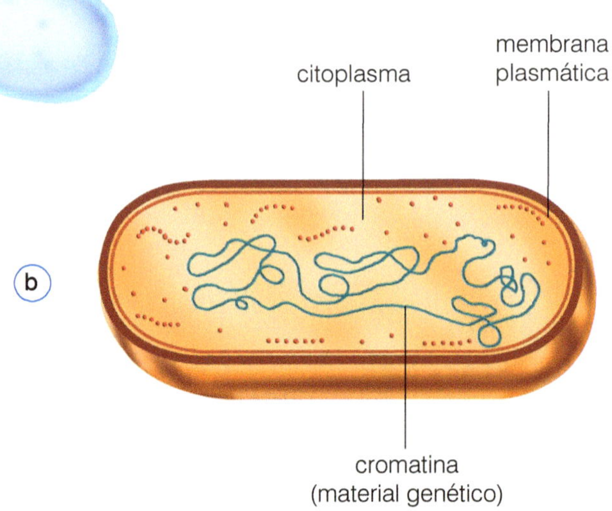

Ilustração (a) de uma ameba e (b) de uma bactéria. (Cores-fantasia. Ilustrações fora de escala.)

Nos organismos pluricelulares, as células, de acordo com a sua função, encontram-se reunidas em outros **níveis de organização**:

- *tecidos* – reunião de células geralmente com a mesma forma e função. Exemplos: tecido nervoso, tecido ósseo, tecido muscular, tecido sanguíneo, tecido cartilaginoso, epiderme etc.;
- *órgãos* – estruturas formadas pela reunião de vários tecidos. Exemplos: estômago, cérebro, osso, músculo, vasos sanguíneos, folhas etc.;
- *sistemas* – conjuntos de órgãos envolvidos com uma mesma função (sistema digestório, sistema circulatório, sistema locomotor, sistema reprodutor, sistema foliar etc.);
- *organismo* – conjunto de sistemas que atuam de forma coordenada na manutenção das funções vitais. Exemplos: uma planta, um animal.

Fique por dentro!

Evite a confusão: quando nos referimos a um tecido, por exemplo, o *tecido ósseo*, estamos apenas considerando um agrupamento de células ósseas. Quando nos referimos a um *osso*, além de considerarmos o tecido predominante, que é o tecido ósseo, na composição do osso entram também sangue, nervos, revestimento externo (tecido sanguíneo, tecido nervoso, tecido epitelial). Portanto, todo osso é um *órgão*, isto é, um conjunto de tecidos.

LUIS MOURA/acervo da editora

Ciclo vital

Todos os seres vivos apresentam um ciclo de vida que, em geral, inclui as fases de **nascimento**, **crescimento**, **reprodução** e **morte**. Em condições normais, os seres vivos também são capazes de reagir a estímulos (luminosos, sonoros, de contato, por exemplo).

Este ciclo pode variar em duração, dependendo dos seres vivos que considerarmos. Para alguns, como as microscópicas bactérias, o ciclo vital dura poucos minutos. Em outros, como as gigantescas castanheiras-do-pará, o ciclo pode durar centenas de anos.

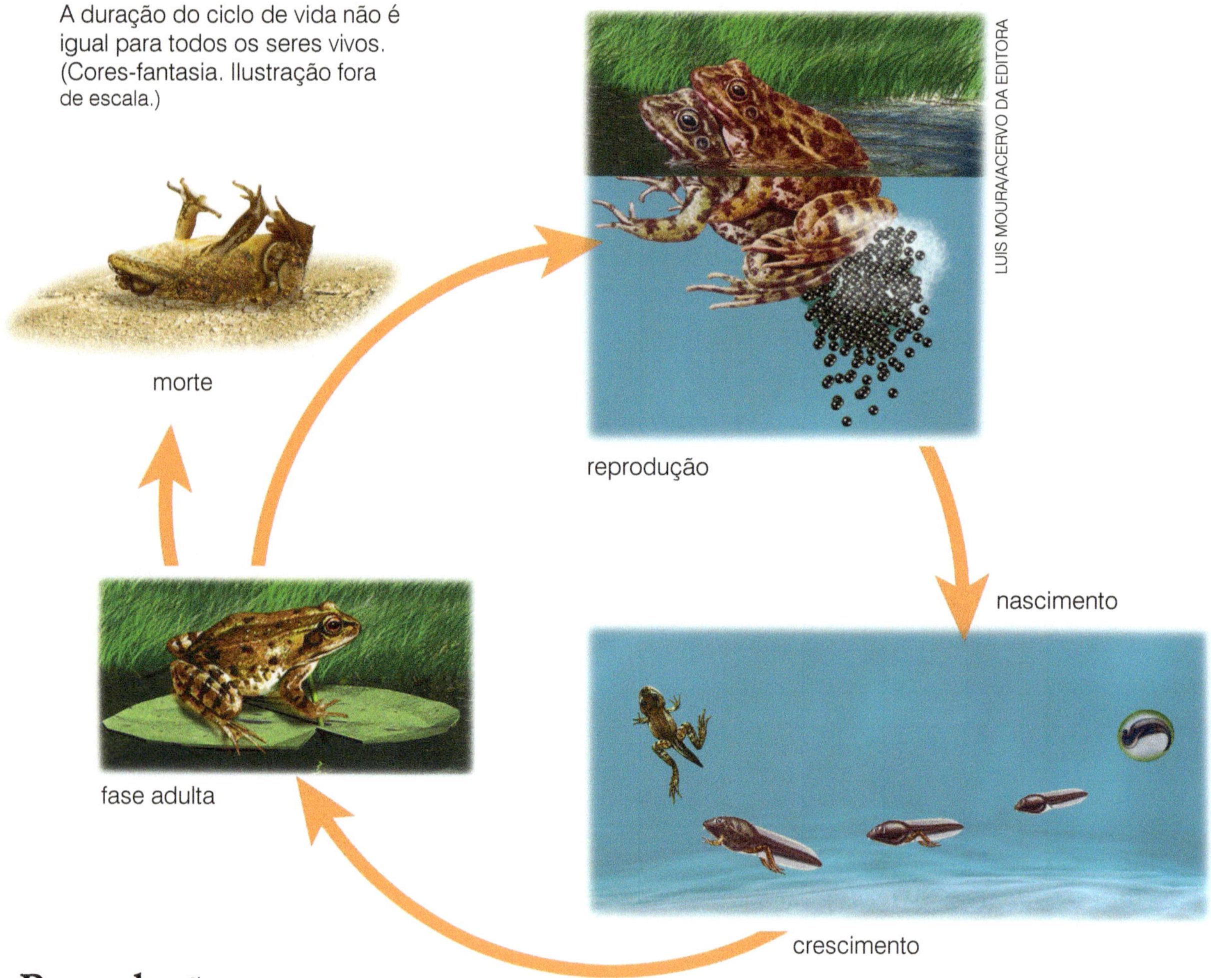

A duração do ciclo de vida não é igual para todos os seres vivos. (Cores-fantasia. Ilustração fora de escala.)

Reprodução

Os seres vivos apresentam a capacidade de se reproduzir, ou seja, de produzir descendentes. Há duas modalidades de reprodução: a **assexuada** e a **sexuada**.

Na maioria dos seres vivos em que se verifica a reprodução sexuada, a produção de descendentes é iniciada pelo encontro de **gametas** (do grego, *gamos* = casamento), células sexuais produzidas pelos pais. O gameta masculino une-se ao feminino em um fenômeno conhecido como **fecundação**. Dessa união, forma-se o **zigoto** (do grego, *zigo* = par), que reúne o material genético, isto é, os cromossomos e genes contidos nos gametas. O zigoto é o ponto de partida para o desenvolvimento de um novo ser, que contém características de ambos os pais.

É interessante perceber que os descendentes de um processo de reprodução sexuada, embora semelhantes, não são exatamente iguais entre si, nem aos seus pais. Em uma família, filhos, pais e avós, embora mostrem semelhanças decorrentes da herança genética, são diferentes em algumas características. Ou seja, entre os descendentes de um processo de reprodução sexuada existe **variabilidade**.

Na reprodução assexuada, não há necessidade de produção, nem encontro de gametas. Apenas um indivíduo pode produzir vários descendentes, cópias idênticas de si mesmo. Na natureza, vários seres recorrem a esse tipo de reprodução. Nas bactérias, por exemplo, a partir de uma célula, em condições favoráveis e em cerca de 20 minutos, ocorre uma **bipartição** (ou **divisão binária**), gerando duas células com as mesmas características. Estas repetem o processo, originando-se quatro células, que logo serão oito, dezesseis, e assim por diante.

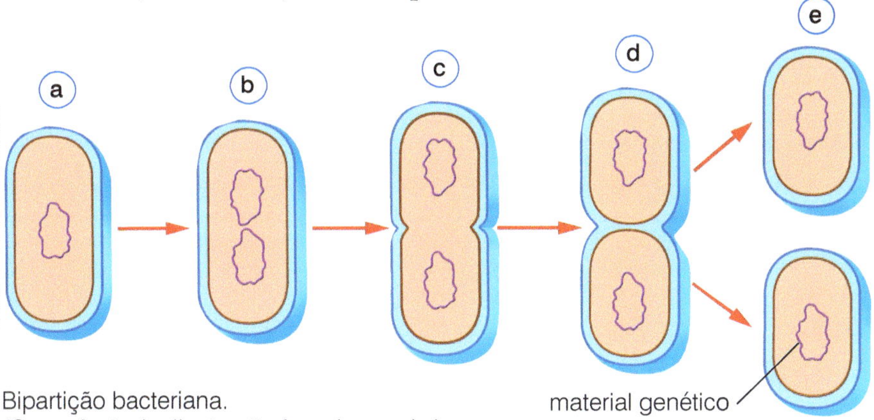

Bipartição bacteriana.
(Cores-fantasia. Ilustração fora de escala.)

Nos animais, a reprodução assexuada é mais rara; ocorre em alguns invertebrados. Como exemplo, podemos citar o **brotamento** da hidra verde, um pequeno animal encontrado em certas lagoas. A partir da forma adulta, formam-se *brotos*, que se destacam e passam a ter uma vida independente.

Hidra de água doce em fase de reprodução (o tamanho de uma hidra é variável, chegando a 1,5 cm com os tentáculos distendidos). Observe o pequeno broto do lado direito do animal.

ESTABELECENDO CONEXÕES

Agricultura

Reprodução assexuada em vegetais

Entre os vegetais, a reprodução assexuada é uma modalidade de reprodução que o homem aproveita para multiplicar plantas que possuem qualidades de seu interesse e que deseja preservar. É o caso, por exemplo, da produção de plantas ornamentais, mandioca, cana-de-açúcar, árvore frutífera etc., reproduzidas a partir de ramos ou pedaços de caule.

Na mandioca, a reprodução assexuada consiste em plantar pedaços do caule (foto ao lado), que originarão raízes comestíveis (foto abaixo).

Nosso desafio

Para preencher os quadrinhos de 1 a 11, você deve utilizar as seguintes palavras: assexuada, células, ciclo vital, citoplasma, gametas, inorgânicas, membrana plasmática, organelas, orgânicas, reprodução, sexuada.

À medida que você preencher os quadrinhos, risque a palavra que escolheu para não usá-la novamente.

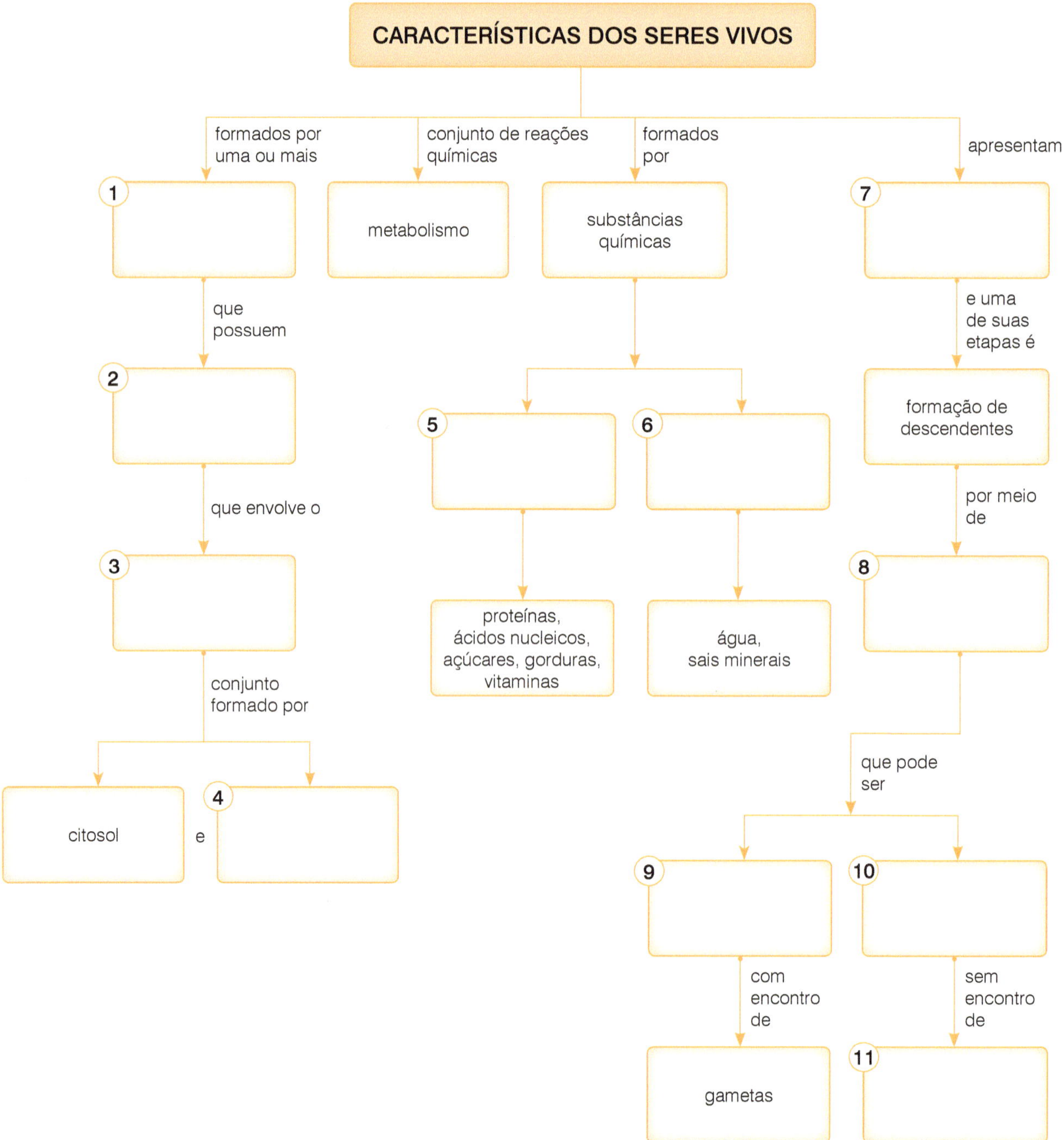

Atividades

1. **[6]** Nosso planeta é habitado por uma grande variedade de formas de vida, desde as de pequeníssimo tamanho, por exemplo, bactérias, até as enormes e complexas, como elefantes, baleias, castanheiras-do-pará e até nós, seres humanos. Todos elas têm algo em comum, que as caracteriza como seres vivos. Indique as quatro características comuns, que você leu no texto deste capítulo, presentes na grande maioria dos seres vivos existentes hoje em nosso planeta.

2. **[7]** O esquema ao lado representa as diversas fases do desenvolvimento do mosquito.

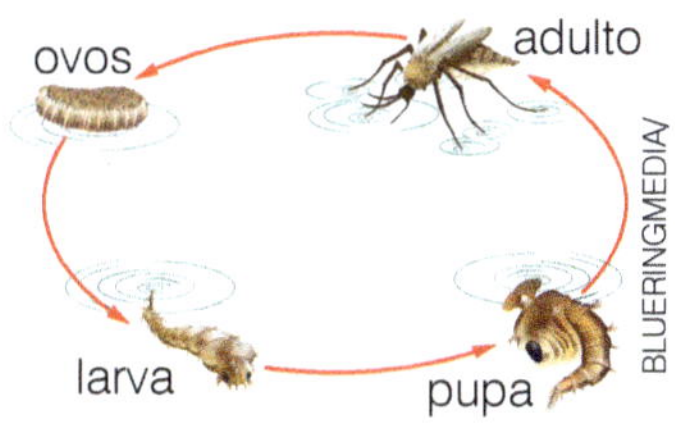

BLUERINGMEDIA/ PANTHERMEDIA/KEYDISC

A que característica dos seres vivos você relacionaria o esquema? Justifique.

3. **[1, 7]** Ao observarmos o mundo à nossa volta, percebemos uma grande quantidade e variedade de seres vivos caminhando pelo solo, presos a rochas, nadando em rios e oceanos e voando livremente. Os ambientes frequentados pelos seres vivos possuem vários tipos de características próprias, algumas das quais são compartilhadas com os seres vivos que neles habitam. Assim:
   a) Ao comparar os seres vivos com o mundo que os rodeia, indique a característica comum presente na matéria não viva (rochas, água, terra, ar) e nos seres vivos.
   b) No entanto, ao fazermos essa comparação entre seres vivos e o mundo não vivo, pelo menos uma característica é exclusiva da composição dos seres vivos. Escreva no seu caderno qual é essa característica.

4. **[3, 7]** Ácidos nucleicos, sais inorgânicos, proteínas, açúcares, gorduras, água e vitaminas são substâncias químicas normalmente presentes nos seres vivos. Dessas substâncias:
   a) Quais delas, normalmente, contêm o elemento químico carbono em sua composição?
   b) Entre as substâncias a seguir, identifique as que estão presentes na composição química das rochas: ácidos nucleicos, proteínas, açúcares, gorduras.
   c) Dos componentes inorgânicos, um deles é considerado indispensável para a vida de qualquer ser vivo existente na Terra atual. Qual é esse componente inorgânico?

5. **[3, 7]** Para responder às questões dos itens seguintes, consulte, se necessitar, a seção *Metabolismo*.
   a) Qual é o significado de metabolismo?
   b) Das substâncias orgânicas normalmente presentes nos seres vivos – proteínas, ácidos nucleicos, gorduras, açúcares e vitaminas –, qual é a citada no texto como a mais utilizada para a liberação de energia necessária à realização das atividades vitais?

6. **[3, 7]** Para que as reações químicas do metabolismo aconteçam, é necessária uma fonte de energia, sem a qual elas não se realizam.
   a) Qual é a substância, citada como exemplo no texto do capítulo, diretamente utilizada como fonte de energia para a realização das reações químicas celulares?
   b) A que categoria de substância orgânica – proteínas, ácidos nucleicos, açúcares, gorduras, vitaminas – pertence a substância citada no item anterior (*item a*) desta questão?

7. **[3, 7]** O esquema ao lado representa simplificadamente uma célula, com seus três principais componentes, indicados por letras.

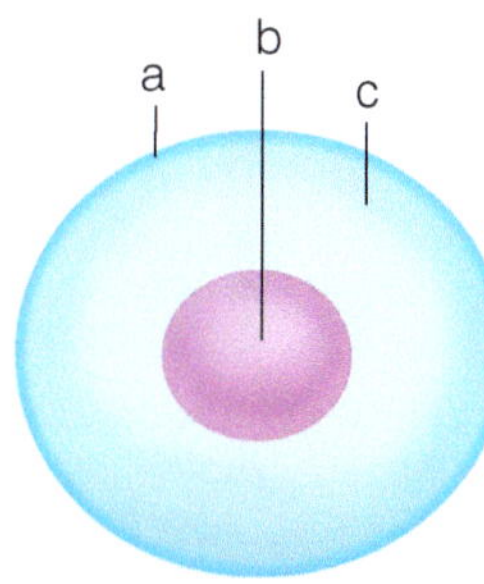

LUIS MOURA/acervo da editora

   a) Reconheça cada um dos componentes indicados pelas setas e letras.
   b) É correto afirmar que toda e qualquer célula possui os três componentes representados?

8. [3, 7] Ainda considerando o esquema da questão anterior, indique entre as afirmativas a seguir quais são verdadeiras.

a) O componente *a* é o que favorece a ocorrência de trocas de substâncias entre a célula e o meio em que ela se encontra.

b) Toda e qualquer célula possui os três componentes indicados no esquema.

c) O componente *c* é o relacionado ao comando das atividades celulares.

d) O componente *b* é o que contém a maior parte das estruturas celulares.

e) O esquema não poderia representar uma célula de bactéria.

f) Uma célula humana poderia ser representada simplificadamente pelo esquema.

g) O comando das atividades celulares é associado ao componente *b*.

As ilustrações a seguir representam as células de uma ameba (a) e de uma bactéria (b) e deverão ser utilizadas para responder às questões **9** e **10**.

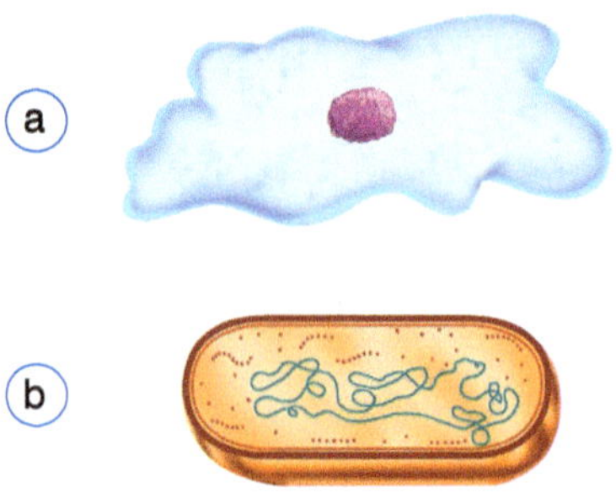

LUIS MOURA/acervo da editora

9. [6, 7] Considerando os componentes presentes nos esquemas representativos das células:

a) Qual é a principal diferença entre as células (a) e (b)?

b) Bactérias são conhecidas como seres vivos procariontes. Qual motivo justifica essa denominação?

c) Amebas, além de seres humanos e inúmeros outros seres vivos, são denominadas de seres eucariontes. Qual componente celular justifica essa denominação?

10. [1, 3, 7] Frequentemente são ouvidos comentários de que bactérias são seres vivos microscópicos, de organização celular simples. Embora sejam microscópicas, bactérias são muito importantes para o ambiente, uma vez que várias espécies são consideradas decompositoras ("desmanchadoras") de matéria orgânica, atividade fundamental para o retorno de muitas substâncias químicas inorgânicas para o ambiente, possibilitando o seu reuso por plantas, por exemplo. Por outro lado, há espécies causadoras de doenças, como tuberculose, cólera e meningite meningocócica, por exemplo.

a) Explique por que, mesmo sendo microrganismos, bactérias são consideradas seres celulares.

b) Qual é a principal diferença estrutural entre uma célula de bactéria e uma célula humana?

11. [1, 3, 7] Febre amarela foi uma doença que acometeu várias pessoas e macacos nos anos de 2017 e 2018, acarretando algumas mortes. É doença causada por vírus, seres microscópicos transmitidos pela picada de pernilongos que vivem em matas ou mesmo em meios urbanos nas grandes cidades. A prevenção pode ser feita impedindo que os mosquitos se reproduzam nas cidades e também existe uma vacina, utilizada intensivamente no período em que a doença se espalhou por algumas cidades brasileiras.

a) Vírus são seres considerados acelulares, ou seja, não possuem estrutura celular típica existente em bactérias e em todos os demais seres vivos hoje existentes. Claro que possuem moléculas de comando da atividade metabólica, ou seja, material genético, mas não possuem célula. Nesse sentido, a que importante conclusão se pode chegar referente à estrutura básica dos seres vivos existente em nosso planeta?

b) Embora não possuam estrutura celular, vírus – como os do tipo causador da febre amarela – são capazes de produzir inúmeros descendentes, o que ocorre no interior das células em que penetram. Então, considerando as características típicas dos seres vivos, qual delas está presente nos vírus, mesmo que estes não apresentem estrutura celular?

12. [6] Preencha as lacunas do esquema abaixo, com os níveis de organização correspondentes.

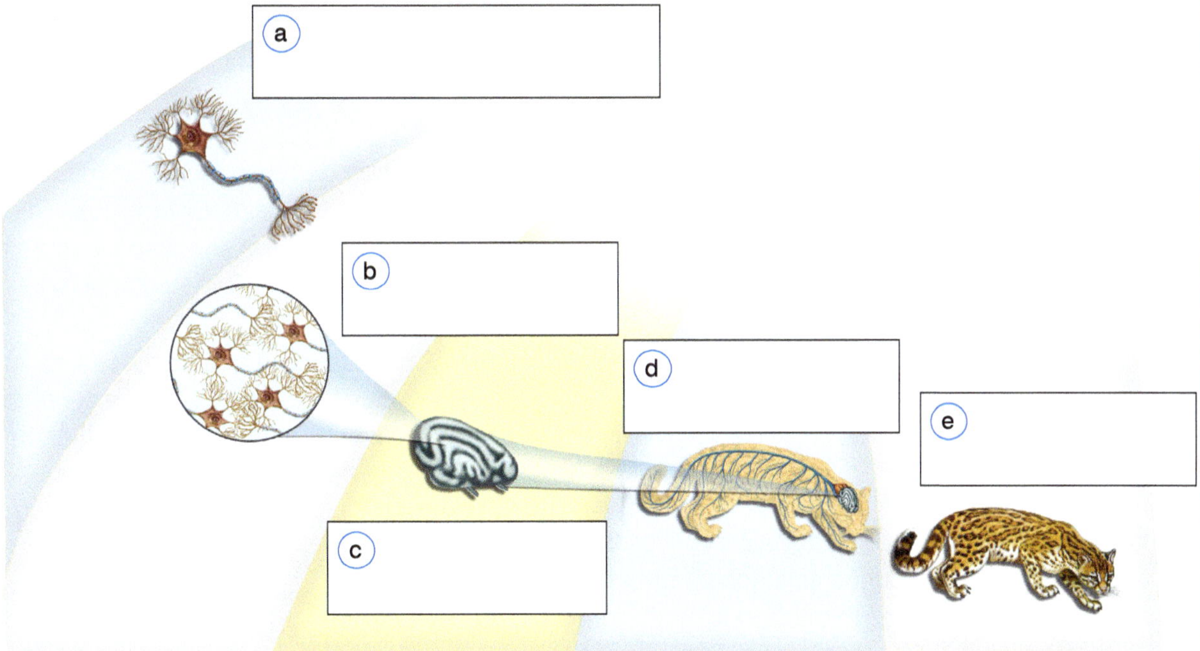

LUIS MOURA/acervo da editora

13. [6, 7] O estômago, o coração, o fígado, os pulmões, o osso da coxa e o cérebro são importantes exemplos de estruturas essenciais à sobrevivência de todos os seres humanos. Cada um desses órgãos é dotado de conjuntos de células específicas relacionadas às funções dessas estruturas no nosso corpo. O cérebro, por exemplo, é dotado de células denominadas de neurônios, de importância fundamental à nossa sobrevivência. Em cada uma dessas estruturas citadas, as células se reúnem em conjuntos relacionados às funções que exercem. Essas estruturas contêm, ainda, inúmeros vasos sanguíneos que conduzem nutrientes às células e delas retiram restos que devem ser eliminados. Considerando todas essas informações:

a) Estômago, coração, fígado, pulmões, osso da coxa e cérebro pertencem a qual nível de organização citado no texto deste capítulo? Justifique sua resposta.

b) Qual é o nível de organização associado ao *conjunto de células específicas relacionadas às funções* dessas estruturas no nosso corpo, conforme citado no texto dessa questão?

14. [6, 7] Seres vivos podem ser formados por uma única célula, como é o caso das bactérias. Já uma árvore ou mesmo o ser humano são constituídos por várias células, sendo, por esse motivo, considerados seres pluricelulares. Na grande maioria dos seres pluricelulares é comum dizer-se que podem ocorrer tecidos, órgãos e sistemas.

a) Indique a diferença entre tecido, órgão e sistema.

b) No ser humano, estômago, cérebro, coração, fígado, rim e várias outras estruturas são consideradas órgãos. Em poucas palavras, como justificar a denominação de órgãos para as estruturas citadas.

15. [1, 3, 6, 7] Para as rochas, estruturas inanimadas que existem em vários ambientes terrestres, é difícil pensar na existência de um *ciclo vital*. Mas, entre os seres vivos, essa denominação é muito comum. Considere, por exemplo, o esquema da página **30**, que ilustra esse fenômeno em sapos.

Escreva em seu caderno as etapas que simbolizam o ciclo vital não apenas em sapos, mas em todos os seres vivos presentes na Terra atual, incluindo plantas, bactérias e demais seres vivos.

16. [6, 7] Seres vivos apresentam a capacidade de se reproduzir, ou seja, gerar descendentes. Nesse sentido, é comum considerar-se a existência de dois tipos de reprodução nos seres vivos, sexuada e assexuada.

Indique a diferença fundamental existente entre esses dois tipos de reprodução.

17. [3, 6, 7] Na maioria dos seres vivos em que ocorre reprodução sexuada há uma sequência de acontecimentos, que se iniciam com a produção de gametas femininos e masculinos. A esse respeito:

a) Indique os dois processos que devem ocorrer, em condições ideais, após a produção de gametas masculinos e femininos.

b) Entre os descendentes de um processo de reprodução sexuada que ocorre por meio da produção e encontro de gametas, os organismos originados nem sempre são iguais entre si nem aos seus pais. Ou seja, entre os descendentes de um processo de reprodução sexuada originam-se descendentes que apresentam diferenças. Qual termo melhor representa essa diferença existente entre os descendentes de um processo de reprodução sexuada?

18. [6, 7] A ilustração a seguir mostra a ocorrência de um tipo muito comum de reprodução entre bactérias que resulta, em pouco tempo, enorme quantidade de indivíduos. Nesse processo de reprodução, a cada 20 minutos um indivíduo produz dois outros, cópias idênticas da célula que inicia o processo, ou seja, são geradas duas células com as mesmas características.

LUIS MOURA/ acervo da editora

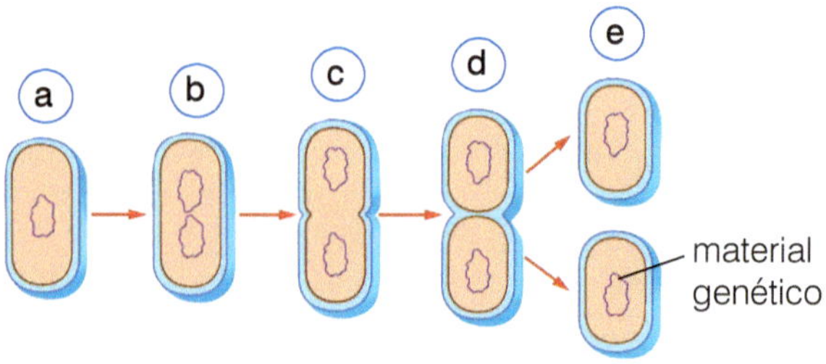

a) Que tipo de reprodução, sexuada ou assexuada, está simbolizado pela imagem acima? Justifique sua resposta com base nas informações fornecidas pelo texto da questão.

b) Considerando o que se mostra na ilustração, que denominação deve ser atribuída a esse tipo de produção de duas células a partir de uma inicial?

19. [6, 7] Embora as variedades de mandioca possam se reproduzir sexuadamente, produzindo flores, frutos e sementes, os agricultores plantam mandioca enterrando pedaços do caule. Como você classificaria esse tipo de reprodução? Quais são as vantagens desse procedimento? Qual seria uma desvantagem de se cultivar esse vegetal a partir das sementes?

20. [6, 7] Está cada vez mais frequente hoje no meio científico a utilização das chamadas células-tronco para a obtenção de seres vivos de interesse médico e biológico. Células-tronco são assim denominadas por serem ainda não especializadas e poderem, posteriormente, gerar células especializadas que se organizarão em tecidos e, eventualmente, originarão seres vivos. Esse procedimento, ou tipo de reprodução, é comum, por exemplo, a partir de células-tronco obtidas de porcos. Assim, considerando que, de determinado animal, obtiveram-se 50 células-tronco e a partir delas foram gerados 50 animais, todos iguais do ponto de vista genético, é possível dizer que esse tipo de reprodução é sexuada ou assexuada? Justifique sua resposta.

A ORIGEM DOS SERES VIVOS

capítulo 2

YULIA DAVIDOVICH/

Não deixe o vidro de molho de tomate destampado!

Converse com a sua mãe. Pergunte a ela se é verdade que não se deve deixar o vidro de molho de tomate destampado e, ainda, fora da geladeira. Certamente ela dirá que sim, pois se o vidro ficar aberto, depois de alguns dias o molho de tomate irá estragar e ficar embolorado, quer dizer, cheio de seres vivos que pertencem ao grupo dos fungos. Neste momento, você para e se pergunta: mas como o molho de tomate estragou? De onde veio o bolor? Será que surgiu do próprio molho de tomate?

A dúvida acerca da *origem dos seres vivos* vem despertando a curiosidade de vários cientistas há séculos. No fundo, é a mesma dúvida que tivemos na *Introdução* deste livro, sobre a origem das larvas de moscas na goiaba, lembra? Aqui a resposta também é a mesma. O molho de tomate embolorou porque, estando o vidro destampado, caíram nele, provenientes do ar, minúsculas células reprodutivas de fungos que, aproveitando os nutrientes existentes no molho, nele se desenvolveram e originaram o bolor.

Existe um princípio relativo a esse tema, que é o seguinte: *a vida somente se origina de vida preexistente*. Não existe outra possibilidade.

Neste capítulo, você tomará conhecimento sobre o trabalho de alguns cientistas que "suaram a camisa" ao tentar esclarecer como a vida se origina. Todas essas histórias reforçam a ideia de que o emprego correto de uma metodologia científica pode mudar o pensamento humano ao tentar buscar a verdade nas descobertas no campo das ciências.

A ideia de geração espontânea (abiogênese)

Até a metade do século 19 muita gente, incluindo cientistas, acreditava na possiblidade de surgir vida a partir de materiais não vivos, como o ar, a água parada, a terra, o lixo, a madeira, a carne podre, por exemplo.

Para isso, as substâncias deveriam conter um suposto **princípio ativo** ou **força vital**, isto é, uma capacidade responsável pela **geração espontânea** de seres vivos.

Aristóteles, filósofo grego, há mais de 2.500 anos já defendia a existência do tal "princípio ativo". Embora conhecesse a origem de animais a partir de cruzamentos, e de plantas a partir de sementes, acreditava que muitos outros seres surgiam por geração espontânea.

Essas ideias, nunca comprovadas, faziam parte da crença na geração espontânea ou **abiogênese** (do grego, *a* = não + *bio* = = vida + *genesis* = origem), ou seja, de que um novo ser vivo poderia surgir sem que fosse gerado por uma forma de vida preexistente .

Mas, já nessa época, a maioria dos cientistas aceitava que somente formas inferiores de vida, por exemplo, insetos e girinos, pudessem ser formados por geração espontânea. Faltava-lhes, ainda, uma observação mais profunda dos fatos da natureza.

Lembre-se!

Geração espontânea é a ideia de que substâncias não vivas, em condições favoráveis, possam gerar seres vivos.

Preexistente: que já existia antes.

É SEMPRE BOM SABER MAIS!

Camisa suja + grãos de trigo = camundongos. Isso é possível?

No século 17, Jean Baptiste Van Helmont (1577-1644), um médico belga, chegou até a escrever uma receita para produzir camundongos. Bastaria uma camisa suada em contato com grãos de trigo deixados em um lugar escuro; em 21 dias lá estariam os pequenos roedores. Para Van Helmont, o "princípio ativo" ou força geradora de vida era o suor. E ele achava estranho que ratos que ele imaginava terem surgido por geração espontânea fossem iguais aos que nasciam de cruzamentos entre ratos normais!

MRS. NUCH SRIBUANOY/SHUTTERSTOCK

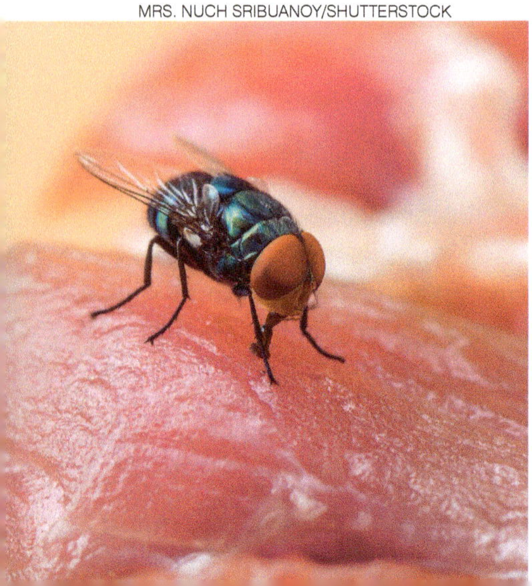

Francesco Redi: a crença na biogênese

O cientista italiano Francesco Redi (1626-1697) acreditava na **biogênese**, ou seja, que *a vida só era produzida por vida preexistente*. Em meados do século 17, pesquisando sobre a origem de moscas que apareciam em carnes em putrefação, Redi tentou provar que as larvas só apareciam se a carne fosse contaminada por ovos depositados pelos insetos que nela pousassem.

Em seu experimento, Redi colocou pedaços de carne em frascos de boca larga, mantendo alguns abertos e outros tampados por uma gaze que não impedia a entrada de ar.

Gaze: tecido de algodão, muito leve, cujos fios formam um reticulado fino.

Moscas pousavam livremente na carne dos recipientes abertos (Frasco 1) e não demorou muito para que apenas a carne desses frascos ficasse cheia de larvas. O cheiro da carne podre também atraía moscas para os frascos tampados (Frasco 2), mas lá não apareceram larvas.

O resultado do experimento de Redi confirmou a hipótese de que eram as moscas as responsáveis pelo aparecimento de larvas na carne em decomposição. Portanto, geração espontânea (ou abiogênese) não era uma explicação aceitável para o surgimento de seres vivos; a crença na abiogênese parecia derrotada. Porém, mais fatos estavam para surgir.

Em 1745, John Needham (1713-1781), um padre inglês, colocava caldos nutritivos (de carne, de vegetais) em tubos de ensaio: aquecia-os, fechava-os cuidadosamente e reaquecia-os. Após alguns dias, os líquidos ficavam turvos, contaminados por inúmeros microrganismos. Para ele, essa era uma demonstração clara em favor da hipótese de que a vida tinha sido realmente produzida espontaneamente dentro dos caldos.

Needham foi contestado pelo padre naturalista italiano Lazzaro Spallanzani (1729-1799), que repetiu o experimento de Needham com uma importante diferença: os caldos nutritivos foram fervidos demoradamente, cerca de uma hora. Nessas condições, deixava de haver turvação nos tubos, o que parecia indicar que, realmente, a crença na geração espontânea estava com os dias contados. No entanto, os críticos diziam que, ao ferver o caldo, Spallanzani tinha destruído o *princípio vital* nele existente, princípio esse que era essencial para o surgimento de vida. A comprovação definitiva da biogênese viria a seguir.

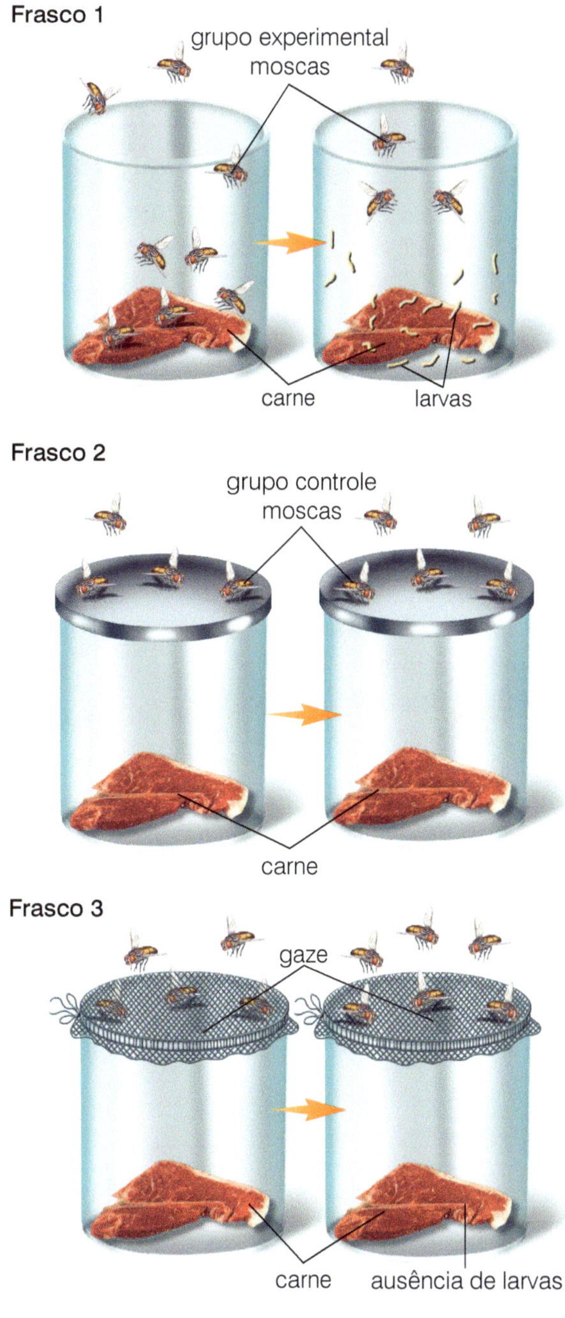

Experimento controlado realizado por Francesco Redi para invalidar as ideias sobre geração espontânea. Esta experiência confirmou a hipótese de que as moscas eram responsáveis pela presença de larvas na carne em decomposição.

Descubra você mesmo!

Por que será que, depois de aberto uma vez, além de manter o vidro de molho de tomate tampado, é recomendável colocá-lo na geladeira? E se o molho for fervido, qual seria o benefício no sentido de evitar que ele se estrague? Existe algum outro procedimento que poderia ser adotado para evitar que os alimentos estraguem? Busque informações em jornais, revistas ou na Internet. As pessoas de casa (avós, pais etc.) podem lhe ajudar e lhe ensinar como fazer para conservar alimentos em uma situação em que não puder contar, por exemplo, com a refrigeração.

EVERETT HISTORICAL/SHUTTERSTOCK

O cientista francês Louis Pasteur fez importantes contribuições no campo da Medicina e da Química.

Louis Pasteur e o triunfo da biogênese

Mentes brilhantes conduzem a descobertas maravilhosas. Foi o caso do grande cientista francês Louis Pasteur (1822-1895). Em 1860, ele elaborou um experimento que confirmou a hipótese da biogênese. Veja, a seguir, o procedimento desse grande cientista.

Jogo rápido

Que crença Pasteur pretendeu abolir definitivamente a respeito da origem dos seres vivos com o experimento que efetuou?

O experimento de Pasteur

Pasteur preparou, entre outros, um caldo contendo água, açúcar e lêvedos de cerveja (fungos), adicionando-o em frascos de gargalos longos.

Em seguida aqueceu e puxou os gargalos, recurvando-os para que tivessem o formato de um "pescoço de cisne". Os frascos com os caldos foram fervidos durante vários minutos e, ao esfriar, o ar poderia entrar livremente em todos eles.

O caldo que estava nos frascos "pescoço de cisne" permaneceu livre de contaminação. Por quê? A resposta é que, ao recurvar os "pescoços" dos frascos, Pasteur permitia a livre passagem do ar; os microrganismos e as partículas de poeira, porém, ficavam retidos na curva inferior do "pescoço", na água formada pela condensação do vapor, quando a temperatura baixava. Assim não contaminavam o caldo.

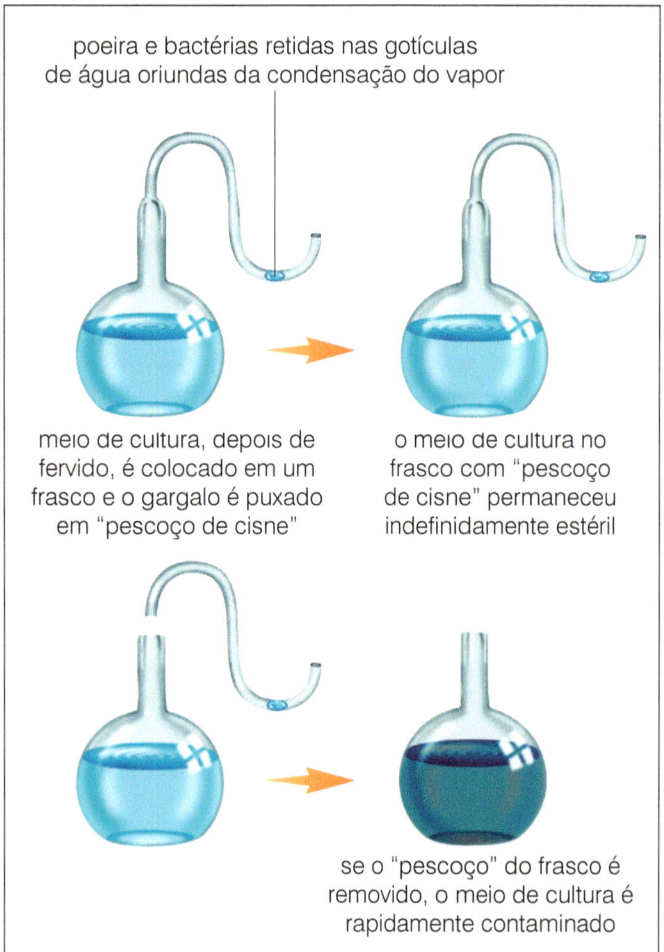

Experimento de Pasteur.

Pasteur comprovou, com esse experimento, o princípio de que, nas condições da Terra atual, *a vida somente surge a partir de vida preexistente*. Foi um golpe fatal na hipótese da abiogênese (ou geração espontânea).

O surgimento de vida na Terra

Bem, falta esclarecer de que maneira as primeiras manifestações de vida teriam surgido na Terra. Embora, ainda hoje, seja um assunto cercado de muitas dúvidas, podemos dizer que, do ponto de vista da Ciência, há algumas evidências de como o processo teria ocorrido. Lembre-se que o método científico envolve a elaboração de hipóteses que devem ser sujeitas a comprovação, por meio de experimentos. É o que mostraremos a você a seguir.

A hipótese de Oparin e Haldane

Na década de 1920, o bioquímico russo Aleksander Ivanovich Oparin (1894-1980) e o geneticista inglês John Burdon S. Haldane (1892-1964), de maneira independente, propuseram a hipótese de que, inicialmente, a atmosfera da Terra seria formada por uma mistura de gases (metano, amônia e hidrogênio, entre outros) e muito vapor-d'água. Sendo continuamente atingida por descargas elétricas e atravessada por raios solares, teria havido a produção de determinados compostos orgânicos a partir dessas substâncias inorgânicas supostamente existentes na primitiva atmosfera terrestre.

O resfriamento gradual do planeta fez aparecer reservas de água no estado líquido (rios, lagos, oceanos). Graças aos violentos temporais que se abatiam sobre a Terra, os compostos orgânicos teriam sido levados aos oceanos primitivos, onde teriam formado um "caldo" de substâncias orgânicas, como se fosse uma "sopa quente", que constituiu o ponto de partida para a origem da vida, há cerca de 3,6 bilhões de anos. À medida que as primeiras proteínas se formaram, elas teriam se reunido com outras moléculas orgânicas em conjuntos cada vez maiores até se formarem aglomerados envoltos por uma espécie de membrana, chamados **coacervatos**. Claro que nunca ninguém viu tudo isso acontecer, por isso se tratava de uma hipótese, que deveria ser testada por um experimento. É o que veremos a seguir.

Fique por dentro!

Atualmente, acredita-se que a atmosfera primitiva da Terra teria composição diferente da imaginada por Oparin e Haldane. Seria constituída de gás carbônico (CO_2), monóxido de carbono (CO), nitrogênio (N_2) e vapor-d'água (H_2O), além de metano (CH_4), amônia (NH_3) e hidrogênio (H_2).

LUIS MOURA/acervo da editora

O experimento de Miller e Urey

Em 1950, dois pesquisadores americanos, Stanley Lloyd Miller (1930-2007) e Harold Clayton Urey (1893-1981) montaram um aparelho no qual simularam as supostas condições da primitiva atmosfera terrestre.

Inicialmente, obtiveram com seu experimento substâncias orgânicas de pequeno tamanho que, com o passar do tempo, se combinaram formando substâncias orgânicas mais complexas, mergulhadas em um caldo que simulava a "sopa" imaginada por Oparin. Claro que não viram nada parecido com um coacervato subindo pelas paredes de vidro do aparelho! Mas, pelo menos, estava esclarecida a hipótese sugerida por Oparin e por Haldane para a formação das primeiras substâncias orgânicas complexas que teriam constituído o ponto de partida para a origem da vida na Terra.

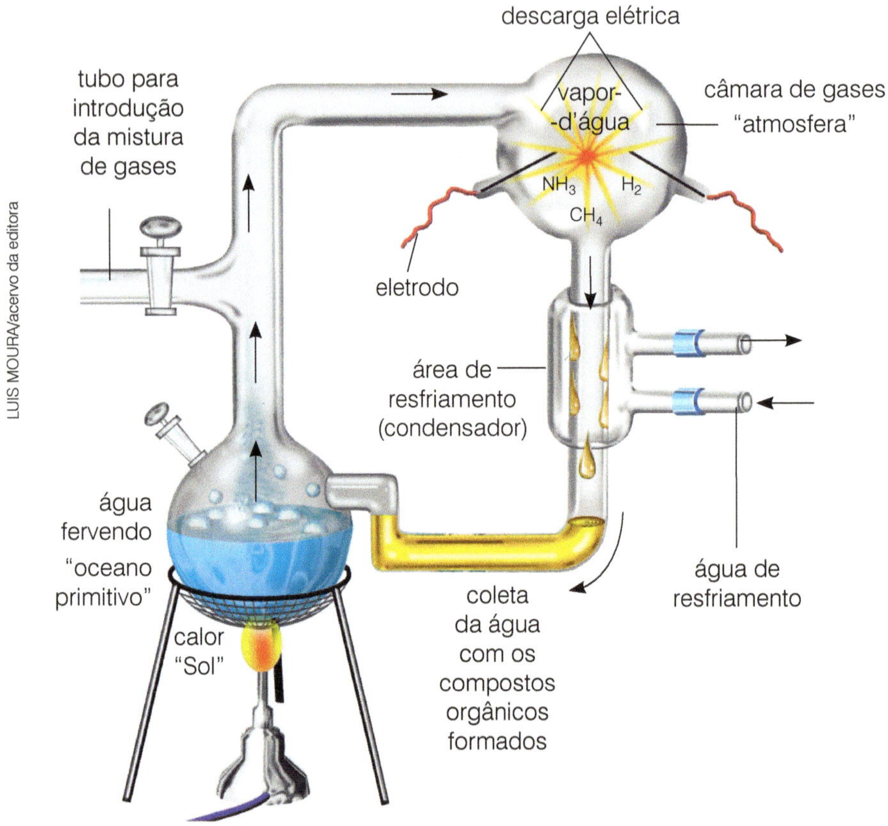

Experimento conduzido por Stanley Miller e Harold Urey. Observe que há uma câmara em que foram colocados vapor-d'água e gases (amônia, hidrogênio e metano), simulando a atmosfera nas etapas iniciais da vida na Terra. Essa câmara foi bombardeada por descargas elétricas (como se fossem raios). Um condensador com água resfriava os gases e provocava "chuvas". As gotas dessa "chuva", com quaisquer outras moléculas porventura formadas na "atmosfera", eram recolhidas para outra câmara, o "oceano primitivo", de onde eram coletadas periodicamente e analisadas. (Cores-fantasia. Ilustração fora de escala.)

Os primeiros seres vivos

Admitindo-se como correta a hipótese de como teria surgido a vida na Terra, que você leu nos itens anteriores, fica a pergunta: quem teria surgido antes, os **heterótrofos**, seres que não possuem a capacidade de produzir seu próprio alimento, ou os **autótrofos**, organismos que produzem o próprio alimento?

Tudo leva a crer que as primeiras formas de vida, a partir dos coacervatos, seriam semelhantes às bactérias atuais (procariontes). Rodeadas por um "caldo" repleto de alimento orgânico, essas formas de vida unicelular teriam um metabolismo extremamente simples. Obteriam energia das substâncias orgânicas, sem a participação do oxigênio, que ainda não existia na atmosfera terrestre. Portanto, admite-se que os primeiros seres vivos da Terra do passado teriam sido **heterótrofos** que não utilizavam o oxigênio em seu metabolismo.

Posteriormente, devido a modificações surgidas nos seres vivos primitivos, algo aconteceu que possibilitou a algumas formas de vida a capacidade de produzir o seu próprio alimento orgânico, a partir de gás carbônico e de água do ambiente, *utilizando a luz solar como fonte de energia*. Assim teriam surgido os primeiros seres **autótrofos** (fotossintetizadores), talvez formas primitivas semelhantes a algumas bactérias atuais. Isso deve ter ocorrido há cerca de 3,5 bilhões de anos. Essa atividade fotossintética resultou na liberação de oxigênio para a atmosfera, além de garantir alimento para os heterótrofos.

Novas modificações sofridas pelos seres vivos originaram outra modalidade de metabolismo, chamada *respiração aeróbia*, em que, na presença de oxigênio, compostos orgânicos dão origem a substâncias mais simples, como água e gás carbônico, com liberação de energia. Os seres que utilizavam o oxigênio eram mais eficientes na liberação de energia contida nos alimentos orgânicos. Por isso, os respiradores aeróbios começaram a predominar e passaram a constituir a maioria dos organismos heterótrofos. O gás carbônico por eles liberado na respiração podia ser utilizado pelos autótrofos fotossintetizantes, que liberavam continuamente mais oxigênio para a atmosfera. A vida na Terra mudava. *O ar passou a ser modificado pela vida.*

Muito tempo depois, teriam surgido os pluricelulares. Evidências obtidas de muitos estudos sugerem que os primeiros seres pluricelulares simples surgiram na Terra há cerca de 750 milhões de anos, originados dos seres eucariontes unicelulares existentes. Desde então, a vida não parou mais de sofrer sucessivas modificações e adaptações com o passar do tempo.

Autótrofo fotossintetizante: organismo vivo que produz seu próprio alimento por meio de **fotossíntese**, processo em que gás carbônico e água, na presença de luz e do pigmento clorofila, são transformados em glicose e oxigênio.

Lembre-se!

Eucariontes são organismos cujas células possuem um núcleo diferenciado.

É SEMPRE BOM SABER MAIS!

Origem extraterrestre da vida?

Svante August Arrhenius (1859-1927), cientista sueco, foi um dos primeiros a admitir a ideia de **panspermia cósmica**.

Na década de 1970, os cientistas Fred Hoyle e Chandra Wickramasinghe divulgaram uma controvertida teoria, denominada de *panspermia cósmica*, segundo a qual meteoros que bombardeavam a Terra teriam trazido microrganismos do espaço interestelar, dando origem à vida em nosso planeta, há cerca de 4 bilhões de anos.

Essa teoria foi ressuscitada recentemente por astrônomos estadunidenses que acreditam que meteoritos originados de outros sistemas solares carregam formas simples de vida.

Adaptado de:
Revista New Scientist,
Londres, n. 2282, Mar. 2001. p. 4.

Panspermia: (do grego, *pan* = todos + *spermia* = = semente) hipótese segundo a qual microrganismos presentes no espaço cósmico poderiam ter colonizado nosso planeta.

NASA IMAGES/SHUTTERSTOCK

Teria a vida na Terra se originado a partir do espaço interestelar? A hipótese segundo a qual isso teria acontecido é conhecida como panspermia cósmica.

Nosso desafio

Para preencher os quadrinhos de 1 a 4, você deve utilizar as seguintes palavras: geração espontânea (abiogênese), biogênese, coacervatos, panspermia cósmica.

À medida que você preencher os quadrinhos, risque a palavra que escolheu para não usá-la novamente.

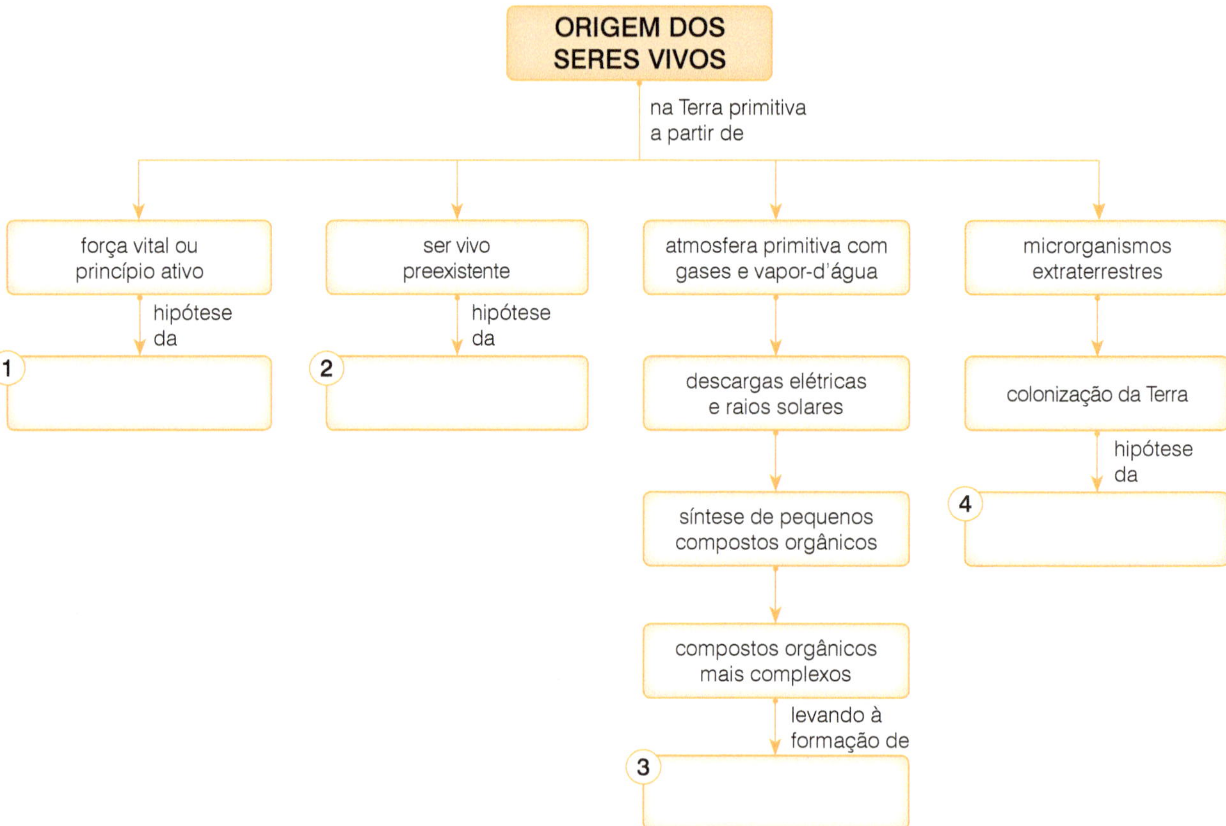

Atividades

1. **[1, 3, 6, 7]** A partir da leitura do item *A ideia de geração espontânea (abiogênese)*, indique as frases a seguir que considerar corretas.

a) A possibilidade de surgimento de vida a partir de materiais não vivos nunca foi sugerida, mesmo por cientistas, até o início do século 20.

b) Abiogênese era a crença de que a vida poderia surgir a partir de vida preexistente.

c) A ideia da existência de um princípio ativo ou força vital para justificar a origem de vida a partir de materiais não vivos predominou até metade do século 19.

d) Geração espontânea possui o mesmo significado de abiogênese, ou seja, vida pode surgir sem que haja necessidade de existir vida preexistente.

e) Ainda hoje, formas inferiores de vida, tais como insetos e vermes, podem surgir por geração espontânea.

f) Biogênese era a crença de que a vida poderia surgir a partir de materiais não vivos.

2. **[3, 6, 7]** Jean Baptiste Van Helmont (1577-1644), médico belga, chegou a propor uma famosa receita que visava à produção de animais. A respeito do trabalho desse cientista:

a) Em que consistia a proposta de Van Helmont?

b) Qual foi o argumento utilizado por Van Helmont para justificar sua proposta?

c) Como a proposta de Van Helmont poderia ser contestada nos dias atuais?

3. **[3, 6, 7, 8, 9]** Leia os dois textos a seguir:

Como obter escorpiões

"Escavar um buraco em um tijolo e colocar nele erva e serpente bem esmagada. Aplicar um segundo tijolo sobre o primeiro e expor ao sol. Alguns dias mais tarde, a serpente age como um fermento e nascerão pequenos escorpiões."

Van Helmont (1648)

Como obter ratos

"Comprimir uma camisa de mulher, de preferência um pouco suja, em um vaso com trigo. Ao fim de vinte e um dias, o fermento do suor feminino transforma o grão em ratos."

Van Helmont (1648)

a) Nos dois textos, fica implícita a ação de um agente responsável pela origem dos seres vivos citados. A que agente estamos nos referindo?

b) Os textos relacionam-se a uma hipótese, que predominou até meados do século 17, sobre a origem dos seres vivos de organização mais complexa (ratos, escorpiões etc.). Qual é essa hipótese?

4. **[3, 6, 7]** Pedaços de caule de mandioca, ao serem plantados, geram novas plantas de mandioca, capazes de se reproduzir na fase adulta e gerar novas plantas de mandioca. Em poucas palavras, responda no seu caderno se esse procedimento torna válida a teoria da abiogênese.

5. **[3, 6, 7]** Imagine que você esteja presente em um encontro em que o tema é a origem dos seres vivos em nosso planeta e lhe peçam para aceitar ou rejeitar as ideias de abiogênese e biogênese.

a) Escreva no seu caderno o principal argumento que você utilizaria ao aceitar a hipótese da abiogênese.

b) Escreva no seu caderno a frase que utilizaria para negar a hipótese da abiogênese e aceitar a hipótese da biogênese.

6. **[3, 6, 7, 8, 9]** Os desenhos abaixo ilustram esquematicamente o experimento efetuado pelo cientista italiano Francesco Redi em meados do século 17.

LUIS MOURA/acervo da editora

a) O experimento ilustrado visava a confirmar uma hipótese a respeito da origem dos seres vivos. Que hipótese é essa?

b) Que princípio é defendido por essa hipótese?

7. **[3, 6, 7]** O cientista italiano Francesco Redi (1626-1697) adotou uma postura radicalmente oposta à do médico Van Helmont (1577-1644) no que diz respeito à origem da vida.

a) Escreva no seu caderno qual foi a grande diferença entre o pensamento de Francesco Redi e o de Van Helmont?

b) O que você poderia concluir a respeito dessa discussão entre Francesco Redi e Van Helmont, considerando a época em que suas ideias foram propostas? Utilize as datas referentes ao nascimento e à morte dos dois personagens para essa resposta.

c) Em termos da utilização dos procedimentos típicos do método científico, há alguma possível falha ou imperfeição relativamente aos experimentos efetuados por Francesco Redi?

8. **[3, 6, 7, 8, 9]** John Needham e Lazzaro Spallanzani foram dois pensadores que se destacaram no século 18 na discussão sobre a origem da vida por abiogênese ou biogênese.

a) Escreva no seu caderno qual dos dois pensadores era adepto da abiogênese e qual era adepto da biogênese.

b) Releia o trecho correspondente ao procedimento de Needham e relate no seu caderno o que ocorreu com os líquidos contendo caldo nutritivo, bem como a conclusão a que ele chegou com os resultados obtidos.

c) Spallanzani contestou os resultados e conclusões de Needham e repetiu os experimentos. Qual foi a diferença entre os dois procedimentos? Qual foi a conclusão de Spallanzani tendo em vista os resultados obtidos em seus procedimentos?

d) Spallanzani também foi criticado ao executar seu procedimento. Seus críticos diziam que, ao efetuar seu procedimento, ele teria destruído algo essencial para o surgimento de vida por abiogênese. Escreva no seu caderno como denominavam esse "algo essencial para o surgimento de vida por abiogênese".

9. **[2, 3, 5, 6, 7]** Luiz tinha dois vidros de molho de tomate sem conservantes em casa e, tendo aberto ambos, deixou um deles fora da geladeira e guardou o outro dentro de um *freezer*. Uma semana depois, o molho de tomate que ficou fora da geladeira estava totalmente embolorado, cheio de fungos. Paula, sua amiga, comentou, ironicamente, que ao deixar o vidro aberto fora da geladeira, Luiz permitiu que a vida surgisse espontaneamente no molho graças à existência de uma condição fundamental para que isso ocorresse. Por outro lado, meses depois, ao retirar o outro vidro de molho de tomate que ficou no *freezer*, Luiz verificou que não estava embolorado.

a) Tendo em vista a observação de Paula, a que hipótese sobre a origem da vida ela fez referência? A que condição fundamental ela se referiu, que justificaria a presença de fungos no molho de tomate?

b) Em sua opinião, a observação de Paula é correta? Justifique brevemente.

c) Sugira uma possível razão que explique por que o molho de tomate que permaneceu no *freezer* não embolorou.

10. **[3, 6, 7, 8, 9]** Os desenhos abaixo ilustram esquematicamente o experimento efetuado pelo cientista francês Louis Pasteur em meados so século 19.

LUIS MOURA/acervo da editora

a) Explique em poucas palavras por que o caldo contido no recipiente com "pescoço de cisne" utilizado por Pasteur não ficou turvo, indicando contaminação.

b) Que princípio ficou firmemente estabelecido após o sucesso obtido com o experimento de Pasteur?

11. **[3, 6, 7, 8, 9]** Ano de 1860. A disputa sobre a melhor ideia a respeito da origem da vida ainda era intensa. Abiogênese ou biogênese? Eis que surge o cientista francês Louis Pasteur, o qual elaborou um famoso experimento que esclareceu dúvidas restantes a respeito do assunto. Releia rapidamente o item *O experimento de Pasteur* e responda ao que se pede.

a) Qual foi o principal mérito do experimento idealizado por Pasteur que abalou profundamente a ideia da existência de um princípio vital?

b) O que ficou definitivamente comprovado, após a realização do experimento de Pasteur, que passou a ser aceito por toda a comunidade científica da época?

12. [3, 6, 7, 8, 9] Com a aceitação da ideia de que "vida só surge a partir de vida preexistente", solucionada com o experimento de Pasteur, faltava uma hipótese convincente que pudesse confirmar a ideia de biogênese. Eis que, na década de 1920, essa hipótese surgiu a partir da proposta independente de dois cientistas, o bioquímico russo Oparin e o geneticista inglês Haldane.

a) Na hipótese desses dois cientistas, a atmosfera que banhava a Terra teria sido uma importante fonte de substâncias que possibilitariam a síntese de compostos orgânicos. Qual foi a proposta da composição da atmosfera primitiva sugerida por esses dois pesquisadores?

b) Atualmente, acredita-se que a atmosfera primitiva teria composição diferente da sugerida por Oparin e Haldane. Na visão moderna, qual seria, então, a composição da atmosfera primitiva terrestre que permitiu a ocorrência de vida na Terra?

c) Proponha uma explicação que justifique a importância da composição da atmosfera primitiva para a origem da vida na Terra.

13. [3, 6, 7, 8, 9] Toda hipótese científica deve ser seguida de um experimento que possa justificar sua proposta e, eventualmente, confirmar ou não o conteúdo da hipótese. No caso da hipótese de Oparin e Haldane, um esclarecedor experimento foi idealizado pela dupla de cientistas estadunidenses Stanley Miller e Harold Urey.

a) Que resultado foi obtido no experimento elaborado por essa dupla de cientistas? O experimento por eles realizado foi válido e coerente em termos da comprovação da hipótese de Oparin e Haldane?

b) Como o resultado do experimento idealizado por Miller e Urey contribuiu para o esclarecimento da origem da vida na Terra?

c) Oparin e Haldane propuseram a origem de uma entidade primitiva, imersa no caldo oceânico rico em substâncias orgânicas. Embora o experimento da dupla de cientistas Miller e Urey não tenha reconhecido a formação dessa entidade, o resultado por eles obtido levava a crer que ela realmente poderia ter sido originada nos mares primitivos. Qual foi a denominação dada por Oparin e Haldane a essa tal entidade? Por que sua origem é importante para o suposto desenvolvimento de vida na Terra?

14. [3, 6, 7] Após reler os itens *A hipótese de Oparin e Haldane* e *O experimento de Miller e Urey*, responda às questões a seguir.

a) Cite as substâncias que estavam presentes na atmosfera primitiva, segundo a proposta desses pesquisadores, e que supostamente favoreceram a produção de substâncias orgânicas complexas.

b) Cite as prováveis fontes de energia que permitiram a produção de substâncias orgânicas complexas na Terra primitiva.

c) Após a produção das tais substâncias orgânicas complexas, o que teria então ocorrido?

d) Qual foi a contribuição de Miller e Urey no esclarecimento da hipótese proposta por Oparin e Haldane?

15. [3, 6, 7] Obtenção de energia é uma das características básicas dos seres vivos que possibilita sua sobrevivência. A energia necessária ao metabolismo é proveniente de substâncias orgânicas que passaram a ser abundantes nos mares primitivos. No entanto, essas substâncias orgânicas precisam ser "desmontadas" e, assim, liberar a energia armazenada. Nos primitivos seres microscópicos, presentes no caldo orgânico dos oceanos também primitivos, qual foi o tipo de metabolismo que provavelmente predominou durante os estádios iniciais do desenvolvimento da vida em nosso planeta e que permitiu a liberação de energia armazenada em substâncias orgânicas simples?

16. [3, 6, 7] Ainda pensando em termos da utilização de energia pelos seres vivos, acredita-se que, devido a modificações surgidas nos seres primitivos, uma nova modalidade de metabolismo teria surgido, o que possibilitou a produção de substâncias orgânicas por esses seres.

a) Que tipo de metabolismo teria surgido que possibilitou a produção de substâncias orgânicas pelos seres primitivos? Como são denominados os seres que produzem substâncias orgânicas?

b) Que condições deveriam necessariamente ter existido para que esse tipo de metabolismo pudesse ocorrer? Que substâncias teriam sido produzidas e liberadas nesse tipo de metabolismo e que justifica a famosa afirmativa "o ar passou a ser modificado pela vida"?

17. [3, 6, 7] Como se pode perceber, o tipo de metabolismo energético foi determinante no desenvolvimento da vida em nosso planeta. Utilizando esse tema de discussão:

a) Que argumento você empregaria na defesa da hipótese de que o uso de substâncias orgânicas na liberação de energia ocorreria na ausência de oxigênio?

b) Considerando a hipótese de que seres autótrofos liberadores de oxigênio passaram a existir ao longo do desenvolvimento da vida no planeta, que tipo de metabolismo teria surgido graças a essa ocorrência?

18. [3, 6, 7, 8, 9] Parece não haver dúvidas, no meio científico, a respeito da origem da vida em nosso planeta a partir de substâncias químicas formadas por meio de fenômenos atmosféricos, raios principalmente, que atingiram gases existentes na atmosfera terrestre primitiva.

No entanto, frequentemente alguns cientistas sugerem que a vida na Terra poderia ter surgido a partir de vida preexistente em outros planetas, ideia que é denominada de origem extraterrestre da vida.

A respeito desse tema:

a) Utilizando seus conhecimentos sobre o assunto, qual é sua opinião sobre a possível origem extraterrestre da vida? Que argumento básico você utilizaria para fundamentar sua opinião?

b) Que procedimento científico deveria ser adotado para confirmar ou negar a hipótese da origem extraterrestre da vida em nosso planeta?

c) Qual é a denominação da hipótese segundo a qual microrganismos presentes no espaço cósmico poderiam ter colonizado nosso planeta?

19. [3, 6, 7, 8, 9] Ainda não sabemos se existe vida fora do nosso Sistema Solar. Os filmes de ficção científica frequentemente abordam o tema incluindo personagens que possuem características dos seres que viveram ou vivem na Terra. O desenho abaixo é uma imagem figurativa a respeito de um ser extraterrestre.

ADIKE/SHUTTERSTOCK

Que condições ambientais deveriam ocorrer, que possibilitassem a origem da vida, na forma como a conhecemos, em outros planetas?

20. [3, 6, 7, 8, 9] Os primeiros seres vivos que surgiram na Terra eram procariontes ou eucariontes, unicelulares ou pluricelulares? Justifique a sua resposta.

A "FÁBRICA" CELULAR

capítulo 3

Querer saber: uma característica humana

Uma das características que diferencia o homem de outros animais é o querer saber. Assim, uma criança em torno de 4 anos costuma querer saber porque é preciso lavar as mãos antes de comer, porque precisa tomar banho, porque precisamos comer frutas, verduras e legumes, além de muitos outros porquês.

O querer saber de um adolescente na faixa de 14 anos é bem diferente do de uma criança. Um adolescente quer saber, por exemplo, que mudanças acontecem em seu corpo durante essa fase da vida, como age a pílula anticoncepcional, o que é exatamente uma coronária e uma aterosclerose e como associá-las com um ataque cardíaco, entre muitos outros questionamentos.

Já os profissionais da área de saúde, por exemplo, estão em busca de respostas para melhorar a qualidade de vida do ser humano, dos outros seres vivos e do próprio planeta.

Neste capítulo, vamos fazer uma viagem pelo estudo das células, estruturas presentes em todos os seres vivos.

ANYAIVANOVA/SHUTTERSTOCK

As células são as menores unidades que formam o corpo de um organismo. Por isso, torna-se necessário conhecê-las a fim de que você se familiarize com elas e se sinta seguro e confiante toda vez que forem citadas em estudos.

Todos os seres vivos conhecidos são formados por uma ou mais unidades celulares, isto é, são *unicelulares* ou *pluricelulares*, respectivamente.

Introdução à Citologia: estudo das células

O número de tipos celulares existentes na natureza é muito grande. O corpo humano, por exemplo, contém cerca de um trilhão de células agrupadas em mais de cem tipos celulares distintos.

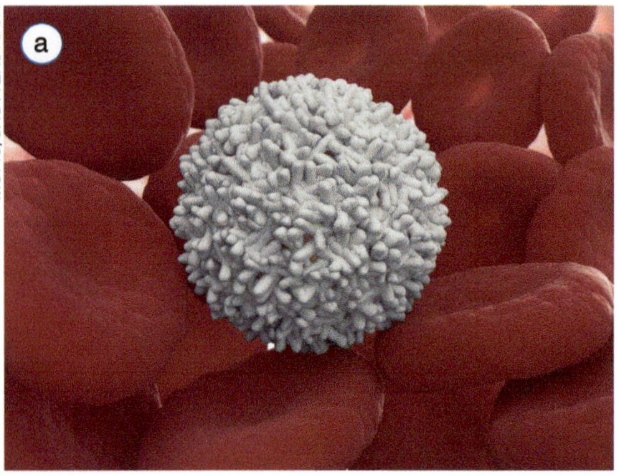

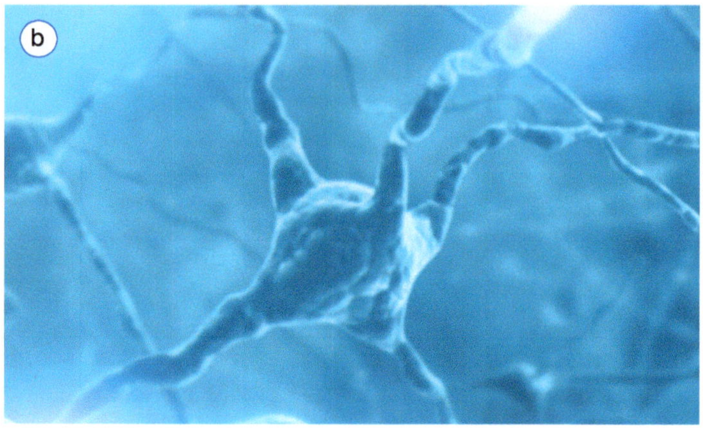

Ilustrações representativas de células (a) vermelhas e branca do sangue e (b) nervosas. (Cores-fantasia.)

Fique por dentro!

Para que você tenha uma noção um pouco mais concreta sobre medidas, observe em uma régua um milímetro. Parece difícil imaginar esse mm dividido em mil partes. Cada parte corresponde a 1 micrômetro (μm), isto é, à milésima parte do milímetro. É tão pequeno que certamente fica difícil imaginar que ainda existam medidas menores, como o nanômetro (nm), que corresponde à milésima parte de um micrômetro (μm).

Nos organismos unicelulares, bactérias, por exemplo, uma única célula realiza todas as funções vitais. Nos pluricelulares, como o ser humano, há cerca de um trilhão de células. Nesse caso, grupos de células se especializam para determinada função. Há divisão de trabalho. Por exemplo, enquanto um grupo de células reveste superfícies (células epiteliais), outro grupo, o dos neurônios ou células nervosas, conduz impulsos nervosos e ainda outro grupo, o das células musculares, é especializado em contração. Compare essa divisão de trabalho com uma sociedade, em que categorias profissionais dependem do trabalho uma das outras. Padeiros, motoristas, engenheiros, médicos, professores, especialistas em comunicação, embora trabalhem separadamente, dependem uns dos outros, assim como os diversos tipos celulares em um organismo como o humano dependem uns dos outros, o que resulta na sobrevivência do indivíduo como um todo.

O tamanho das células

A maioria das células que constituem o corpo dos seres vivos mede de 2 a 50 *micrômetros* de diâmetro. Micrômetro é uma unidade de medida que equivale a um milionésimo de 1 metro (consulte a tabela abaixo), ou seja, 1 milhão de micrômetros correspondem a 1 metro. Como são pequeníssimas, não podemos enxergar células a olho nu, mas podemos observá-las por meio de aparelhos chamados de **microscópios**.

Algumas unidades de comprimento e sua relação com o metro.

Unidade de comprimento	Equivalência métrica
1 centímetro (cm)	1/100 de 1 metro, ou seja, 100 centímetros correspondem a 1 metro
1 milímetro (mm)	1/1.000 de 1 metro, ou seja, 1.000 milímetros correspondem a 1 metro
1 micrômetro (μm)	1/1.000.000 de 1 metro, ou seja, 1 milhão de micrômetros correspondem a 1 metro
1 nanômetro (nm)	1/1.000.000.000 de 1 metro, ou seja, 1 bilhão de nanômetros correspondem a 1 metro

Microscópios: auxiliares do olho humano

O microscópio que você vê ao lado é chamado **microscópio óptico** ou **microscópio de luz**. Ele amplia um objeto até cerca de 2.000 vezes.

Com o microscópio de luz é possível a observação de células vivas, sendo esta uma das suas principais vantagens, mas não é possível a visualização da maioria de suas estruturas internas, uma vez que elas são estruturas extremamente pequenas.

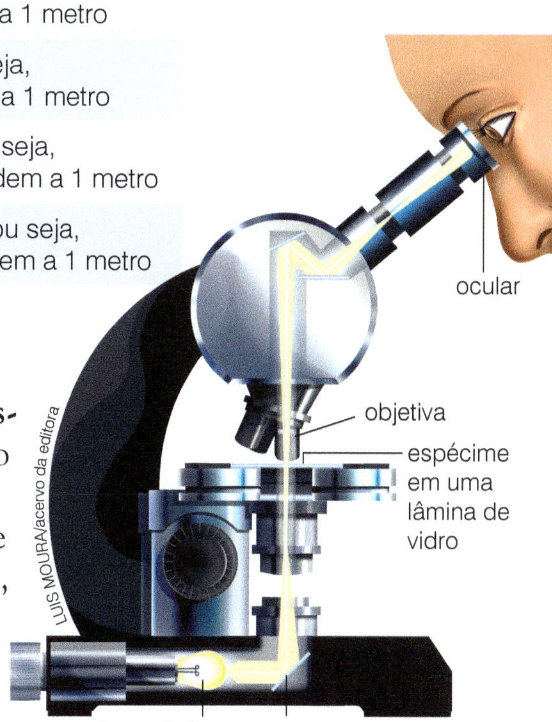

É SEMPRE BOM SABER MAIS!

Microscópio óptico ou de luz

Como a maioria das células e seus componentes é transparente, vistas ao microscópio óptico a luz as atravessa e fica difícil distinguir o que se encontra no seu interior. Por isso, empregam-se técnicas de coloração; os corantes têm afinidade por determinadas estruturas celulares. Há corantes vitais, isto é, que podem ser aplicados às células sem matá-las; outros só podem ser assimilados por células fixadas, isto é, previamente mortas, mas com a estrutura preservada. Quando determinada estrutura celular já é naturalmente colorida, é mais fácil observá-la, pois não depende de nenhum artifício ou técnica de coloração. É o que acontece, por exemplo, com os cloroplastos, orgânulos de cor verde, exclusivos de células vegetais, facilmente visíveis ao microscópio óptico.

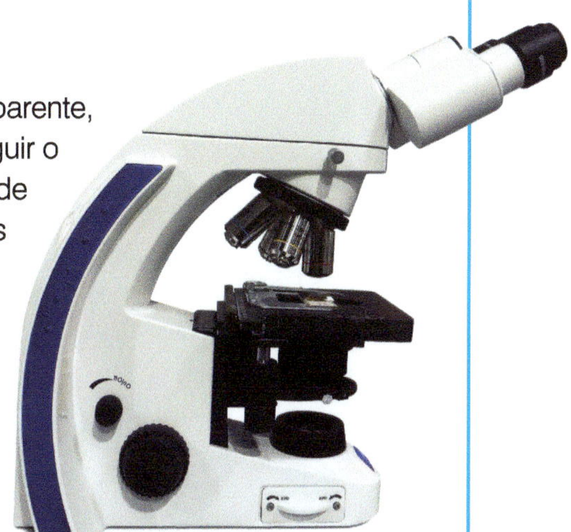
DJA65/SHUTTERSTOCK

Microscópio eletrônico: visualização das células em detalhe

A partir de 1930, passou-se a usar um novo tipo de microscópio, o **microscópio eletrônico** que permite visualizar as organelas celulares em detalhe. Esse microscópio consegue imagens de objetos com um aumento superior a 350.000 vezes. A desvantagem do microscópio eletrônico é não permitir a observação de materiais vivos.

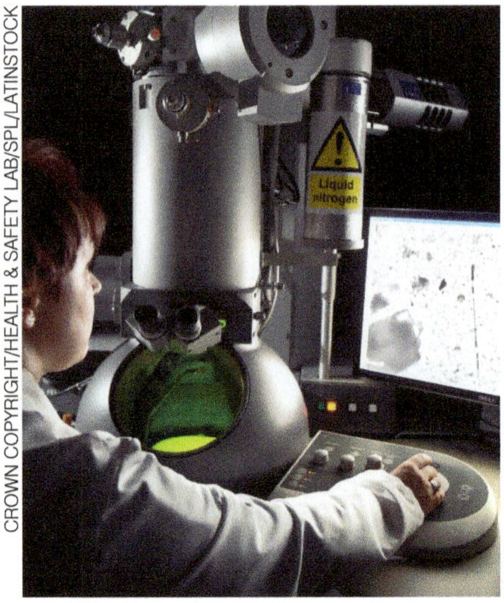

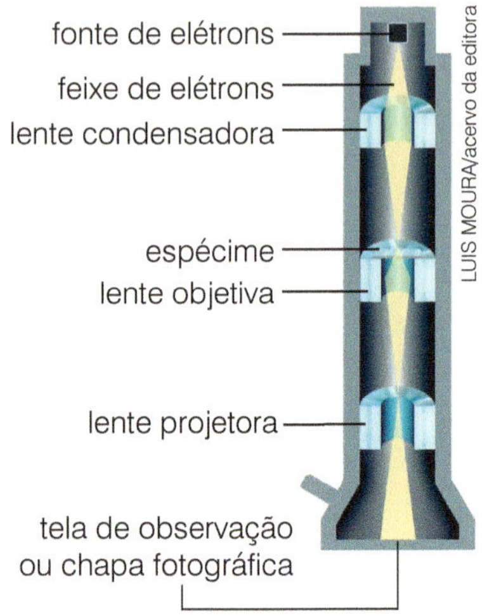

Nos microscópios eletrônicos, a luz é substituída por um feixe de elétrons, como nos tubos de TV; as imagens são projetadas sobre uma tela fluorescente e, então, fotografadas.

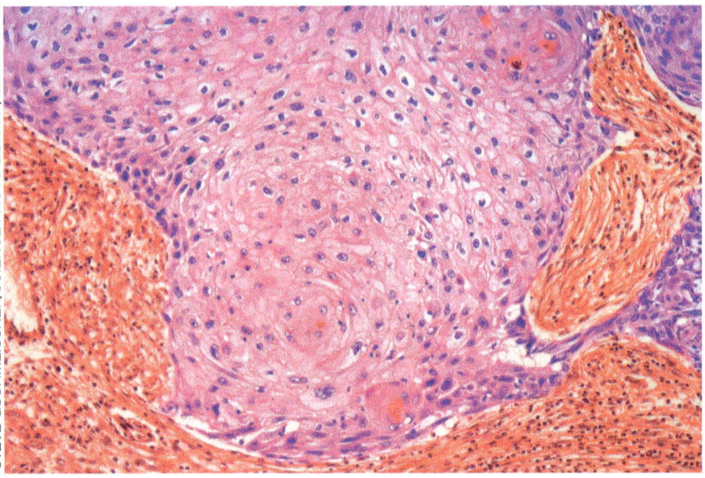

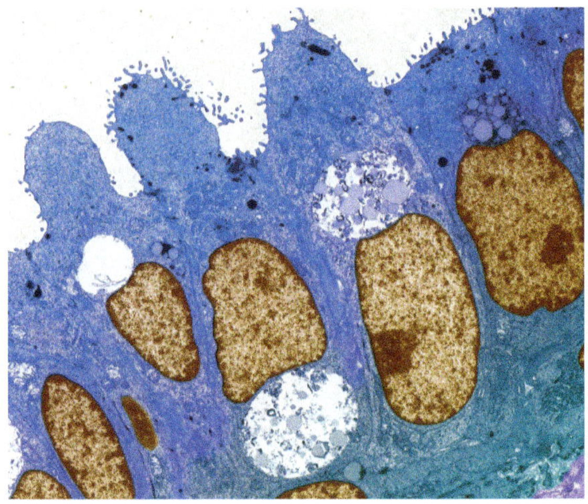

Células de câncer de mama: à esquerda, coradas em roxo, vistas ao microscópio óptico (aumento: 140 vezes); à direita, ao microscópio eletrônico, com seus núcleos corados artificialmente em marrom (aumento: 1.830 vezes).

A estrutura de uma célula animal: membrana plasmática, hialoplasma e núcleo

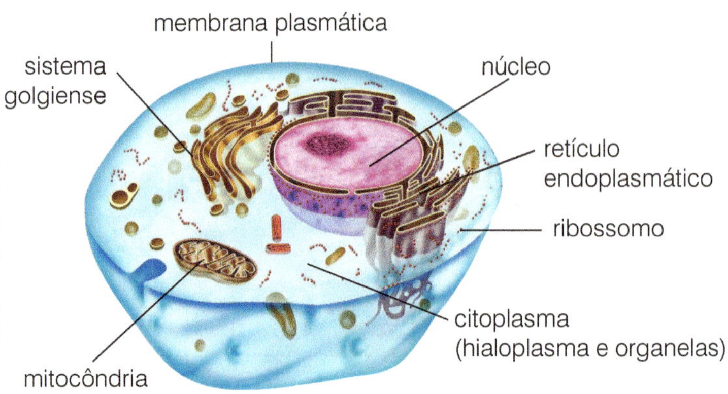

Em uma célula animal, uma célula humana, por exemplo, os seguintes componentes podem ser observados:

- **membrana plasmática**, envoltório limitante do espaço interno, capaz de regular trocas de materiais, como os gases oxigênio e carbônico, além de facilitar o ingresso de nutrientes essenciais e eliminar resíduos produzidos pela célula;

- **hialoplasma** ou **citosol**, conteúdo interno viscoso com certo grau de transparência, rico em diversas substâncias (água, sais, glicose, proteínas, entre outros). É local de ocorrência de várias reações químicas, como as que liberam energia e as que resultam na síntese de proteínas, por exemplo;
- **organelas** (também chamadas de **orgânulos**) mergulhadas no hialoplasma, tais como ribossomos, retículo endoplasmático, centríolos, mitocôndrias e lisossomos.

A seguir, vamos estudar alguns detalhes sobre as principais organelas presentes em uma célula animal.

Os **ribossomos** são minúsculas organelas não dotadas de membrana como a plasmática, constituídas de moléculas de um componente químico denominado de RNA. O termo ribossomos deriva de ***r**ibonucleic **a**cid*, em língua inglesa, referindo-se a essa importante molécula. A principal função dessas organelas é a produção de moléculas de proteína, cada qual com uma função específica.

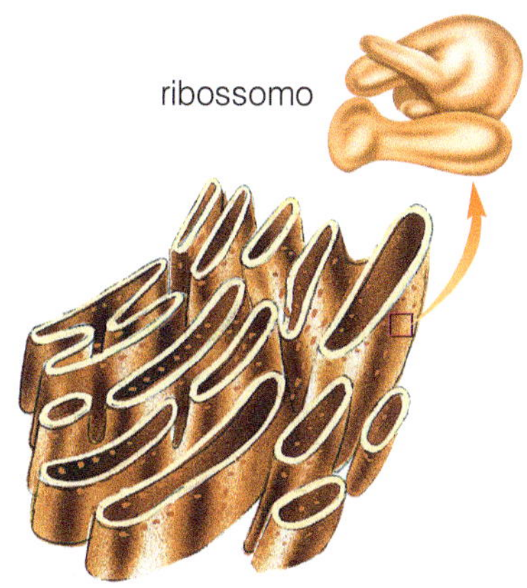

O **retículo endoplasmático** é uma rede finíssima de membranas achatadas, amplamente distribuída pela célula, e que serve como *via de transporte* de materiais no ambiente celular. O **retículo endoplasmático rugoso** ou **granuloso** é assim denominado por ter *ribossomos* aderidos na superfície externa das membranas.

Proteínas produzidas pelos ribossomos são então transportadas pelo interior das cavidades do retículo endoplasmático, atingindo outros locais da célula. Já no **retículo endoplasmático liso** ou **não granuloso** não há ribossomos aderidos, sendo essa estrutura associada à produção, armazenamento e transporte de outras moléculas, por exemplo, lipídios e hormônios.

Complexo golgiense ou **sistema golgiense** é uma estrutura rica em membranas, que corresponderia em uma fábrica ao setor de embalagem, empacotamento e exportação do que é produzido. Lembra uma pilha de sacos membranosos paralelos, sem ribossomos aderidos e com inúmeras pequenas vesículas, que brotam de suas superfícies, carregando substâncias produzidas pela célula.

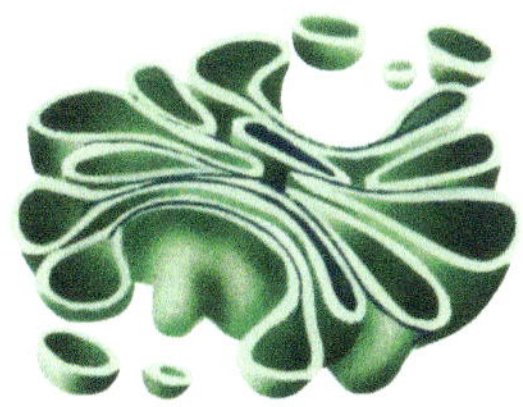

Os **lisossomos** (do grego, *lise* = quebrar + *soma* = corpo) são organelas membranosas esféricas que contêm enzimas digestivas. Essas enzimas podem atuar na chamada digestão intracelular de alimentos ou de agentes infecciosos (bactérias, por exemplo), englobados pela célula, ou mesmo de organelas fora de uso que precisam ser totalmente desfeitas.

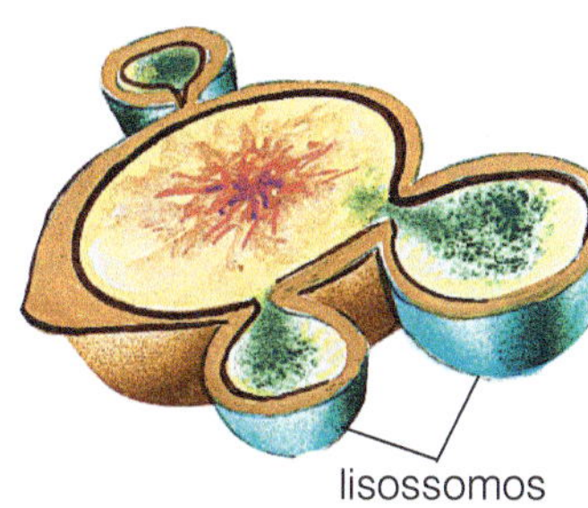

ilustrações LUIS MOURA/ acervo da editora

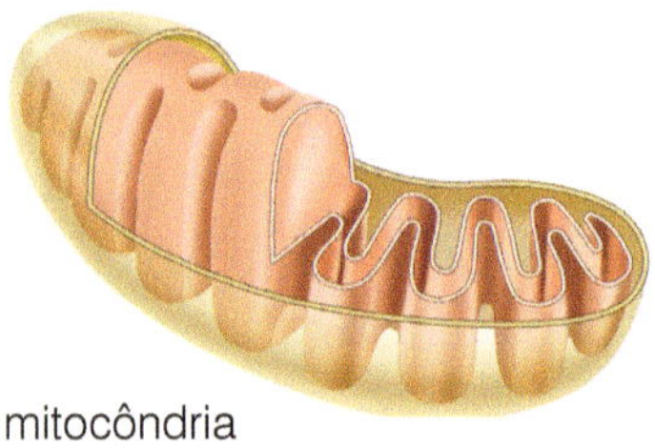
mitocôndria

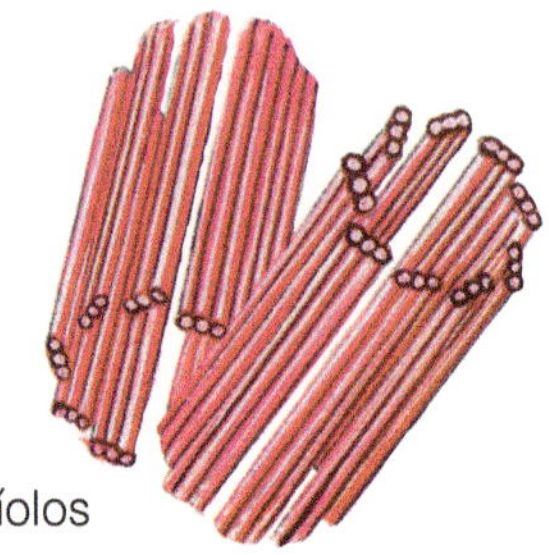
centríolos

Lembre-se!

Centríolos são encontrados em células animais. Na maioria dos vegetais eles não existem.

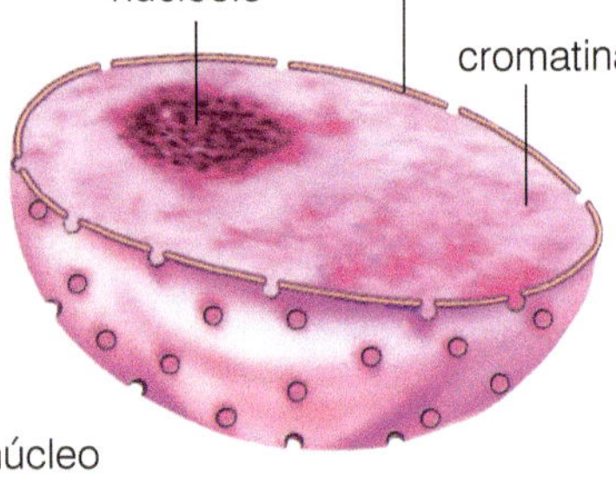

núcleo

Lembre-se!

Células animais e vegetais possuem núcleo organizado.

As organelas em que ocorre o importante processo denominado de respiração aeróbia, ao longo do qual ocorre a liberação da energia necessária à realização das atividades vitais da célula, são as chamadas **mitocôndrias**. Nesse processo, o açúcar glicose, altamente energético, é "desmontado" na presença de oxigênio, e nessa quebra da molécula de glicose ocorre liberação de energia. Com essa energia, pode haver, por exemplo, a produção de proteínas nos ribossomos, a contração de células musculares, o trabalho de condução nervosa dos neurônios (células nervosas), entre outros exemplos.

Presentes em toda célula animal, os **centríolos** são duas organelas de formato cilíndrico, constituídas por conjuntos de túbulos de proteína. Atuam na divisão celular.

O **núcleo** é o centro de comando da célula. Assim como em uma fábrica existe uma diretoria com seus dirigentes, o núcleo celular é o local em que se localiza a **cromatina**, conjunto de filamentos em que está presente o material genético da célula, representado por moléculas de ácido desoxirribonucleico, comumente conhecido por **DNA** (*DeoxyriboNucleicAcid*, em inglês). O DNA é o componente dos genes, responsáveis pelo comando da célula e pela determinação de todas as características de um indivíduo como, por exemplo, cor do cabelo, cor dos olhos, altura do indivíduo, habilidade esportiva, entre outras. Em determinadas fases da vida da célula, por exemplo, ao ocorrer a divisão celular, a cromatina se condensa e passa a ser denominada de **cromossomo** (do grego, *kroma* = cor + *soma* = corpo). No núcleo ainda existem pequenos corpúsculos compactos denominados de **nucléolos**, que correspondem a uma concentração de determinado tipo de RNA (ácido ribonucleico), destinada a formar novos ribossomos toda vez que a célula se divide.

Todo esse conjunto de estruturas nucleares fica mergulhado em um caldo chamado **suco nuclear**, que, de certo modo, é equivalente ao hialoplasma (citosol). Por fim, o núcleo é dotado de uma **membrana nuclear**, também denominada de **carioteca**, equivalente, em termos de composição, à membrana plasmática. Através da membrana nuclear ocorre trânsito de substâncias entre o núcleo e o hialoplasma.

Célula vegetal e diferenças em relação à célula animal

A imagem a seguir mostra o esquema de uma célula vegetal. Assim como ocorre na célula animal, também na vegetal existe membrana plasmática, hialoplasma (citosol) e núcleo organizado.

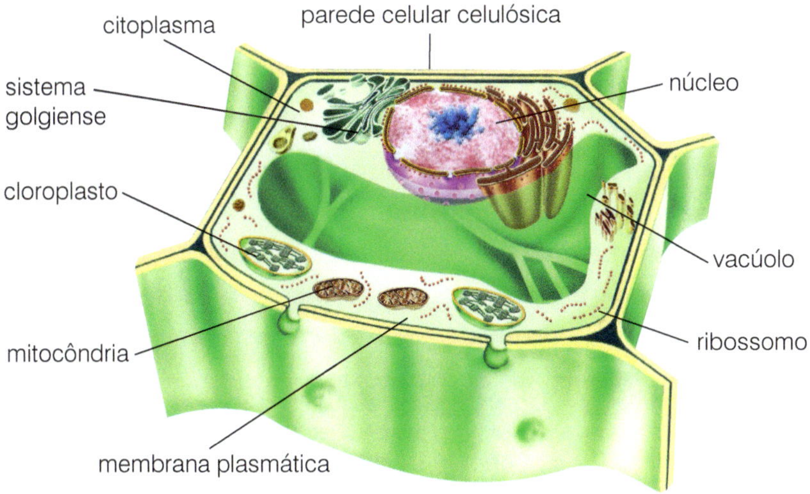

Retículo endoplasmático (rugoso e liso), ribossomos e sistema golgiense também estão presentes. No entanto, três importantes diferenças chamam a atenção: na célula vegetal existe uma **parede celular celulósica** externamente à membrana plasmática, um grande **vacúolo** central e a presença de importantes organelas, os **cloroplastos**. A parede celulósica é uma espécie de muro protetor da célula, do mesmo modo que ocorre em uma fábrica. Por meio dela, ocorre entrada de substâncias na célula. O grande vacúolo central serve de local de armazenamento de substâncias e contém, entre outras, água, sais, açúcares e pigmentos. A grande diferença, porém, entre os dois tipos celulares reside nos **cloroplastos**.

Cloroplastos são importantes organelas nas quais se dá o importante processo de fotossíntese, que abastece de oxigênio a atmosfera terrestre. Nesse processo, conforme mostrado na equação a seguir, ocorre a participação de água, gás carbônico e luz do Sol (fonte de energia), com produção de glicose e oxigênio:

Lembre-se!

A respiração celular consome oxigênio; a fotossíntese produz e libera esse gás.

gás carbônico + água $\xrightarrow[\text{clorofila}]{\text{luz}}$ glicose + oxigênio

CO_2 + H_2O → $C_6H_{12}O_2$ + O_2

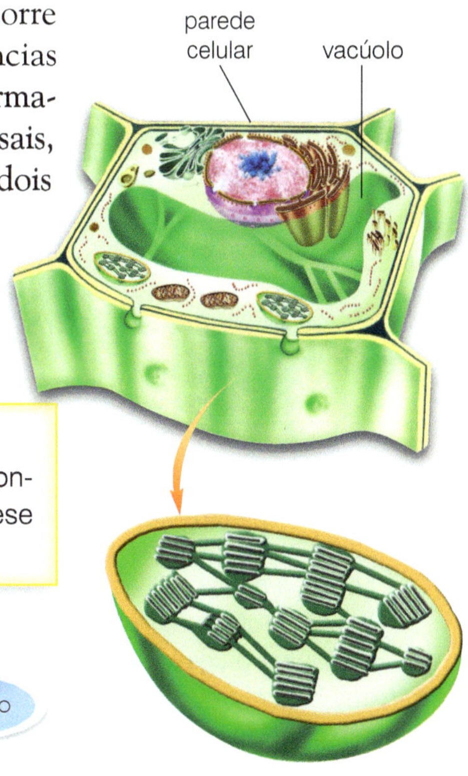

Ilustração de célula vegetal com destaque para cloroplasto, parede celular, externa à membrana plasmática, e vacúolo. (Cores-fantasia. Ilustrações fora de escala.)

LUIS MOURA/acervo da editora

Lembre-se!

Retículo endoplasmático, sistema golgiense, mitocôndrias, lisossomos, cloroplastos e vacúolos são organelas celulares membranosas.

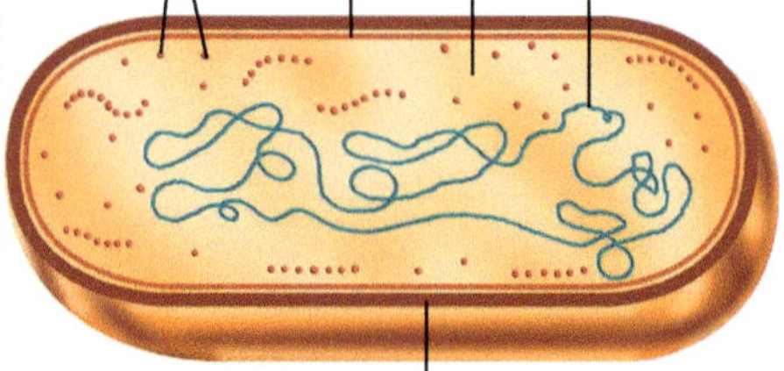

LUIS MOURA/acervo da editora

A célula bacteriana

Como se pode perceber pelo esquema ao lado, a célula de uma bactéria possui muitos dos componentes de uma célula animal ou de uma célula vegetal, ou seja: membrana plasmática, hialoplasma, ribossomos e cromatina.

Do mesmo modo que uma célula vegetal, a célula bacteriana possui parede celular, porém de composição molecular diferente daquela que existe na célula vegetal, ou seja, não é parede celulósica. A grande diferença entre a célula de uma bactéria, relativamente às células animal e vegetal, é a **ausência de núcleo organizado**. Ou seja, a cromatina, o material genético, fica disperso pelo hialoplasma e possui formato de anel filamentoso.

Lembre-se!

Na célula bacteriana não existe núcleo organizado.

ESTABELECENDO CONEXÕES

Saúde

Como diminuir as chances de contrair câncer intestinal

MONTICELLO/SHUTTERSTOCK

Todos sabemos que o que resta de nossa alimentação, o que não é consumido nem guardado por nosso organismo, é eliminado sob a forma de fezes.

A partir dos 50 anos, é frequente aparecerem, sem distinção de sexo, pequenos pólipos no intestino humano. Apesar de benignos, esses pólipos podem dar origem a um câncer, cuja incidência é maior por volta dos 60 anos. Há evidências de que esse tipo de câncer tem base genética e também em dietas com muita carne vermelha, gorduras e pouca ingestão de fibras.

Acredita-se que uma dieta rica em vegetais favorece a prevenção de câncer intestinal em virtude de a celulose, presente na parede celular vegetal, ter um papel importante na promoção dos movimentos da parede do intestino, fator que estimula a eliminação, junto com as fezes, de substâncias potencialmente cancerígenas.

➢ Considere uma refeição dotada de salada de alface, rúcula e couve, grãos de milho, carne de boi moída cozida, peixe assado, carne de frango cozida, arroz integral, tomate, feijão, gomos de laranja e mamão. Em vista das informações do texto desse item, que alimentos seriam recomendados na possível prevenção de câncer intestinal? Justifique em poucas palavras sua resposta.

Estrutura do DNA

Na década de 1950, um jovem cientista americano, James D. Watson, foi para a Inglaterra trabalhar nos Laboratórios Cavendish. Lá encontrou o cientista inglês Francis Crick, e ambos estavam interessados em determinar a estrutura do DNA, o principal constituinte dos filamentos de cromatina (material genético das células). Naquela época, a composição química das macromoléculas de DNA e a sua capacidade de autoduplicação já eram conhecidas. Porém, para compreender essa duplicação fazia-se necessário desvendar a estrutura molecular do DNA.

Watson e Crick juntaram todos os dados conhecidos e, em 1953, propuseram um modelo para explicar o comportamento dessa molécula e o seu papel biológico. O modelo proposto apresentava uma estrutura helicoidal formada por uma hélice dupla, lembrando uma escada torcida, com dois corrimãos unidos por degraus. Desses corrimãos e degraus fazem parte moléculas menores de substâncias que, em conjunto, formam as grandes moléculas de DNA.

O modelo mostrava, ainda, como as diferentes substâncias químicas se ajustavam nesse modelo, o que abriu a possibilidade de explicar dois dos maiores "segredos da vida": o processo a partir do qual o DNA comanda a produção das substâncias químicas necessárias para o surgimento das características hereditárias, e a duplicação do DNA, fato fundamental para explicar como uma célula origina, por divisão, duas células com material genético igual ao da célula-mãe.

Jogo rápido

Por que as células que têm seus núcleos retirados continuam a viver por algum tempo e terminam morrendo?

Por que as células se dividem

As células que formam a estrutura do nosso corpo derivam da primeira célula que todos fomos um dia, a **célula-ovo** ou o **zigoto**, formada pela união de um espermatozoide com um óvulo na fecundação.

Ao se dividirem, as células formam novas células que levam um indivíduo a crescer, a repor células mortas (da pele, das mucosas, do sangue), a regenerar partes perdidas ou lesadas acidentalmente, a formar novos indivíduos (reprodução assexuada de organismos uni ou pluricelulares), a produzir esporos e células sexuais (espermatozoides e óvulos).

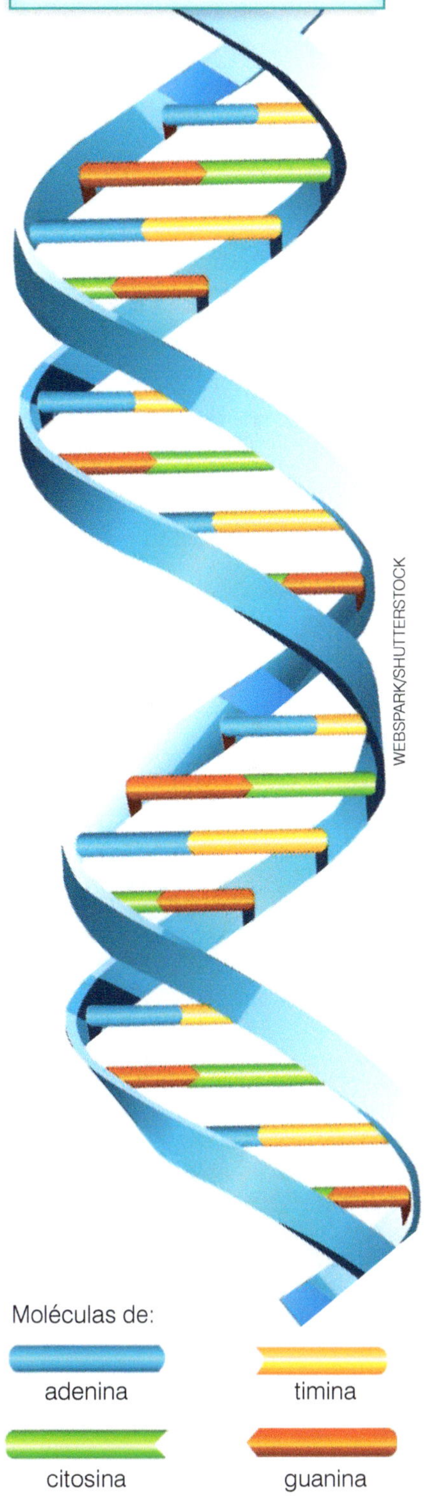

Representação ilustrativa da estrutura do DNA. (Cores-fantasia. Ilustração fora de escala.)

Nosso desafio

Para preencher os quadrinhos de 1 a 11, você deve utilizar as seguintes palavras: carioteca, cloroplastos, cromatina, DNA, lisossomos, membrana plasmática, organelas, respiração celular, retículo endoplasmático, secreção celular, síntese de proteínas.

À medida que você preencher os quadrinhos, risque a palavra que você escolheu para não usá-la novamente.

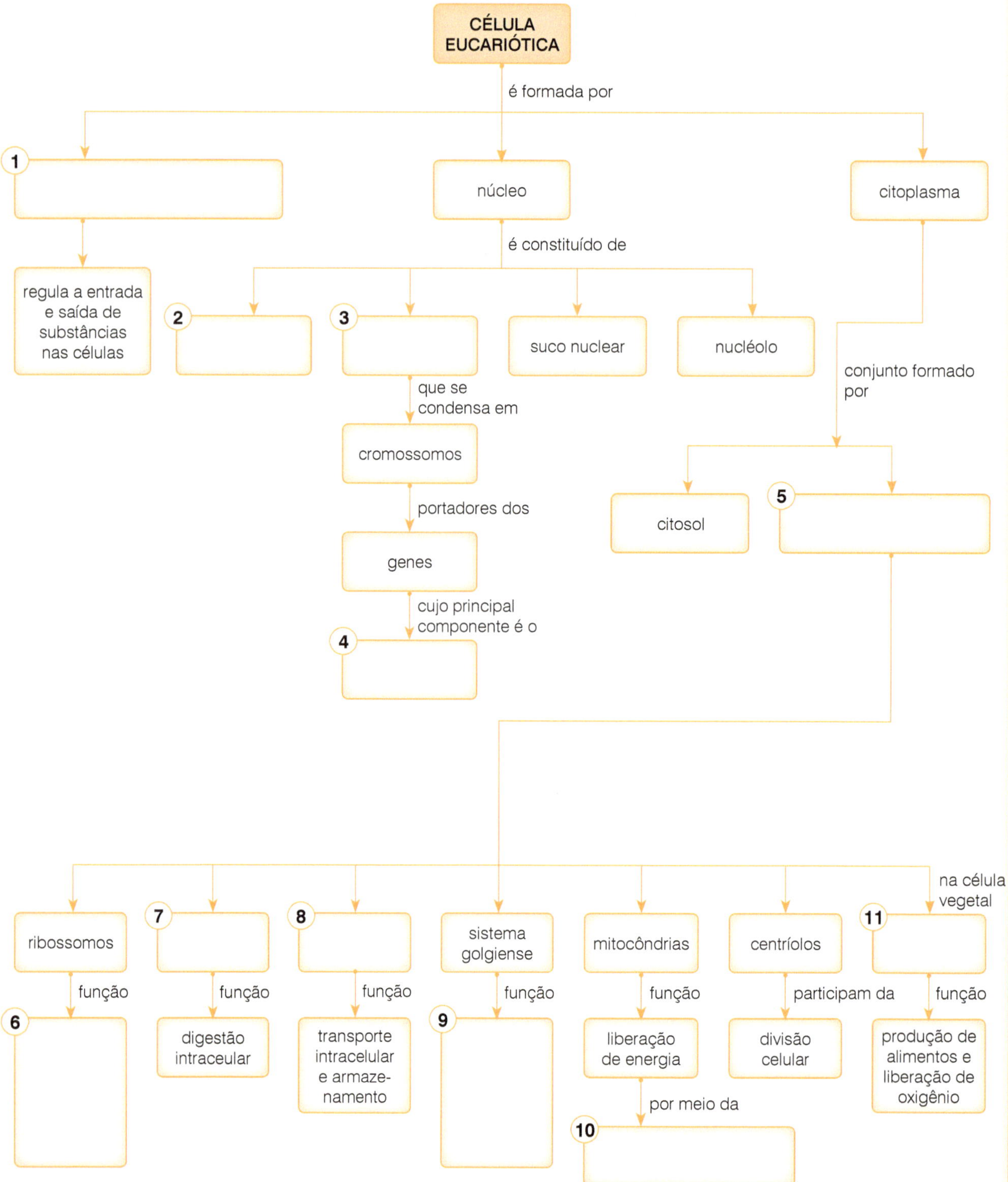

Atividades

1. [5, 10] Identifique as estruturas apontadas nos esquemas.

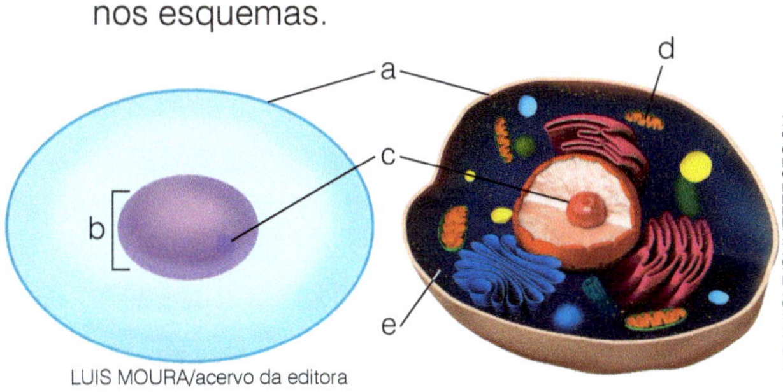

À esquerda, célula animal ao microscópio óptico e à direita, com base em microscopia eletrônica. (Cores-fantasia. Ilustrações fora de escala.)

2. [10] Qual é o nome da estrutura que, ao regular a passagem de materiais para dentro e para fora da célula, consegue manter em equilíbrio a composição química interna celular?

3. [10] Cite os organoides membranosos e os não membranosos que compõem o citoplasma de uma célula animal completa.

4. [6, 10] Queratina e insulina são proteínas produzidas, respectivamente, pelas células da nossa epiderme e por células do pâncreas.
   a) Quais são as organelas citoplasmáticas envolvidas com a produção dessas proteínas?
   b) Que material nuclear comanda esse processo?

5. [10] Qual é a função do retículo endoplasmático na célula?

6. [10] Qual é o destino das organelas celulares que envelhecem e, portanto, não mais exercem satisfatoriamente suas atividades? Que orgânulos celulares desempenham esse papel?

7. [10] Qual é o nome do organoide das células pancreáticas responsável pela secreção de enzimas digestivas que atuam na digestão de alimentos no intestino?

8. [6, 10] O cianeto de potássio é uma substância química tóxica que interrompe o processo de quebra da glicose na respiração celular. Em que organela celular esse veneno atua?

9. [6, 7, 10, 12] Em que organelas celulares ocorre a respiração celular e qual é a importância desse processo para os seres vivos?

Comparando uma célula de bactéria com uma célula humana e uma de vegetal complexo, como, por exemplo, a que existe no interior de uma folha, notam-se algumas semelhanças. Mas há também diferenças. Para responder às questões **10** e **11**, utilize as ilustrações a seguir, referentes a esses três tipos de célula.

10. [5, 6, 10]
    a) Cite três componentes comuns a esses tipos celulares.
    b) Que organela presente nos três tipos celulares participa da síntese de proteínas?

11. [5, 6, 11]
    a) Cite a diferença existente entre a célula humana e a célula vegetal, relativamente ao envoltório que circunda as células.
    b) Relativamente às organelas citoplasmáticas presentes nesses dois tipos celulares (o humano e o do vegetal), quais são as diferenças?

12. [1, 2, 3, 6, 7, 8, 10, 16] Até cerca de 300 anos atrás, acreditava-se que o solo era a fonte principal de alimentação das plantas, ou seja, as plantas "comeriam" o solo como os animais que dependem do alimento que consomem.
    O médico Jan Baptista van Helmont (1574-1644) plantou um vegetal chamado salgueiro em um pote contendo terra, e adicio-

nava *apenas água* ao pote. Ao fim de 5 anos o salgueiro pesava 82 kg a mais em relação ao peso inicial, ou seja, tinha ganho 82 kg. Helmont, no entanto, notou que a terra perdera somente 3 gramas!

a) Após o resultado do experimento do cientista, o mundo científico teve de rever o conceito de que as plantas retiram todo o seu alimento do solo, assim como os animais que dependem do alimento que tomam? Justifique a resposta.

b) Como você supõe que Helmont justificou o aumento de peso da planta?

c) Com os conhecimentos atuais é correto afirmar que os 82 kg ganhos pelo salgueiro vieram exclusivamente da água?

13. **[1, 6, 7, 9]** Nos seres vivos presentes na biosfera, o número de tipos celulares diferentes é muito grande. Em nosso corpo, por exemplo, há mais de 100 tipos celulares; assim, a célula nervosa é bem diferente da célula muscular e da célula epitelial que reveste a nossa pele, por exemplo. As plantas, por sua vez, são formadas por tipos de células bem diferentes das nossas, assim como muitas células de animais invertebrados, como os insetos.

Justifique a frase: Apesar dessa grande diversidade (variedade) de tipos celulares, existe uma notável similaridade (semelhança, igualdade) entre as células.

14. **[1, 6, 7, 8, 9, 12]** Em 1858, o notável cientista Rudolf Virchow propôs a *teoria celular*, que diz: uma célula só pode se originar de outra célula, ou seja, onde existe uma célula deve ter existido outra que a originou. Além disso, Virchow concluiu que um ser vivo só pode surgir de outro ser vivo; assim, um sapo surge a partir de outro sapo, por exemplo.

Virchow elaborou sua teoria em 1858, época em que nada se sabia sobre a existência do material genético (DNA), muito menos de sua estrutura e suas propriedades.

Estabeleça uma relação entre a teoria celular e a duplicação do DNA.

15. **[6, 7, 9, 10]** Imagine uma empresa de construção de edifícios. Nessa empresa existe um escritório central onde os arquitetos e os engenheiros são encarregados de planejar um edifício a ser construído. O resultado desse planejamento é passado para os operários que efetivamente irão levantar o prédio. Há diferentes especializações de operários, uns encarregados da fiação elétrica, outros do encanamento, outros ainda do manuseio do cimento etc. Todo o espaço em que o edifício está sendo construído está cercado por tapumes (cerca que protege uma área). Nessa obra existe um portão que permite a entrada de pessoas e matérias ligadas apenas à construção do edifício.

Fazendo uma analogia (semelhança entre coisas diferentes) com a estrutura e o funcionamento de uma célula animal, quem faria o papel do(s)

a) escritório central?

b) arquitetos e engenheiros?

c) operários?

d) tapumes?

16. **[3, 4, 7, 9]** *Acetabularia* é uma alga verde *unicelular* gigante, de meio a um centímetro de largura. Essa célula é muito diferente da maior parte das células conhecidas: ela é formada por um pedúnculo (tipo de um pé), onde na parte inferior se encontra o núcleo; na parte superior da célula existe uma estrutura com forma de guarda-chuva, conforme a figura ao lado. Todo o espaço em torno do núcleo é o citoplasma onde estão os orgânulos e o hialoplasma. O citoplasma por sua vez é envolvido pela membrana plasmática.

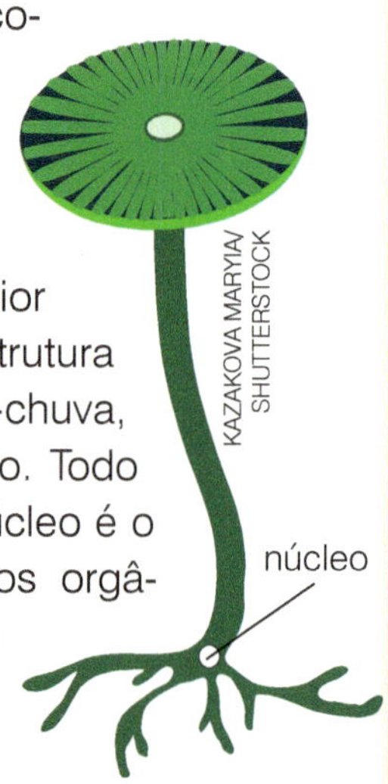

Representação de um exemplar da alga verde *Acetabularia*.

O cientista Hammerling realizou o seguinte experimento: cortou a célula da *Acetabularia* em duas partes conforme a figura abaixo.

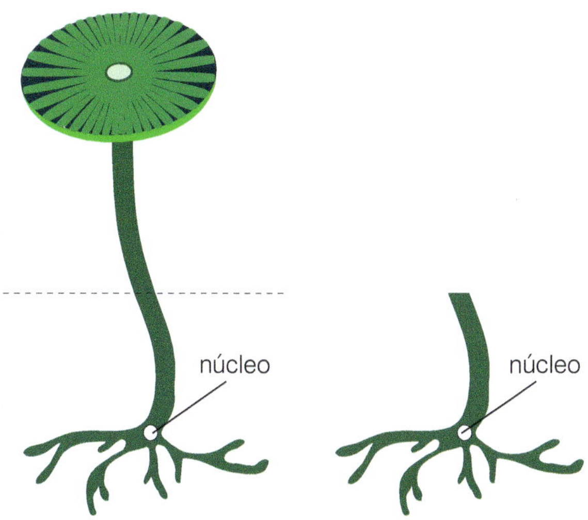

KAZAKOVA MARYIA/SHUTTERSTOCK

Colocadas as partes em meio nutritivo após o corte, Hammerling notou que a metade sem o núcleo sobreviveu certo tempo e depois morreu. A metade com o núcleo viveu e regenerou a parte que estava faltando, formando uma nova *Acetabularia*. A partir desse resultado, Hammerling levantou a seguinte hipótese: o núcleo da célula comanda as atividades das organelas citoplasmáticas, possibilitando a formação de uma nova *Acetabularia*.

Pelo resultado do experimento realizado, é possível afirmar que a hipótese de Hammerling está correta? Justifique sua resposta.

17. **[6, 7,10, 12]** A mitocôndria é uma organela em que ocorre a respiração celular, processo que libera energia para a manutenção das atividades celulares. O número de mitocôndrias pode variar nas células dos organismos; por exemplo, as células musculares da asa de uma mosca têm mais mitocôndrias do que as células do nosso osso.

a) Qual é a relação entre o número de mitocôndrias e a atividade celular?

b) É correto afirmar que o consumo de oxigênio da célula muscular da asa da mosca é maior do que o consumo da célula óssea? Justifique a resposta.

18. **[6, 9, 10]** Compare, em poucas palavras, uma célula vista ao microscópio óptico com uma vista ao microscópio eletrônico.

19. **[6, 9, 10]** Uma célula doente não realiza as funções normais que são realizadas por células sadias. Células musculares cardíacas doentes não conseguem contrair-se satisfatoriamente e, em consequência, o sangue não mais circula normalmente, podendo levar a um ataque cardíaco. Assim também, uma célula nervosa doente não transmite impulsos nervosos adequadamente, e uma área pode ficar paralisada ou insensível.

Muitas doenças celulares têm origem quando a célula não produz energia suficiente para garantir o metabolismo celular. Outras doenças se instalam quando as células não produzem as proteínas para o metabolismo celular.

É possível que a produção de proteínas pelas células seja prejudicada pela ausência de liberação de energia por parte da mitocôndria? Justifique a resposta.

20. **[6, 9, 10, 15, 17, 18]** O consumo de álcool, amplamente difundido, é extremamente nocivo à saúde. Entre os inúmeros problemas que o álcool pode trazer, merece atenção especial aqueles causados ao fígado, um dos órgãos vitais para a nossa saúde.

O consumo excessivo de álcool promove a retenção de gotas de gordura, que podem se tornar tão grandes que terminam ampliando enormemente o *retículo endoplasmático* das células do fígado, que assume a forma de um saco. Com o consumo cada vez maior de álcool, o acúmulo de gordura pelo retículo endoplasmático aumenta progressivamente; em resultado, as células do fígado se tornam gordurosas, o que pode levar o indivíduo à morte.

Em um indivíduo saudável, que não consome muito bebidas alcoólicas, não há acúmulo de lipídios no retículo endoplasmático. Explique como os lipídios conseguem se deslocar atingindo locais distantes de onde foram produzidos.

capítulo 4 O ESTUDO DOS TECIDOS

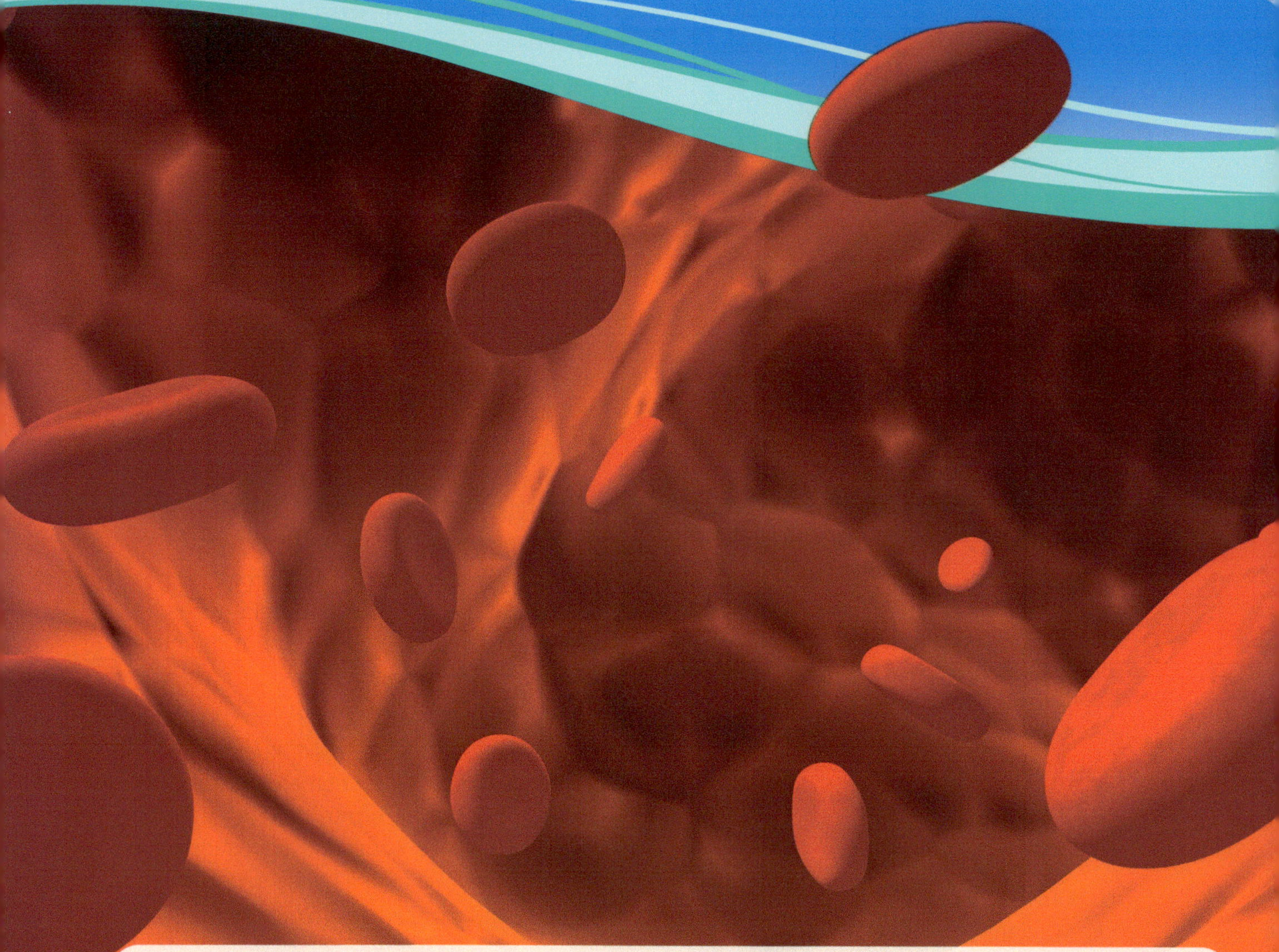

A continuidade da vida depende do processo de renovação celular

Os diversos tecidos do corpo humano são formados por diferentes tipos de células. O tecido nervoso é formado por células nervosas; o muscular, por células musculares; o ósseo, por células ósseas, e assim por diante. Em quase todos os tecidos adultos, as células morrem e são continuamente substituídas por novas. As células que revestem internamente a cavidade do intestino são totalmente substituídas em poucos dias; na pele, as camadas mais externas da epiderme são substituídas a cada dois meses; as hemácias (células sanguíneas anucleadas) são continuamente produzidos para substituir aquelas que envelhecem e morrem (duram aproximadamente 120 dias). Mas qual a origem dessas novas células?

Elas podem originar-se por divisão de células mais novas do mesmo tecido ou a partir de uma reserva de células chamadas *células-tronco*, que são células indiferenciadas, ou seja, ainda não especializadas no desempenho de uma função. As células-tronco originam, por divisão, novas células e estas vão assumindo seus papéis no organismo. Portanto, a vida depende desse contínuo processo de renovação celular.

LUKIYANOVA NATALIA FRENTA/SHUTTERSTOCK

De células a organismo

No corpo humano existem diferentes tipos de célula com funções específicas. Células semelhantes que se reúnem para desempenhar uma mesma função formam um **tecido**. Células musculares reúnem-se formando o tecido muscular e o mesmo vale para a reunião de outros tipos de células, como as nervosas, as epiteliais, as ósseas, por exemplo, formando respectivamente os tecidos nervoso, epitelial, ósseo.

Em cada tecido as células são envolvidas por uma **substância intercelular** que varia quanto à composição química, consistência e quantidade. Por exemplo, no sangue (tecido sanguíneo) as células estão mergulhadas em um meio líquido chamado **plasma**. Na cartilagem (tecido cartilaginoso) da sua orelha, a substância intercelular é abundante, rígida e flexível, de composição diferente do plasma. No tecido ósseo, as células ósseas são envolvidas por matéria intercelular abundante, muito rígida, rica em sais minerais de cálcio e fósforo.

Os tecidos reúnem-se formando **órgãos**. O estômago, por exemplo, é um órgão em que ocorre parte da digestão dos alimentos. Ele é formado por vários tecidos que trabalham de maneira integrada.

Os órgãos, por sua vez, reúnem-se formando **aparelhos** ou **sistemas**, como o sistema circulatório, o respiratório, o digestório, o urinário, o nervoso, o reprodutor, o endócrino e o esquelético. O conjunto desses sistemas forma o **organismo**.

Em termos de tecidos, existem quatro tecidos fundamentais no homem: **epitelial**, **conjuntivo** (abrangendo os tecidos cartilaginoso, ósseo, sanguíneo, adiposo e conjuntivo propriamente dito), **muscular** e **nervoso**.

Lembre-se!

Células que formam um mesmo tecido podem ser semelhantes quanto à forma ou não.

Lembre-se!

Histologia é o estudo dos tecidos.

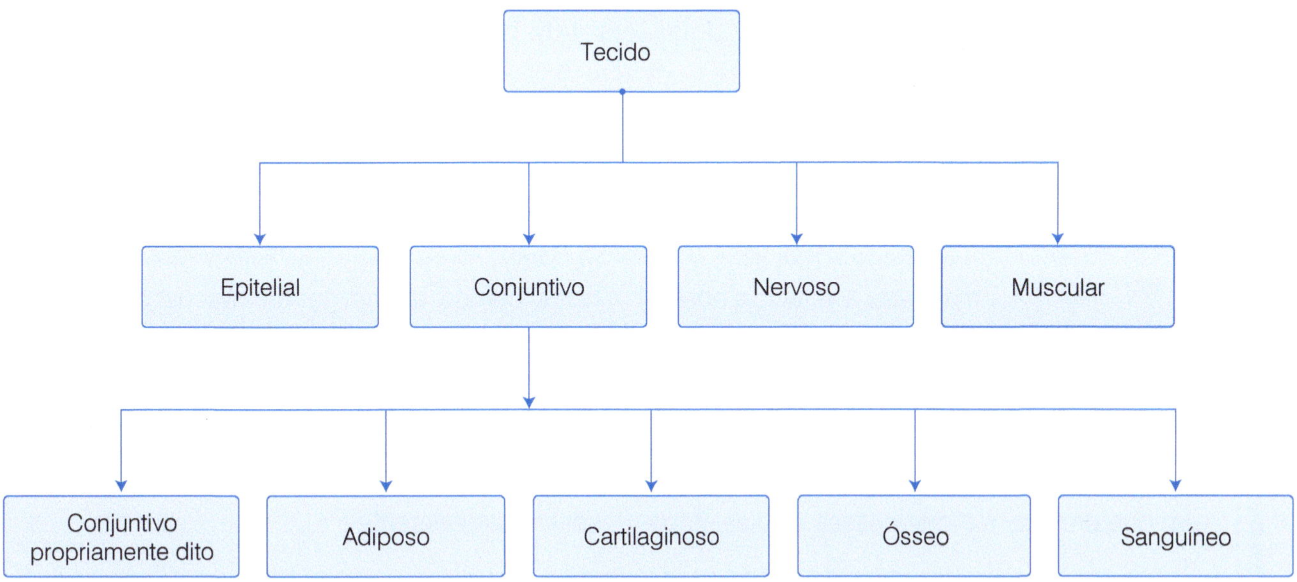

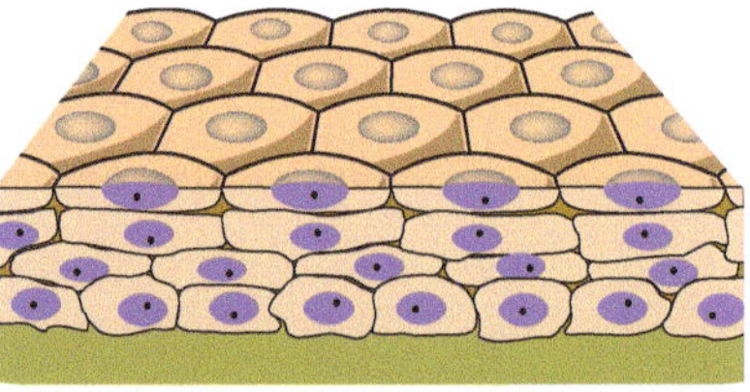

BLAMB/SHUTTERSTOCK

Esquema de tecido epitelial, em que se observa pouca substância intercelular. (Cores-fantasia. Ilustração fora de escala.)

Tecido epitelial

A principal característica do **tecido epitelial**, (*epi* = sobre, em cima) também chamado **epitélio**, é o fato de ele ser formado por **células justapostas**, isto é, fortemente unidas, de tal forma que praticamente não existe substância intercelular entre elas.

Essa organização combina bem com sua função, que é a de *revestimento* e *proteção*. Mas o tecido epitelial pode especializar-se para a *secreção* de produtos como o suor, a saliva e outros sucos digestivos, a secreção oleosa que lubrifica a pele, as lágrimas e os hormônios. Nesse caso, as células secretoras podem permanecer isoladas ou agrupadas em órgãos chamados *glândulas*, como as sudoríparas, as salivares, o fígado, o pâncreas, as sebáceas, as lacrimais, a tireóidea, entre outras. Por isso, podemos considerar dois tipos de epitélios:

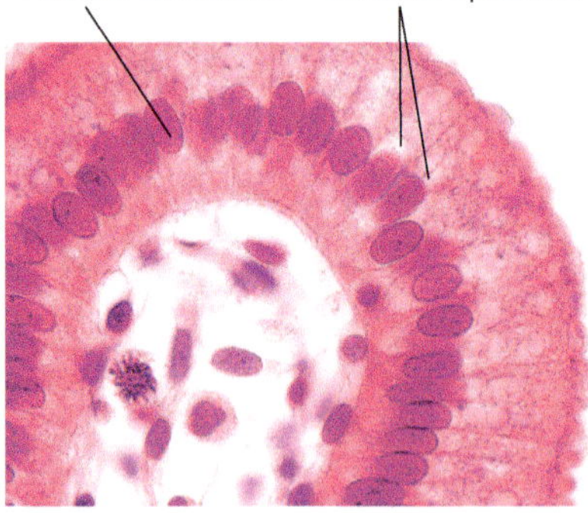

JOSE LUIS CALVO/SHUTTERSTOCK

Observe a única camada de células epiteliais que reveste a parede interna da vesícula biliar. (Imagem vista ao microscópio óptico, corada artificialmente.)

- **de revestimento** – a função desse tecido epitelial é *revestir* e *proteger* partes externas do organismo (é o tecido que forma a **epiderme**, camada superficial da nossa pele), bem como órgãos internos. Certos órgãos são revestidos por uma única camada de células (*tecido epitelial simples*), como no revestimento interno (mucosa) do intestino. Outros são revestidos por mais de uma camada de células (*tecido epitelial estratificado*), como a epiderme dos vertebrados e a mucosa bucal;
- **glandular** – especializado na produção e secreção de substâncias químicas a partir de uma célula isolada ou de um grupo de células epiteliais, que recebe o nome de **glândula**. Na epiderme, encontram-se as glândulas **sebáceas**, cuja secreção lubrifica os pelos e a pele, e as **sudoríparas** ou **sudoríferas**, que produzem e eliminam o suor. Mas há glândulas em várias partes do nosso organismo, como as glândulas mamárias, e muitas delas secretam **hormônios**, como a glândula tireóidea.

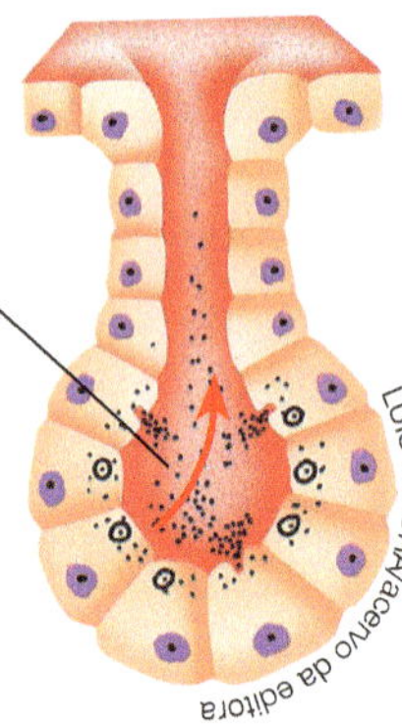

LUIS MOURA/acervo da editora

Esquema de glândula de origem epitelial. Observe que na glândula mostrada, a porção secretora elimina sua secreção para o exterior por meio de um duto. (Cores-fantasia. Ilustração fora de escala.)

É SEMPRE BOM SABER MAIS!

A camada superficial (epiderme) da pele humana e de outros mamíferos, assim como a dos répteis e das aves, é formada por um tecido epitelial estratificado, cujas células produzem **queratina**, proteína rígida que impermeabiliza a pele. O acúmulo de queratina especialmente nas células mais superficiais, ao mesmo tempo em que provoca a morte dessas células, impede a perda de água (desidratação), favorecendo a adaptação desses animais ao meio terrestre. Além disso, estruturas como pelos, penas, bicos, cornos, unhas, garras, cascos, placas de tartarugas, escamas de serpentes, por exemplo, são diferenciações da camada queratinizada da epiderme. As células da camada mais profunda da epiderme são vivas e estão em constante divisão repondo as camadas superficiais que se soltam naturalmente.

Estratificado: composto de várias camadas.

É SEMPRE BOM SABER MAIS!

A pele e seus tecidos

Veja no esquema abaixo as diferentes camadas da pele humana. Trata-se de um órgão formado por duas partes: a *epiderme* e a *derme*. Sob a derme existe uma camada de tecido formando a tela subcutânea ou *hipoderme*, a qual pode apresentar depósitos mais ou menos espessos de gordura (tecido adiposo). Nos suínos, a hipoderme é o que popularmente se chama toucinho. A epiderme é um tecido epitelial. A derme e a hipoderme são formadas por tecidos conjuntivos.

Nossa *epiderme*, como já estudamos, é formada por um *tecido epitelial estratificado* e queratinizado na sua parte superior, impedindo a perda de água, uma adaptação fundamental para o desenvolvimento da vida no meio terrestre.

A *derme* é um *tecido conjuntivo* em que as fibras atuam na sustentação da pele. Além disso, na derme existem células de defesa, as primeiras a combaterem os microrganismos invasores. Glândulas sudoríparas, que secretam o suor, e glândulas sebáceas, cuja secreção lubrifica os pelos e a pele, aprofundam-se na derme, mas são formadas pelo tecido epitelial da epiderme.

A *hipoderme* ou *tela subcutânea* é formada por um tipo especial de tecido conjuntivo, o *tecido adiposo*, cujas células armazenam gorduras que, entre outras funções, constituem reserva de energia, servem como isolante térmico e favorecem a flutuação em ambiente aquático.

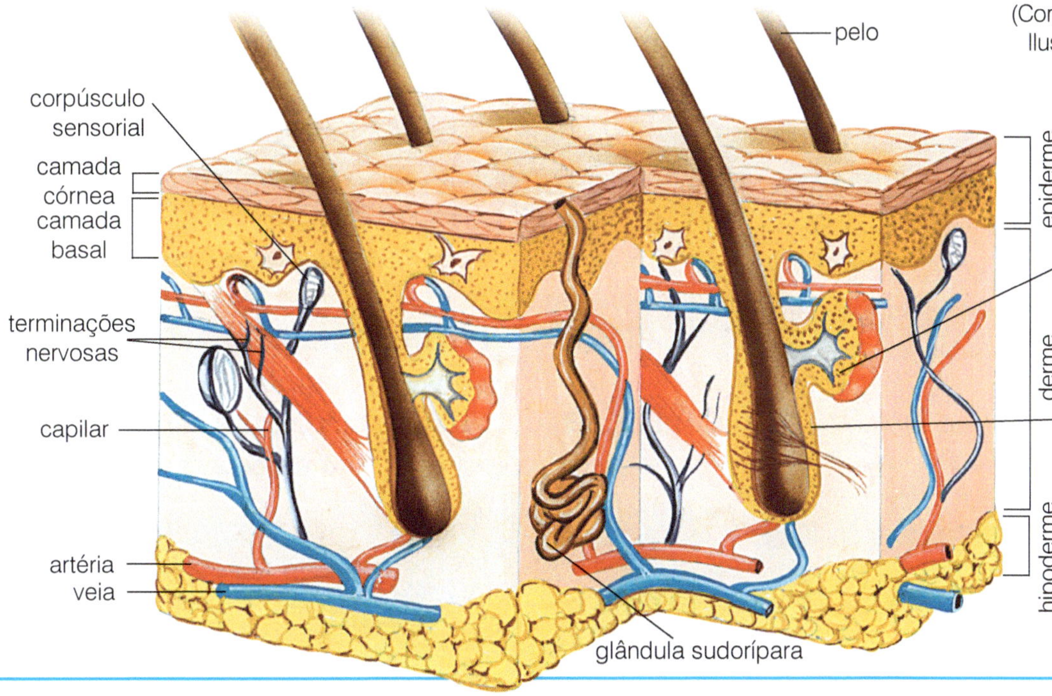

Estrutura da pele. (Cores-fantasia. Ilustração fora de escala.)

ESTABELECENDO CONEXÕES

Cotidiano

A *derme*, camada espessa da nossa pele sob a epiderme fina e transparente, é o que na linguagem do dia a dia se chama *couro*. Você poderá observá-la facilmente na parte superior de um pedaço de bacon. Essa derme, frita em óleo bem quente, é o que se come com o nome de torresmo pururuca, nada recomendável para quem tem teores elevados de colesterol no sangue.

Na indústria de artefatos de couro, a derme é tratada a fim de ser usada na produção de bolsas, sapatos, casacos, na formação de estofados, por exemplo.

JOSE LUIS CALVO/SHUTTERSTOCK

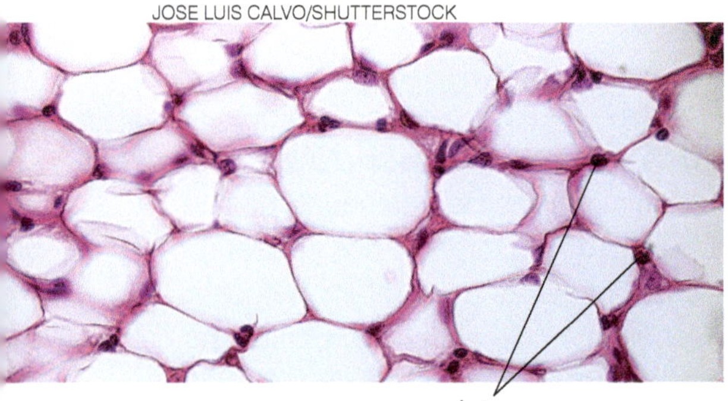

Células do tecido adiposo. Observe que o núcleo está deslocado para a periferia das células. (Imagem vista ao microscópio óptico, corada artificialmente.)

Fique por dentro!

O sebo encontrado no meio de alguns tipos de carne bovina é formado por depósitos de tecido adiposo.

Descubra você mesmo!

Pergunte à pessoa responsável pelo preparo dos alimentos em sua casa, o que acontece quando um ensopado de carne com bastante molho é guardado no refrigerador por algumas horas. Onde fica a camada de gordura? O que fica sob ela? Você saberia explicar o porquê da consistência e da aparência dessa camada inferior?

Tecidos conjuntivos especializados

Tecido adiposo

É formado por células que armazenam *gordura* em um grande *vacúolo* central; por conta disso, o citoplasma e o núcleo dessas células são empurrados para a periferia. As células adiposas, também chamadas **adipócitos**, encontram-se em pequenos aglomerados dentro de outros tecidos (no conjuntivo propriamente dito, por exemplo) ou agrupadas no tecido adiposo espalhado por todo o corpo. Há pouca substância intercelular. O tecido adiposo está presente sob a derme, formando a chamada *tela subcutânea* (*hipoderme*).

Encontram-se também depósitos de gordura ao redor de órgãos internos (coração, rins, por exemplo), protegendo-os.

O tecido adiposo desempenha papel importante como reserva de energia, no isolamento térmico, sendo particularmente abundante na pele de aves e mamíferos que habitam regiões muito frias (pinguins, ursos polares) ou nos aquáticos (focas, leões e elefantes marinhos, baleias, por exemplo). Como a gordura é menos densa que a água, os depósitos adiposos também favorecem a flutuação em meio aquático. Você já deve ter notado que pedaços de bacon flutuam no caldo de feijão, não é?

O tecido adiposo contribui ainda para modelar naturalmente a forma do corpo (hoje em dia é comum ouvir falar em lipoescultura, um procedimento estético) e para amortecer alguns choques.

Baleia jubarte, animal que pode atingir de 12 a 15 m de comprimento. As baleias possuem uma densa camada de tecido adiposo, que as auxilia no isolamento térmico e na flutuação do animal.

GUDKOV ANDREY/SHUTTERSTOCK

Tecido cartilaginoso

Nos vertebrados, há duas variedades de tecido conjuntivo com substância intercelular **rígida** e, por isso, são ideais como suporte para o corpo desses animais. São eles o *tecido cartilaginoso* e o *tecido ósseo*.

O **tecido cartilaginoso**, também chamado **cartilagem**, é um tecido de sustentação, bastante resistente; porém, quando comparado ao tecido ósseo, é em geral mais flexível.

Quanto maior o número de fibras colágenas, mais rígida é a cartilagem, como, por exemplo, nos discos entre as vértebras (discos intervertebrais), que resistem a altas pressões. Cartilagens com grande quantidade de fibras elásticas são mais flexíveis, como, por exemplo, na orelha externa e na ponta do nariz. A traqueia, a laringe e os brônquios, por sua vez, apresentam uma quantidade intermediária de fibras colágenas.

INNERSPACE IMAGING/SCIENCE PHOTO LIBRARY/LATINSTOCK

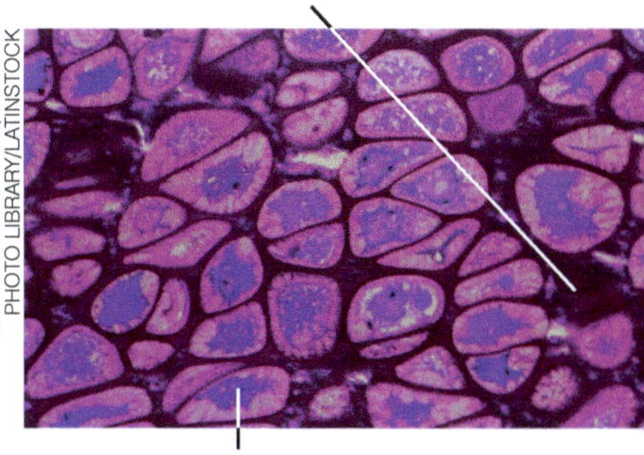

Cartilagem do joelho vista ao microscópio óptico (corada artificialmente). Observe que as células cartilaginosas, também chamadas **condrócitos**, estão mergulhadas em lacunas dentro de uma abundante substância intercelular. (Imagem ampliada 120 vezes.)

É SEMPRE BOM SABER MAIS!

Cuidado com as cartilagens

CRISTOVAO/ SHUTTERSTOCK

Repare na figura a seguir que na articulação entre os dois ossos do joelho existe uma cartilagem, que facilita o deslizamento, permitindo o movimento da perna sem dor. Exercícios físicos de grande impacto, com sobrecarga de esforço, podem degenerar essa cartilagem, podendo levar à sua perda. A consequência desse fato é a **artrose**. Na ausência da cartilagem, o atrito dos dois ossos provoca muita dor e prejudica os movimentos.

Degenerar: perder as qualidades ou características; alterar-se ou modificar-se para pior.

Praticar regularmente uma atividade física é bom para a saúde corporal e mental. Porém a orientação profissional é fundamental para evitar excessos. Imagine um adolescente começando, por exemplo, a jogar vôlei ou futebol, que são esportes de grande impacto, sem a orientação adequada. Como consequência, esse indivíduo poderá, no futuro, ter os joelhos totalmente comprometidos. E, nesse caso, pouca coisa poderá ser feita, uma vez que o tecido cartilaginoso é de difícil regeneração.

ALEX MIT/SHUTTERSTOCK

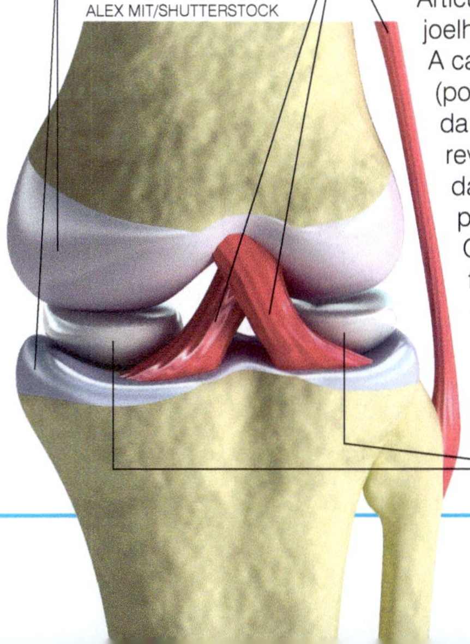

Articulação do joelho humano. A cartilagem (porção mais clara da ilustração) reveste a superfície da articulação, protegendo-a. Os meniscos também são cartilagens e atuam amortecendo os impactos.

Tecido ósseo

O tecido ósseo também é um tipo de tecido conjuntivo e é o principal constituinte do esqueleto da maioria dos vertebrados. Ele é formado por células ósseas, os **osteócitos** (*osteon* = osso), e material intercelular rico em fibras colágenas e sais minerais de cálcio e fósforo, o que resulta em um tecido muito rígido e resistente. A função principal do tecido ósseo é dar sustentação ao corpo, servindo de suporte às partes moles do organismo, além de proteger vários órgãos internos. Por exemplo, a caixa craniana protege o encéfalo; a coluna vertebral (espinha dorsal) protege a medula espinal (ou espinhal). A caixa ou gaiola torácica protege órgãos alojados no tórax (pulmões, coração, entre outros).

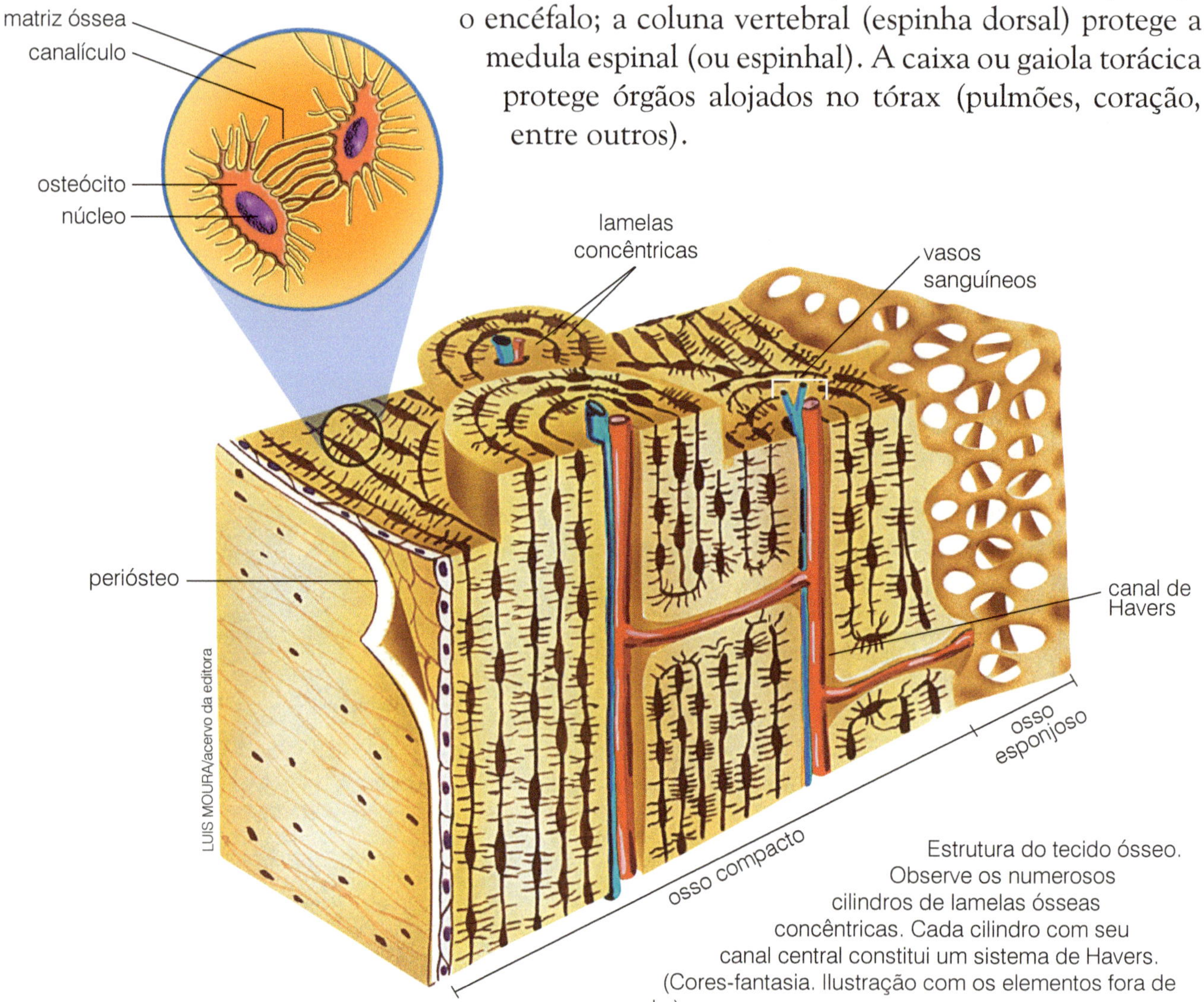

Estrutura do tecido ósseo. Observe os numerosos cilindros de lamelas ósseas concêntricas. Cada cilindro com seu canal central constitui um sistema de Havers. (Cores-fantasia. Ilustração com os elementos fora de escala.)

Ossos servem também de apoio aos músculos que, por meio de contrações, fazem o esqueleto se movimentar.

Na parede compacta de um osso encontramos canais percorridos por nervos e vasos sanguíneos. Por isso, dependendo do tipo de fratura óssea, pode haver sangramento e dor. As células ósseas ficam aprisionadas em lacunas dentro da substância intercelular compacta. Essas lacunas são interligadas por canalículos, permitindo que os nutrientes alcancem as células. Nutrientes e oxigênio passam das células mais próximas de um vasinho sanguíneo para outras mais distantes e, assim, o osso mantém-se vivo.

É SEMPRE BOM SABER MAIS!

Como os tendões prendem-se aos ossos?

Ao redor de feixes de células musculares há tecido conjuntivo, mas nas extremidades dos músculos diminui a quantidade de células (fibras) musculares e aumenta a quantidade de tecido conjuntivo (aspecto perolizado), cujas fibras colágenas se agrupam paralelamente formando o tendão. O tendão, por sua vez, liga-se à fina camada de tecido conjuntivo que envolve o osso (periósteo).

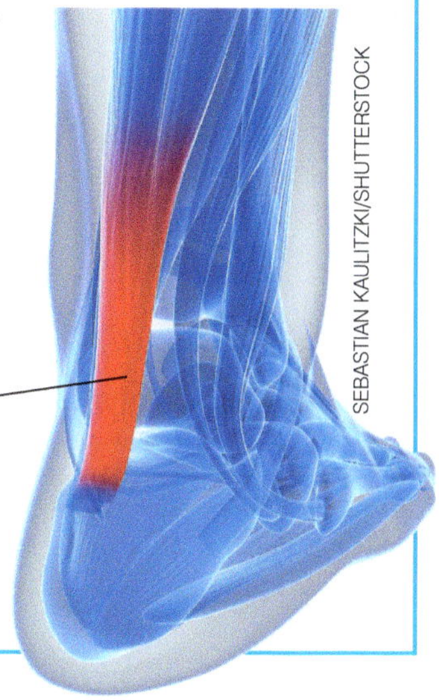

Ilustração em que se destaca o tendão calcâneo, também chamado de tendão de Aquiles, que liga o músculo da panturrilha ao osso calcâneo (calcanhar) na parte posterior da perna. (Cores-fantasia. Ilustração fora de escala.)

ESTABELECENDO CONEXÕES

Cotidiano

Caldos e molhos

Por que as chamadas carnes de segunda, preferencialmente com osso, são ideais para preparar caldos de sopas e molhos para macarronada?

As carnes de segunda e os ossos têm grande quantidade de fibras colágenas. Quando submetidas ao cozimento prolongado, essas fibras liberam colágeno, uma proteína espessa que, além de aumentar o valor nutricional dos caldos e molhos, lhes dão maior consistência, isto é, "engrossam" o caldo como se diz na linguagem popular.

O colágeno é a proteína mais abundante em nosso corpo. A palavra colágeno significa "gerador de cola", porque, submetida ao cozimento, esse tipo de proteína assume um aspecto gelatinoso e colante. Há muitas fibras colágenas no tecido conjuntivo propriamente dito, nas cartilagens e ossos. É a partir desses tecidos que se produz a gelatina, o mocotó ou a geleia de mocotó. Ao passar por uma feira livre ou por um açougue, você poderá observar pés de bovinos expostos à venda para o preparo de mocotó, alimento extremamente rico em proteína (colágeno). As patas dos animais têm grande quantidade de ossos e tendões, que, como você já sabe, são riquíssimos em fibras colágenas.

A gelatina é produzida a partir da proteína colágeno.

ENTRANDO EM AÇÃO

A forma do osso depende da substância orgânica proteica (**colágeno**) presente na matriz intercelular; a resistência depende da parte mineral da matriz (**sais de cálcio** e **fósforo**). No experimento a seguir, a parte mineral será removida e a parte orgânica, preservada.

Material

- dois ossos de frango (da coxa ou da perna)
- refrigerante à base de cola ou frasco com vinagre (600 mL)
- uma garrafa vazia de refrigerante ou de vinagre

Como proceder

- Mergulhe um osso de frango na garrafa (600 mL) de refrigerante à base de cola ou no frasco de vinagre e mantenha o recipiente bem fechado (com tampa ou rolha) durante 7 dias.
- Conserve o outro osso na geladeira, dentro da garrafa de refrigerante vazia e bem tampada.
- Decorrido o prazo, retire o osso do líquido, dobre-o e anote o resultado, comparando com o osso não submetido ao tratamento.

1. O que você observa?

2. Sugira uma explicação para o que aconteceu.

Tecido sanguíneo

O **sangue** também é um tipo de tecido conjuntivo, uma vez que é formado por células separadas por um abundante material intercelular líquido, uma solução aquosa com inúmeras substâncias, chamada **plasma**. No entanto, a função do tecido sanguíneo é diferente da dos outros tipos já estudados, pois ele faz parte de um *sistema de transporte*, devendo servir a todas as células do organismo. Além disso, o sangue participa ativamente da *defesa* do organismo contra agentes estranhos, contém fragmentos de células e proteínas que participam da *coagulação sanguínea*, e é um importante meio de *distribuição de calor* por todas as partes do corpo.

Jogo rápido

Quais são os dois componentes do sangue?

Os constituintes do tecido sanguíneo são:

- os **glóbulos vermelhos**, também chamados de **hemácias** (do grego, *haima* = sangue) ou **eritrócitos** (do grego, *erythrós* = = vermelho), são células achatadas altamente especializadas em conduzir oxigênio dos órgãos respiratórios dos vertebrados (pulmões, brânquias, pele) até as células dos outros tecidos, e parte do gás carbônico das células até os órgãos respiratórios;
- os **glóbulos brancos**, também chamados de **leucócitos** (do grego, *leukos* = branco + *kytos* = célula), atuam na defesa do organismo contra vírus, bactérias e outros invasores por meio de dois processos: *fagocitose* e *produção de anticorpos*;

- as **plaquetas** ou **trombócitos** (do grego, *thrombos* = coágulo), fragmentos citoplasmáticos de células, cuja função é a *coagulação sanguínea*, impedindo a perda de sangue (hemorragia) quando um vaso sanguíneo é lesado, desde que não seja um vaso de grosso calibre e de alta pressão sanguínea.

Todas as células sanguíneas originam-se na medula óssea vermelha, a partir de células-tronco.

Células-tronco: células indiferenciadas com capacidade para formar qualquer tipo de célula.

Jogo rápido

Em poucas palavras, cite as funções das hemácias, dos leucócitos e das plaquetas.

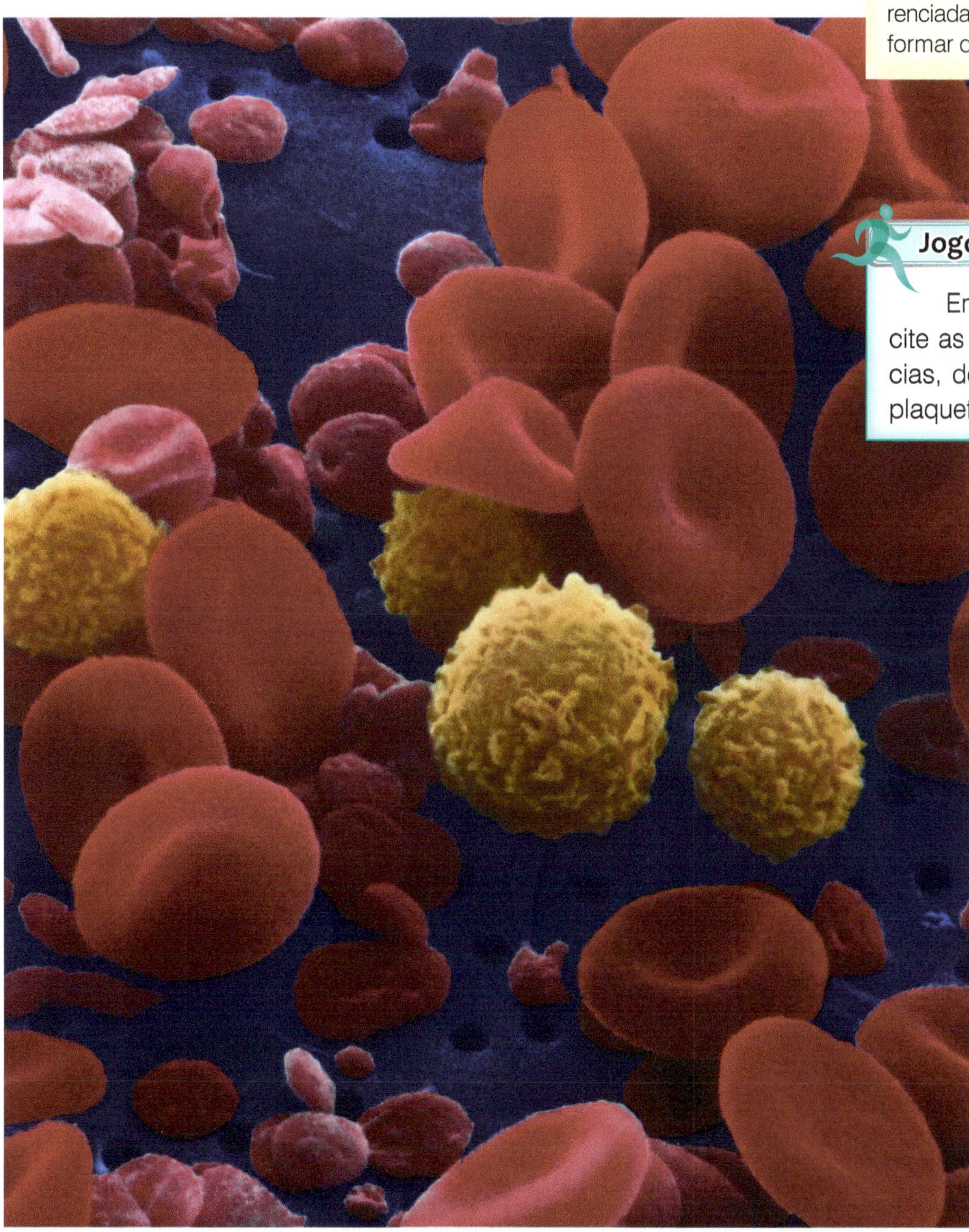

NATIONAL CANCER INSTITUTE/SCIENCE PHOTO LIBRARY/LATINSTOCK

Células do sangue, vistas ao microscópio eletrônico. Observe que os eritrócitos (glóbulos vermelhos) têm a forma de um disco bicôncavo. Essas células, que perdem o núcleo durante sua formação, carregam hemoglobina, uma proteína especializada em combinar-se e conduzir gases, como o oxigênio e o gás carbônico. São bem mais numerosas do que os glóbulos brancos (em amarelo), que atuam na defesa do organismo. As pequenas células rosadas são as plaquetas, que participam do processo de coagulação sanguínea. (Imagem colorida artificialmente; aumento desconhecido.)

EM CONJUNTO COM A TURMA!

Reúna o seu grupo de trabalho e preencham os quadrinhos em branco do esquema abaixo. Vocês devem utilizar corretamente as palavras: adiposo, cartilaginoso, coagulação sanguínea, conjuntivo propriamente dito, defesa do organismo, glóbulos, hemácias, leucócitos, ósseo, osteócitos, plaquetas, plasma, sais de cálcio, sanguíneo.

À medida que preencherem os quadrinhos, risquem a palavra escolhida para não usá-la novamente.

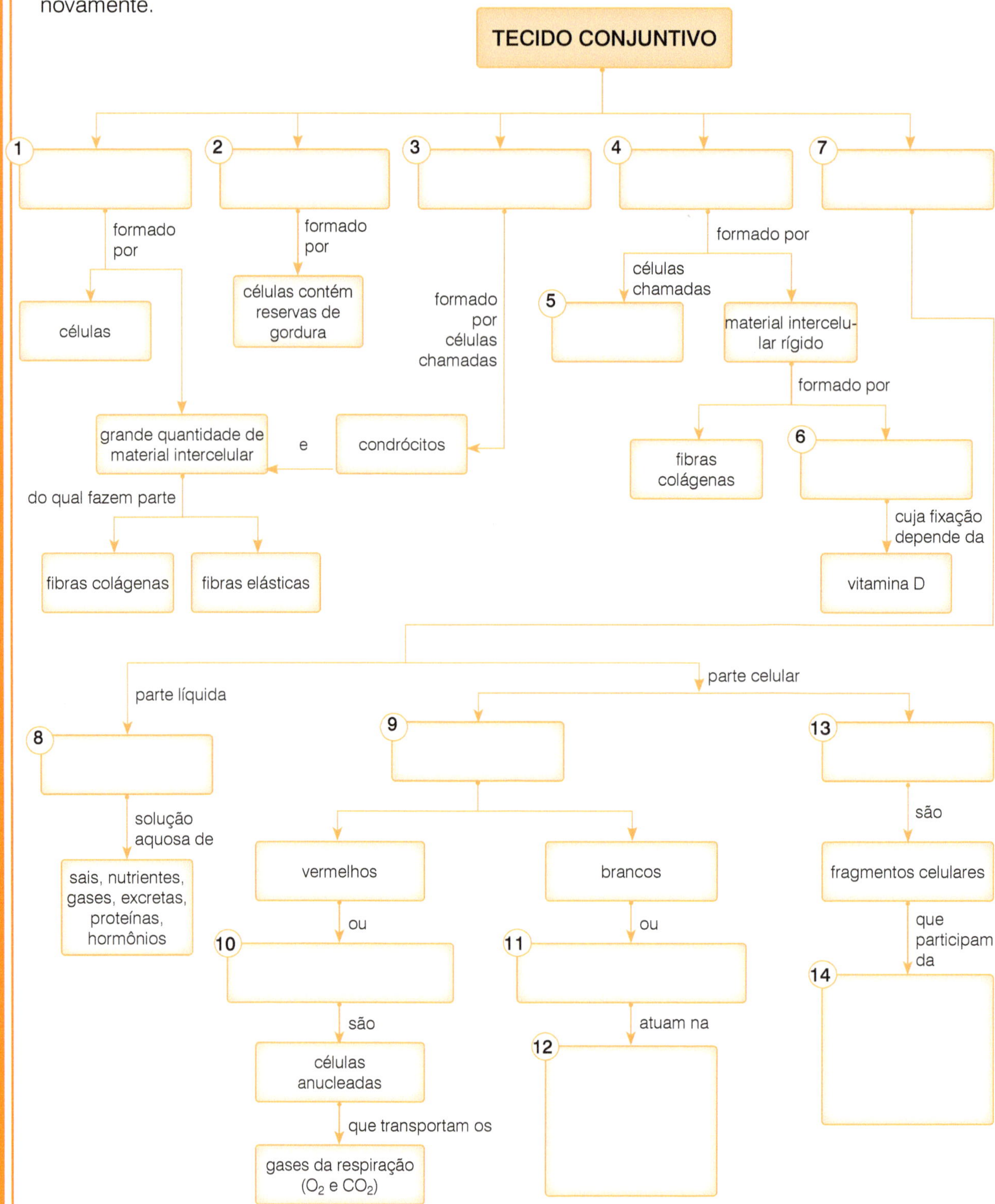

Tecido muscular

A movimentação do corpo, as expressões faciais, o pulsar do coração, a contração das artérias, a contração do útero (no trabalho de parto ou nas cólicas menstruais), a condução dos alimentos e das fezes ao longo do tubo digestório, dependem da atividade dos diferentes tipos de tecidos muscular.

O **tecido muscular** em geral é constituído de células alongadas (os **miócitos**), também chamadas de **fibras musculares**. São células muito finas, cilíndricas, podendo alcançar alguns centímetros de comprimento.

A contração das células (fibras) musculares é produzida pelo deslocamento ordenado de proteínas filamentosas (actina e miosina) presentes em seu citoplasma.

São três os tipos de tecido muscular encontrados no corpo dos vertebrados:

- **tecido muscular estriado esquelético** – é o principal componente dos músculos esqueléticos, que movimentam os ossos do esqueleto. Suas contrações são *rápidas* e *voluntárias* (dependem da nossa vontade). O músculo esquelético liga-se aos ossos por meio dos *tendões*, formados por um tecido conjuntivo denso em forma de cordões muito resistentes à tração;
- **tecido muscular estriado cardíaco** – esse tecido é o principal constituinte da parede do coração. É o responsável pela contração e relaxamento do coração, promovendo a circulação do sangue. A contração desse tecido é *rápida*, *contínua* e *involuntária*; isto é, não depende da nossa vontade para acontecer. O músculo cardíaco também é conhecido pelo nome de *miocárdio* (do grego, *myo* = = músculo + kardia = coração);

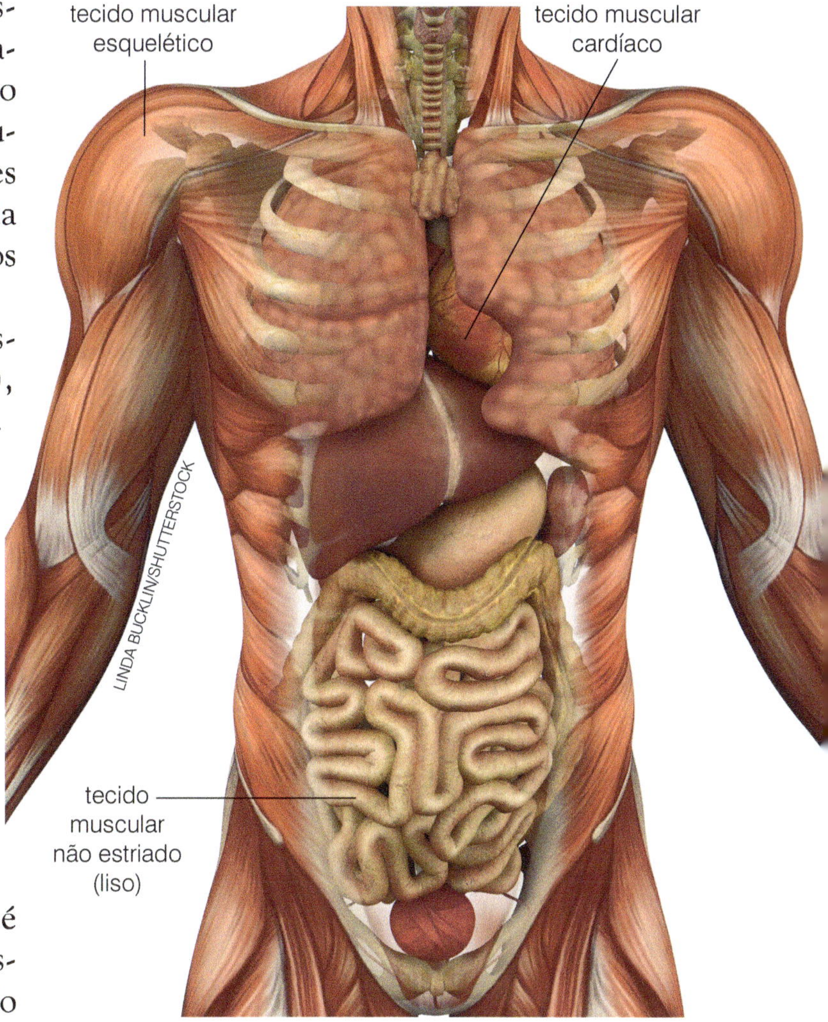

Observe na ilustração acima alguns locais em que se encontram os diferentes tipos de tecido muscular. (Cores-fantasia. Ilustração fora de escala.)

Fique por dentro!

As fibras musculares são chamadas estriadas porque as proteínas da contração (actina e miosina) se dispõem de maneira organizada ao longo do citoplasma. Observadas ao microscópio, formam uma sequência de faixas claras e escuras transversais, as estrias. As faixas mais escuras correspondem a zonas de sobreposição das moléculas dessas duas proteínas.

As carnes de bovinos, suínos, aves e peixes são músculos esqueléticos desses animais.

- **tecido muscular não estriado** ou **liso** – esse tecido está presente, por exemplo, na parede de órgãos internos que possuem uma cavidade (vísceras ocas), como os que formam o tubo digestório (esôfago, estômago, intestino), a bexiga urinária, o útero, e na parede dos vasos sanguíneos (artérias e veias) e dos bronquíolos. A contração é *lenta* e *involuntária*, a exemplo do que ocorre quando os alimentos e as fezes são conduzidos ao longo do tubo digestório. As fibras ou células desse tecido são chamadas *lisas* porque em seu citoplasma as proteínas de contração (actina e miosina) não se organizam como nas fibras estriadas; desse modo, observadas ao microscópio, não mostram estrias transversais.

Principais características dos tipos musculares.

	TECIDO MUSCULAR		
	Esquelético	**Cardíaco**	**Liso**
Localização	Junto ao esqueleto.	Parede do coração.	Parede do intestino, do útero, de artérias etc.
Controle da contração	Voluntária.	Involuntária.	Involuntária.
Forma das células	Alongadas, cilíndricas, unidas.	Alongadas, ramificadas, unidas longitudinalmente, com discos intercalares.	Isoladas, alongadas, fusiformes.
Estriações transversais	Presentes.	Presentes.	Ausentes.
Velocidade da contração	Rápida.	Rápida (rítmica).	Lenta.
Habilidade em se manter contraído	Pequena.	Pequena.	Grande.

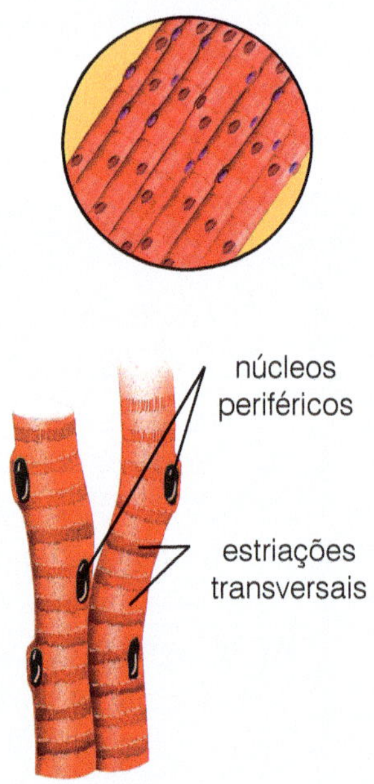

fibras musculares esqueléticas

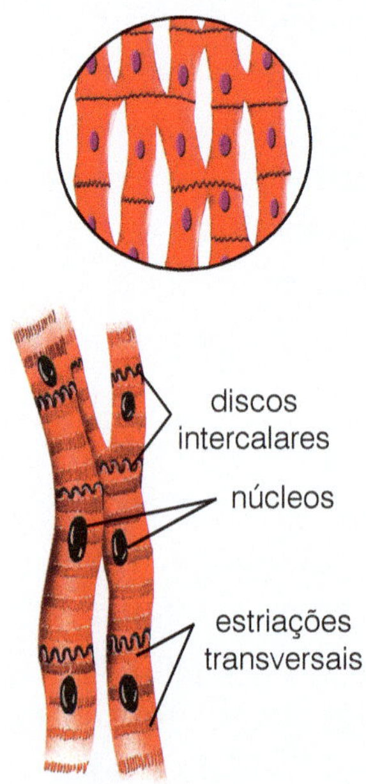

fibras musculares cardíacas

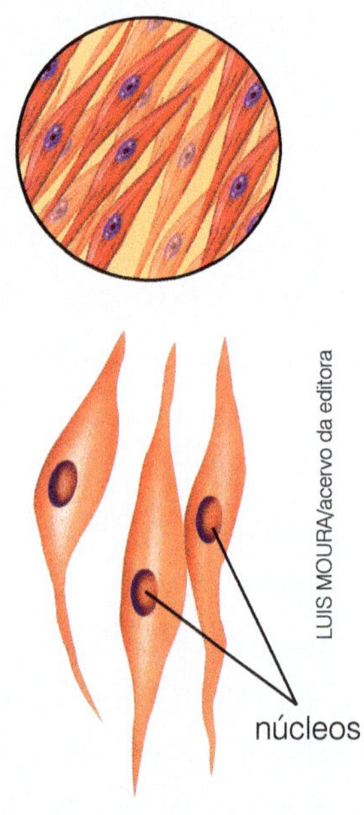

fibras musculares lisas

Tecido nervoso

O **tecido nervoso** é formado principalmente por células nervosas, chamadas **neurônios**. Entre os neurônios há outras células encarregadas da sustentação e da nutrição do tecido nervoso. Um neurônio, como o que você vê ao lado, é uma célula bastante diferente daquelas que você já estudou. Trata-se de uma célula alongada, com muitos prolongamentos que atuam como "fios" transmissores de mensagens na forma de corrente elétrica. Portanto, a *condutibilidade* é uma das mais importantes propriedades dos neurônios, permitindo comunicar e integrar os diversos tecidos e órgãos do corpo humano.

Um neurônio típico, como o esquematizado, é constituído por três partes:

- **corpo celular** – local onde está alojado o núcleo, a maior parte do citoplasma e a maioria das organelas citoplasmáticas (mitocôndrias, retículo endoplasmático, ribossomos, sistema golgiense etc.);
- **dendritos** – normalmente são bastante ramificados (do grego, *dendron* = árvore), funcionam como "antenas", pois captam sinais que serão transformados em impulsos que são conduzidos até o corpo celular;
- **axônio** (do grego, *akson* = eixo) – é o prolongamento em geral mais longo do que os dendritos e sua função é conduzir o impulso nervoso para outros neurônios ou aos músculos e glândulas, que são os *órgãos efetuadores* de respostas do nosso organismo.

O impulso nervoso caminha sempre no mesmo sentido ao longo de um neurônio: dos dendritos para o corpo celular, e deste para o axônio.

dendrito → corpo celular → axônio

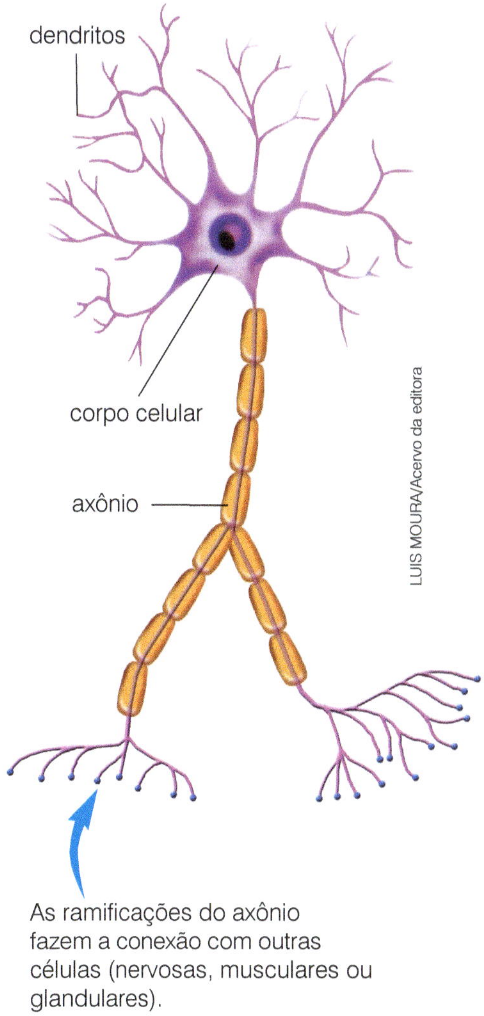

LUIS MOURA/Acervo da editora

Representação ilustrativa das partes de um neurônio. (Cores-fantasia. Ilustração fora de escala.)

Jogo rápido

Identifique uma característica exclusiva das células do tecido nervoso.

É SEMPRE BOM SABER MAIS!

Órgãos efetuadores são aqueles que respondem aos impulsos nervosos no nosso organismo. Há dois tipos bem conhecidos de efetuadores. São eles os músculos e as glândulas. Quando um músculo recebe um impulso nervoso, responde por meio da contração muscular; glândulas respondem por meio da secreção de seu produto. As glândulas salivares, por exemplo, dependendo da intensidade dos estímulos, secretam quantidades variáveis de saliva.

Tecidos conjuntivos

LUIS MOURA/acervo da editora

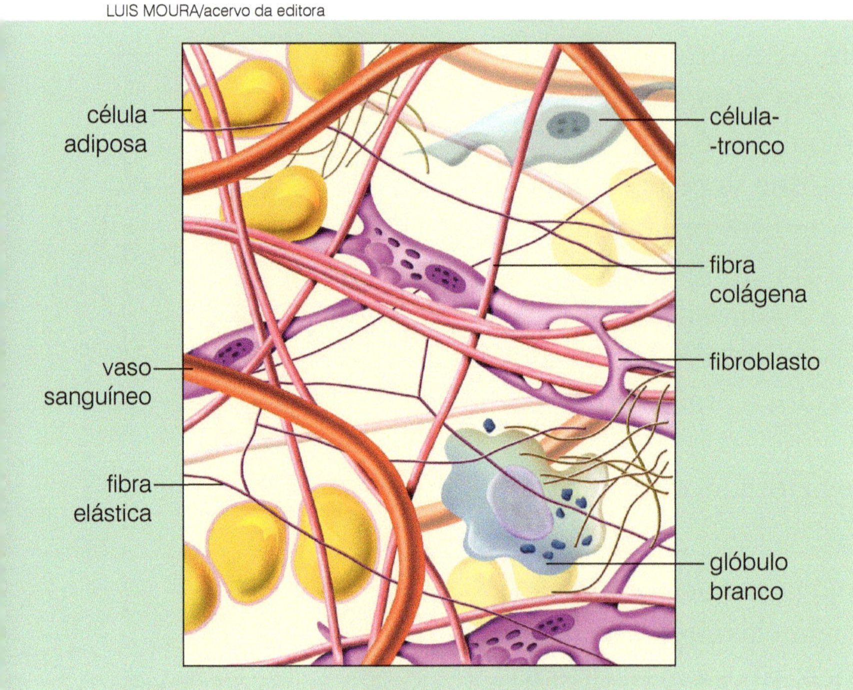

Esquema das fibras do tecido conjuntivo. (Cores-fantasia. Ilustração fora de escala.)

Enquanto a função principal do tecido epitelial é recobrir e secretar, a dos tecidos conjuntivos é *preencher*, *ligar* e *servir de suporte* para outros tecidos e para o organismo como um todo.

Belisque a pele da sua testa ou das costas de suas mãos e perceba que é bastante elástica. Esta elasticidade deve-se ao **tecido conjuntivo propriamente dito**, que forma a **derme** (popularmente conhecida como "couro"), sob a epiderme, e a parte mais frouxa que liga a derme aos músculos situados logo abaixo dela.

Apalpe os tendões do seu corpo, especialmente o tendão de Aquiles, que liga o músculo da panturrilha ao osso do calcanhar; tendões são estruturas rígidas formadas por **tecido conjuntivo**, que ligam músculos a ossos, permitindo a movimentação do esqueleto.

Os tecidos conjuntivos apresentam tipos diferentes de células, geralmente separadas por *grande quantidade de material intercelular*. Há células responsáveis pela produção da substância intercelular da qual fazem parte fibras. Há também células de defesa (fagocitose de partículas estranhas ou restos celulares) e células adiposas.

Jogo rápido

Existe uma importante diferença estrutural entre tecido epitelial e tecido conjuntivo. Qual é?

A substância intercelular, às vezes chamadas de **matriz intercelular** é característica de cada tipo de tecido conjuntivo. As fibras mergulhadas nessa substância e distribuídas por entre as células são fibras de proteínas: *fibras colágenas* e *fibras elásticas*, responsáveis, respectivamente, pela maior resistência ou maior elasticidade do tecido conjuntivo.

Os tipos de tecidos conjuntivos.

Tecido	Ocorrência
Tecido conjuntivo propriamente dito	entre as células musculares, ao redor dos vasos sanguíneos, suporte de epitélios, derme, tendões
Tecido cartilaginoso	pavilhão auditivo, nas abas e ponta do nariz, traqueia, discos intervertebrais
Tecido ósseo	ossos
Tecido adiposo	camada de gordura subcutânea
Tecido sanguíneo	sangue

Todas essas variedades de tecido conjuntivo originam-se do mesmo tecido embrionário. Ao se diferenciarem, especializam-se no desempenho de várias funções: preenchimento, ligação, suporte, resistência à tração, reserva de gordura, transporte.

ESTABELECENDO CONEXÕES

Saúde

Câncer: quando o processo de divisão celular apresenta problemas

Câncer é o nome dado a um conjunto de mais de 100 doenças que têm em comum o crescimento desordenado (maligno) de células que invadem tecidos e órgãos, podendo espalhar-se para outras regiões do corpo.

Dividindo-se rapidamente, essas células tendem a ser muito agressivas e incontroláveis, determinando a formação de tumores (aglomerados de células) ou neoplasias ("formações novas") malignas. Por outro lado, um tumor benigno significa simplesmente uma massa localizada de células que se multiplicam vagarosamente e se assemelham ao seu tecido original, raramente constituindo um risco de vida. É o caso de alguns tipos de pintas ou verrugas.

As causas de câncer são variadas, podendo ser externas ou internas ao organismo, estando ambas inter-relacionadas. As causas externas relacionam-se ao meio ambiente (exposição ao Sol e poluição, por exemplo) e aos hábitos ou costumes próprios de um ambiente social e cultural (alimentação, tabagismo). As causas internas são, na maioria das vezes, geneticamente pré-determinadas, estão ligadas à capacidade do organismo de se defender das agressões externas. Esses fatores causais podem interagir de várias formas, aumentando a probabilidade de transformações malignas nas células normais.

De todos os casos, 80% a 90% dos cânceres estão associados a fatores ambientais. Alguns deles são bem conhecidos: o cigarro pode causar câncer de pulmão, a exposição excessiva ao Sol pode causar câncer de pele, e alguns vírus podem causar leucemia. Outros estão em estudo, como alguns componentes dos alimentos que ingerimos, e muitos são ainda completamente desconhecidos.

O envelhecimento traz mudanças nas células, que aumentam a sua tendência à transformação maligna. Isso, somado ao fato de as células das pessoas idosas terem sido expostas por mais tempo aos diferentes fatores de risco para câncer, explica em parte o porquê de o câncer ser mais frequente nesses indivíduos. Os fatores causadores de câncer são denominados cancerígenos ou carcinógenos. Esses fatores atuam alterando a estrutura genética (DNA) das células.

O surgimento do câncer depende da intensidade e duração da exposição das células a esses agentes. Por exemplo, o risco de uma pessoa desenvolver câncer de pulmão é diretamente proporcional ao número de cigarros fumados por dia e ao número de anos nos quais isso vem ocorrendo.

Adaptado de: O que é câncer?
Disponível em: <http://www.inca.gov.br/conteudo_view.asp?ID=322>.
Acesso em: 18 mar. 2018.

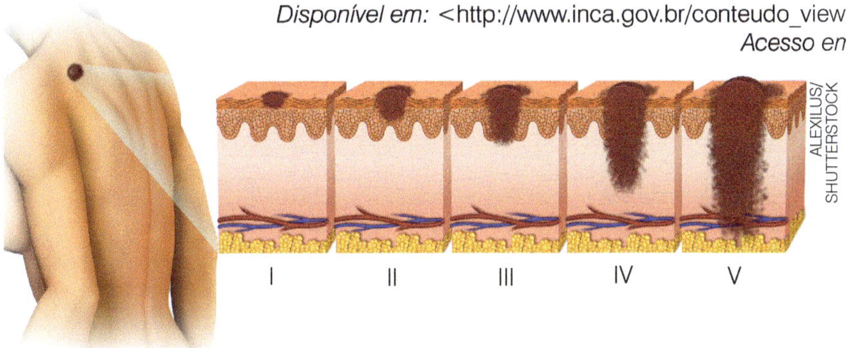

Um tipo de câncer de pele, que no início se parece com uma pinta, é o melanoma, que se origina das células da pele que contêm melanina (pigmento que dá cor à nossa pele). Diagnosticado no início da formação (I, apenas na epiderme), não causa maiores transtornos. Porém, seu crescimento invade a derme e os tecidos subcutâneos (II a IV), podendo atingir os vasos sanguíneos (V); nesse caso, células cancerígenas podem se desprender do tumor principal, cair na corrente sanguínea, se alojar e se multiplicar em outros órgãos, fenômeno conhecido como **metástase**.

Nosso desafio

Para preencher os quadrinhos de 1 a 11, você deve utilizar as seguintes palavras: axônio, cardíaco, corpo celular, dendritos, esquelético, estriado, lenta e involuntária, liso, neurônios, rápida e involuntária, rápida e voluntária.

À medida que você preencher os quadrinhos, risque a palavra que escolheu para não usá-la novamente.

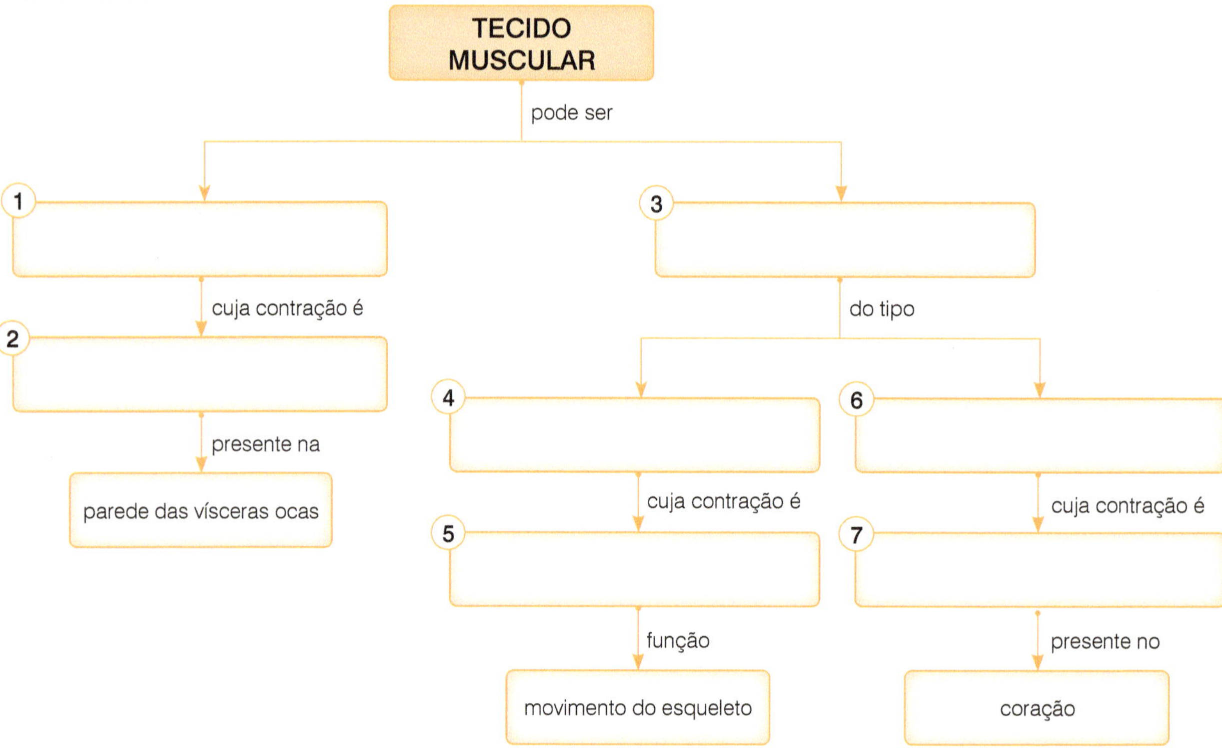

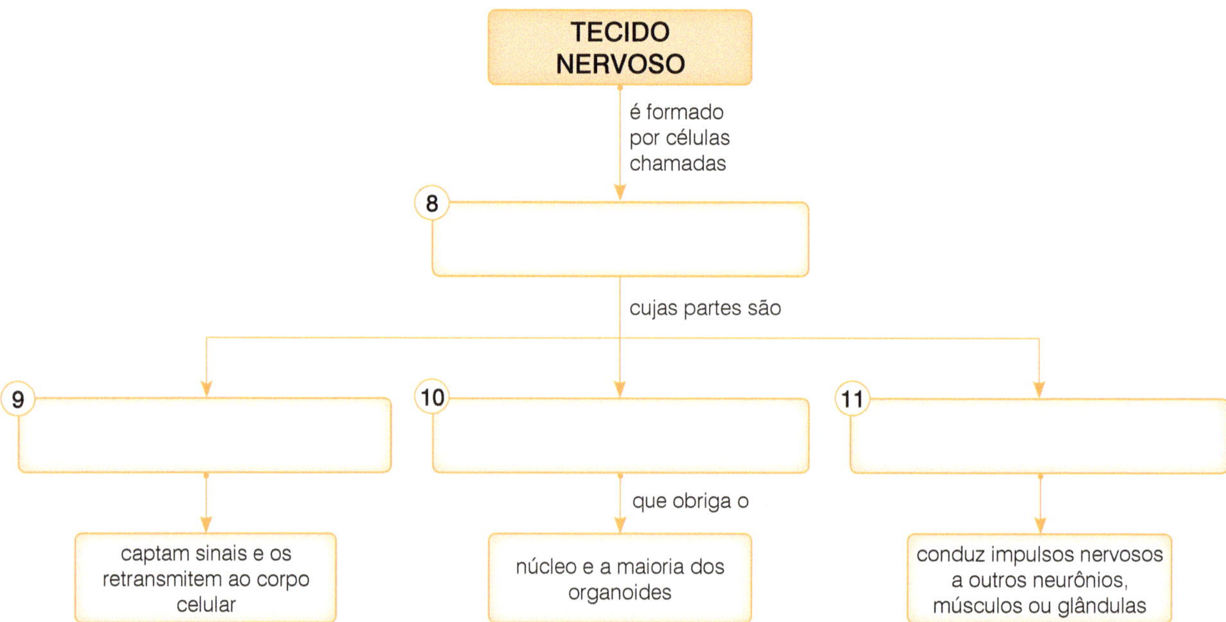

Atividades

1. **[2, 3, 6, 7, 10]** No corpo humano, diferentes tipos de células exercem funções específicas. Células de modo geral de aspecto e morfologia semelhantes se reúnem e passam a desempenhar uma função comum, por exemplo, condução de estímulos nervosos, contração muscular, proteção de superfícies. Esse conjunto de células recebe uma denominação típica em organismos complexos, como o de uma ave, um peixe e o ser humano.

a) Indique a denominação utilizada para o conjunto de células descrito no texto, característica típica de seres pluricelulares complexos.

b) De maneira geral, as células de cada um desses conjuntos são envolvidas por um material de suporte, variável quanto à composição, consistência e quantidade. Como é denominado esse material de suporte que banha as células desses conjuntos?

c) No sangue, que é um exemplo de conjunto de células, a substância que banha as células é líquida. Como é denominada essa substância?

2. **[2, 6, 7]** Em Biologia, costuma-se definir tecido como "um conjunto de células semelhantes que desempenham uma mesma função".

Embora essa definição seja aplicada à maioria dos tecidos, você já sabe que em alguns deles as células diferem não só na forma mas também na função.

Observe os esquemas ao lado. Identifique os tecidos representados, cite pelo menos uma função de cada um e assinale aqueles cujas células têm formas e funções diferentes.

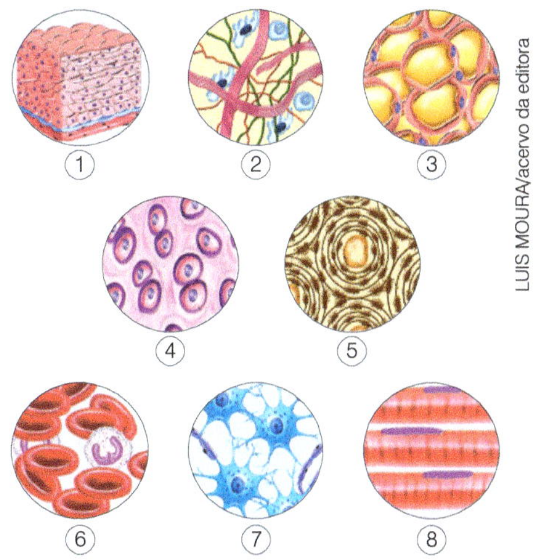

3. **[2,6,7]** Epitélio ou tecido epitelial é o conjunto de células responsável pela proteção, produção de substâncias e sua eliminação, ou ainda absorção, dependendo do órgão em que se situe. Considerando essas informações:

a) Indique os dois tipos básicos de tecido epitelial presentes no organismo humano, quanto à função que exercem.

b) Quanto ao número de camadas de células, como pode ser caracterizado o tecido epitelial?

4. **[2, 3, 6, 7, 12]** É correto afirmar que o tecido epitelial é formado por células mergulhadas em uma grande quantidade de material intercelular? Justifique a resposta.

5. **[2, 3, 6, 7]** O tecido conjuntivo possui características que o diferenciam de outros tecidos, notadamente no que se refere à sua composição celular e ao material que rodeia as células. É um tecido que desempenha importantes funções e que está presente na grande maioria dos órgãos do corpo humano.

a) Qual é a característica do tecido conjuntivo, relativamente às suas células e ao material que as rodeia?

b) Qual é a denominação dada à substância que rodeia e banha as células do tecido conjuntivo e que componentes intercelulares estão normalmente presentes nela?

c) Indique os diferentes tipos de tecido conjuntivo.

6. **[2, 3, 6, 7, 12]** A pele humana é um eficiente revestimento dotado de inúmeras células dispostas em duas camadas. A primeira camada, em contato com o ambiente, assenta-se sobre a segunda, que, por sua vez, faz contato com uma camada subcutânea, de espessura variável e rica em tecido adiposo. A importância da pele como revestimento protetor, isolante térmico e auxiliar da regulação da temperatura é reconhecida universalmente.

a) Cite as 3 camadas a que se refere o texto.

b) A primeira camada, externa, é dotada de importantes glândulas, responsáveis, respectivamente, pela produção do suor e pela produção de substância oleaginosa que lubrifica pelos e a pele. Indique essas duas glândulas.

c) A camada mais externa da pele possui uma cobertura rica em proteínas em contato com a atmosfera, protegendo a pele da perda excessiva de água. Qual é essa proteína?

d) Que estruturas da pele são responsáveis pela produção de pelos e cabelos e a qual camada pertencem essas estruturas?

e) A segunda camada da pele possui características próprias que diferem bastante das características presentes na primeira camada. Em poucas palavras, diferencie as características dessas duas camadas.

7. **[1, 2, 3, 6, 7, 10, 12, 17]** É frequente a veiculação de notícias, pelos diferentes órgãos de imprensa, a respeito da preocupação das autoridades de saúde pública sobre as inúmeras ocorrências causadas pela ingestão excessiva de gordura.

SYDA PRODUCTIONS/SHUTTERSTOCK

Com base em seus conhecimentos sobre o assunto, que danos ao organismo humano o excesso de gordura pode causar?

8. **[2, 3, 6, 7]** Além de proteger o corpo contra alguns impactos, que outras funções tem o tecido adiposo da camada subcutânea (hipoderme) dos mamíferos?

9. **[2, 3, 6, 7]** Sabendo que a orelha externa e os discos entre as vértebras (discos intervertebrais) possuem o mesmo tipo de fibras, por que a cartilagem da orelha é mais flexível, enquanto a dos discos intervertebrais é mais rígida?

10. **[1, 2, 3, 6, 7, 12]** O tecido ósseo é o único que, além de possuir várias células e fibras colágenas, também apresenta um considerável depósito de substâncias minerais, que são responsáveis pela rigidez típica desse tecido.

Graças a essa rigidez, as estruturas que contêm tecido ósseo podem servir como ancoradouros de músculos e tendões e, assim, atuar na movimentação do organismo.

a) Indique a substância mineral que confere rigidez ao tecido ósseo.

b) Como essa substância mineral é fornecida ao tecido ósseo?

11. **[2, 3, 6, 7]** Pele e ossos são tecidos ou órgãos? Justifique sua resposta.

12. **[1, 2, 3, 6, 7, 12, 15, 16]** Por que indivíduos que ingerem alimentos ricos em cálcio (ovos, leite e derivados) e que frequentemente tomam sol são menos propensos a fraturas ósseas?

AFRICA STUDIO/SHUTTERSTOCK

13. [1, 2, 3, 6, 7, 12, 15,16] Em algumas indústrias, pedaços de ossos, articulações, orelhas, tendões, patas e outros órgãos de animais (gado bovino, por exemplo) são jogados em tanques e submetidos a um tratamento químico especial e a fervura prolongada. Forma-se um grosso caldo, que é matéria-prima na produção de colas, gelatinas e geleia de mocotó. Qual é a substância orgânica predominante nesse caldo e que importância alimentar tem?

14. [2, 3, 6, 7] Cite o nome do(s) componente(s) sanguíneo(s) que:

a) impedem a hemorragia (perda de sangue);

b) transportam oxigênio;

c) protegem o organismo;

d) conduzem nutrientes às células.

15. [1, 2, 3, 6, 7, 10, 11, 12, 15] Dudu esfolou o joelho jogando futebol. Houve sangramento, mas depois de alguns minutos o sangue estancou graças ao processo de coagulação. Nos dias seguintes formou-se a "casca" da ferida e sob ela um pouco de pus. O pus contém tecidos mortos, bactérias mortas, assim como as células sanguíneas que as fagocitaram. Neste cenário de morte e escombros, os tecidos lesados aos poucos regeneram-se.

SERGEY RYZHOV/SHUTTERSTOCK

Que tecido e quais elementos desse tecido são responsáveis

a) pela coagulação do sangue?

b) pela fagocitose dos microrganismos (bactérias) invasores?

16. [2, 3, 6, 7] Cite os três tipos de tecido muscular encontrados no corpo humano e onde ocorrem.

17. [2, 3, 6, 7, 16] Qual é a diferença entre contrações musculares voluntárias e involuntárias? Dê um exemplo de cada tipo.

18. [1, 2, 3, 6, 7, 10, 12, 14, 15] Quais os tecidos que constituem o sebo, os tendões e o toucinho?

19. [2, 3, 6, 7] Uma célula nervosa típica possui três partes: dendritos, corpo celular e axônio. Faça um esquema de um neurônio indicando cada uma dessas partes.

20. [2, 3, 6, 7, 8, 9, 10, 18] Os tecidos nervoso, muscular e ósseo constituem um exemplo de integração de funções em que a atividade estimuladora das células do tecido nervoso contribui para a atividade de contração das células do tecido muscular, que conduz à movimentação do esqueleto. Na realização de suas funções, esses três tecidos dependem basicamente do papel exercido por outro tecido, o sanguíneo, que lhes fornece nutrientes diversos e oxigênio, ao mesmo tempo em que retira resíduos decorrentes do metabolismo, como o gás carbônico e a ureia. Ao mesmo tempo, as células sanguíneas dão o suporte necessário às funções desempenhadas não apenas por esses três tecidos, mas a todos os outros componentes do organismo humano.

a) Em sua opinião, qual desses tecidos influencia diretamente a função dos outros tecidos citados? Justifique sua resposta.

b) No texto deste capítulo sobre tecido sanguíneo, há referência a um tipo particular de células, as chamadas células-tronco, existentes na medula óssea, das quais originam-se todas as células do sangue. Atualmente acredita-se que células-tronco também existam em outros tecidos, provavelmente no tecido nervoso. Qual é a importância desse tipo de células em organismos complexos, como o ser humano e outros animais?

capítulo 5

MOVIMENTO E COORDENAÇÃO

Pura emoção!

Você e seu amigo estão prontos para um tempo de diversão e emoção. Vai começar uma nova partida de tênis de mesa no *videogame*. O controle do *videogame* é sensível aos movimentos que o jogador faz ao movê-lo (funciona como uma espécie de *mouse* aéreo). O pequeno alto-falante já começa a emitir o ruído que revela a batida da bolinha. A regra é simples: vence o jogo quem levar a melhor em 3 tempos. Cada tempo é vencido por quem chegar primeiro a 21 pontos. No caso de empate em 20 pontos, o vencedor será aquele que fizer 2 pontos consecutivos. Dois dos tempos já foram jogados e aconteceu um empate em 1 × 1!

O jogo recomeça no terceiro tempo, que é decisivo. O placar avança até 20 × 16 e você está na frente! Seu amigo empata o jogo em 20 × 20 e você precisa se concentrar, "voltar" ao jogo! Finalmente, por 26 × 24, você vence!

Todos os estímulos que você recebeu durante o jogo foram processados pelo seu sistema nervoso. Na verdade, todas as suas ações e reações, os olhos fixos e arregalados no movimento da bolinha, a coordenação dos movimentos das mãos e pernas, a expectativa da vitória ou derrota, o coração acelerado e a transpiração, por exemplo, estão sendo controlados por esse sistema de comando.

Este capítulo é dedicado ao estudo inicial do sistema nervoso e sua integração com outros sistemas para a coordenação dos movimentos. Você entenderá como a participação desse sistema faz o organismo enfrentar de modo adequado os problemas e os desafios que você tem pela frente.

BETTO RODRIGUES/SHUTTERSTOCK

A vida depende de organização e equilíbrio

O corpo humano é constituído por milhões de células que formam tecidos, órgãos e sistemas que devem trabalhar harmoniosamente e garantir uma vida saudável.

Você "sabe" como dirigir uma ação que depende de sua vontade, como, por exemplo, pegar uma caneta; "sabe" quando necessita de algumas horas de sono; assim como o seu organismo "sabe" qual é o momento de aumentar os batimentos cardíacos e os movimentos respiratórios ou secretar o suco gástrico para a digestão. Mas como organizar todas essas atividades humanas com tanta harmonia? Esse papel é desempenhado pelo **sistema nervoso** e pelo **sistema endócrino** (hormonal), que integram, coordenam e regulam as atividades dos outros sistemas, mantendo o estado de equilíbrio (homeostase) do organismo.

O *sistema nervoso* executa sua função por meio de impulsos nervosos (sinais elétricos) que percorrem os **neurônios**, células especializadas na condução desses impulsos.

O *sistema endócrino* ou *hormonal*, por sua vez, controla as funções do organismo por meio de substâncias químicas, os **hormônios**. Essas substâncias são produzidas pelas **glândulas endócrinas** e transportadas pelo sangue aos órgãos sobre os quais atuam, os chamados *órgãos-alvo*.

Impulsos nervosos propagam-se mais rapidamente ao longo dos neurônios do que os hormônios pelo sangue. Por isso as respostas que dependem do sistema nervoso são mais rápidas do que aquelas que dependem do sistema endócrino. Em relação ao sistema nervoso em geral, cessado um estímulo, cessa a resposta. No caso do sistema endócrino, a resposta tarda um pouco mais a desaparecer, porque depende da retirada do hormônio da corrente sanguínea e de sua decomposição pelo fígado.

Ação conjunta de vários sistemas e a coordenação dos movimentos

A liberação de energia dos alimentos pelas células de um animal está associada a atividades úteis para a sua sobrevivência. Uma das atividades úteis presente na grande maioria dos animais é a capacidade de se locomover, o "ir e vir". Para que esse deslocamento se processe de forma adequada é necessário que o organismo seja dotado de um complexo sistema de coordenação, que atingiu seu desenvolvimento máximo no corpo dos vertebrados. Assim, basta ver a movimentação do guará, bela ave com plumagem vermelha, cujo voo em bandos pode ser visto na Mata Atlântica. Imagine também a destreza dos movimentos de um macaco, o mico-leão, ao se deslocar de um galho para outro ou então o deslocamento coordenado do guepardo, animal predador que caça suas presas por meio de perseguições à altíssima velocidade de 115 km/h! Trata-se do mais rápido de todos os animais terrestres!

MARTIN MECNAROWSK/SHUTTERSTOCK

O guará (*Eudocimus rube*) mede aproximadamente 60 cm de altura e o colorido de sua plumagem deve-se a sua alimentação à base de um caranguejo, cujo pigmento tinge as plumas dessa ave, que nasce de cor escura e apenas o peito branco.

Jogo rápido

Qual é a diferença entre neurônios e hormônios?

CONRADO/SHUTTERSTOCK

O ser humano também é dotado de uma imensa capacidade de realizar diferentes tipos de movimentos – somos capazes de andar ou correr sem tropeçar, realizar diferentes e harmoniosos movimentos do balé clássico, das danças modernas, das diferentes coreografias observadas em uma balada, ou os variados exercícios praticados na academia de ginástica. Você já observou em uma partida de futebol o movimento do goleiro – totalmente esticado na horizontal rente ao gramado – espalmando uma bola chutada pelo atacante adversário ou ainda um atacante em pleno ar como se fosse um bailarino cabeceando a bola em direção ao gol?

KHAKIMULLIN/SHUTTERSTOCK

AYAKOVLEV/SHUTTERSTOCK

A impressionante capacidade de movimentar partes do nosso corpo com tanta harmonia e destreza, que permite realizar tarefas complicadas, como falar, escrever, jogar e outras, deve-se à integração de diferentes sistemas, cada um contribuindo com sua parte.

Alguns sistemas agem indiretamente para a realização dos movimentos; outros, diretamente. Entre os que agem indiretamente podemos citar o sistema digestório, que digere o alimento em pequenas moléculas; o sistema respiratório, que extrai oxigênio do ar; o sistema circulatório, que transporta as moléculas e o oxigênio para as células musculares, responsáveis pelo movimento. Esses sistemas garantem a produção de energia pelas células musculares e, consequentemente, as condições para que haja movimentos. Os sistemas que agem diretamente na promoção dos movimentos são o sistema nervoso e o sistema esquelético acoplado ao tecido muscular (tecido muscular estriado esquelético).

Seguramente, o grande comandante que dirige nossos movimentos é o *sistema nervoso*, especialmente o nosso cérebro, que nos possibilita realizar atividades musculares voluntárias (que dependem de nossa vontade como, por exemplo, chutar uma bola) extremamente complexas.

A unidade do sistema nervoso é a célula nervosa ou neurônio.

Neurônio: corpo celular e prolongamentos

A unidade funcional do sistema nervoso é o **neurônio**, célula especializada em receber estímulos, gerar e conduzir impulsos nervosos. A porção mais "dilatada" do neurônio, aquela em que se localiza o núcleo e a maior parte do citoplasma, recebe o nome de **corpo celular**. Embora existam neurônios de várias formas, todos apresentam **ramificações** ou **prolongamentos**. Esses prolongamentos estão associados às principais características dos neurônios: a *condução do impulso nervoso* e a *conexão com outras células nervosas*, *musculares* e *glândulas*.

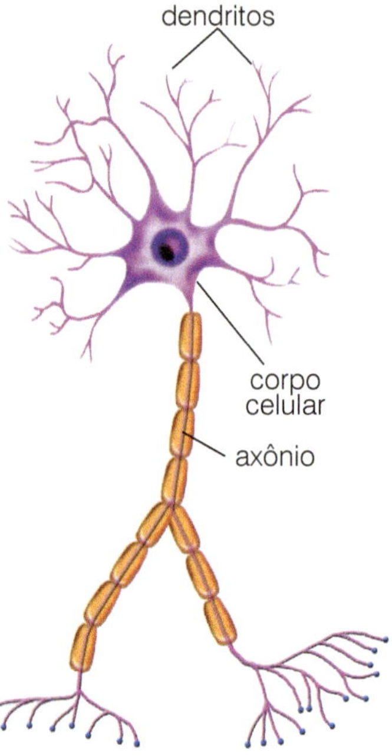

LUIS MOURA/acervo da editora

Um tipo de neurônio. (Cores-fantasia. Ilustração fora de escala.)

Veja na representação ao lado um tipo comum de neurônio, no qual se veem dois tipos de prolongamentos. Os mais curtos e numerosos são os **dendritos**, que lembram os galhos de uma árvore (*dendron*, em grego, significa *árvore*). O segundo tipo de prolongamento, mais longo, é o **axônio** (*axon*, em grego, significa *eixo*), em cuja extremidade existem várias ramificações menores, que estabelecem contatos com outras células. Axônios e dendritos são também chamados **fibras nervosas** ou **neurofibras**.

O que caracteriza um dendrito ou um axônio não é propriamente o seu comprimento, mas o sentido da propagação do impulso nessas fibras. Os dendritos sempre conduzem impulsos para o corpo celular enquanto o axônio conduz impulsos do corpo celular para outra célula nervosa, muscular ou glandular:

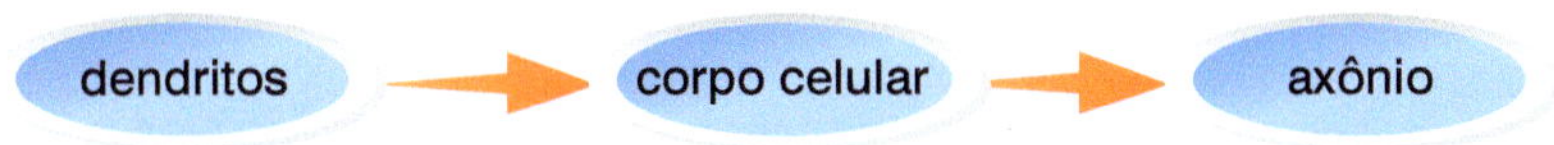

Nervos: feixes de "fios" condutores

Os **nervos** são filamentos brancos, visíveis, formados por feixes de axônios, de dendritos ou de ambos, envolvidos por uma capa de tecido conjuntivo. Os corpos celulares dos neurônios não fazem parte dos nervos, situando-se geralmente nas partes centrais do sistema nervoso. Os nervos são percorridos por vasos sanguíneos, que liberam nutrientes e oxigênio para os nervos e retiram resíduos metabólicos.

Fique por dentro!

Existem nervos formados por centenas e até milhares de axônios ou dendritos, cada qual transmitindo impulsos separadamente.

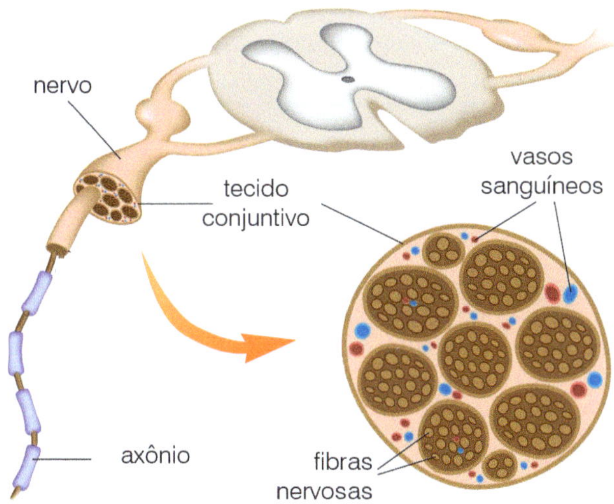

ALILA MEDICAL MEDIA/SHUTTERSTOCK

Estrutura de um nervo. (Cores-fantasia. Ilustrações fora de escala.)

Jogo rápido

Nervo é sinônimo de neurônio? Justifique sua resposta.

Bainha de mielina

Repare na figura a seguir que o axônio é envolvido por uma bainha, como se fosse um "rocambole", cujo "recheio" é uma substância gordurosa chamada **mielina**. Por isso, esse envoltório recebe o nome de **bainha de mielina**.

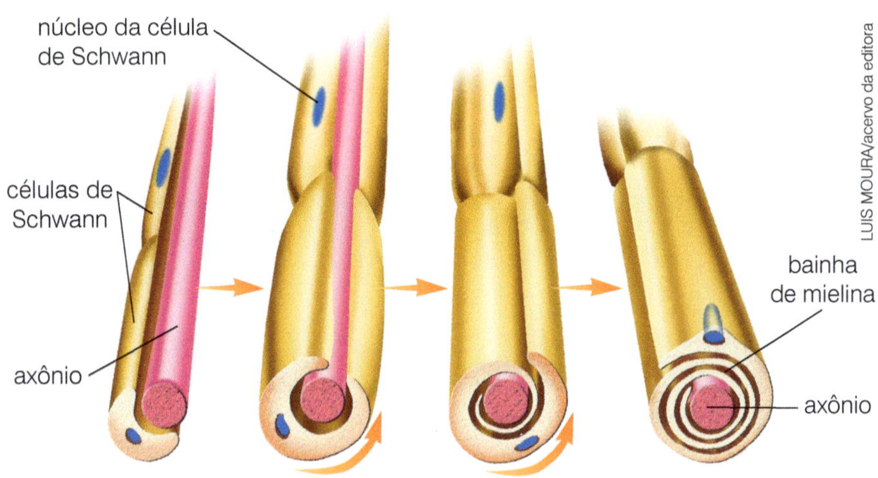

LUIS MOURA/acervo da editora

Fique por dentro!

A bainha de mielina, rica em lipídios, é resultado do enrolamento de uma célula, a célula de Schwann, ao redor do axônio.

Bainha de mielina envolvendo um axônio. (Cores-fantasia. Ilustração fora de escala.)

Neurônios mielinizados conduzem impulsos mais rapidamente do que os que não têm a bainha de mielina. Controlam, por exemplo, a atividade muscular rápida que move o corpo (membros, cabeça etc.)

Neurônios amielínicos atuam na condução menos rápida de impulsos, relacionados a estruturas que podem responder com maior lentidão, como, por exemplo, a contração da camada muscular na parede dos vasos sanguíneos (artérias e veias).

Amielínicos: sem bainha de mielina.

É SEMPRE BOM SABER MAIS!

Quando os bebês nascem, um dos motivos que impedem que se mantenham em pé e consigam caminhar é a ausência da bainha de mielina em torno dos prolongamentos dos seus neurônios. Não é o que acontece, por exemplo, com os recém-nascidos de equinos, bovinos e caprinos. Mal acabam de nascer, são capazes de erguer-se e caminhar, ainda que com alguma dificuldade. Ao nascerem, seus neurônios já são mielinizados.

ESTABELECENDO CONEXÕES

Saúde

Esclerose múltipla: a bainha de mielina é desfeita

A esclerose múltipla é uma doença autoimune, isto é, o sistema imunitário ataca as próprias células do organismo, porque as "confunde" com microrganismos invasores estranhos. No caso, a bainha de mielina é destruída "por engano". Com isso, a comunicação entre os centros nervosos e os músculos periféricos, que movem o esqueleto, fica progressivamente prejudicada.

Os sintomas e consequências variam desde dificuldades de movimentação dos membros inferiores até paralisia, perda da visão, dificuldades para falar, tremores e coma.

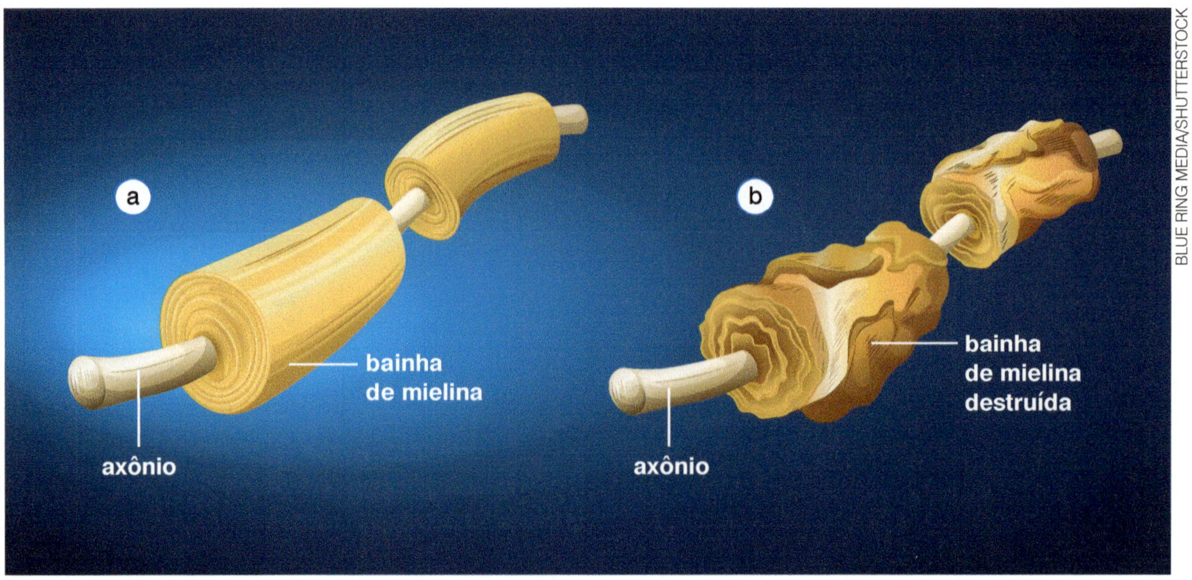

Neurônio com bainha de mielina (a) intacta e (b) danificada em consequência de esclerose múltipla.

As sinapses e a propagação dos impulsos nervosos

Os neurônios não estão fisicamente unidos entre si. Entre eles existe um minúsculo espaço, chamado **sinapse**, através do qual os impulsos nervosos passam de um neurônio a outro por meio de substâncias químicas que atuam como *transmissoras* desses impulsos. Essas substâncias são liberadas apenas nas terminações dos axônios, estabelecendo, portanto, o sentido da propagação do impulso nervoso.

Somente nas extremidades do axônio há pequenas bolsas (vesículas) contendo essas substâncias químicas que, por causa da função que exercem, são chamadas de **transmissores** ou **mediadores químicos, neurotransmissores** ou **neurormônios**.

Quando um impulso nervoso atinge as extremidades de um axônio, provoca a liberação dos mediadores químicos na região da sinapse. Os mediadores químicos cruzam esse espaço, ligam-se a receptores existentes na membrana do neurônio seguinte, estimulando-o a gerar e conduzir um novo impulso.

A região da sinapse não existe apenas entre dois neurônios; também pode ser encontrada entre um neurônio e as células dos órgãos efetuadores de respostas, isto é, células de um músculo ou de uma glândula.

Descubra você mesmo!

Durante uma atividade física praticada com prazer é comum a liberação de um neurotransmissor. Pesquise nos livros da biblioteca de sua escola ou na internet qual o nome desse neurotransmissor e que efeito ele provoca no organismo.

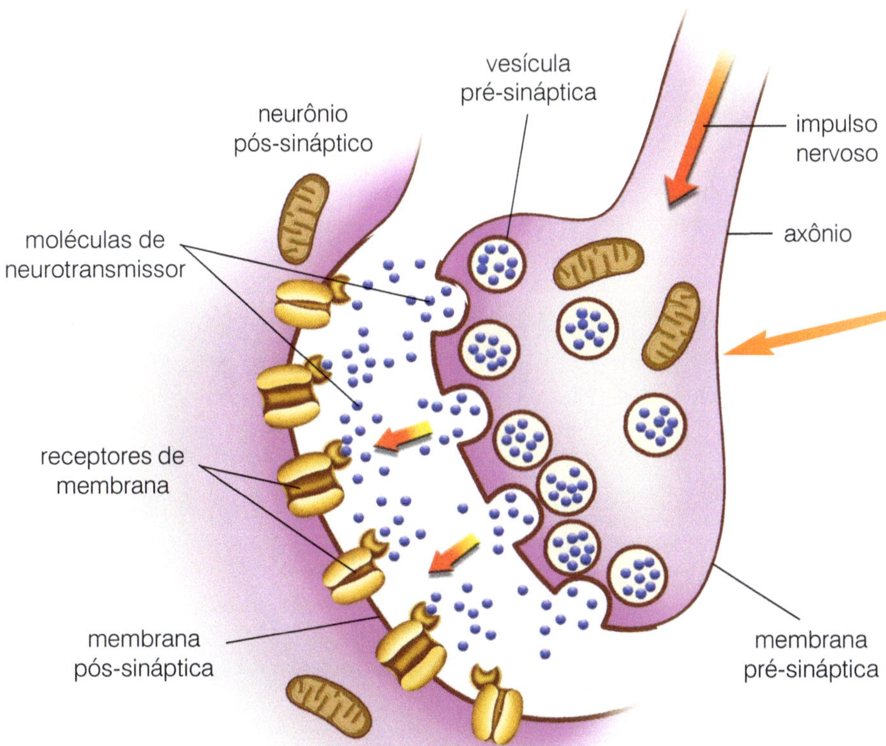

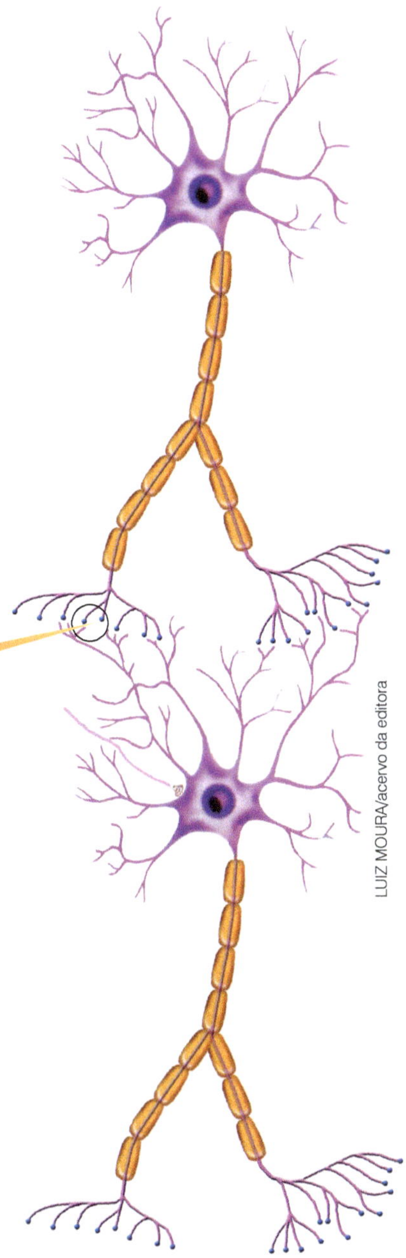

Na sinapse, uma diminuta fenda permite a liberação e a ação de mediadores químicos do axônio de um neurônio sobre o corpo celular ou dendritos de outro. (Cores-fantasia. Ilustrações fora de escala.)

Tipos de neurônio

Três tipos de neurônio podem ser reconhecidos com relação à atividade que desempenham:

- **neurônios sensoriais** – transmitem impulsos dos receptores sensoriais (por exemplo, nos órgãos dos sentidos) aos outros neurônios do percurso;
- **neurônios de associação (interneurônios)** – recebem a mensagem dos neurônios sensoriais, processam-na e transferem um comando para as células nervosas seguintes do circuito. Alguns circuitos nervosos podem não ter esse tipo de neurônio;
- **neurônios efetores** (ou **motores**) – são os que transmitem a mensagem para as células efetuadoras de resposta, isto é, células musculares ou glandulares que respondem por meio de contração ou de secreção, respectivamente.

Fique por dentro!

A dopamina, a serotonina, a noradrenalina e a acetilcolina são exemplos de neurotransmissores.

Lembre-se!

Músculos e glândulas são órgãos efetuadores de respostas (contração e secreção).

Observe a figura a seguir que representa, de modo simplificado, o percurso de impulsos nervosos nos três tipos de neurônios que conectam a ponta de um dedo da mão com a medula (parte do sistema nervoso central) e com um músculo do braço.

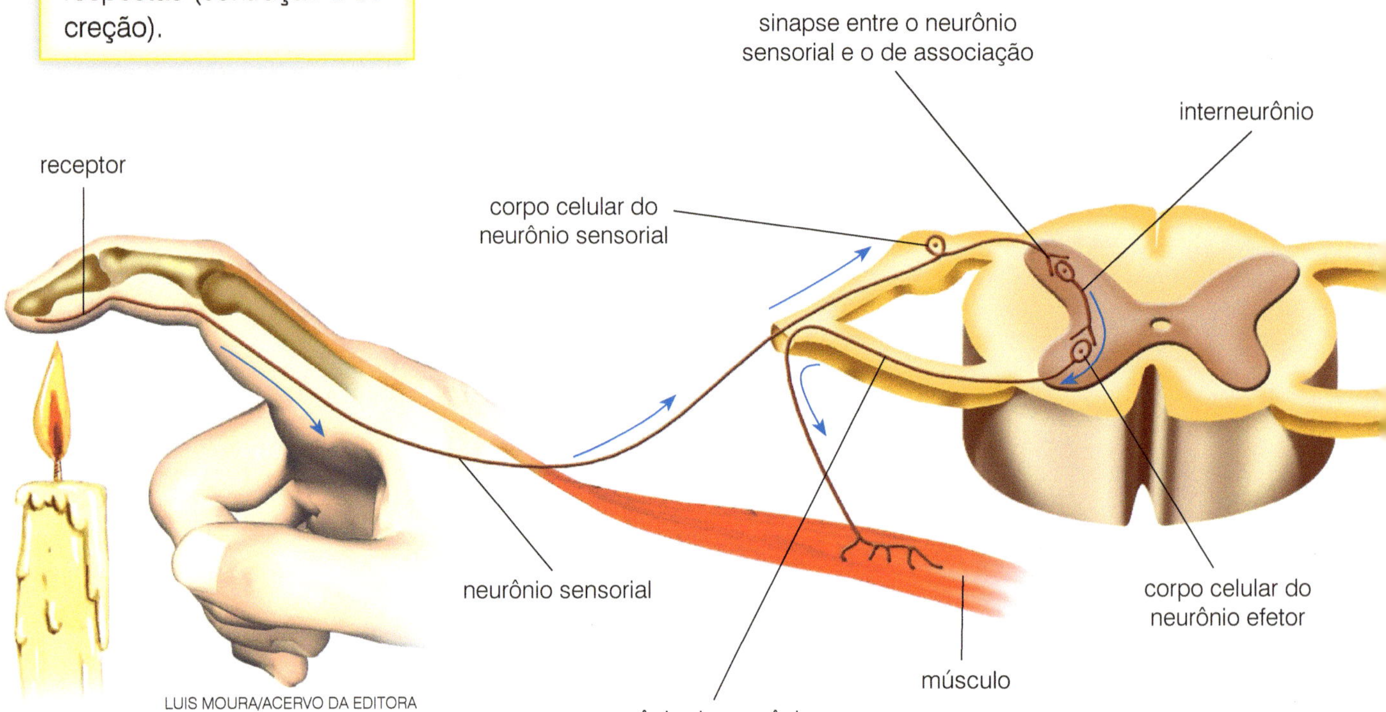

Integração dos neurônios sensorial, de associação e motor. A mensagem de calor enviada pelos neurônios ao sistema nervoso central faz com que uma resposta seja enviada, neste caso a determinado músculo, para que o dedo seja retirado da chama.

A organização do sistema nervoso

Levando-se em conta a *localização* dos órgãos que fazem parte do sistema nervoso no corpo humano, esse sistema pode ser dividido em duas partes: o **sistema nervoso central** e o **sistema nervoso periférico**.

Sistema nervoso	
Central	**Periférico**
• encéfalo • medula espinhal	• nervos • gânglios nervosos

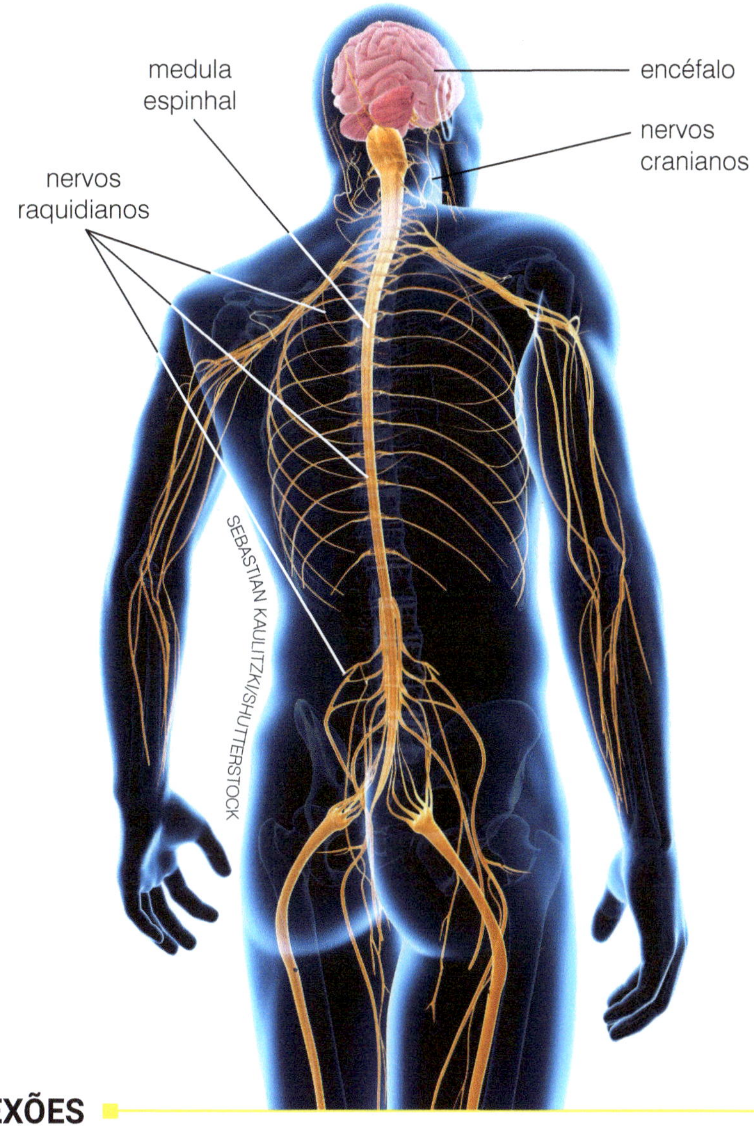

O *sistema nervoso central* é formado pelo *encéfalo* (que inclui, entre outras partes, o cérebro) e pela *medula espinhal*, situados ao longo do eixo dorsal mediano do corpo, protegidos, respectivamente, pelos ossos do crânio e da coluna vertebral.

ESTABELECENDO CONEXÕES

Saúde

Como agem os anestésicos

Os anestésicos bloqueiam a passagem de impulsos nervosos nas fibras nervosas que, desse modo, não atingem as áreas sensoriais do cérebro. É o que ocorre nas anestesias locais ou regionais empregadas em procedimentos odontológicos ou médicos, que envolvam apenas uma região do corpo. Já a anestesia geral age diretamente no cérebro, de modo a impedir qualquer registro de sensações.

➢ Houve épocas em que cirurgias eram feitas sem o emprego de anestesia. Por exemplo, a extração de amígdalas de crianças que constantemente apresentavam sinais de infecção nessa região da garganta ocorria sem o uso de anestésicos, inexistentes até então. Atualmente, graças ao progresso da Ciência e da Medicina, praticamente todos os procedimentos cirúrgicos são feitos com anestesia. Em termos do bem-estar das pessoas, qual é a principal vantagem da anestesia, geral ou local, utilizada nesses casos?

Drogas psicoativas

A palavra "droga" é empregada normalmente para designar uma substância que, ao entrar no organismo, provoca modificações físicas ou mesmo psíquicas. As drogas *psicoativas* são aquelas que modificam o estado mental de uma pessoa, afetando como trabalha o cérebro, e até mesmo o sistema nervoso. Não necessariamente as drogas psicoativas são ilícitas – as indicadas no tratamento da depressão e dos transtornos de atenção são psicoativas, lícitas, e podem ser consumidas mediante o devido acompanhamento médico.

Independente do correto uso do termo, mais frequentemente hoje em dia utiliza-se a denominação "drogas psicoativas", ou simplesmente "drogas", referindo-se àquelas que alteram o comportamento do indivíduo, causando distúrbios físicos, comportamentais, de distorção da realidade, da consciência, de humor, e que causam dependência química.

Dependência química: condição causada pelo consumo frequente de drogas psicoativas, em que o indivíduo não consegue manter-se em equilíbrio sem a droga. Nesse quadro de abstinência, o dependente químico pode vivenciar alucinações, confusão mental, convulsões, desespero pelo desejo incontrolável de consumir a droga.

Você já ouviu dezenas de vezes que consumir drogas faz mal à saúde. Inclusive, você já deve ter visto pela mídia, indivíduos drogados em situações gravíssimas, com carreira profissional destruída, família a caminho da desestruturação, isso sem citar os casos de morte.

As drogas atuam no cérebro, órgão do sistema nervoso central, mais especificamente nas sinapses, que é a região de conexão entre os neurônios.

A ponta do axônio libera neurotransmissores na região da sinapse desencadeando um impulso nervoso no dendrito do neurônio seguinte. As drogas são capazes de ocupar encaixes dos neurotransmissores, "estimulando" ou "inibindo" o neurônio seguinte. Dessa forma, dependendo da droga consumida, o neurônio seguinte fica muito mais "excitado" ou bem mais "inibido", ou ainda uma terceira categoria, "perturbado". A consequência imediata é uma alteração no nosso comportamento.

Tipos de drogas psicoativas

Podemos classificar as drogas psicoativas em:

- **estimulantes** – como o próprio nome diz, estimulam o sistema nervoso central, portanto entram na categoria de "excitadoras". Exemplos: cocaína, anfetaminas e *crack*;
- **depressoras** – inibem o sistema nervoso central, portanto entram na categoria de "inibidoras". Exemplos: álcool e morfina;
- **perturbadoras** – provocam distorções das atividades cerebrais, podendo provocar no usuário uma visão distorcida de "tempo" e "espaço"; consequentemente, causam uma visão alterada dos acontecimentos que cercam o indivíduo. Entram na categoria dos alucinógenos. Exemplos: maconha, haxixe, LSD, *ecstasy* (em parte também é estimulante).

Nosso desafio

Para preencher os quadrinhos de 1 a 10, você deve utilizar as seguintes palavras: axônio, dependência química, mielina, músculos, neurônio, neurotransmissores, sinapses, sistema nervoso, sistema nervoso central, sistema nervoso periférico.

À medida que você preencher os quadrinhos, risque a palavra que escolheu para não usá-la novamente.

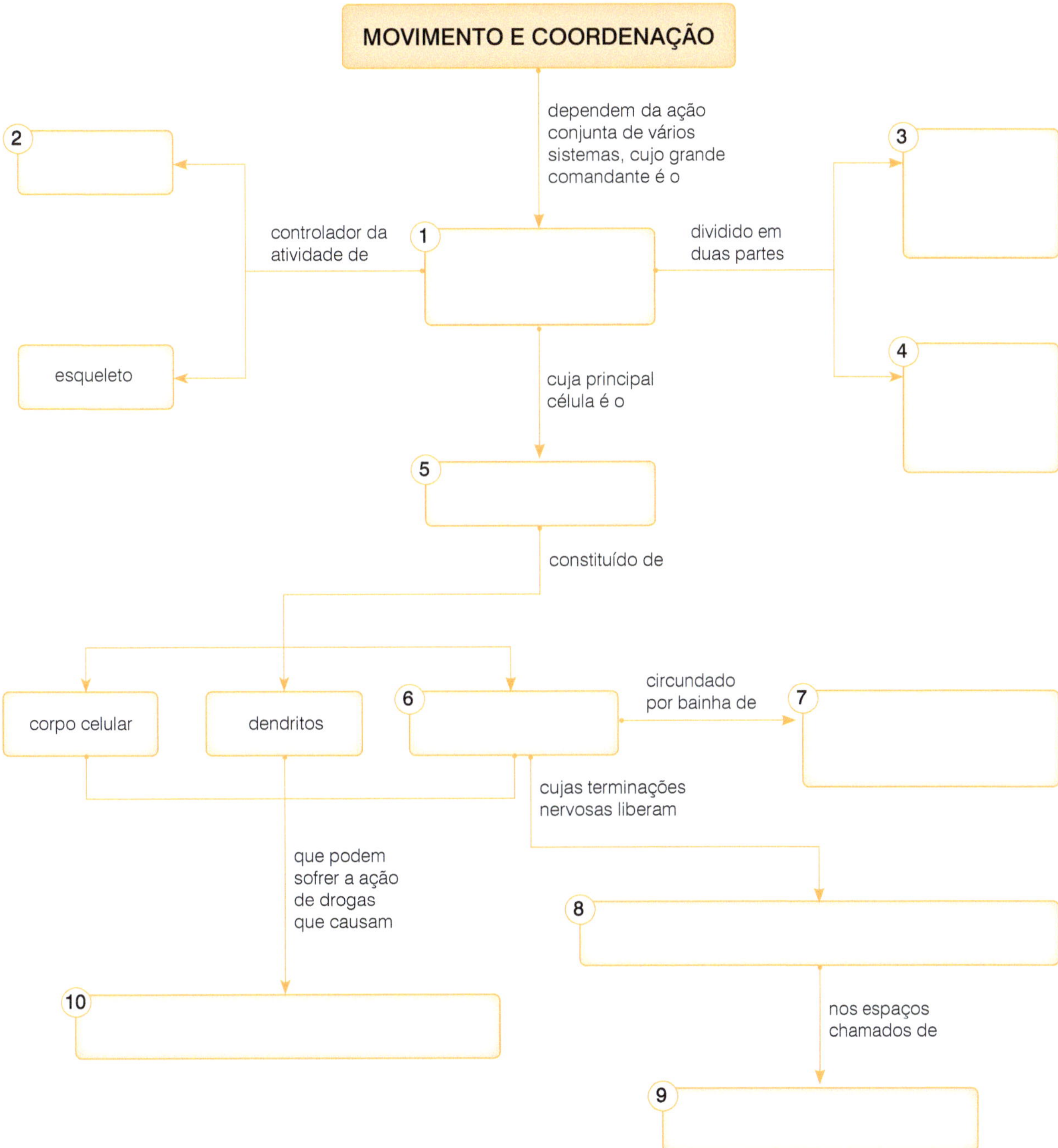

Atividades

1. **[1, 6, 7, 10]** Qual é o papel dos sistemas nervoso e hormonal no corpo humano?

2. **[5, 6, 10]** O esquema ao lado representa um neurônio. Reconheça as estruturas indicadas por setas.

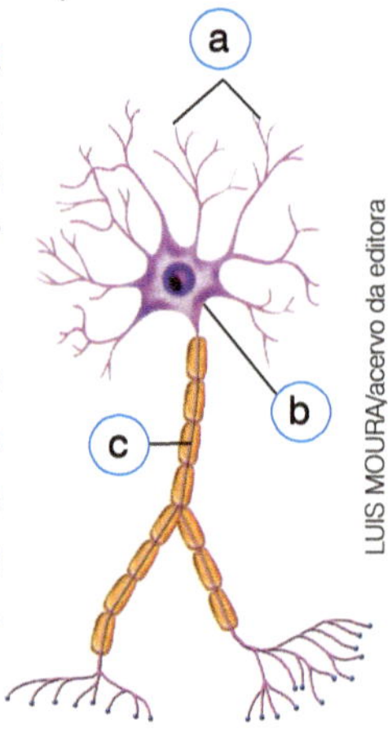

LUIS MOURA/acervo da editora

3. **[6, 7, 10]** No nosso organismo, é correto afirmar que o impulso nervoso se propaga em um único sentido? Justifique sua resposta.

4. **[6, 7, 10]** Com relação à sinapse, responda:
   a) O que é sinapse?
   b) Qual é a sua importância?

Leia com atenção o texto a seguir e responda às questões **5** e **6**.

Uma das principais diferenças entre um organismo unicelular, a ameba, por exemplo, e um organismo pluricelular complexo, o ser humano, por exemplo, é o problema da coordenação de atividades de todas as células, tecidos e órgãos para que o organismo trabalhe harmoniosamente e possa garantir, assim, uma vida saudável. Os principais sistemas reguladores do nosso organismo são o sistema nervoso e o endócrino. São eles que regulam o funcionamento do sistema circulatório, digestório, excretor, entre outros.

5. **[1, 6, 7, 10]** Qual é o processo que o sistema nervoso e o sistema endócrino utilizam para integrar e regular as atividades dos demais sistemas, fazendo com que o organismo esteja em estado de equilíbrio (homeostase)?

6. **[1, 6, 7, 10]** É correto afirmar que no processo de integração dos sistemas do nosso organismo, os hormônios produzidos e secretados pelas glândulas endócrinas entram em ação instantaneamente, enquanto os impulsos nervosos chegam ao alvo com uma velocidade menor, portanto propagam-se mais lentamente do que os hormônios se propagam pelo sangue? Justifique a resposta.

7. **[1, 6, 7, 10, 15]** A retirada de determinada glândula endócrina do corpo humano tem algum papel no funcionamento normal desse organismo. Suponha uma paralisia no funcionamento de glândula endócrina, que interfere no crescimento normal do indivíduo. O que deverá ocorrer se o hormônio dessa glândula endócrina fosse injetado na concentração adequada no sangue desse indivíduo? Justifique a resposta.

Leia com atenção o texto a seguir e responda às questões **8** a **12**.

Estímulos ambientais podem ser captados pelos nossos órgãos dos sentidos. O olho, por exemplo, é um receptor especializado em detectar a luz (energia radiante); a orelha é um sistema receptor de ruídos (energia sonora). Tanto a luz quanto o som captados pelos órgãos dos sentidos são transformados em impulsos nervosos que são conduzidos até o sistema nervoso central. No sistema nervoso central os impulsos nervosos, por sua vez, uma vez processados, podem gerar uma resposta ativa, envolvendo contração muscular, como uma expressão facial, tipo sorriso, por exemplo.

Ondas de televisão e de rádio estão à nossa volta o tempo todo. No entanto, não conseguimos percebê-las, a não ser com instrumentos especializados, receptores de televisão e de rádio.

8. **[1, 6, 7, 10, 15]** É correto afirmar que os neurônios motores conduzem os impulsos nervosos dos órgãos de sentidos para o sistema nervoso central? Justifique a resposta.

9. **[1, 6, 7, 10, 15]** A contração muscular facial, tipo sorriso, é o resultado da ação direta de neurônios sensitivos? Justifique a resposta.

10. **[1, 6, 7, 10, 15]** Por que não conseguimos perceber as ondas de rádio e de televisão que estão a nossa volta?

11. **[1, 6, 7, 10, 15]** Compare os receptores de ondas de rádio com os nossos receptores sensoriais biológicos da audição.

12. **[1, 6, 7, 10, 15, 16]** Ao citar que para a ameba não tem nenhum sentido a existência de ruído, e para os cães e gatos a visão de cores é limitada, pois lhes falta determinado pigmento visual, é correto dizer que nenhum organismo consegue perceber integralmente tudo o que se passa no seu ambiente? Justifique a resposta.

13. **[1, 6, 7, 10]** Os neurônios sensoriais transmitem impulsos nervosos dos órgãos dos sentidos, como o olho, por exemplo, para o sistema nervoso central. Os neurônios motores fazem o caminho inverso: transmitem mensagens do sistema nervoso central para células efetuadoras, tipo células musculares. Então, é correto afirmar que no neurônio sensorial a propagação do impulso nervoso é do corpo celular para o axônio e no neurônio motor é o inverso, do axônio para o corpo celular? Justifique a resposta.

Leia com atenção o texto a seguir e responda às questões **14** a **17**.

O músculo livre, isto é, não acoplado a uma estrutura, não gera deslocamento ou movimento; para fazê-lo, ele deve produzir força sobre um "objeto". Em nosso organismo o "objeto" são os ossos do sistema esquelético, que se ligam aos músculos por meio de tendões.

O *lobo frontal* do cérebro é responsável pelo comando da ação e do movimento do corpo. Também é a sede dos neurônios de *associação*. Para o lobo frontal comandar nossos movimentos é preciso que haja integração de diversas estruturas do nosso organismo.

Imagine-se assistindo uma partida de futebol de seu time de "coração". A partida é de final de campeonato e está na prorrogação do segundo tempo. Placar: 0 x 0. Escanteio a favor de seu time. Bola subindo, centroavante atento, cabeçada certeira, bola bate na trave e se encaminha em direção à linha do gol. O goleiro desesperado se estica, tentando espalmar a bola para longe da linha de gol. Nada feito! A bola cruzou a linha! Goool! Mas existe dúvida se houve impedimento do atacante. Juiz consulta bandeirinha, espectadores com os dentes cerrados para suportar a dor da angústia da espera da decisão do juiz: não houve impedimento!

Imediatamente você vibra com seus punhos cerrados e braços levantados, pulos no ar, abraços e mais abraços, você é CAMPEÃO!

14. **[1, 6, 7, 10, 15]** Nos segundos em que houve o chute de escanteio, a bola subindo, o cabeceio, a bola se encaminhando ao gol, o maior silêncio, qual foi o papel dos receptores sensoriais da visão?

15. **[1, 6, 7, 10, 15]** No momento em que a bola ultrapassou a linha de gol, qual foi o papel dos neurônios associativos do lobo frontal do cérebro?

16. **[1, 6, 7, 10, 15]** É correto dizer que os neurônios sensoriais fizeram você cerrar os dentes? Justifique a resposta.

17. **[6, 10]** Cite as estruturas anatômicas diretas, a partir do lobo frontal do cérebro, que permitiram a você pular de alegria, uma vez confirmado o gol pelo juiz.

Leia com atenção o texto a seguir e responda às questões **18** e **19**.

A entrada das drogas psicoativas no corpo humano pode ocorrer por 4 vias: intravenosa (injetada com seringa); intranasal (aspiradas); respiratória (fumadas); digestiva (bebidas).

18. **[1, 6, 7, 10, 15, 17, 18]** É correto dizer que o destino final das drogas psicoativas é o cérebro, e que a única via possível para chegar a ele é a circulação sanguínea? Justifique a resposta.

19. **[1, 6, 7, 10, 15, 17, 18]** Sabendo que a cocaína é uma droga estimulante e que o álcool é depressora, explique a diferença de atuação dessas duas substâncias na região da sinapse dos neurônios cerebrais.

20. **[5, 6, 10]** É correto dizer que assim que uma droga psicoativa é tragada, ela se concentra inicialmente no cérebro, em seguida no sangue e, finalmente, nos tecidos gordurosos? Justifique a resposta.

capítulo 6

ÓRGÃOS DOS SENTIDOS

Ver o que é visível, ouvir o que é audível

A afirmação acima parece óbvia, mas o exemplo seguinte revela que a maneira de perceber o mundo ao redor pode variar. Muitos morcegos dependem, em grande parte, dos ecos dos sons muito agudos (ultrassons) que eles produzem para, assim, se orientar no ambiente, evitando colidir com objetos, por exemplo. Um cientista provou que morcegos, com sua visão noturna prejudicada, podiam voar em um quarto com arames esticados sem se chocar com eles. Não podiam fazê-lo, contudo, com suas orelhas tampadas ou suas bocas fechadas. Esse exemplo mostra que os morcegos conseguem se orientar por meio dos sons que emitem durante o período noturno. Portanto, o que ouvimos é muito diferente do que os morcegos ouvem. O planeta é o mesmo, porém o contato com ele pode ser bem diferente, dependendo da espécie de organismo considerada.

Nosso relacionamento com o meio externo ocorre graças aos "receptores sensoriais", que possuímos em nosso corpo. Eles representam um conjunto de equipamentos semelhantes a radares, por meio dos quais fazemos contato com o mundo exterior.

Reconhecer o papel desempenhado por esse conjunto de equipamentos, representado pelos órgãos dos sentidos, é o assunto deste capítulo.

S. FLORO/SHUTTERSTOCK

Receptores sensoriais

Entramos em contato com o mundo exterior por meio dos sentidos da visão, da audição, da olfação, da gustação e do tato.

Os órgãos dos sentidos possuem receptores específicos, chamados de **receptores sensoriais**. Esses receptores são formados por células especializadas em captar estímulos provenientes do meio ambiente. Os diferentes tipos de receptores sensoriais captam estímulos *luminosos*, *sonoros*, *térmicos*, *químicos* (sabores e odores) e de *pressão* ou *toque suave* na pele, além dos estímulos que causam as sensações de *equilíbrio* e de *movimento do corpo*.

Os receptores sensoriais, presentes nos órgãos dos sentidos são estruturas especializadas (neurônios modificados ou células conectadas a neurônios) em receber estímulos do meio que nos rodeia. Os receptores estão intimamente associados a neurônios sensoriais, cuja função é conduzir as informações, sob a forma de impulsos nervosos, até a parte central do sistema nervoso, onde serão reconhecidas e processadas.

Lembre-se!

A gustação e a olfação são chamados de sentidos químicos, porque ambas são estimuladas por substâncias químicas dissolvidas em um meio líquido (saliva, umidade das fossas nasais).

O tato, a visão e a audição são sentidos físicos, porque seus receptores sensoriais são estimulados por agentes físicos, como, por exemplo, o calor, a luz e o som.

A pele e o tato

Você já reparou que qualquer tipo de contato com a pele provoca alguma sensação? Na pele existem vários tipos de receptores sensoriais, que captam estímulos responsáveis pela sensação de toque suave, pressão, dor, frio e calor.

A figura a seguir mostra esquema de alguns desses receptores na forma de corpúsculos ou de terminações nervosas livres, situados em diferentes profundidades na pele.

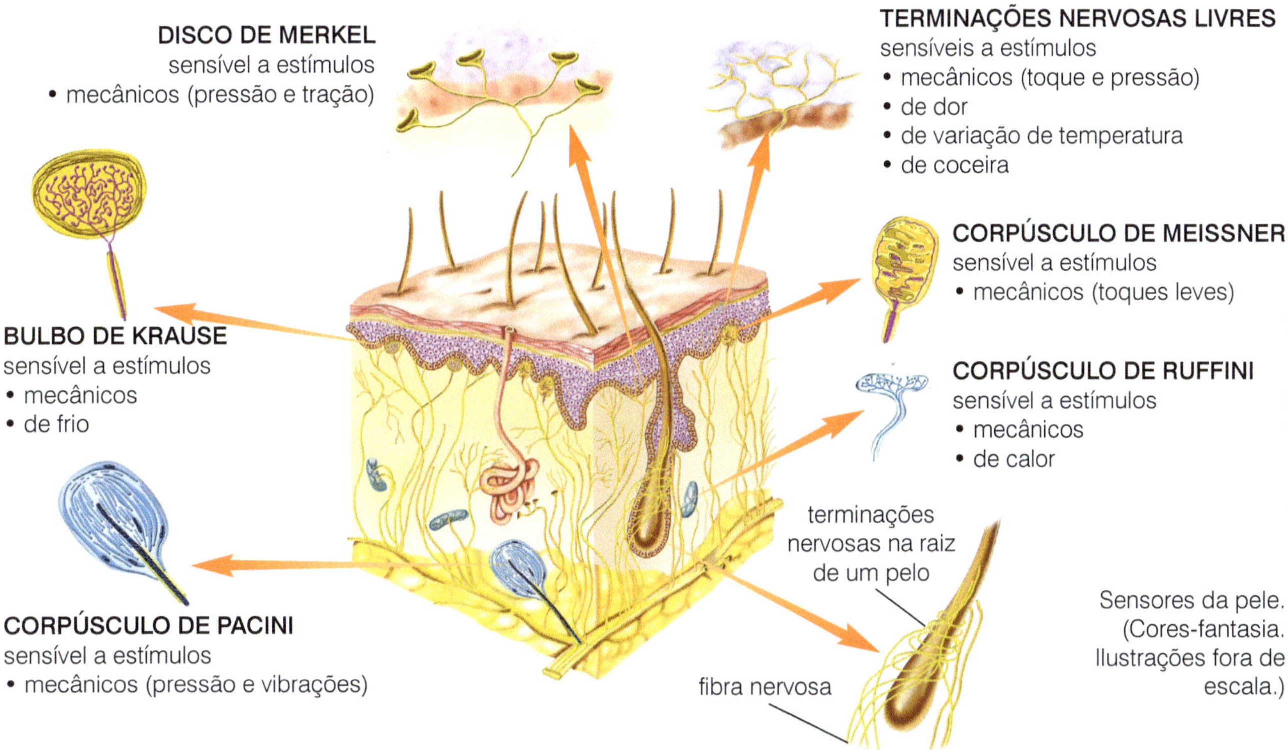

Sensores da pele. (Cores-fantasia. Ilustrações fora de escala.)

Jogo rápido

Quais são, respectivamente, os receptores térmicos (frio, calor) e de dor, localizados na pele?

Na pele, a distribuição dos corpúsculos que recebem os estímulos que causam as sensações do tato não é regular; sua concentração varia em diferentes regiões do corpo: as mãos, por exemplo, concentram uma grande quantidade de receptores do tato.

É SEMPRE BOM SABER MAIS!

O código Braille

Louis Braille (1809-1852) nasceu em 1809 e perdeu a visão aos três anos. Hoje ele é mais conhecido como o criador do sistema de leitura para deficientes visuais, que leva seu nome. Na verdade, tudo começou com um fato curioso: naquela época, as mensagens recebidas pelos oficiais das forças armadas francesas não podiam ser lidas à noite, pois acender a luz seria perigoso. Um oficial francês, sabendo disso, inventou um sistema de pontos e buracos que permitia que a mensagem fosse decifrada, no escuro, por meio do tato.

Louis Braille tomou conhecimento desse método e fez algumas adaptações, simplificando-o. Em 1829, Braille publicou o seu "código", que foi adotado no mundo inteiro a partir de 1852. A ideia do método é muito simples: o conjunto de estruturas sensoriais para o tato permite captar até seis sensações táteis. Então, o alfabeto Braille é composto por 6 pontos. A letra A corresponde a um ponto saliente em cima à esquerda, a letra C dois pontos salientes lado a lado. Esse "código" é tão eficiente que um deficiente visual experiente pode "ler" até duzentas palavras por minuto!

Da próxima vez em que você entrar em um elevador, repare que abaixo ou ao lado do número que indica o andar, está representado o mesmo "número" em Braille. Esse é apenas um exemplo de como o código Braille pode ajudar o deficiente visual em seu dia a dia.

ALSU/SHUTTERSTOCK

Criança lendo livro escrito em alfabeto Braille.

Fique por dentro!

Muitas vezes emprega-se a palavra *paladar* como sinônimo de *gustação*. Na realidade, o paladar depende da associação do sabor ao odor dos alimentos, isto é, dos receptores gustativos e olfativos agindo simultaneamente.

A língua e o sabor dos alimentos

Seguramente, a gustação é um dos principais sentidos que podem proporcionar momentos de prazer. Na **língua** existem vários tipos de pequenas elevações, as **papilas gustativas** (ou **gustatórias**). Nas papilas encontramos **botões gustativos** nos quais há conjuntos de células receptoras de estímulos químicos. Todas essas células estão conectadas a um nervo craniano que conduz impulsos nervosos a uma região cerebral, onde são identificadas.

Os receptores gustativos são sensíveis a quatro sabores básicos: doce, salgado, azedo, amargo. A língua é sensível ao doce, principalmente na ponta, ao azedo nas bordas, ao amargo na base e ao salgado na ponta e nas bordas.

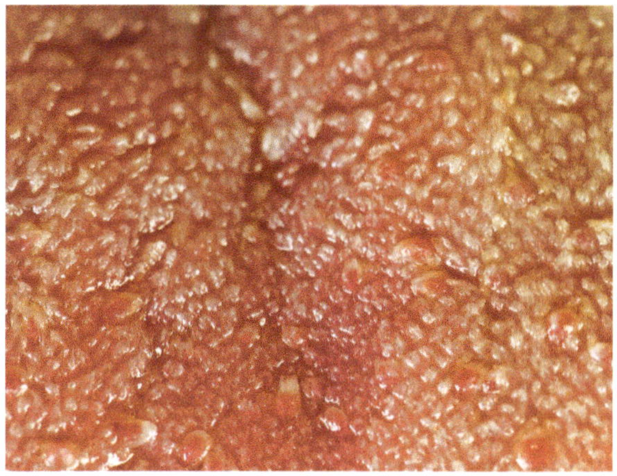

Vista superior da íngua, em que podem ser vistas as papilas gustativas.

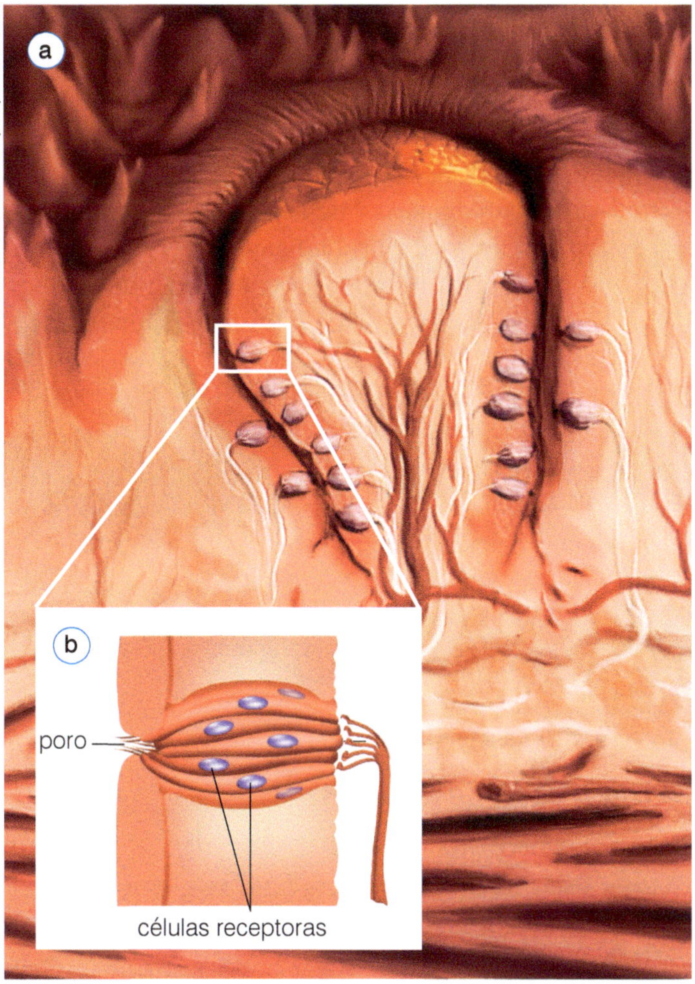

(a) A parte superior da língua é recoberta por minúsculas papilas gustativas nas quais há células que atuam como receptores sensoriais para os sabores. (b) Detalhe ampliado de um tipo de papila lingual.

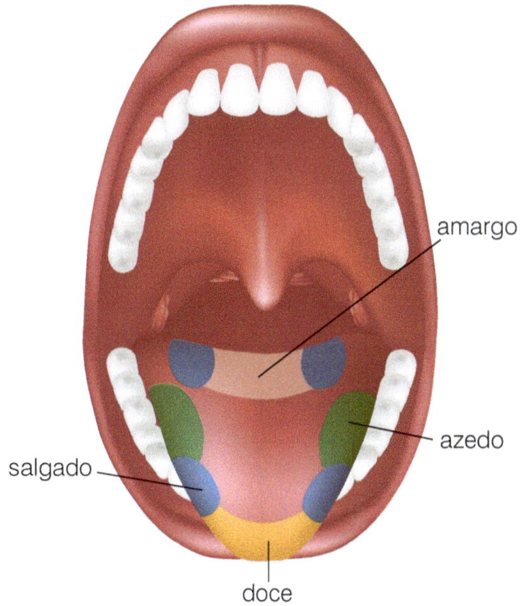

Mapeamento da língua para os sabores fundamentais: doce, salgado, amargo e azedo (ácido).

ENTRANDO EM AÇÃO

A língua, além de receptores para os sabores, tem, como a pele, receptores para o calor, frio, dor e pressão. Assim podemos avaliar a temperatura e a consistência dos alimentos e evitar algum tipo de ferimento.

Você poderá, com cuidado, fazer uma verificação que comprova que a língua e a cavidade bucal são menos sensíveis a altas temperaturas do que as mãos.

Prepare uma xícara de chá. Ao ingeri-lo, ainda quente, perceberá que enquanto a boca suporta o líquido em uma temperatura elevada, ao tentar mergulhar um dedo no recipiente, dificilmente conseguirá suportar a sensação térmica.

Atenção: não continue a tomar o chá depois de ter colocado o dedo dentro dele...

ESTABELECENDO CONEXÕES

Cotidiano

O quinto sabor

Essa história de existirem apenas quatro sabores básicos sempre foi contra a intuição de que sentimos mais do que isso. De fato, os japoneses bem que sabiam, há quase cem anos, que existe um quinto sabor, além dos tradicionais doce, salgado, azedo e amargo. Um gosto tão especial que o nome em japonês, de difícil tradução, acabou vingando também nas outras línguas: é o sabor "umami", que pode significar tanto "delicioso" como "pungente", "saboroso", "essencial" ou "de carne".

Mas existe uma tradução mais simples. Trata-se do gosto do glutamato, um sal encontrado nas prateleiras dos supermercados e nas mesas dos restaurantes orientais, adicionado ao tempero de macarrão instantâneo e a salgadinhos em geral. Está presente também no molho de soja e em vários alimentos, como queijo parmesão, tomate, leite, atum, frutos do mar e... no cérebro.

Sim, o cérebro não só é comestível (as versões bovina e ovina são encontradas no seu açougue favorito sob o nome pouco convidativo de "miolos", iguaria, aliás, muito apreciada pelos franceses), como também é um dos alimentos que mais contém glutamato. Por uma razão muito simples: o glutamato é o principal neurotransmissor do cérebro, a "moeda" mais usada na troca de sinais entre neurônios.

Foi o japonês Kikunae Ikeda, da Universidade Imperial de Tóquio, quem, no início do século XX, caracterizou o sabor umami como inimitável por qualquer combinação dos quatro sabores básicos. (...)

Disponível em: <http://www.sbneurociencia.com.br/html/a15.htm>. *Acesso em:* 6 abr. 2018.

O nariz e a captação dos odores

Os receptores sensoriais do olfato têm algo em comum com os receptores gustativos, pois também respondem a estímulos produzidos por substâncias dissolvidas em um meio líquido; neste caso, na umidade que recobre a superfície das fossas nasais. Os receptores do olfato estão localizados no teto das cavidades nasais. Esses receptores são formados por células especiais, as **células olfativas**, que ao serem estimuladas geram impulsos que são conduzidos por meio de um nervo craniano ao cérebro, onde ocorre a identificação do odor da substância.

Fique por dentro!

Na cavidade nasal há cerca de 600.000 células receptoras, que ocupam uma área correspondente à de um selo de correio de tamanho pequeno. O sentido do olfato é muito mais sensível do que o da gustação. Enquanto esta reconhece apenas quatro sabores fundamentais, o olfato permite reconhecer, pelo cheiro, milhares de produtos químicos.

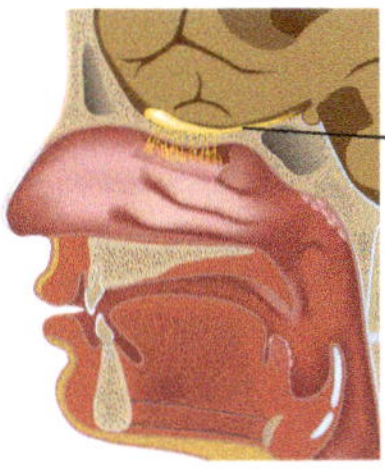

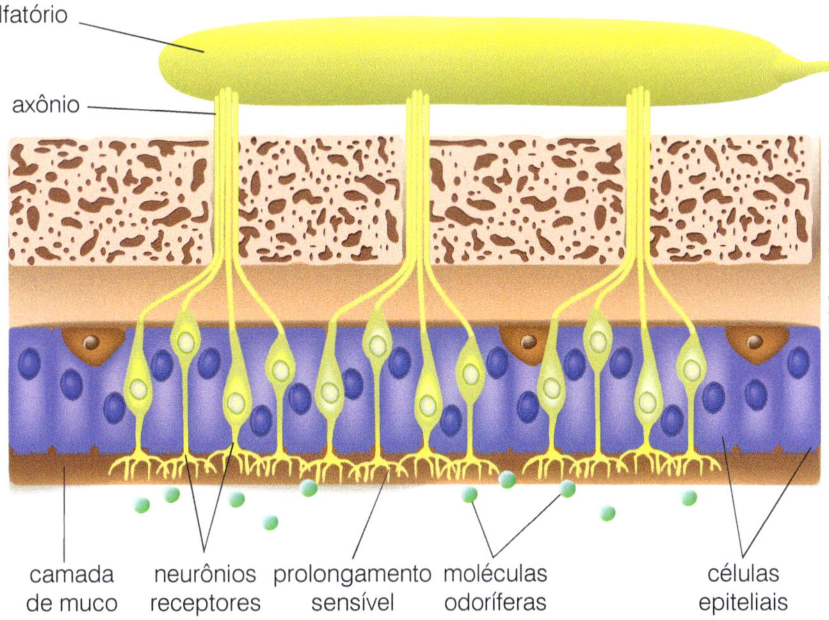

DESIGNUA/SHUTTERSTOCK

Na parte superior das cavidades nasais são encontrados os receptores do olfato. As moléculas voláteis odoríferas penetram nas cavidades nasais, se dissolvem no muco que recobre essas cavidades, e atingem os prolongamentos dos neurônios receptores que são sensíveis a essas moléculas, gerando impulsos nervosos. Esses impulsos são enviados via axônio ao bulbo olfatório (ou olfativo) e daí para o sistema nervoso central, onde os sinais são identificados.

ESTABELECENDO CONEXÕES

Saúde

Estou gripado! Não sinto o cheiro nem o sabor dos alimentos

Você já deve ter reparado que, quando está resfriado ou gripado, o excesso de muco produzido nas fossas nasais prejudica o contato das substâncias químicas gasosas com os receptores sensoriais olfativos, dificultando a percepção do cheiro de um perfume ou de um prato apetitoso. Também fica difícil sentir o gosto de alguns alimentos, porque o verdadeiro sentido do paladar depende, como você já sabe, da associação entre a gustação e o olfato.

> ➢ Quais são os cinco sabores reconhecidos pelos receptores gustativos da língua humana?

JOSHUA RESNICK/SHUTTERSTOCK

Orelhas e audição: captação das ondas sonoras

Nossas **orelhas** são os órgãos responsáveis pela percepção de estímulos sonoros gerados no meio em que vivemos. Além de captar os sons, veremos que as orelhas também têm a capacidade de perceber a posição que nosso corpo ocupa no espaço, contribuindo para o equilíbrio postural. A orelha humana é formada por três partes – **orelha externa**, **orelha média** e **orelha interna**.

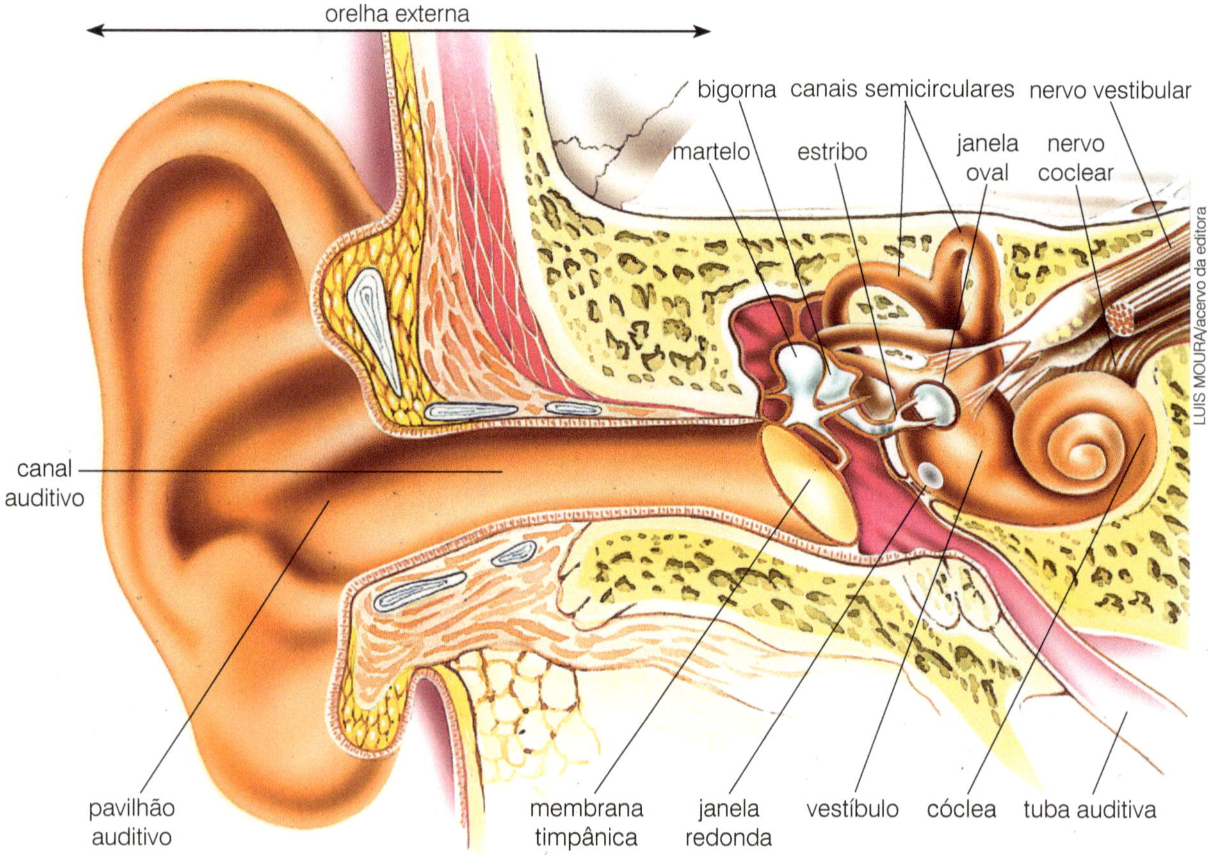

A *orelha externa* recebe as ondas sonoras. É formada pelo **pavilhão auditivo** e **canal** ou **conduto auditivo**. As ondas sonoras captadas por eles fazem vibrar a **membrana timpânica** ou **tímpano**, onde começa a orelha média.

ESTABELECENDO CONEXÕES

Cotidiano

Cuidado com a higiene da orelha externa

O canal auditivo contém inúmeras glândulas que secretam uma substância de cor amarelada, chamada **cera** ou **cerume**, que o protege e lubrifica. O uso de hastes com pontas de algodão para tirar a cera, achando que é sujeira, não é recomendado. O exagero no uso dessas hastes, quando inseridas muito profundamente e com força excessiva, pode causar ruptura do tímpano, que, além de causar muita dor, poderá provocar surdez.

Se a produção de cera for excessiva, ela acaba se acumulando e endurecendo. Há prejuízo na transmissão normal do som pelo canal auditivo, reduzindo a capacidade auditiva. Nesses casos, a remoção do excesso de cera deve ser feita por um médico otorrinolaringologista.

A *orelha média* é uma pequena área que se estende do tímpano à orelha interna. Nela estão localizados três delicados ossículos, o **martelo**, a **bigorna** e o **estribo**, assim chamados devido à forma que possuem. Os três ossículos estão articulados, formando praticamente uma peça única.

As vibrações produzidas pelo tímpano são transmitidas para os três ossículos, sendo que o último ossículo, o estribo, está aderido a outra membrana, chamada **janela oval**. O estribo funciona como um pistão em movimento de vai-e-vem, fazendo vibrar a membrana da janela oval, que se comunica com a orelha interna.

Note, ainda, que a orelha média se comunica com a faringe por meio de um canal, a **tuba auditiva**. Esse conduto permite igualar a pressão sobre os dois lados do tímpano (um lado voltado para a orelha externa e o outro, para a orelha média), favorecendo a vibração da membrana timpânica, que está em contato com o martelo.

Jogo rápido

Quais são os três ossículos da orelha média? Dos três, qual está sempre em contato com a membrana timpânica?

ESTABELECENDO CONEXÕES

Física

Variação de pressão com a altitude

Você já deve ter sentido uma sensação de diminuição da capacidade auditiva acompanhada de variação de pressão sobre o tímpano ao subir ou descer uma montanha, por exemplo.

Lembre-se de que uma das faces da membrana do tímpano está em contato com o canal auditivo (orelha externa) e, portanto, em contato com a pressão atmosférica. A outra face está em contato com a orelha média, ligada à faringe por meio da tuba auditiva. A função da tuba é igualar a pressão sobre a face interna da membrana timpânica. Quando as pressões dos dois lados da membrana timpânica não se igualarem, ela tende a se deformar (encurvar), provocando a sensação de surdez.

Sempre que houver variação da pressão atmosférica, pela mudança de altitude, a solução é deixar o ar da faringe entrar na tuba auditiva para que as pressões voltem a ser as mesmas dos dois lados do tímpano. Isso é conseguido quando você executa o ato de engolir ou simula um bocejo.

A *orelha interna* é formada pelo **vestíbulo**, pela **cóclea** e pelos **canais semicirculares**, componentes membranosos preenchidos por líquido, e que se encaixam perfeitamente em uma cavidade óssea que acompanha a forma dessas três estruturas.

A cóclea atua na audição, enquanto os canais semicirculares e o vestíbulo estão relacionados ao equilíbrio do organismo.

A cóclea é um tubo enrolado em espiral (como a concha de um caracol), preenchido por um líquido que banha as células receptoras sensoriais. As vibrações da janela oval fazem vibrar o líquido que banha as células receptoras sensitivas da cóclea, fazendo com que desencadeiem impulsos nervosos que chegam ao nervo auditivo. Esse nervo, por sua vez, conduz esses impulsos até a região cerebral responsável pela audição, onde efetivamente reconhecemos os sons.

Descubra você mesmo!

Pesquise na internet ou em livros da sua escola o que é a língua Libras.

DE OLHO NO PLANETA

Ética & Cidadania

Poluição sonora

Poluente é qualquer substância, efeito sonoro ou visual, presente no ambiente, que, pela sua quantidade ou intensidade, pode torná-lo impróprio ou causar danos à saúde humana. Assim, fala-se em poluição do solo, da água, do ar, poluição visual e sonora.

Em grandes cidades, o barulho excessivo pode ser considerado um tipo de poluente. Mas como medir o barulho, ou melhor, a intensidade do som?

A unidade de medição de intensidade do som é o bel (B). Por conveniência, utiliza-se a décima parte do bel, ou seja, o decibel (dB) para avaliação dos níveis de ruído. A orelha humana suporta até 80 dB. Acima disso, e dependendo do número de horas de exposição ao ruído, as células sensitivas da cóclea podem ser danificadas, muitas vezes de modo irreversível. Veja na tabela abaixo os níveis de barulho de algumas situações.

Situações	Decibéis
Automóvel a 10 m de distância	60
Caminhão a 5 m	90
Buzina de carro a 5 m	100
Avião a jato ao decolar	150
Carro com escapamento aberto	110
Show de *rock* pesado	120

A lesão das células da orelha interna depende do número de horas a que o indivíduo fica exposto diariamente. Assim, para um ruído de 90 dB, o tempo máximo de exposição diária deveria ser de apenas 4 horas. Em um *show* de *rock* (120 dB), o tempo máximo só poderia ser de 15 minutos!

A poluição sonora não provoca somente problemas auditivos; provoca também irritação, mau humor e estresse. Por isso, lembre-se que o controle da poluição sonora também é sua responsabilidade!

O barulho excessivo – quer por instrumentos sonoros, equipamentos de trabalho ou até mesmo por animais de estimação – perturba o trabalho, estudo ou descanso das pessoas. De tal forma é danosa a poluição sonora que pode ser passível de multa ou até mesmo prisão de 15 dias a 3 meses, conforme o artigo 42 da Lei de Contravenções Penais.

➢ Suponha que você e sua família estivessem submetidos a intensidade sonora elevada. O que poderiam fazer para minimizar os danos causados por esse tipo de poluição?

EM CONJUNTO COM A TURMA!

Os profissionais das agências de propaganda são hábeis criadores de frases de efeito, que passam a mensagem de forma a atingir seus objetivos. Por exemplo: em um momento em que a sociedade enfrenta um cenário de dificuldades econômicas, uma dessas frases foi "tire o S da CRISE, CRIE". O objetivo era motivar as pessoas a procurarem soluções alternativas, outras atividades além das que normalmente desempenham, como o artesanato, por exemplo, para melhorarem a renda familiar.

Com seu grupo de trabalho, suponham que tenham sido contratados por uma emissora de televisão para criar uma campanha a fim de reduzir a poluição sonora. Como seria essa campanha?

Os canais semicirculares e o equilíbrio do corpo

Os canais semicirculares estão localizados na orelha interna, ligados ao vestíbulo. Repare na figura que existem três canais, recurvados em semicírculos, dispostos perpendicularmente um ao outro. Cada canal é dotado de terminações nervosas (fibras sensitivas) ligadas a pequenas células ciliadas. As fibras sensitivas fazem parte do nervo auditivo, que por sua vez se comunica com o cérebro.

A função dos canais semicirculares é registrar a mudança da posição de **equilíbrio do corpo** por meio da movimentação do líquido interno. Caso isso aconteça, por exemplo, quando você tropeça em uma pedra, imediatamente os canais semicirculares e o nervo auditivo informam ao cérebro, de onde partem ordens para a musculatura recolocar o corpo em posição de equilíbrio.

Fique por dentro!

Canais semicirculares e vestíbulo formam o chamado **labirinto**.

Inflamações das células sensoriais do labirinto causam *labirintite* (ou *labirintopatia*) e alteram a percepção de equilíbrio corporal, provocando tonturas e náuseas. A labirintite pode ser causada por infecções, problemas circulatórios, diabetes, certos tipos de medicamento e estresse, por exemplo.

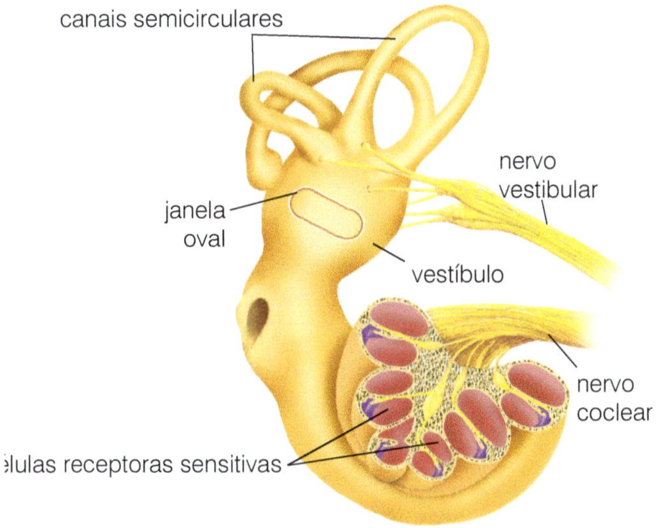

Ilustração da cóclea. (Cores-fantasia. Ilustração fora de escala.)

Olhos e visão

O olho é um órgão aproximadamente esférico, situado e protegido no interior de uma cavidade óssea da face, a *órbita ocular*. A capacidade de movimento do globo ocular deve-se à presença de vários músculos presos à sua parte externa e à órbita.

O globo ocular está associado a diversas estruturas. As **pálpebras** com cílios correspondem a duas "cortinas" móveis que protegem o globo ocular contra poeira, luz intensa ou impactos de pequena intensidade. Uma membrana chamada **conjuntiva** forra internamente as pálpebras na parte anterior do globo ocular, exceto na região da **córnea**, que é transparente.

Os músculos que ligam o globo ocular à órbita atuam nos movimentos dos olhos para cima, para baixo e para os lados.

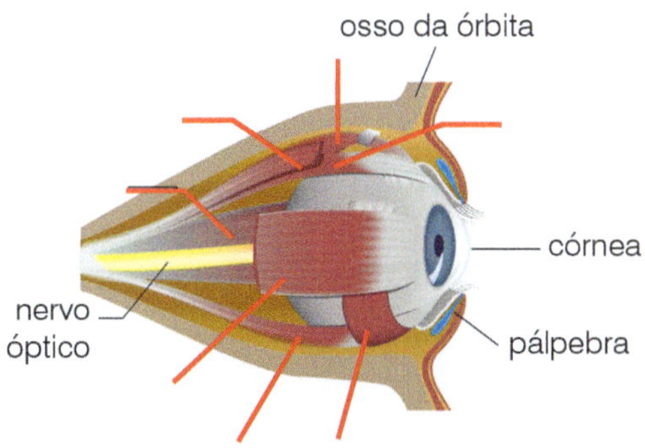

Esquema de olho humano (vista lateral). Os fios em vermelho apontam para os vários músculos que movimentam o globo ocular. (Cores-fantasia. Ilustração fora de escala.)

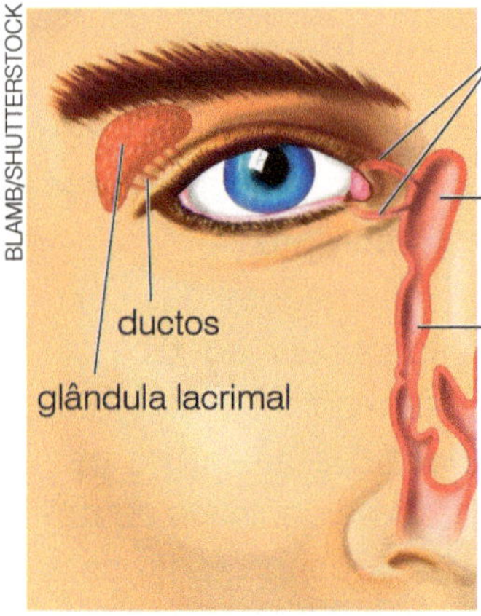

Representação do sistema lacrimal. (Cores-fantasia. Ilustração fora de escala.)

Os olhos ainda contam com duas **glândulas lacrimais**, cuja função é a produção de lágrimas que evitam o ressecamento da córnea e da conjuntiva. Além disso, as lágrimas contêm uma enzima que protege os olhos da ação de alguns tipos de microrganismos invasores. Cada glândula aloja-se na órbita, no canto superior externo do globo ocular, sobre o qual lançam a secreção lacrimal por meio de ductos ou canais. A secreção lacrimal é drenada para as fossas nasais por meio de um canal existente no canto interno e inferior de cada olho. Quando essa secreção aumenta, precisamos assoar o nariz.

ESTABELECENDO CONEXÕES

Cotidiano

De vez em quando, pisque!

Quando piscamos, as lágrimas lubrificam nossos olhos, o que é um fator de proteção. Dados estatísticos indicam que um adulto normal pisca, quando descansado, uma média de 24 vezes por minuto, o que dá uma piscadela a cada 3 segundos, aproximadamente. Se estiver cansado, a frequência de piscadas de um adulto será maior: em média, 40 vezes por minuto.

No entanto, a frequência de piscadas diminui quando estamos trabalhando frente a um computador – ou até mesmo assistindo à televisão fixamente – o que pode acarretar sensação de ardor, secura, coceira nos olhos, cansaço visual. Mas isso pode ser corrigido facilmente se nos lembrarmos de piscar mais vezes durante essas tarefas. O ideal é que a cada hora ininterrupta frente a um computador mudemos de atividade por 10 minutos.

Evite coçar os olhos: não se esqueça que os dedos podem ser uma fonte de microrganismos que poderão contaminar esses órgãos. Embora a lágrima possua substâncias protetoras, não custa evitar as consequências desagradáveis de uma conjuntivite (inflamação da conjuntiva), por exemplo. Por isso, toda vez que os seus olhos coçarem muito, cuidado! É melhor procurar um médico oftalmologista. Não use qualquer tipo de colírio sem indicação médica.

A camada externa do globo ocular é composta pela esclera e pela **córnea**. A esclera, mais conhecida como o "branco dos olhos", cobre a maior parte do globo ocular. Na parte anterior do olho, a esclera se torna transparente, recebendo o nome de **córnea**. É através da córnea que a luz penetra no globo ocular.

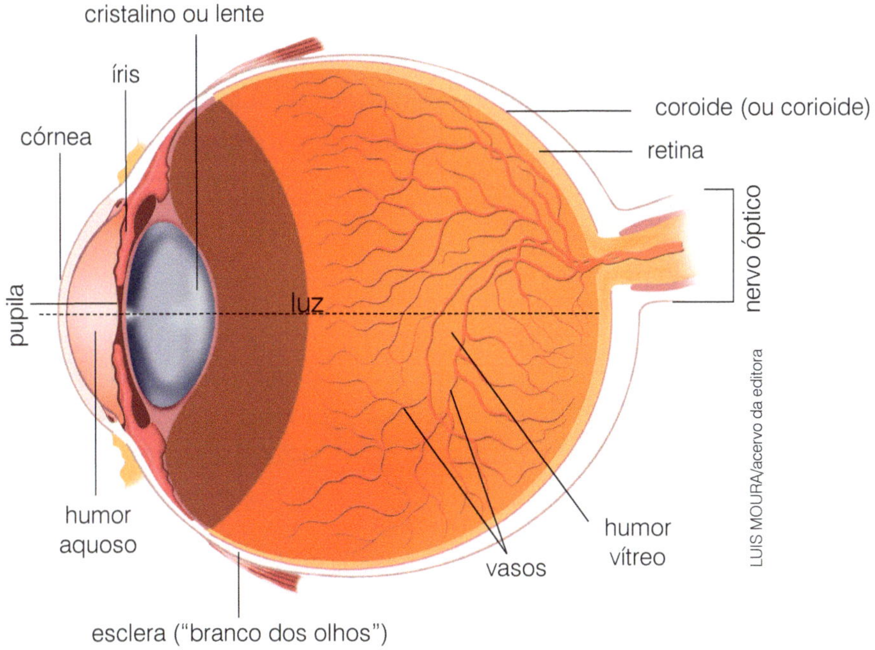

Olho humano visto em corte. (Cores-fantasia. Ilustração fora de escala.)

As lentes de contato, utilizadas em lugar de óculos para corrigir defeitos de visão, são colocadas sobre a córnea.

A camada média do globo ocular sob a esclera é formada pela **coroide** (ou **corioide**). Trata-se de um tecido rico em vasos sanguíneos, cuja função é alimentar as células do olho. A coroide não envolve totalmente o globo ocular.

Na parte anterior do globo ocular, temos a **íris**, em cujo centro há uma abertura circular, a **pupila**, através da qual a luz penetra no interior do globo ocular, depois de atravessar a córnea.

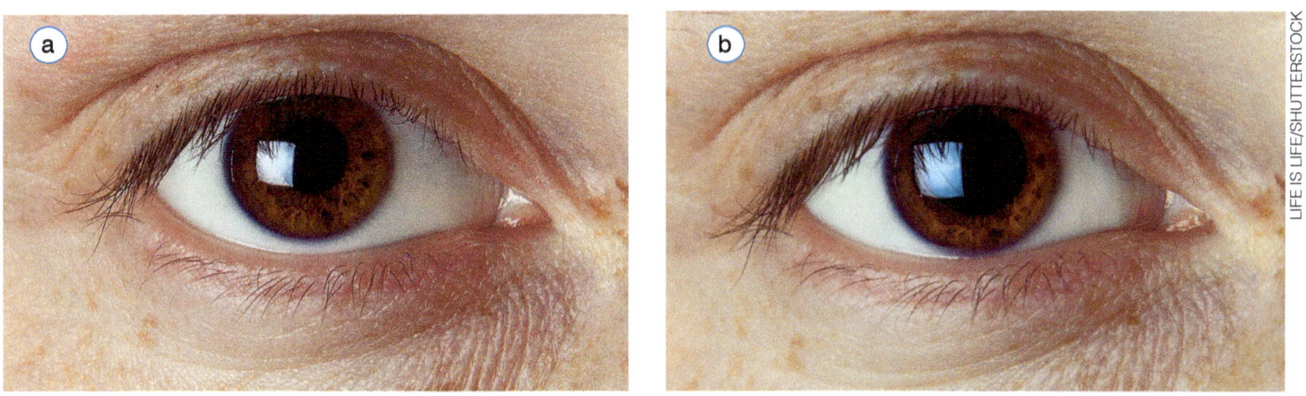

A íris controla a intensidade da luz que entra no globo ocular. Assim, quando a luz é muito intensa, (a) os músculos presentes na íris se contraem reduzindo o diâmetro da pupila, deixando entrar menos luz. Quando a luz não é intensa, (b) a musculatura relaxa e o diâmetro da pupila aumenta, deixando entrar mais luz.

Atrás da íris existe uma estrutura gelatinosa, transparente flexível, a **lente** ou **cristalino**. A curvatura dessa lente flexível pode ser alterada pela contração ou relaxamento de músculos involuntários a fim de permitir a *acomodação visual*, isto é, a focalização da imagem de objetos distantes ou próximos sobre o ponto mais sensível da retina, chamado **fóvea central**.

Atrás do **cristalino**, preenchendo a câmara posterior do globo ocular, está o **humor vítreo**, uma mistura gelatinosa e transparente de algumas substâncias, cuja pressão mantém a turgidez do olho e a retina no lugar. O espaço entre a córnea e o cristalino é preenchido por um líquido, o **humor aquoso**.

Turgidez: inchaço. Em Biologia, indica o aumento ou manutenção do tamanho de um órgão pelo acúmulo de fluidos nos tecidos.

Formação da imagem

A parede da camada interna (posterior) do globo ocular é composta pela **retina**, que é formada por células fotorreceptoras. A função dessas células é transformar a energia luminosa em impulsos nervosos. São dois os tipos de células fotorreceptoras: **cones** e **bastonetes,** assim chamados por causa de suas formas.

Fotorreceptoras: sensíveis à luz.

Os cones são sensíveis à luz mais intensa e são responsáveis pela percepção de cores em ambientes com boa iluminação. Os bastonetes, por sua vez, são bastante sensíveis à luz de baixa intensidade e não são especializados na percepção de cores.

Os bastonetes predominam na periferia da retina enquanto os cones concentram-se no ponto central e mais sensível da retina, a fóvea central, do tamanho da cabeça de um alfinete.

Jogo rápido

Como são denominadas as duas células fotorreceptoras presentes na retina do olho humano?

Lembre-se!

Os cones são sensíveis a apenas três cores (vermelho, verde e azul) e as imagens de diferentes cores que vemos são o resultado da combinação dos impulsos elétricos enviados ao cérebro pelas células fotorreceptoras.

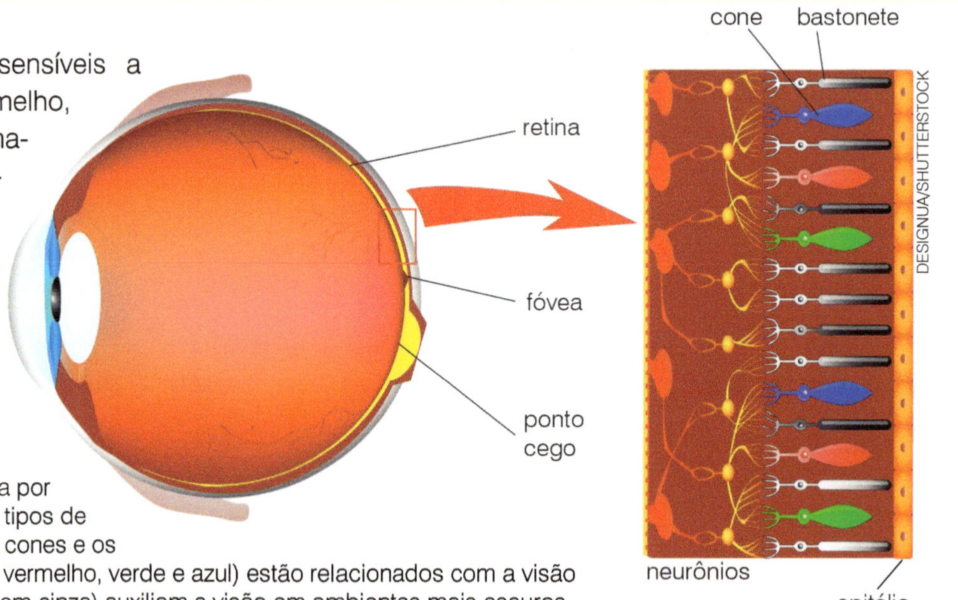

Esquema ilustrativo da estrutura da retina, formada por epitélio pigmentado e dois tipos de células fotorreceptoras: os cones e os bastonetes. Os cones (em vermelho, verde e azul) estão relacionados com a visão de cores e os bastonetes (em cinza) auxiliam a visão em ambientes mais escuros. As células nervosas transmitem os impulsos, via nervo óptico, ao cérebro.

A luz captada pelos cones e bastonetes produz estímulos que são transmitidos como impulsos nervosos ao **nervo óptico**. O nervo óptico, um dos nervos cranianos, conduz esses impulsos até o centro da visão, a área visual localizada no cérebro, onde a imagem será interpretada.

Fique por dentro!

Curiosamente, o ponto da retina onde emerge o nervo óptico não possui receptores sensoriais para a luz. Esse local é chamado **ponto cego**; imagens projetadas sobre ele não são percebidas.

É SEMPRE BOM SABER MAIS!

Daltonismo

Alguns indivíduos apresentam um defeito de visão chamado **daltonismo**. Essa anomalia foi descrita pela primeira vez pelo químico John Dalton (1766-1844), uma vez que ele próprio apresentava essa característica.

Os daltônicos não conseguem distinguir algumas cores, principalmente o verde e o vermelho, pois os cones que as identificam apresentam-se deficientes. O daltonismo é uma condição hereditária, que passa dos pais para os filhos.

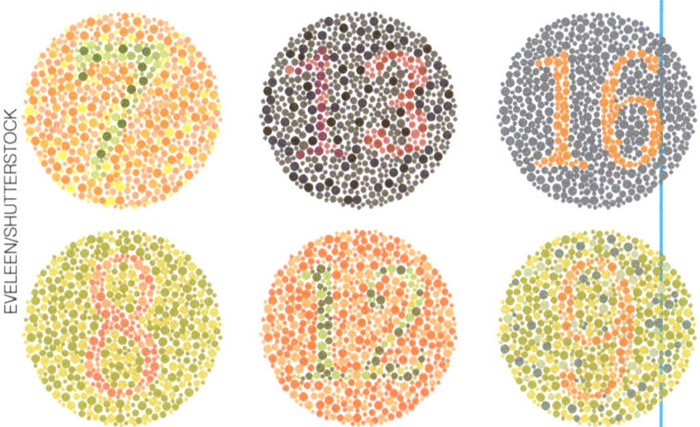

EVELEEN/SHUTTERSTOCK

Você consegue enxergar os números dentro dos círculos?

Problemas de visão mais frequentes

Miopia, hipermetropia, presbiopia e astigmatismo são os distúrbios de visão mais frequentes.

Miopia

Os míopes têm dificuldade para enxergar "de longe", isto é, enxergar com nitidez objetos distantes, mas enxergam bem "de perto" (objetos próximos).

O globo ocular, nesse caso, é mais longo do que o normal e o cristalino focaliza a imagem antes da retina. O problema é resolvido por meio do uso de lentes corretivas ou de cirurgia da córnea, que alteram a trajetória dos raios luminosos, fazendo com que a imagem seja projetada *mais para trás*, sobre a retina.

DESIGNUA/SHUTTERSTOCK

(a) Sem lentes corretivas, o olho míope forma a imagem antes da retina. (b) Com lentes adequadas, a formação da imagem se dá na retina. (Cores-fantasia. Ilustrações fora de escala.)

Hipermetropia

Os hipermétropes apresentam um problema de visão oposto ao dos míopes. Eles enxergam bem objetos distantes, e sem nitidez os objetos próximos. O olho é mais curto do que o normal e a imagem é projetada *atrás* da retina. As lentes corretivas devem fazer com que a imagem seja projetada *mais para frente*, sobre a retina.

(a) O olho hipermétrope forma a imagem depois da retina. (b) A correção com lentes faz com que a formação da imagem se dê na retina. (Cores-fantasia. Ilustrações fora de escala.)

Presbiopia

Também chamada de "vista cansada", assemelha-se à hipermetropia, pois em ambas há dificuldade na visualização de objetos próximos. Mas, veja bem: enquanto na hipermetropia o globo ocular é mais curto, na presbiopia a causa do problema é a *perda da elasticidade do cristalino*. As lentes corretivas também são semelhantes às usadas no caso de hipermetropia.

Como a presbiopia costuma aparecer por volta dos 40-50 anos, você não deve se surpreender caso seus pais ou avós estiquem os braços para lerem um livro ou jornal.

Astigmatismo

No astigmatismo, partes da imagem formam-se na retina, outras à frente, outras atrás. Portanto, a imagem não se forma com nitidez. O distúrbio é causado por alterações da curvatura da córnea ou da lente do olho (cristalino). Para as pessoas com astigmatismo, objetos próximos ou distantes ficam distorcidos. As imagens ficam embaçadas, visto que nem todos os raios de luz são focalizados. A visão em profundidade fica prejudicada, causando, por exemplo, dificuldade ao descer os degraus de uma escada.

DESIGNUA/SHUTTERSTOCK

A correção do (a) astigmatismo é feita com o uso de uma lente (b) que faz com que os raios de luz se concentrem em um plano único. Cirurgia a laser também resolve o problema.

É SEMPRE BOM SABER MAIS!

Catarata, glaucoma e conjuntivite

Assim como se deve consultar regularmente um médico clínico geral, a visita a um oftalmologista também é de extrema importância. Além dos distúrbios de visão, o médico especializado saberá trabalhar na prevenção de determinadas doenças, como as associadas com diabetes e pressão alta, por exemplo, assim como no correto tratamento de distúrbios que já tenham se instalado.

Em algumas situações, o cristalino pode tornar-se opaco e o indivíduo começa a se queixar que a visão não é mais nítida, como se estivesse olhando através de um vidro embaçado. Essa condição é conhecida como **catarata**. A progressão da catarata varia muito, podendo ser mais rápida ou mais lenta, dependendo do indivíduo. A catarata mais comum manifesta-se geralmente após os 50 anos de idade. O tratamento é cirúrgico; todo o cristalino é retirado e substituído por uma lente artificial.

O **glaucoma** é uma doença caracterizada pelo aumento da pressão no interior do olho, provocando uma deformação. O glaucoma provoca distúrbios de visão que vão de dor constante e intensa, passando por deficiências visuais transitórias a até perda da visão. Essa excessiva pressão no globo ocular é causada pelo aumento do volume de humor aquoso, líquido localizado na câmara anterior do olho, entre a córnea e o cristalino. Esse líquido é produzido em estruturas especiais e, no caso do glaucoma, a produção supera a absorção. O tratamento, em linhas gerais, consiste na utilização de medicamentos e, em alguns casos, intervenções cirúrgicas.

Na **conjuntivite**, os olhos ficam inchados e avermelhados devido à inflamação da membrana chamada **conjuntiva**. As causas são muitas, incluindo a presença de bactérias e vírus, penetração de corpos estranhos, poeira etc. Essa inflamação provoca, entre outros sintomas, a presença de mais vasos sanguíneos dilatados, fazendo com que os olhos fiquem bem avermelhados. Normalmente, a inflamação dura poucos dias.

Nosso desafio

Para preencher os quadrinhos de 1 a 9, você deve utilizar as seguintes palavras: estímulos, gustativos, língua, olfato, orelhas, paladar, químicos, tato, visão.

À medida que você preencher os quadrinhos, risque a palavra que escolheu para não usá-la novamente.

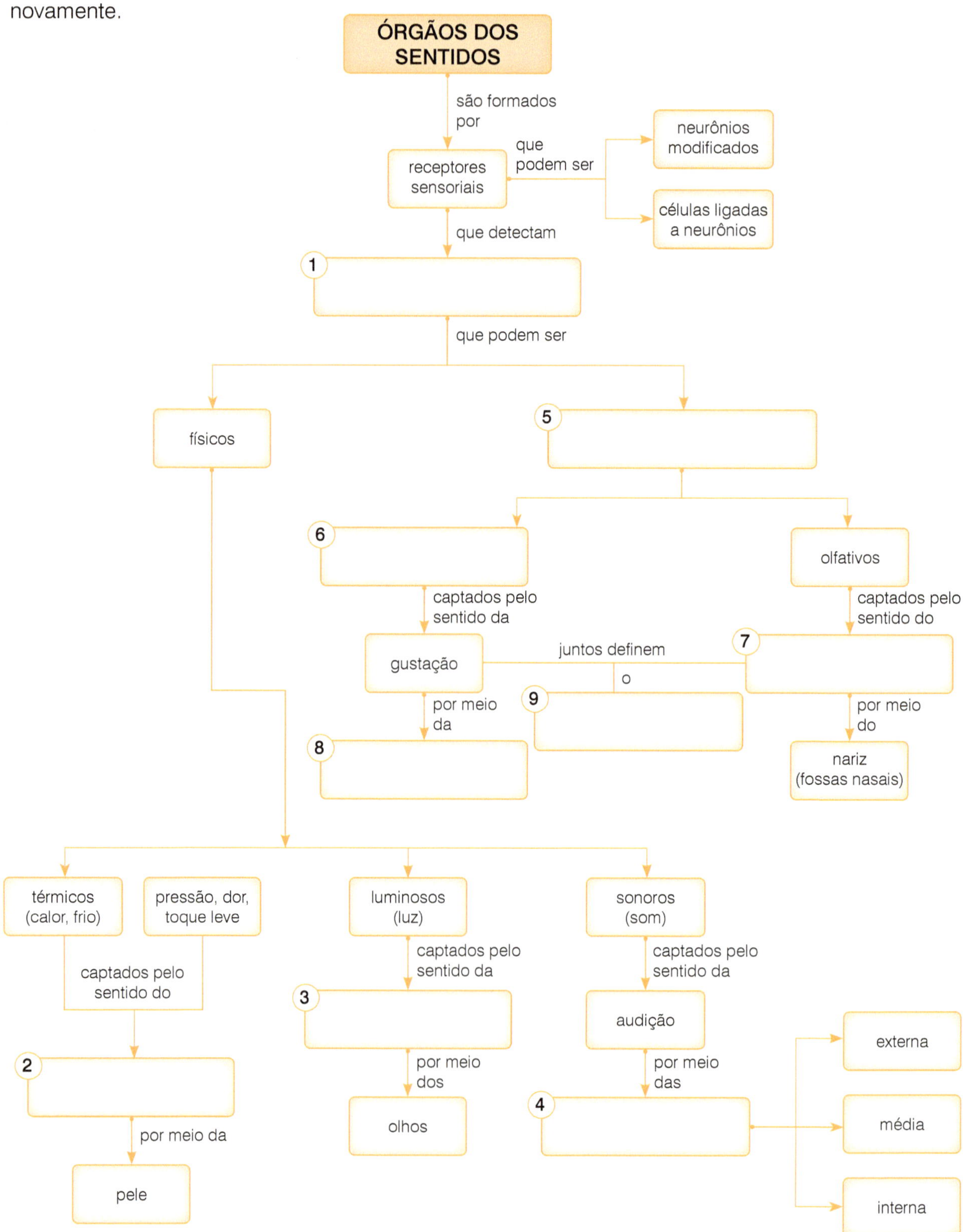

Atividades

1. [7, 10] O que é receptor sensorial e qual é a sua função?
2. [7, 10] Cite os estímulos externos ao nosso corpo que podem ser captados pelos principais receptores sensoriais.
3. [7, 10] A respeito da gustação, responda às perguntas abaixo:
   a) Onde se encontram e qual é a função dos botões gustativos?
   b) Em que local do nosso corpo está localizado o centro da gustação, que nos permite identificar o sabor dos alimentos?
4. [7, 10] Em relação à captação de odores, responda:
   a) Onde estão localizados os receptores sensoriais do olfato?
   b) Qual é o papel do nervo olfativo? Ele é sensorial ou motor? Justifique sua resposta.
5. Em relação à captação de ondas sonoras (audição), responda:
   a) [10] Em que local da orelha localizam-se os receptores sensoriais para a audição?
   b) [7, 10] Qual é o nome da membrana situada entre a orelha externa e a orelha média? Qual é a sua função?
   c) [7, 10] Quais são os três ossículos localizados na orelha média e qual é sua função?
6. [1, 7, 10, 11, 15, 17, 18] Por que o excesso de barulho, de modo contínuo, pode prejudicar a audição de um indivíduo, podendo até provocar surdez?
7. Em relação à captação das ondas luminosas (olhos e visão), responda:
   a) [7, 10] Em que região do globo ocular está localizada a córnea e qual é a sua função?
   b) [7, 10] Como a íris controla a intensidade da luz que entra no globo ocular?
   c) [10] Em que local do globo ocular estão localizados os receptores sensitivos para a visão?
8. [4, 5, 10, 12] Ordene as palavras seguintes de modo a estabelecer o trajeto percorrido pelos raios de luz que atingem nossos olhos até chegarem ao nervo óptico:
   retina – córnea – pupila (orifício da íris) – humor vítreo – humor aquoso – cristalino (lente).
9. [6, 7, 10, 12] Embora as imagens dos objetos que observamos seja projetada na retina, onde ocorre a interpretação dessas imagens? Qual é o nervo percorrido pelos impulsos nervosos gerados pelos cones e bastonetes na retina?
10. [1, 6, 10, 15, 17] Uma pessoa sofreu um acidente que lhe causou uma lesão irreversível da área do cérebro encarregada da percepção olfativa. Os receptores sensoriais nasais, assim como o nervo olfativo, permaneceram intactos. Qual é a consequência desse tipo de acidente?
11. [4, 5, 10, 12] Ordene os fatos a seguir em uma sequência com sentido correto.
    ( ) Resposta muscular; agachar-se para cheirar a flor.
    ( ) Formação de uma imagem na retina.
    ( ) Captação de um estímulo: a visão de uma flor.
    ( ) Transmissão de impulsos por um nervo motor.
    ( ) Transmissão de impulsos por um nervo sensorial.
    ( ) Formação de uma sensação visual no córtex cerebral.
    ( ) Elaboração de uma resposta.
12. [1, 7, 10] Os órgãos dos sentidos recebem estímulos sensoriais do meio exterior ao corpo e transformam esses estímulos (luz, som, sabor, odor, pressão, calor) em impulsos nervosos, que são conduzidos pelos neurônios até o cérebro. Uma vez no cérebro, qual é o resultado desses estímulos?
13. [1, 6, 7, 10] Como se explica que para a ameba, organismo unicelular, um som muito alto, que tanto incomoda o homem, não provoca nela nenhuma reação?

14. **[1, 6, 7, 10]** O ser humano possui três tipos de cones na retina dos olhos. Um que distingue o verde, o outro distingue o vermelho e o terceiro, o azul. A mistura desses tons permite ao homem enxergar todas as cores.

Sabendo que (1) a quantidade de cones no ser humano é maior do que a quantidade nos cães, (2) que estes animais possuem apenas dois tipos de cones e ainda (3) são hipermétropes, como deve ser a visão dos cães comparada com a dos seres humanos?

15. **[1, 6, 7, 10]** Os cães possuem um super olfato, tão desenvolvido que são auxiliares importantes na busca por pessoas desaparecidas, explosivos, drogas ou outras substâncias. A presença de um olfato tão apurado compensa a hipermetropia nos cães para a sua sobrevivência? Justifique a resposta.

16. **[1, 6, 7, 10]** Os gatos estão entre os poucos mamíferos que não preferem alimentos doces, e essa indiferença é uma das razões da dificuldade para treiná-los, quando comparados com os cães. Em termos de receptores sensoriais, sugira um motivo de os gatos serem indiferentes a alimentos doces.

17. **[1, 6, 7, 10]** Os impulsos que atingem o cérebro por meio dos neurônios sensoriais são todos iguais, quer partam dos olhos ou dos ouvido. Como se explica, então, que se você pudesse tocar um neurônio do olho teria uma sensação visual e se pudesse tocar um neurônio do ouvido teria uma sensação auditiva, e não o contrário?

18. **[1, 6, 7, 8, 9, 10, 15, 17, 18]** É extremamente comum ouvir entre as pessoas em geral, e até nos meios de comunicação, que determinado indivíduo é surdo-mudo. Mas muitas vezes essa expressão é utilizada de forma incorreta, pois mudez e surdez são duas alterações anatômicas independentes, isto é, não estão conectadas. Para ser surdo-mudo ele precisaria ter mudanças no órgão auditivo e também na estrutura que permite a expressão oral. Uma pessoa surda tem todas as condições de se expressar oralmente.

Já que a surdez independe da mudez, por que, com raras exceções, a pessoa que não ouve não se expressa com palavras?

19. **[1, 6, 10, 11]** A comunicação entre as pessoas, uma característica da nossa espécie, se utiliza de sons articulados. O surdo está impossibilitado de usar essa linguagem pelo fato de não ouvir, não tendo assim condições de repetir as palavras. A falta de comunicação entre os surdos e a população em geral poderia trazer problemas graves de origem emocional para esses indivíduos, mas esse desafio tem sido vencido pelo uso da língua Libras (Língua Brasileira de Sinais), que se utiliza de sinais, expressões faciais e corporais para comunicação. Libras, por ser uma língua, um idioma oficial do nosso país, tem estrutura e regras próprias.

Qual é o principal órgão sensitivo que permite a comunicação na língua de sinais? Justifique a resposta.

20. **[1, 6, 7, 10]** Tente capturar uma mosca com a mão. É difícil, não é mesmo? As moscas têm um sistema formado por tipos de pelo espalhados por todo o seu corpo. Esses pelos são extremamente sensíveis ao deslocamento do ar. Então, qualquer movimento da mão perto do inseto o coloca em estado de alerta e ele, imediatamente, reage a esse estímulo ambiental e escapa voando.

Esse sistema que percebe o deslocamento do ar pode fazer parte dos órgãos dos sentidos da mosca? Justifique a resposta.

Navegando na net

Viaje pelo fantástico mundo dos nossos órgãos dos sentidos assistindo ao vídeo no endereço eletrônico <https://www.youtube.com/watch?v=c5ODGzBUMNc>. *Acesso em:* 6 abr. 2018.

A PELE HUMANA

capítulo 7

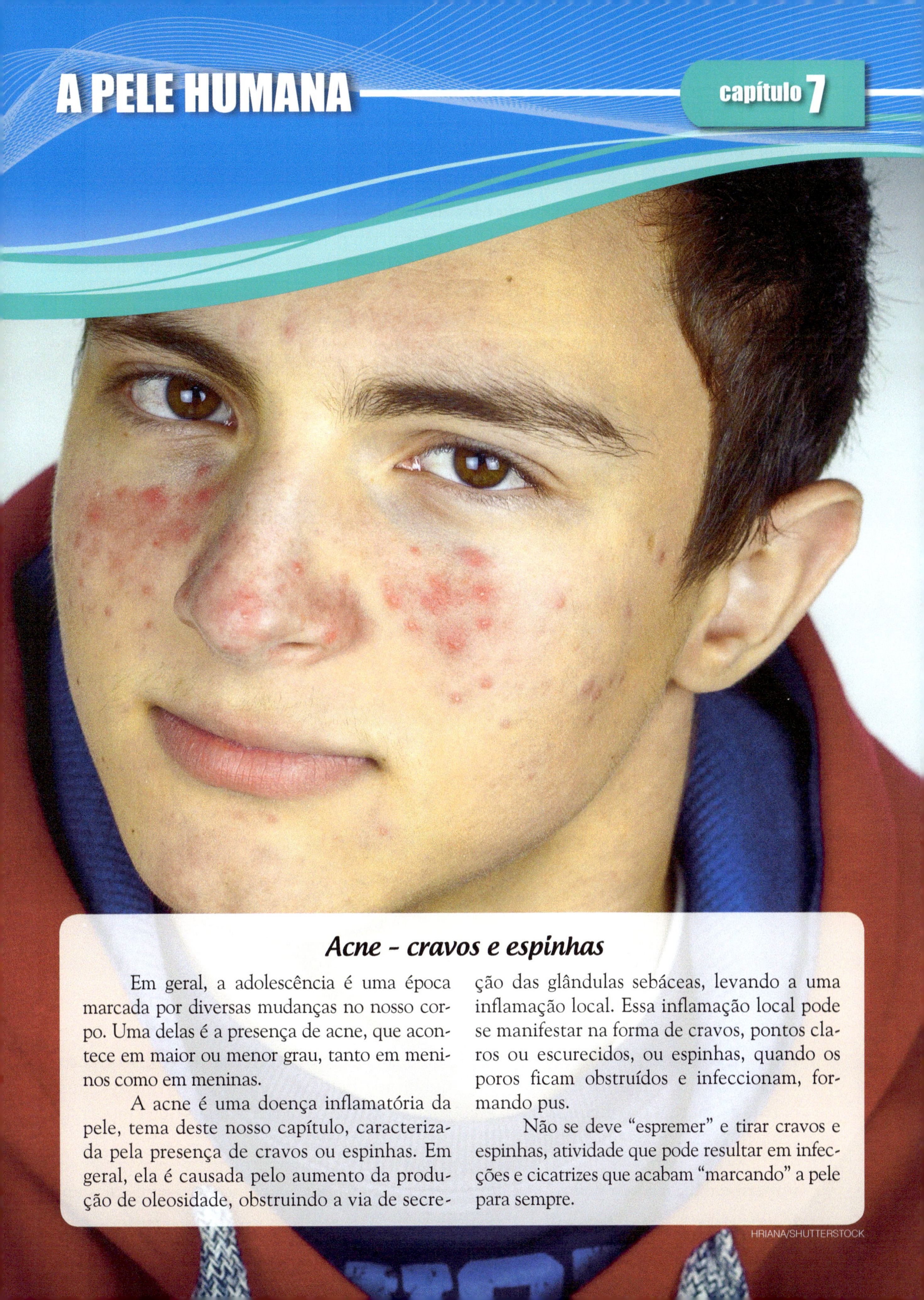

HRIANA/SHUTTERSTOCK

Acne – cravos e espinhas

Em geral, a adolescência é uma época marcada por diversas mudanças no nosso corpo. Uma delas é a presença de acne, que acontece em maior ou menor grau, tanto em meninos como em meninas.

A acne é uma doença inflamatória da pele, tema deste nosso capítulo, caracterizada pela presença de cravos ou espinhas. Em geral, ela é causada pelo aumento da produção de oleosidade, obstruindo a via de secreção das glândulas sebáceas, levando a uma inflamação local. Essa inflamação local pode se manifestar na forma de cravos, pontos claros ou escurecidos, ou espinhas, quando os poros ficam obstruídos e infeccionam, formando pus.

Não se deve "espremer" e tirar cravos e espinhas, atividade que pode resultar em infecções e cicatrizes que acabam "marcando" a pele para sempre.

Pele: estrutura e funções

A pele é um órgão extenso, que envolve externamente o corpo. A área coberta pela pele de um ser humano adulto é de, aproximadamente, 2 m^2; por isso, é considerada o maior órgão do nosso corpo. Sua importância está ligada aos processos de:

- **evitar** a perda excessiva de água (**desidratação**) por ser impermeável na superfície;
- atuar na manutenção da **temperatura do corpo** em níveis adequados, por meio da secreção e evaporação do suor e da dilatação ou contração dos vasos sanguíneos que a irrigam;
- proteger contra **agressões** leves e moderadas;
- dificultar a **entrada** de **microrganismos patogênicos**;
- desempenhar importante **papel sensitivo**, graças à existência de terminações nervosas sensoriais responsáveis pelo sentido do *tato* (calor, frio, toque, pressão, dor);
- ser o local de produção da **vitamina D**, quando exposta à radiação benéfica do Sol.

A estrutura da pele mostra duas camadas, a **epiderme** e a **derme**, cada uma formada por um tipo de tecido.

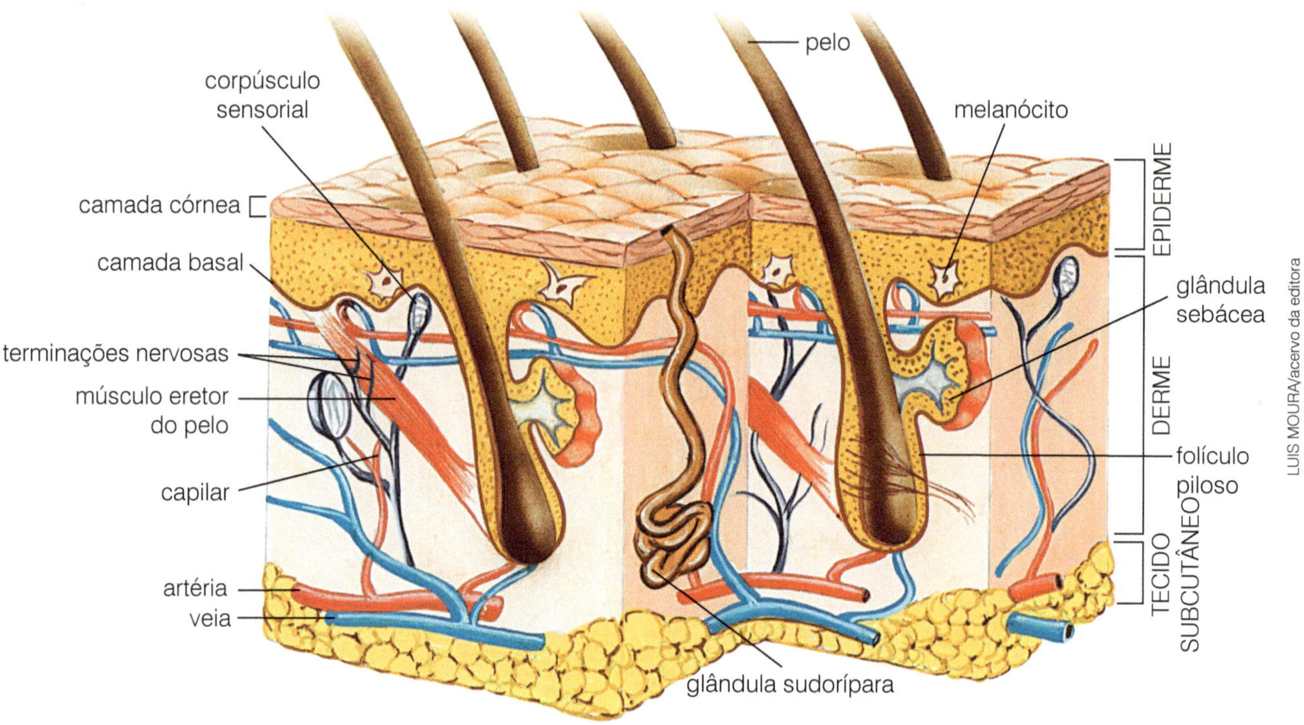

Estrutura da pele humana, formada pelas camadas epiderme e derme. Na imagem, abaixo da derme está localizado o tecido subcutâneo, que não faz parte da pele. (Cores-fantasia. Ilustração fora de escala.)

A epiderme é o componente da pele que fica em contato direto com o meio externo. É formada por várias camadas de células de **tecido epitelial de revestimento**. A camada mais interna da epiderme, aquela que fica logo acima da derme, produz, constantemente, por meio de divisões celulares, novas células epiteliais que empurram para cima as células mais velhas.

As células mais velhas produzem e acumulam **queratina**, proteína responsável pela **impermeabilização da pele**, que limita a perda de água por evaporação. Essas células impermeabilizadas morrem e formam a chamada **camada córnea**.

É SEMPRE BOM SABER MAIS!

Apesar de ser formada por muitas camadas de células, a epiderme é extremamente fina, não mais do que 0,1 mm de espessura. Sempre que você raspar superficialmente a pele e houver sangramento, por pequeno que seja, você removeu a epiderme e atingiu a derme. Capilares sanguíneos ficam restritos à derme, de modo que as células vivas da epiderme recebem oxigênio e nutrientes desses capilares por difusão.

Localizada abaixo da epiderme, a **derme** é a camada mais espessa da pele, formada por *tecido conjuntivo*. O espaço entre as células é preenchido por uma rede de fibras resistentes de uma proteína, o **colágeno**, e por fibras mais finas e elásticas. Esse tecido confere sustentação, elasticidade, forma e firmeza à pele. Além disso, na derme existem **vasos sanguíneos** (transportam nutrientes e oxigênio), **terminações nervosas** e **corpúsculos sensoriais** responsáveis pelas sensações de calor, frio, tato, pressão e dor.

Fique por dentro!

A derme é o que se costuma chamar de **couro**. Submetida a tratamentos especiais nos curtumes, a derme de certos animais é utilizada no revestimento de estofados e na confecção de artefatos de couro: bolsas, sapatos, cintos, carteiras, casacos etc.

Couro de porco cozido faz parte da feijoada; frito, transforma-se no torresmo pururuca.

ESTABELECENDO CONEXÕES

Cotidiano

Impressões digitais e identificação pessoal

Linhas nas extremidades dos dedos formam as chamadas impressões digitais (do latim, *digitus* = dedo), marcas que aparecem ainda durante a vida intrauterina e nos acompanham por toda a vida, sem apresentar mudanças significativas.

O traçado dessas linhas, que é o resultado de dobras da derme, é exclusivo de cada ser humano e permite sua identificação. É justamente por isso que na emissão das cédulas de identidade faz-se também o cadastro das impressões digitais.

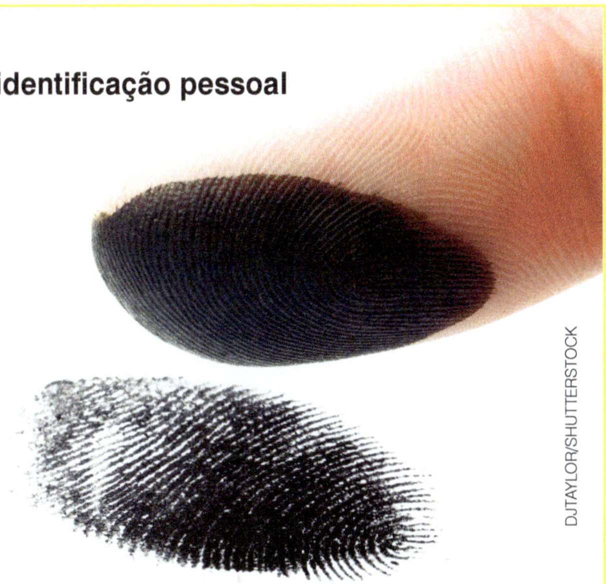

DJTAYLOR/SHUTTERSTOCK

ESTABELECENDO CONEXÕES

Saúde

Celulite

Sob a derme há uma camada de tecido conjuntivo frouxo, a **tela subcutânea** ou **hipoderme** (sob a pele). Essa camada está ligada à pele mas *não faz parte dela*. Dependendo de sua localização nas diversas regiões do corpo, a hipoderme pode ter espessuras diferentes por apresentar quantidades variáveis de tecido adiposo.

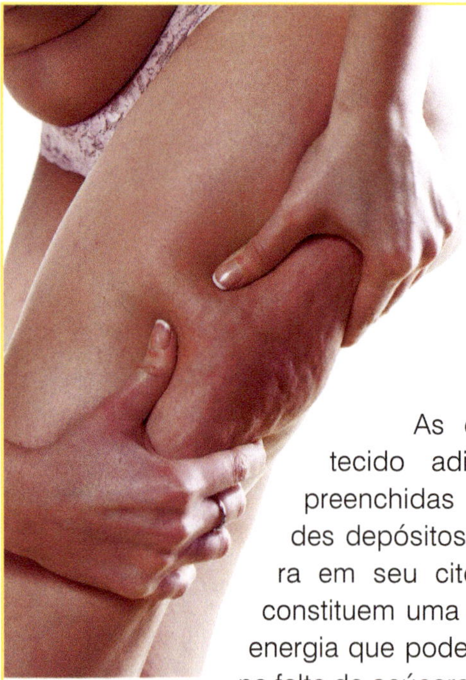

Celulite em mulher jovem.

VLADIMIR GJORGIEV/ SHUTTERSTOCK

As células do tecido adiposo são preenchidas com grandes depósitos de gordura em seu citoplasma e constituem uma reserva de energia que pode ser usada na falta de açúcares ou quando queremos emagrecer (lembre-se que engordamos ou emagrecemos na hipoderme). Além disso, o tecido adiposo subcutâneo funciona como um agasalho natural (isolante térmico), evitando grandes perdas de calor para o ambiente, e ainda protege algumas partes do corpo contra choques mecânicos.

A celulite é uma inflamação do tecido celular subcutâneo, que afeta veias, capilares sanguíneos e linfáticos, levando à formação de edemas (inchaços) nos locais onde há maior acúmulo de gordura.

O tecido gorduroso forma depressões, saliências e ondulações, principalmente nos quadris, nádegas, coxas e abdômen. Hoje a celulite é considerada uma doença e não somente um problema estético.

Como medida preventiva, podemos citar a realização de atividade física regular e uma alimentação saudável. Se ainda assim aparecerem os primeiros sinais de celulite, é recomendável procurar um médico especializado nessa área, pois os tratamentos atuais têm-se tornado cada vez mais eficientes.

➢ Embora o tecido adiposo desempenhe importantes funções citadas no texto – reserva de energia e isolamento térmico – autoridades de saúde no mundo todo preocupam-se com a atual epidemia de obesidade que afeta as pessoas em muitos países. Em termos da saúde humana, indique pelo menos uma consequência do excesso de gordura relativamente, por exemplo, a problemas que podem afetar o sistema circulatório das pessoas.

Anexos da pele

Lembre-se!

Pelos são encontrados apenas nos mamíferos.

Embora alguns estejam mergulhados na derme, é a epiderme que origina os anexos cutâneos: pelos, unhas, glândulas sebáceas e glândulas sudoríparas.

Os **pelos** são estruturas exclusivas dos mamíferos. Sua função natural é proteger o organismo contra o frio, uma vez que entre eles há retenção de uma camada de ar, favorecendo o isolamento térmico. A pelagem espessa também evita alguns tipos de agressão à pele, causados pelo atrito mais intenso.

Na espécie humana, porém, os pelos se concentram em poucas regiões do corpo, mais densamente no couro cabeludo. Então, a proteção contra o frio depende de vestuário e moradias.

Cada pelo projeta-se de um **folículo piloso**, região em cuja base as células se dividem constantemente e empurram as mais antigas para fora. É dessa forma que os pelos e os cabelos crescem. À medida que as células vão subindo, começam a morrer, restando uma estrutura rica em queratina, a proteína que constitui o fio.

Nas extremidades dos dedos possuímos as **unhas**, estruturas formadas por camadas de células queratinizadas, semirrígidas, que protegem a extremidade de nossos dedos.

As **glândulas sebáceas** localizam-se geralmente junto aos pelos, mergulhadas na derme, abrindo-se nos folículos pilosos. Elas secretam um produto oleoso, o **sebo**, que lubrifica e hidrata os pelos e a superfície da pele, a mantém impermeável à água, além de apresentar características bactericidas.

Lembre-se!

Chamamos de sistema tegumentar ao conjunto formado pela pele e seus anexos.

É SEMPRE BOM SABER MAIS!

Seborreia é o nome do processo caracterizado pela secreção excessiva das glândulas sebáceas.

Quando o indivíduo entra na puberdade, as alterações hormonais, principalmente o aumento da produção dos hormônios sexuais, provocam grandes modificações no corpo. As glândulas sebáceas, por exemplo, passam a trabalhar muito, principalmente no rosto, nas costas, na parte central do tórax e no couro cabeludo.

A seborreia pode persistir na idade adulta e os principais motivos são os de natureza hormonal, alimentar e emocional.

As **glândulas sudoríparas** são túbulos finos e enovelados que se abrem em minúsculos poros na superfície da pele. Elas produzem o **suor**, formado por água e resíduos idênticos aos da urina (sais e ureia), porém muito mais diluídos.

A principal função das glândulas sudoríparas é atuar na regulação da temperatura do organismo. A evaporação de água da superfície da pele "rouba" calor da pele, diminuindo a temperatura do sangue que circula perifericamente.

Perifericamente: que se encontra afastado de um centro.

Melanócitos e a cor da pele

Na parte inferior da epiderme, formada por células mais jovens, encontram-se células denominadas **melanócitos** (do grego, *melanós* = negro + *kytos* = = célula), que compõem 13% das células da epiderme. Os melanócitos produzem um pigmento escuro, a **melanina**, que basicamente tem duas funções: conferir cor à pele e protegê-la contra a ação dos raios ultravioletas do Sol, atuando como um filtro solar natural.

A cor da pele, mais escura ou mais clara, depende da quantidade de melanina produzida. A produção de melanina depende de vários fatores, sendo os principais o fator **hereditário** (material genético) e o fator **ambiental** (a luz solar estimula a produção de melanina, uma resposta adaptativa do organismo, que o protege dos malefícios da radiação solar).

Jogo rápido

Por que se diz que a melanina da pele atua como filtro solar natural?

SONDEM/SHUTTERSTOCK

Nas pessoas ou animais portadores de albinismo, uma alteração do material genético (DNA), que orienta a produção de melanina, impede a produção desse pigmento nos melanócitos.

Homem portador de albinismo. Os albinos têm a pele muito clara, os pelos são brancos e o fotoenvelhecimento é precoce, porque a pele não conta com nenhuma proteção contra as radiações solares.

ESTABELECENDO CONEXÕES
Cotidiano

Por que os pelos vão ficando brancos quando envelhecemos?

A melanina, que confere cor à pele, também é responsável pela cor dos cabelos. Assim, uma produção maior de melanina conduz a cabelos mais escuros; quantidades menores desse pigmento produzem cabelos mais claros e a ausência de melanina leva à ocorrência de cabelos brancos.

É frequente notar que, em crianças pequenas, o cabelo vai escurecendo, pois a produção de melanina aumenta com o passar do tempo. Quando o indivíduo atinge uma idade mais avançada, a produção de melanina começa a diminuir e aparecem, inicialmente, de forma tímida, os fios brancos, que progressivamente vão aumentando. Às vezes, o branqueamento dos fios começa bem antes da idade madura e o principal motivo é hereditário (herança genética).

Envelhecimento da pele

O **fotoenvelhecimento** é o resultado de lesões causadas pela radiação ultravioleta acumulada ao longo de muitos anos de exposição ao Sol. Células e estruturas da epiderme e derme se deterioram de forma irreversível. Assim, por exemplo, proteínas importantes da pele, como o colágeno e a elastina presentes na derme, são lesadas e a pele torna-se mais seca, áspera, espessa e perde sua elasticidade natural. Esse processo tem como consequência o aparecimento das rugas. Finalmente, os melanócitos afetados pela radiação ultravioleta param de funcionar de maneira adequada, prejudicando a produção de melanina, o que resulta no aparecimento de manchas de diferentes tonalidades, que variam de amareladas a marrons.

Lembre-se!

A produção de vitamina D começa na pele, com a formação da pró-vitamina D. A seguir, essa substância é conduzida ao fígado e, após sofrer modificações, aos rins, onde a forma ativa da vitamina D é produzida. Na verdade, atualmente a vitamina D é considerada um verdadeiro hormônio por atuar em diversos tecidos e órgãos do corpo, e não apenas na fixação de cálcio nos ossos.

ESTABELECENDO CONEXÕES

Cotidiano

Sol: mocinho ou bandido?

A radiação solar não é "inimiga" dos seres vivos, afinal, sem a luz solar não existiria vida. Basta pensar na importância da energia luminosa para a fotossíntese e na energia calorífica que aquece nosso planeta. Não há visão na escuridão total; é a luz visível refletida pela superfície dos objetos que nos permite enxergá-los.

A radiação solar é essencial para a síntese da vitamina D na pele. Essa vitamina favorece a absorção do cálcio no intestino e a sua fixação nos ossos, fortalecendo-os.

Em excesso, os raios ultravioleta (UV) prejudicam a saúde da pele, podendo provocar queimaduras, envelhecimento precoce e câncer de pele.

As seguintes medidas protetoras podem ajudar a prevenir problemas de saúde:

- evite exposição ao Sol entre 10 e 16 horas, pois a maior incidência de raios ultravioleta acontece nesse horário;
- use protetores solares todos os dias e reaplique-os a cada duas horas;
- use bonés ou chapéus para proteger o couro cabeludo, o rosto e a nuca;
- se o Sol estiver "muito forte", use uma camiseta para impedir que seus raios atinjam diretamente a pele.

Câncer de pele

O *carcinoma* e o *melanoma*, assim como a maioria dos cânceres, são devidos a uma alteração no DNA, que é o material genético das células. Esse desarranjo pode fazer com que células anormais se reproduzam rapidamente, promovendo um crescimento excessivo no número de células malignas. A **radiação ultravioleta**, um dos componentes da luz solar, é o principal agente causador de lesões no material genético das células da pele, especialmente em pessoas de pele clara que se expõem ao sol forte.

O **carcinoma** é a forma mais comum e menos agressiva de câncer de pele, pois afeta somente as células superficiais (epiderme). Essas lesões crescem lentamente, formando pequenos caroços, com maior frequência na face, no pescoço, no ombro ou nas costas. O tratamento para o carcinoma envolve a aplicação de uma substância que mata as células cancerosas ou pré-cancerosas. Em outros casos, é necessária uma remoção cirúrgica.

Fique por dentro!

O fotoenvelhecimento assim como o câncer de pele afetam menos as pessoas de pele escura. Nas pessoas de pele clara, a quantidade de melanina é insuficiente para proteger contra os danos que a radiação UV pode causar ao material genético (DNA). Por isso, correm um alto risco de desenvolver câncer de pele expondo-se excessivamente ao Sol.

LAPINA/SHUTTERSTOCK

Use protetor solar diariamente, mesmo que você não vá a uma praia ou piscina.

O **melanoma maligno** é bem menos frequente que o carcinoma, porém é um dos tipos de câncer mais agressivos. Nesse tipo de câncer, as células afetadas são os melanócitos, que se multiplicam exageradamente e se exteriorizam na pele na forma de "pintas", que continuam crescendo irregularmente, tornando-se cada vez mais escuras. O melanoma maligno é responsável por 75% de todas as mortes causadas por câncer de pele. O tratamento é quase exclusivamente cirúrgico para a remoção da região afetada. Porém, o melanoma pode estar localizado nas regiões profundas da pele, havendo a possibilidade de invadir outros órgãos. Por isso, o melanoma maligno é mais perigoso do que o carcinoma. De qualquer modo, o reconhecimento de um carcinoma ou de um melanoma maligno deve ser feito por um profissional médico especializado, que saberá indicar o procedimento correto em cada caso.

DE OLHO NO PLANETA

Meio Ambiente

Camada de ozônio e câncer de pele

Na atmosfera existe uma camada de gás ozônio (formado a partir do oxigênio), que atua como um "filtro solar natural", absorvendo parte dos raios ultravioleta provenientes do Sol. Caso essa camada não existisse, a radiação ultravioleta aumentaria ainda mais a probabilidade de queimaduras, fotoenvelhecimento e câncer.

Durante muitos anos foram utilizados clorofluorcabonetos (CFC), gases que em sua molécula apresentam os elementos cloro, flúor e carbono, na fabricação de aerossóis e também

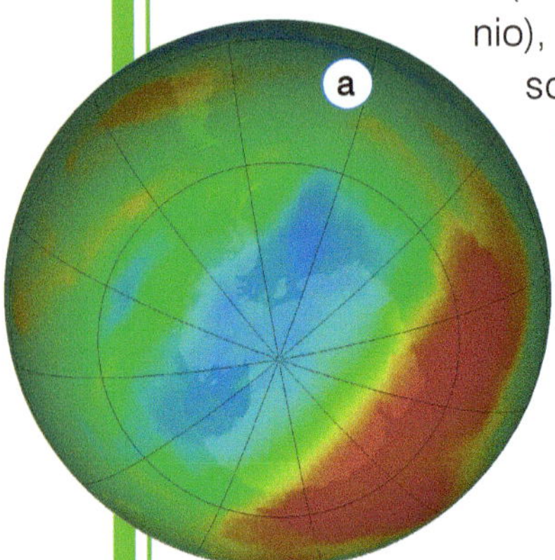

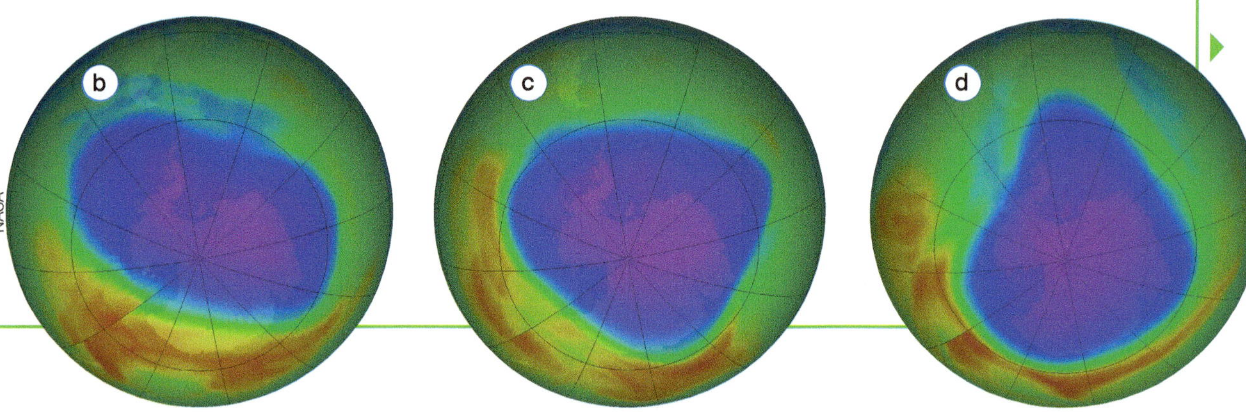

NASA

Imagens, coloridas artificialmente, do buraco na camada de ozônio sobre o polo Sul em (a) 2 de outubro de 1979, (b) 2 de outubro de 1992, (c) 2 de outubro de 2005 e (d) 2 de outubro de 2018. As cores roxo e azul-escuro indicam os locais em que a camada de ozônio está mais fina, enquanto as cores amarelo e vermelho indicam locais em que a camada está mais espessa.

para a refrigeração de alguns aparelhos, como geladeiras, por exemplo. Não foi de imediato que se percebeu que esses gases afetavam a camada de ozônio, que nos protege das radiações UV, o que levou a intensificar o *buraco na camada de ozônio* (principalmente sobre o polo Sul), como ficaram conhecidos os danos a essa camada.

Atualmente, vários países já proibiram o uso de CFC, o que, aliado a outras medidas que visam reduzir a emissão de gases de efeito estufa, tem contribuído para uma redução no buraco na camada de ozônio.

Descubra você mesmo!

Consulte a internet ou livros de sua escola e descubra como se dá o mecanismo de síntese do ozônio na estratosfera terrestre.

ESTABELECENDO CONEXÕES

Saúde

Além do câncer de pele, celulite e da acne, há algumas outras doenças de pele que merecem ser citadas em função de sua frequência entre os seres humanos. Conheça algumas delas na tabela abaixo.

Nome da doença e agente causador	Como se adquire	Sintomas	Tratamento	Prevenção
Escabiose ou sarna (ácaro, animal microscópico)	Contato direto com pessoa contaminada.	Surgem pequenas vesículas com água que coçam muito, principalmente à noite.	Medicamentos de uso local para combater o agente causador (*Sarcoptes scabiei*).	Evitar o contato com pessoas contaminadas e adotar hábitos de higiene.
Micose (fungo)	Os fungos são encontrados em praticamente todos os lugares. As micoses podem ser contraídas, principalmente, a partir de lugares quentes e úmidos.	Manchas ou até mesmo lesões nas unhas e pele. Prurido (coceira) intenso.	Antimicóticos, sempre prescritos por médicos.	Adotar hábitos de higiene, secando-se muito bem após o banho. Evitar andar descalço em locais públicos úmidos, como vestiários, por exemplo. Ter o seu próprio material para cuidado das unhas.
Pediculose (piolho)	Contato direto com pessoa contaminada.	Coceira intensa. Pequenas pápulas (bolinhas) com sangue. Além disso, os parasitas são visíveis tanto no couro cabeludo como nas outras partes do corpo contaminadas.	Em geral, são usados os mesmos medicamentos prescritos para a sarna. É fundamental tratar as pessoas próximas ao doente também.	Evitar o contato com pessoas contaminadas. Não compartilhar roupas e/ou objetos pessoais.

Nosso desafio

Para preencher os quadrinhos de 1 a 8, você deve utilizar as seguintes palavras: derme, epiderme, glândulas sebáceas, glândulas sudoríparas, pelos, queratina, regulação térmica, vasos sanguíneos.

À medida que você preencher os quadrinhos, risque a palavra que escolheu para não usá-la novamente.

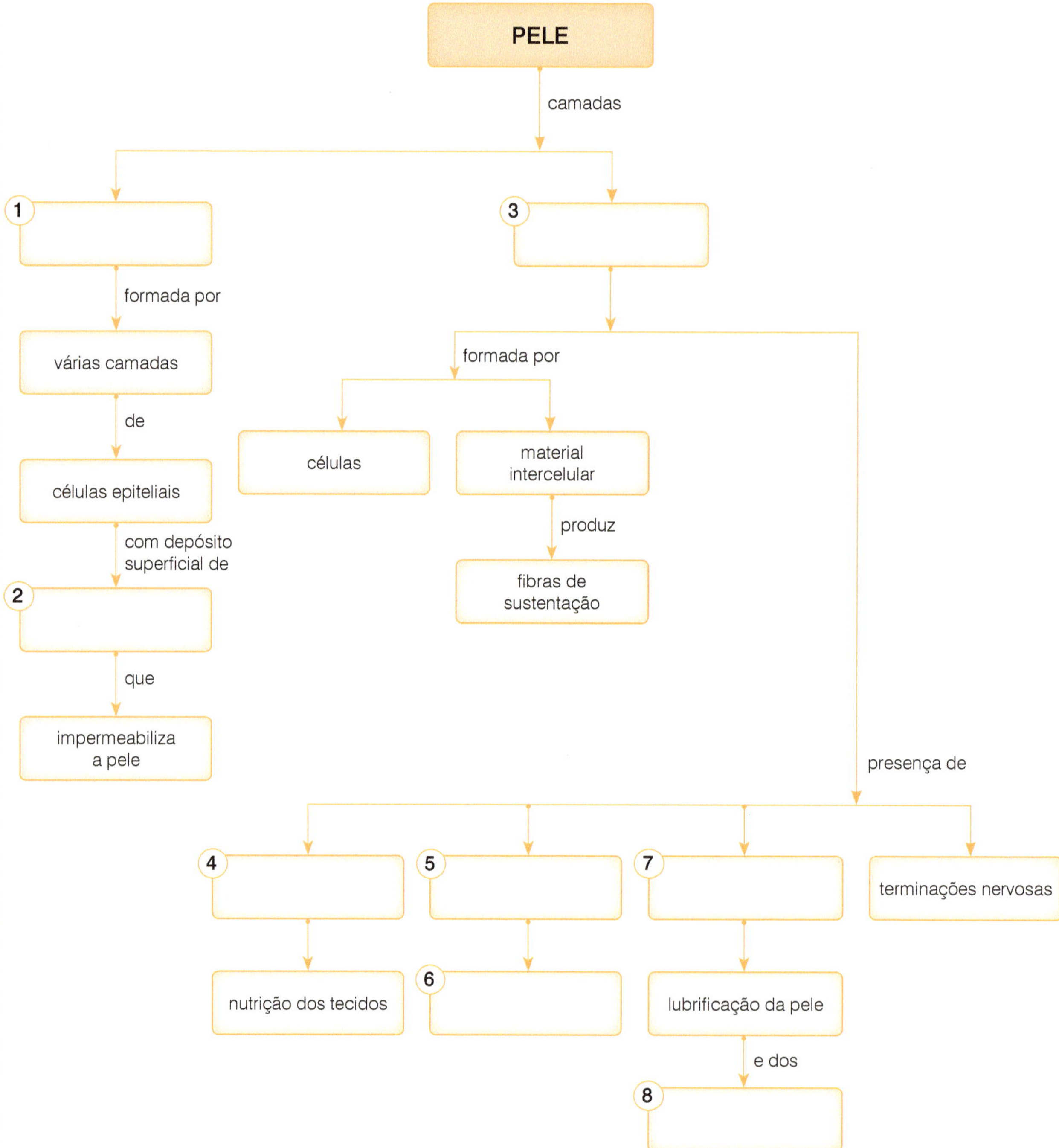

Atividades

1. [7, 10] Em relação à estrutura e às funções da pele, responda:
   a) Quais são as camadas que formam a pele humana?
   b) Todas as células da epiderme são mortas? Justifique a resposta.
   c) Qual é a importância da queratina na pele humana?
   d) O que são melanócitos e qual é a sua importância na pele das pessoas?
   e) Em que camada da pele estão localizados os vasos sanguíneos, nervos e suas terminações, glândulas sebáceas, sudoríparas e folículos pilosos?

2. [7, 10] Os pelos são estruturas exclusivas dos mamíferos. Qual é a sua função?

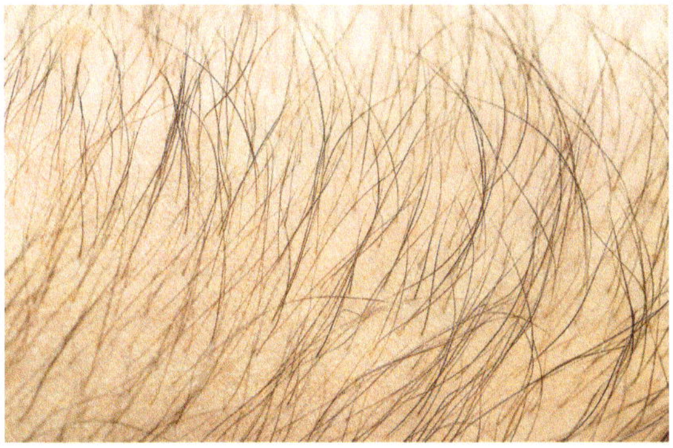

IHORL/SHUTTERSTOCK

3. [7, 10] Qual é a função das glândulas sebáceas?

4. [7, 10] Explique por que é importante suar.

5. [6, 7, 10] A tela subcutânea ou hipoderme é formada por tecido conjuntivo contendo quantidades variáveis de células adiposas.
   a) Qual é o tipo de substância armazenada nessas células?
   b) Que funções essa reserva desempenha no corpo dos mamíferos em geral?

6. [7, 10] Cite alguns benefícios diretos da luz solar para o ser humano.

7. [7, 10] Qual é o principal componente da radiação solar que pode provocar na pele o fotoenvelhecimento, o carcinoma e o melanoma?

8. [6, 7, 10] Por que os albinos, quando em contato prolongado com a luz solar, têm maior probabilidade de desenvolver um câncer de pele do que os indivíduos de pele mais pigmentada?

9. [6, 7, 10] Escabiose ou sarna (ácaro), micose (fungo) e pediculose (piolho) são nomes de três "doenças" que podem afetar a pele das pessoas. A respeito dessas "doenças":
   a) Cite os agentes causadores de cada uma.
   b) Cite o procedimento usual que conduz ao tratamento dessas doenças.

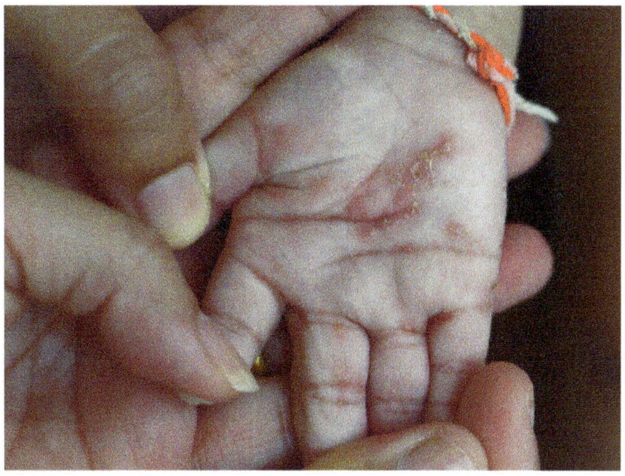

DONYAHHI/SHUTTERSTOCK

Escabiose na palma da mão de criança de 4 meses de idade.

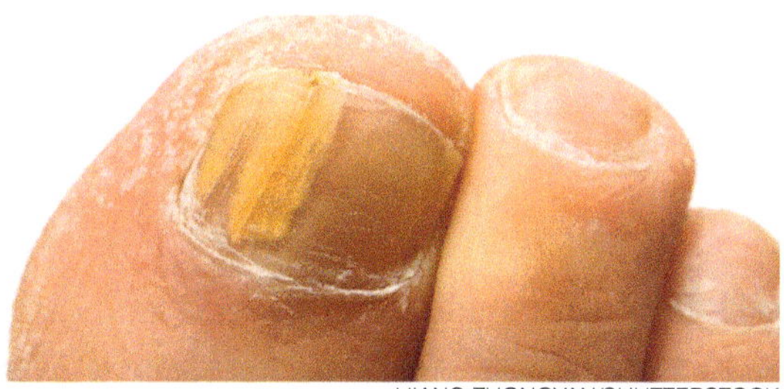

IJIANG ZHONGYAN/SHUTTERSTOCK

Micose ungueal.

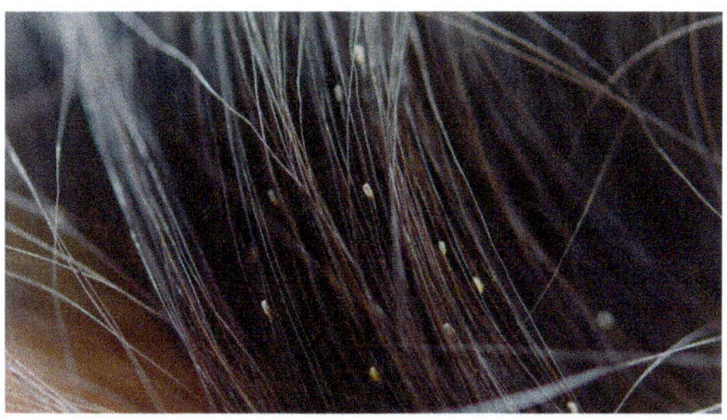

KHUNKORN/SHUTTERSTOCK

Lêndeas (ovos de piolho) podem ser vistas sobre os fios de cabelo humano.

10. **[6, 7, 10, 11, 15, 17]** A camada de ozônio da estratosfera possui uma extraordinária importância ecológica, além de ser útil na prevenção de danos ao material genético de muitas espécies de seres vivos, inclusive os seres humanos. A respeito dessa substância e considerando os conhecimentos que você obteve ao ler o item *De Olho no Planeta*, na página 122:

a) Por que é possível afirmar que a camada de ozônio é útil na prevenção de danos ao material genético, sobretudo na pele das pessoas?

b) Qual é a substância que muitos países deixaram de utilizar e que era considerada a destruidora do ozônio da estratosfera, provocando a formação do chamado *buraco na camada de ozônio*?

11. **[6, 7, 10]** Embora o excesso de exposição à luz do sol possa prejudicar a pele das pessoas, é preciso reconhecer que uma discreta exposição à radiação ultravioleta do tipo B (UVB) em certos horários do dia também é benéfica à saúde humana. Nesse sentido:

a) Qual é o prejuízo que pode ser causado pela exposição excessiva da pele desprotegida à luz do sol?

b) Por que uma exposição discreta, controlada e apenas em alguns horários, é benéfica à saúde humana?

Leia com atenção o enunciado a seguir e responda às questões **12** e **13**.

Pó caseiro

Conceitualmente, pó significa qualquer quantidade de pequeníssimas partículas de substâncias secas sólidas. Em uma residência, a maior parte do pó vem de fora de casa, pelos sapatos, pelo ar, trazidos pelo vento, por exemplo. Além disso, o pó em um recinto tem mais um componente: partes da camada córnea, estrutura que faz parte da nossa pele. Diariamente, o corpo elimina entre 6 e 14 gramas de células mortas.

A epiderme, camada superior da pele, é formada por células que produzem queratina (proteína) até que elas morrem. A camada epidérmica morta recebe o nome de *camada córnea*. Entre outras funções essa camada impede a perda de água em ambientes terrestres e é, portanto, um dos fatores que permitiu a conquista do meio terrestre pelos animais. Fragmentos da camada córnea são eliminados constantemente pela pele humana, constituindo um componente importante do pó caseiro.

12. **[1, 6, 7, 9, 10]** Explique como se dá a reposição da epiderme, já que fragmentos da camada córnea são eliminados constantemente.

13. **[1, 6, 7, 9, 10]** Os sapos pertencem à classe dos anfíbios. Assim como a nossa classe, a dos mamíferos, os sapos têm uma pele formada pela epiderme e derme. No entanto, a epiderme dos anfíbios praticamente não tem queratina. Explique por que, diferentemente de nós, os anfíbios precisam viver perto de ambientes úmidos, não podendo se aventurar em todos os ambientes terrestres.

14. **[1, 6, 7, 10]** Leia atentamente o texto a seguir e identifique se há nele alguma(s) incorreção(ões).

A pele humana é um tecido que tem inúmeras funções, tais como: impedir a desidratação do corpo e a entrada de substâncias estranhas e de microrganismos; resfriar o corpo quando está quente e retardar sua perda de calor no frio; é local de produção de vitamina D; sua cor é determinada por meio da produção de hormônios; é responsável pelo sentido do tato (calor, frio, toque, pressão, dor); auxilia a identificar cada indivíduo por meio das impressões digitais.

15. **[1, 6, 7, 10]** Furúnculo (foto a seguir) é uma infecção localizada no *folículo piloso*, estrutura que se localiza na base do pelo. O furúnculo começa com infecção bacteriana, em cuja base se deposita pus. O processo de infecção se expande e forma um nódulo avermelhado, quente e doloroso localizado sob a pele. Esse nódulo termina por romper a pele e provoca a saída de uma substância amarelada e ensanguentada.

Por que os furúnculos podem aparecer em qualquer parte do corpo menos nas palmas da mão e nas plantas dos pés?

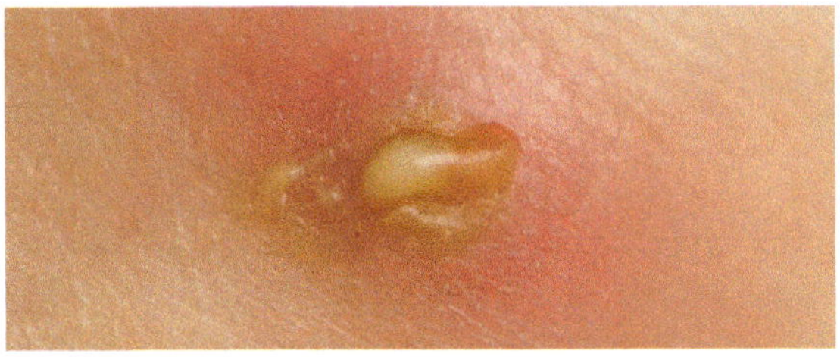

BERNATSKAYA OXANA/SHUTTERSTOCK

Furúnculo.

Leia atentamente o texto a seguir e responda às questões **16** e **17**.

Acne

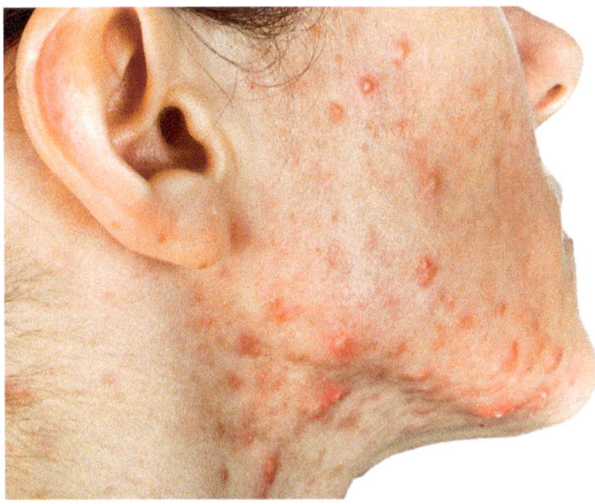

OCSKAY BENCE/SHUTTERSTOCK

Adolescente apresentando acne no rosto e pescoço.

A acne começa a se manifestar quando o adolescente entra na puberdade, fase em que o organismo passa a produzir os hormônios sexuais, a testosterona e o estrógeno, respectivamente pelo testículo e pelo ovário. As glândulas sebáceas, assim que o indivíduo entra na puberdade, também passam a produzir em excesso uma substância rica em gordura chamada sebo. O acúmulo de sebo fica retido no folículo piloso, entupindo os poros da pele. Esse acúmulo atrai bactérias. Para combater a bactéria entram em ação células do organismo. Assim, inicia-se uma reação inflamatória (reação do organismo a uma infecção), que provoca a formação de um ponto avermelhado, inchado e saliente. Pronto, instalou-se um quadro de acne.

16. [1, 6, 7, 10] O início do processo de formação da acne deve-se à grande atividade de secreção por parte das glândulas sebáceas. As glândulas sebáceas estão presentes no indivíduo desde o seu nascimento. Explique o motivo de a acne se manifestar somente após a puberdade.

17. [1, 6, 7, 10, 15, 17, 18] Uma vez instalado o quadro de acne, por que não se recomenda usar cosméticos que aumentem a oleosidade da pele e por que não se deve apertar e espremer as espinhas?

18. [1, 6, 7, 10, 11, 15, 17, 18] A grande maioria dos melanomas é superficial, porém alguns são mais profundos. Explique o motivo de o melanoma mais profundo da pele ser mais perigoso do que o superficial para o tratamento médico.

19. [1, 6, 7, 10, 15, 17, 18] Todos os cânceres se originam de lesões graduais e repetidas do DNA. Esse desarranjo pode fazer com que essas células se dividam independentemente das outras células do corpo e acabem por infiltrar-se em outros tecidos, espalhando-se pelo corpo.

É correto afirmar que o agente causador do melanoma, os raios ultravioletas do Sol, pode provocar alterações no DNA? Justifique a resposta.

20. [1, 6, 7, 10, 15, 17, 18] Com o passar do tempo, a tendência é de todos os órgãos do corpo sofrerem alterações. Com a pele acontece o mesmo. Portanto é inevitável que ocorra o seu envelhecimento: inicialmente surgem as primeiras rugas; com o passar dos anos as rugas tornam-se mais profundas, finalmente com as rugas há uma perda do contorno facial, que leva a pequenas mudanças na expressão facial.

O que leva ao envelhecimento da pele?

Leitura

Você, desvendando a Ciência

Cirurgia para correção de miopia

Vimos que a miopia é um distúrbio da visão em que, como consequência de o globo ocular ser mais longo do que o normal, a imagem é focalizada antes da retina. Lentes corretivas, como as de óculos ou de contato, podem alterar a trajetória dos raios luminosos, fazendo com que eles recaiam sobre a retina.

Durante muito tempo essa era a forma como se corrigia a miopia. Já há alguns anos, está sendo utilizada cirurgia para a correção desse problema. O procedimento é feito na córnea com um aparelho que emite raios laser (acompanhe pelas imagens a seguir).

O olho do paciente (1) é anestesiado com um colírio. Com um equipamento de extrema precisão (o microcerótomo), levanta-se a membrana (2) que reveste a córnea. Depois disso, o laser é acionado e dirigido para o centro da córnea (3), modelando essa estrutura (4).

O laser é um feixe de luz que está acoplado a um equipamento sofisticado, calibrado para que possa fazer a correção adequada a cada paciente. O médico não o manipula, apenas inicialmente dirige a luz para o local adequado e dá início ao procedimento. Ao final, é só (5) abaixar a membrana que revestia a córnea, colocando-a novamente em sua posição inicial (6).

Pronto. Sem pontos e sem dor, em menos de um minuto pode-se diminuir até 10 graus de miopia, que é o valor máximo que essa técnica permite corrigir.

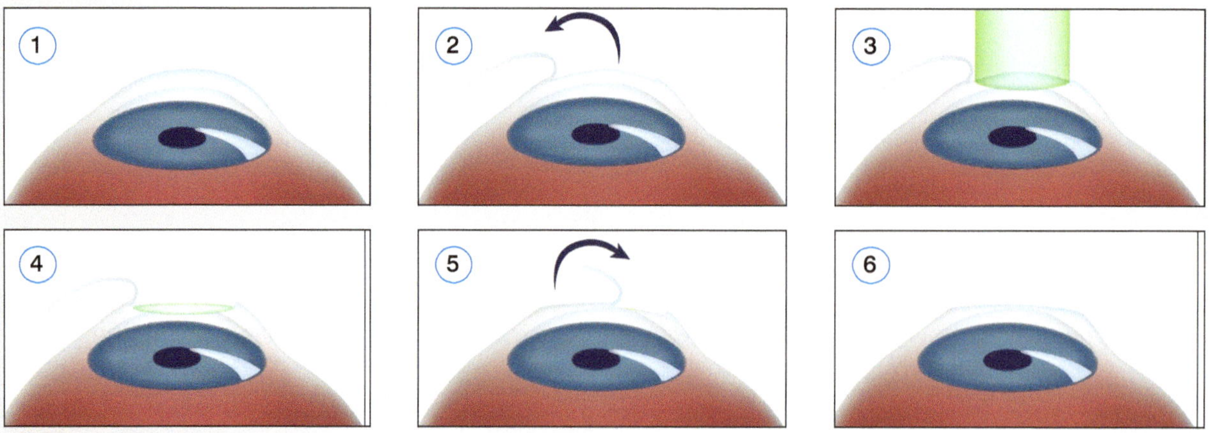

ALILA MEDICAL MEDIA/SHUTTERSTOCK

Suponha que um adolescente que apresente 7 graus de miopia seja submetido a uma cirurgia para correção desse distúrbio. Podemos afirmar que essa cirurgia previne o adolescente de ter presbiopia?

TecNews

O que há de mais moderno no mundo da Ciência!

Implantes cerebrais para tratamento de desordens do humor

Equipes de cientistas estão desenvolvendo métodos que tentam aliviar a carga emocional e de sentimentos das pessoas por meio de implantes que liberam impulsos elétricos, do mesmo modo que ocorre durante a atividade dos neurônios do sistema nervoso central. Como se sabe, essas células funcionam por meio da geração de corrente elétrica que envolve os elementos sódio e potássio, na geração do chamado impulso nervoso ao longo dos axônios neuronais. O trabalho dos cientistas foi apresentado em um encontro da Sociedade de Neurociência, em Washington, Estados Unidos, e pode eventualmente constituir-se em um tratamento de doenças mentais severas que são resistentes às terapias hoje empregadas.

O método tem como princípio um dispositivo implantado no cérebro que gera impulsos elétricos que alteram a atividade dos neurônios, e foi chamado de estimulação cerebral profunda. A expectativa é que essa metodologia sirva para o tratamento de desordens do humor, incluindo casos de depressão. Evidências obtidas por meio dos experimentos sugerem que a estimulação constante de certas áreas cerebrais pode provocar melhora da depressão. Cada grupo envolvido na pesquisa espera criar um sistema de implante de eletrodos para rastrear a atividade dos neurônios ao longo do cérebro, ao ocorrer a estimulação elétrica. Os grupos de pesquisa estão ainda desenvolvendo tal tecnologia em experimentos com pessoas com epilepsia que já possuem eletrodos implantados em seus cérebros e, com isso, esperam localizar precisamente as regiões que conduzem à alteração de condução elétrica neuronal anormal que causa as convulsões, típicas dessa irregularidade de trabalho cerebral relacionado à atividade dos neurônios.

É a Ciência a serviço da saúde humana. Vamos torcer para que os resultados sejam promissores e sejam utilizados em larga escala no tratamento dos distúrbios do sistema nervoso central.

Adaptado de: REARDON, R. Brain implants for mood disorders tested in people. *Nature*, News in Focus, London, v. 551, n. 7682, 30 Nov. 2017. p. 549-550.

Investigando

Com seu grupo de trabalho, faça uma pequena pesquisa sobre o que é depressão, seus sintomas, suas causas mais frequentes e formas de tratamento.

UNIDADE 2

Matéria e ENERGIA

Matéria e energia estão presentes de diferentes formas em nosso dia a dia e, em geral, somos capazes de intuitivamente reconhecer uma ou outra. Entre os diferentes tipos de matéria, uma delas é vital para os seres humanos: a ***água***. Sem água, nenhuma reação química celular pode ocorrer. Sem água não haveria sangue circulante no organismo das pessoas, não haveria fornecimento de nutrientes essenciais às células do nosso corpo. Sem água não haveria vida como a conhecemos.

Hoje, milhões de pessoas não têm acesso à água tratada e estima-se que para o ano 2030 teremos uma necessidade 40% maior do que a atual de água tratada para os seres humanos. A contaminação desse líquido tão precioso acarreta problemas de saúde, uma vez que serve de veículo para inúmeros microrganismos, como os que causam a cólera, por exemplo, infecção bacteriana que condiciona muitas mortes.

Cuidar da água, de suas características, de sua pureza e de seu uso responsável, é cuidar da vida!

capítulo 8

AS MUDANÇAS DA MATÉRIA

Somos feitos de quê?

Essa é uma pergunta que pode ter várias respostas. Assim, como todo o Universo, somos feitos de matéria e energia.

Para sobreviver, os seres vivos precisam ingerir alimentos para deles extrair a matéria e a energia de que necessitam. Sem a energia proveniente dos alimentos, você não conseguiria ter disposição para estudar, praticar esportes ou brincar com seus colegas de escola na hora do recreio.

Do mesmo modo que ocorre com a gasolina ou o álcool para um carro, podemos dizer que o alimento que ingerimos contém substâncias que são o nosso combustível. Desse combustível, nosso organismo irá extrair a energia que será utilizada para a realização de nossas atividades.

Neste capítulo, você vai aprender um pouco mais sobre a matéria, a energia e suas transformações.

RAWPIXEL.COM/SHUTTERSTOCK

Matéria e energia

Quando observamos o ambiente em que vivemos, podemos notar a existência de uma infinidade de formas e cores dos diferentes materiais que nos rodeiam.

Olhe ao seu redor e perceba que existem materiais muito resistentes que formam a parede, o teto ou o piso de sua sala de aula. Existem também materiais mais frágeis e maleáveis como objetos feitos de vidro, plástico ou papel, ou, ainda, aqueles que não podemos segurar com as mãos, como o ar, por exemplo.

Maleável: que tem elasticidade; flexível, dobrável; que pode ser modelado.

Também podemos sentir o calor do Sol, percebemos a luz que ilumina a sala e o som de uma campainha. Parede, piso, objetos de vidro, de plástico, o ar que respiramos, são considerados **matéria**; o calor, a luz e o som são formas de **energia**.

De um modo simples, podemos dizer que *matéria* é tudo aquilo de que são feitas as coisas. Por exemplo, um livro, o solo, uma árvore ou um animal são constituídos de matéria e, por isso, em linguagem científica são chamados de *corpos materiais*. De um modo mais preciso, podemos dizer que matéria é tudo o que tem *massa* e ocupa lugar no espaço, isto é, que apresenta *volume*. Todas as substâncias que formam os materiais, que existem na Terra, na Lua, nos planetas, que formam os seres vivos e seus alimentos, são formas diferentes de matéria.

Este livro que você está lendo e o caderno em que escreve são feitos de diferentes tipos de matéria. Você poderia citar algumas delas?

Todos os seres vivos são formados de matéria e energia, que sustentam a vida. Quando você se alimenta, está adquirindo matéria e energia para o seu crescimento e para a realização das suas atividades diárias. Você já sabe que certos alimentos, os açúcares, são os principais fornecedores de energia para os seres vivos.

Diferentes tipos de matéria (alimentos, água, ar, vidro, plástico, papel etc.) e de energia (calor, luz, som etc.) provocam sensações que podem ser percebidas por meio dos nossos sentidos (tato, visão, olfato, audição, paladar). Por meio dessas sensações podemos conhecer e compreender em grande parte o mundo em que vivemos e o Universo de uma forma geral.

Todos temos uma ideia sobre o que seja energia e até sabemos reconhecer alguns tipos dela. Mas dar uma definição exata é muito difícil.

De um modo geral, podemos relacionar a ideia de energia com a realização de algum trabalho ou atividade: energia elétrica, energia térmica (calor), energia luminosa (luz), entre outras. Pense, por exemplo, nas atividades ou trabalhos do nosso dia a dia que dependem da *energia elétrica* ou do calor (*energia térmica*). Você já sabe que sem a *energia luminosa* as plantas não

Descubra você mesmo!

Em sua casa, observe algumas embalagens, como as de alimentos enlatados, pacotes de arroz e de farinha de trigo, entre outros produtos. Elas trazem informações sobre a quantidade de seus conteúdos. Verifique seus rótulos e faça uma lista em seu caderno da massa e do volume de alguns produtos. Por que é importante conhecer essa informação nos produtos que compramos?

realizam a fotossíntese, processo responsável pela produção de matéria orgânica que alimenta todos os seres vivos direta ou indiretamente. E qualquer trabalho que depende da atividade de seus músculos seria impossível de executar sem a energia que você obtém dos alimentos que consome.

ESTABELECENDO CONEXÕES

Saúde

Quando ingerimos uma quantidade grande de alimentos e não conseguimos gastar toda a energia por eles fornecida, o "excesso" fica armazenado em nosso corpo para ser usado mais tarde. É o que ocorre, por exemplo, quando ingerimos quantidades de açúcares que ultrapassam nossas necessidades diárias. Parte desse excesso converte-se em gordura que, se não consumida, pode causar problemas de obesidade.

EM CONJUNTO COM A TURMA!

Pesquise com seus colegas as formas de energia usadas em suas casas e anotem suas observações. Anotem também as transformações da energia elétrica em aparelhos de uso doméstico. Completem suas informações com os dados dos outros grupos de trabalho.

LIGHTFIELD STUDIOS/ SHUTTERSTOCK

Quando subimos em uma balança, estamos medindo a **massa** de nosso corpo.

Como medir a matéria?

Como já vimos, matéria é tudo aquilo que apresenta massa e volume. A **massa** é uma medida da quantidade da matéria contida em um corpo e seu **volume** é a medida do espaço ocupado por ele. Se desejarmos medir a matéria, devemos pensar em uma forma de determinar sua massa e seu volume. Mas como medi-los?

Na primeira atividade deste capítulo, você listou a massa e o volume de alguns produtos. Você pode observar que a massa é mais frequentemente medida em **quilograma (kg)** e seus submúltiplos **grama (g)** ou **miligrama (mg)**, que são chamadas de **unidades de medida**. E você sabe qual instrumento é utilizado para medir a massa de objetos e substâncias? Isto mesmo, é a **balança**.

Observe algumas relações entre unidades de medida de massa:

$$1\ kg = 1.000\ g$$
$$1\ g = 1.000\ mg$$

Para medir o volume ocupado por líquidos podemos utilizar recipientes graduados, ou seja, com escalas (marcações utilizadas como referência).

O volume de corpos sólidos não porosos, mesmo com formas irregulares (como massa de modelar, por exemplo), pode ser medido mergulhando-se o corpo em um recipiente graduado contendo água. O acréscimo de volume, que pode ser facilmente observado na escala do recipiente, corresponde ao volume do corpo.

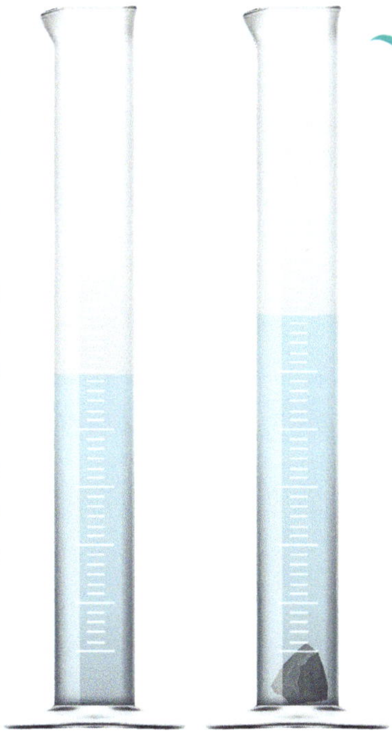

Uma proveta é um instrumento graduado que pode ser usado para medir o volume de líquidos e sólidos, mesmo que estes apresentem formas irregulares.

Jogo rápido

1. Você acha que um corpo poroso (uma esponja de limpeza, por exemplo) mergulhado em um recipiente graduado teria o volume corretamente avaliado? Justifique sua resposta.
2. É possível encontrar muitos frascos utilizados para medir volumes na cozinha de sua casa, como copo de liquidificador, jarras e mamadeiras. Também é possível encontrar pequenas balanças em muitas residências. Observe os frascos e a balança e identifique as unidades de medida utilizadas nesses dois instrumentos de medida.
3. Por que a quantidade de alguns produtos é expressa em quilogramas, outras em gramas ou miligramas? O mesmo pode ocorrer com as medidas volumétricas: litros ou mililitros. Por que, às vezes, é mais conveniente expressarmos o volume em litros e outras vezes em mililitros?

A unidade mais usada para medir volume é o **litro (L)**. Também é muito utilizado o submúltiplo **mililitro (mL)**, que é equivalente ao **centímetro cúbico (cm^3)**.

A correspondência entre algumas unidades de medida de volume é:

$$1 \text{ L} = 1.000 \text{ mL}$$
$$1 \text{ mL} = 1 \text{ cm}^3$$

Fique por dentro!

Outro modo de calcular o volume de um corpo, quando se trata de um corpo de formato regular, bem definido (um cubo, um cilindro, uma esfera, por exemplo) consiste na aplicação de fórmulas matemáticas que você conhecerá em outras oportunidades.

TRIALHUNI/SHUTTERSTOCK

Os estados físicos da matéria

A água que sai de uma torneira e que se transforma em gelo em um congelador ou que "desaparece" de uma panela quando colocada sobre a chama de um fogão, transformando-se em vapor, são exemplos de transformações que a matéria, no caso, a água, pode sofrer.

POPOV NIKOLAY/SHUTTERSTOCK

A água no estado sólido é conhecida como gelo.

Por não terem forma definida, os líquidos adaptam-se à forma dos recipientes em que são colocados. Nas fotos, cada recipiente contém 1 L de líquido.

GRASIELE FAVATTO/acervo da editora

Dizemos que a água da torneira está no **estado líquido**, o gelo no **estado sólido** e o vapor-d'água no **estado gasoso**. Os estados sólido, líquido e gasoso são chamados de **estados físicos da matéria** e todas as substâncias existentes no nosso planeta podem ser encontradas em pelo menos um desses estados físicos.

No **estado sólido**, a matéria apresenta forma e volume definidos. Por exemplo, uma pedra ou um lápis são objetos sólidos. A areia, o sal de cozinha, a farinha e o açúcar também estão no estado sólido e seus grãos possuem forma e volume definidos.

No **estado líquido**, a matéria não tem forma definida, mas seu volume permanece constante. Por exemplo, colocando-se um litro de água em vários recipientes diferentes notaremos que ela adquire a forma do frasco que a contém, porém o seu volume é sempre o mesmo, um litro.

No **estado gasoso**, a matéria não tem forma nem volume definidos. Quando você abre um frasco de perfume, o líquido em seu interior se transforma em gás na forma de vapor, que se espalha por todo o ambiente. É dessa forma que você pode perceber o cheiro do perfume. O mesmo ocorre quando se prepara uma refeição. Os vapores liberados durante o preparo dos alimentos trazem o cheiro da comida até você.

Por que a matéria se transforma?

Por que a água da chuva desaparece da calçada molhada? O que faz com que a água desapareça da roupa colocada no varal para secar? Você deve ter notado que isso ocorre mais rapidamente em dias quentes ou quando expostas diretamente ao Sol. Da mesma maneira, a água colocada em um vasilhame sobre a chama de um fogão tende a desaparecer. Isso acontece porque a água se transforma em vapor, um gás invisível que se mistura com o ar e se espalha pelo ambiente. Neste caso, dizemos que a matéria (a água) sofre uma transformação, uma mudança de estado físico, passando do estado líquido para o estado gasoso.

E por que a matéria muda de estado? Porque, neste caso, ela recebeu energia. O fogo da chama ou o Sol estão transferindo energia térmica, ou seja, calor, para a água. E, ao se aquecer, a água começa a desprender-se na forma de vapor.

Agora, pense na situação inversa. Se retirarmos energia térmica (calor) da água no estado gasoso ela se transformará em líquido novamente? A resposta é afirmativa.

O chão molhado e as roupas estendidas no varal secam porque retiram calor (energia térmica) do ambiente e a água evapora enquanto o ar ao edor for continuamente renovado.

BRIAN A JACKSON/SHUTTERSTOCK

Ao fornecermos ou retirarmos energia térmica de uma substância ela poderá sofrer uma mudança de estado físico. É por isso também que ao colocarmos água líquida no congelador ela se transforma em gelo, pois a geladeira retira energia térmica (calor) da água.

É SEMPRE BOM SABER MAIS!

Você já deve ter observado uma situação curiosa: quando retiramos uma latinha de refrigerante da geladeira, notamos, depois de certo tempo, o aparecimento de pequenas gotas de água, que parecem surgir da própria lata. Qual é a origem dessas pequenas gotas?

Como o ar contém água na forma de vapor, este, ao entrar em contato com a superfície fria da latinha, perde calor, ou seja, a superfície fria retira energia térmica do vapor, e este se transforma, mudando seu estado físico para líquido.

AFRICA STUDIO/SHUTTERSTOCK

A água sob a forma de vapor, em contato com a superfície fria da lata gelada, passa para o estado líquido.

HUYANGSHU/SHUTTERSTOCK

Aquecido a 1.500 graus Celsius (1.500 °C), o ferro se funde e passa para o estado líquido.

Tipos de transformação da matéria

Todas essas transformações da matéria recebem o nome genérico de **mudanças de estado físico**, mas conforme o tipo de transformação recebem nomes específicos, como veremos a seguir.

AFRICA STUDIO/SHUTTERSTOCK

Uma pedra de gelo (água no estado sólido) retirada do congelador absorve calor do ambiente e passa para o estado líquido por meio da fusão.

- **Fusão**: é a passagem do estado sólido para o estado líquido. Exemplo: o gelo (água no estado sólido), ao ganhar calor, transforma-se em água no estado líquido; metais (ferro, chumbo, ouro) tranformam-se em líquido quando atingem sua temperatura de fusão.
- **Solidificação**: é a mudança de estado oposta à fusão, isto é, a passagem da matéria do estado líquido para o estado sólido. Exemplo: a água na forma de líquido transforma-se em gelo, neve ou granizo ao perder calor.

SÓLIDO ⇄ LÍQUIDO (fusão →; ← solidificação)

- **Vaporização**: é a passagem da matéria do estado líquido para o estado de vapor ou gás.

  Você já deve ter observado que a vaporização pode ocorrer de duas maneiras: *lenta* ou *rápida*, representadas como exemplos pela roupa que seca no varal e pela água que ferve em uma panela. Esses dois processos são chamados, respectivamente, de *evaporação* e *ebulição*.

- **Liquefação ou condensação**: é a mudança de estado contrária à vaporização, ou seja, é a passagem do estado gasoso para o estado líquido. Exemplo: a água no estado de vapor, contida no ar atmosférico, em contato com uma superfície fria, perde calor e se transforma em água no estado líquido. Você se lembra da latinha de refrigerante retirada da geladeira e deixada sobre a mesa?

LÍQUIDO ⇄ GÁS/VAPOR (vaporização →; ← liquefação ou condensação)

- **Sublimação**: ocorre quando a matéria passa diretamente do estado sólido para o estado gasoso, ou do estado gasoso para o sólido sem passar pelo estado líquido. A bolinha de naftalina, matéria no estado sólido, colocada em armários ou gavetas para evitar a presença de insetos e mofo, desaparece depois de algum tempo. Ela sofre lentamente o processo de sublimação, passando do

MASHKA/SHUTTERSTOCK

estado sólido diretamente para o estado de vapor. Um processo semelhante ocorre com o gelo seco (gás carbônico na forma sólida), muito usado em refrigeração e para produzir efeitos especiais em espetáculo de música ou dança.

ANNA OM/SHUTTERSTOCK

Os fenômenos de fusão, vaporização e sublimação (sólido para gasoso) de uma substância acontecem sempre que há recebimento de calor. Os processos de solidificação, condensação e sublimação (gasoso para sólido) sempre são acompanhados de perda de calor.

Lembre-se!

Existe diferença entre **gás** e **vapor**?

Você já deve ter notado que, muitas vezes, ao nos referirmos aos estados físicos da matéria, usamos a palavra **gás** em algumas situações e, em outras, a palavra **vapor**. Por exemplo, falamos em vapor-d'água e em gás oxigênio. Existe diferença no significado dessas palavras?

Sim, existe. Dizemos que uma substância se encontra no estado de vapor quando ela pode se liquefazer apenas com a diminuição de sua temperatura ou com o aumento da pressão (um ou outro, separadamente). Por exemplo, podemos fazer com que a água no estado de vapor se torne líquida apenas comprimindo o vapor. A compressão faz com que ocorra um aumento da pressão e o vapor se liquefaz.

Por outro lado, a água em seu estado de vapor pode tornar-se líquida também pela diminuição de sua temperatura. Por exemplo, a água do arroz cozinhando se transforma em vapor que, ao tocar na tampa da panela que se encontra a uma temperatura menor, perde calor para a tampa, esfria e se liquefaz.

Dizemos, então, que o vapor é um estado físico em que a substância pode ser liquefeita utilizando-se apenas um dos dois processos: diminuição de temperatura ou aumento de pressão. Já uma substância que se encontra no estado gasoso para ser liquefeita deve ser submetida aos dois processos simultaneamente: aumento de pressão e diminuição de sua temperatura.

É SEMPRE BOM SABER MAIS!

Fenômenos físicos × fenômenos químicos

Quando a matéria é submetida a transformações que não alteram sua natureza, dizemos que está ocorrendo um **fenômeno físico**. Assim, por exemplo, quando a água passa por mudanças de estados, ela não deixa de ser a substância água, com todas as suas propriedades, em qualquer dos estados em que se encontre.

Agora, considere a queima (combustão) de uma folha de papel. O papel é feito a partir de fibras de celulose, extraída da madeira. Quando o papel é queimado, a celulose deixa de existir, pois transforma-se em novos materiais, como carvão, gás carbônico e vapor-d'água.

Cada um desses produtos tem características diferentes da celulose. Nesse caso, a matéria passa por transformações que alteram sua natureza. Dizemos, então, que está ocorrendo um **fenômeno químico**.

ENTRANDO EM AÇÃO

Você vai precisar de um funil, um recipiente com tampa, um prato fundo, um copo e água.

Coloque meio copo de água dentro do prato fundo e a mesma quantidade de água dentro do recipiente. Tampe-o bem, tomando o cuidado para que não haja vazamento de líquido.

Mantenha essas preparações em local aberto, uma ao lado da outra, por 24 horas. Depois, observe o que aconteceu e responda:

1. Houve mudança na quantidade de líquido dos recipientes? Em caso afirmativo, em qual ou quais deles?
2. Com base no texto deste capítulo, como você explica o resultado observado?

Descubra você mesmo!

Observe o ambiente em que você vive, principalmente a cozinha de sua casa. Você deverá encontrar muitas transformações de materiais. Faça uma lista das principais transformações da matéria que envolvem mudanças de estado físico e ocorrem diariamente em sua casa. O que pode estar causando as transformações que você observou?

De que é feita a matéria?

A resposta a essa pergunta foi dada pela primeira vez cinco séculos antes de Cristo por um filósofo grego de nome Demócrito. Para ele, se um pedaço de material fosse dividido em partes cada vez menores, chegaria a partículas de dimensões tão pequenas que não poderiam mais ser divididas. A essas partículas indivisíveis Demócrito chamou **átomos** (*a* = não, sem + + *tomos* = partes, divisões).

Os átomos são divisíveis

Você aprenderá mais tarde que a "ideia" dos gregos persistiu durante muitos séculos, mas já não é a mesma. Sabe-se hoje que os próprios átomos são formados por partículas ainda menores e que, sob determinadas condições – por exemplo, quando grande quantidade de energia é aplicada em seus núcleos, eles podem ser divididos, liberando grande quantidade de energia, chamada de **energia nuclear**. É o que ocorre nas explosões atômicas e nas usinas nucleares.

Os átomos não são todos iguais

Você também aprenderá que materiais diferentes são formados por átomos diferentes. Por exemplo, uma barra de ferro é formada por átomos diferentes dos átomos que compõem o mercúrio dos termômetros.

Moléculas

Na natureza, átomos iguais ou diferentes podem agrupar-se formando, por exemplo, as moléculas. **Moléculas** são, então, partículas formadas por um conjunto de átomos. Assim, por exemplo, o gás oxigênio é constituído por moléculas formadas pela união de 2 átomos de **oxigênio**. Por isso, cada molécula desse gás é representada por O_2.

No caso da água, as moléculas são formadas pela união de 2 átomos do elemento químico hidrogênio com 1 átomo de oxigênio. Por isso, representa-se a fórmula da molécula água por H_2O, em que H simboliza o hidrogênio e O simboliza o oxigênio. Podemos representar cada molécula de água assim:

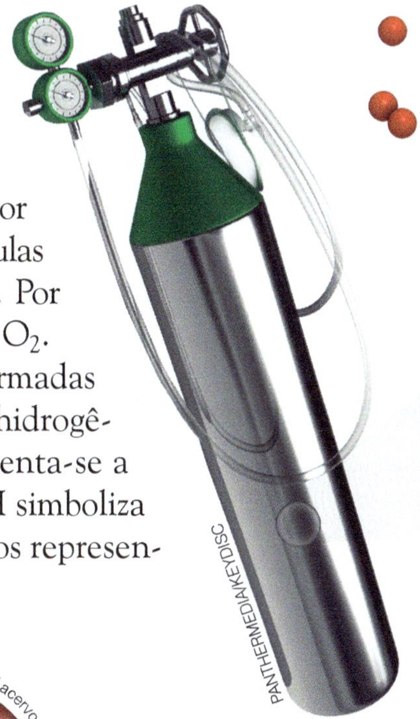

Cilindro de oxigênio.

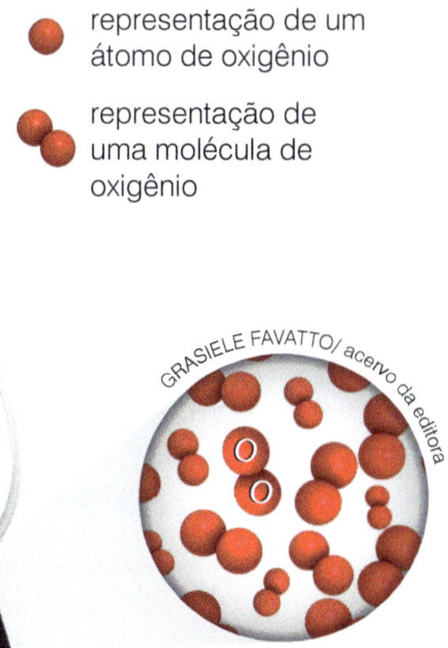

Representação de moléculas de oxigênio. (Cores-fantasia. Ilustração fora de escala.)

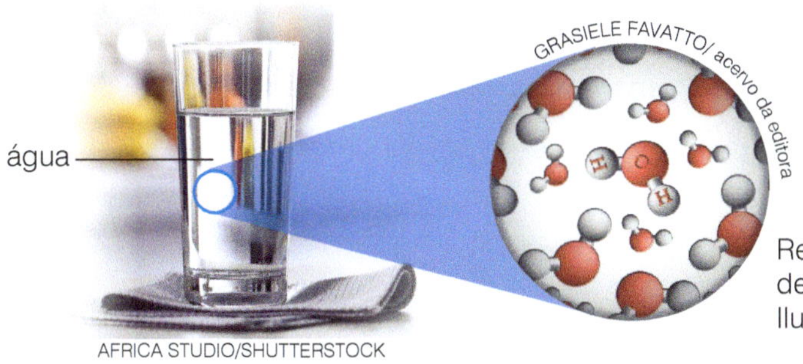

Representação de moléculas de água. (Cores-fantasia. Ilustração fora de escala.)

Em conclusão, podemos dizer que a matéria é constituída por átomos isolados, como o gás hélio, ou por agrupamento de átomos, como as moléculas que constituem a água. Mas como as moléculas são sempre formadas por átomos, em última análise podemos afirmar que toda matéria é feita de átomos.

Como os átomos ou as moléculas se comportam no interior da matéria?

As moléculas, assim como os átomos, também são muito pequenas, de forma que não conseguimos enxergá-las a olho nu. É por isso que, em vez de tentar ver, imaginamos esses átomos ou seus agrupamentos – as moléculas – como pequenas bolinhas. Essas esferas permanecem fixas em suas posições nos sólidos, mas vibrando. Quando aquecemos o sólido, essas moléculas vibram cada vez mais e começam a se deslocar. Nesse momento, o sólido está se transformando no estado líquido. Fornecendo mais energia, as moléculas se movimentam o bastante para se separarem umas das outras. Nessas condições, o líquido passa para o estado gasoso.

Exemplificando: em um cubo de gelo em um copo, as moléculas da água que o formam vibram muito pouco porque o gelo se encontra no estado sólido. Quando aquecemos o gelo, essas moléculas vibram cada vez mais, deslocam-se e o gelo se transforma e começa a surgir água no estado líquido. Quando aquecemos o líquido, fornecemos mais energia às moléculas, de tal forma que elas escapam para o ar na forma de vapor, ou seja, água no estado gasoso.

É SEMPRE BOM SABER MAIS!

Matéria pode ter cheiro e gosto; energia, não.

Agora que você já se familiarizou com os conceitos de matéria e de energia, saiba que por meio do sentido do tato, da audição e da visão detectamos formas de *energia* (calor, som e luz, respectivamente).

Por meio dos sentidos do olfato e da gustação temos a percepção de algumas características de determinados tipos de *matéria*. Esses sentidos só conseguem perceber moléculas dissolvidas em água. Na umidade das fossas nasais, por exemplo, dissolvem-se moléculas de substâncias químicas que causam a sensação de odor. Na saliva ou na água dos próprios alimentos dissolvem-se moléculas de substâncias químicas responsáveis pelos diversos sabores.

DE OLHO NO PLANETA

Sustentabilidade

Energia limpa – adote essa ideia!

O homem é o animal que mais causa poluição e danos ao meio ambiente. Isso acontece, em parte, porque a vida na sociedade de hoje utiliza em grandes quantidades fontes de energia poluentes, como os combustíveis fósseis (petróleo, gasolina, diesel), ou fontes de energia que causam transformações significativas no meio ambiente, como as usinas hidrelétricas.

Nas usinas, a força das águas represadas dos rios é utilizada para a produção de energia elétrica. Essas usinas são a principal maneira de se obter energia elétrica no Brasil. O único problema é que para construir represas e usinas é preciso alagar uma área enorme e muitas vezes alterar o caminho que o rio percorre. Essa modificação do meio ambiente interfere na vida dos animais e das plantas da região, além de mudar radicalmente a paisagem, muitas vezes destruindo belezas naturais. Também saem prejudicadas as pessoas que moram por perto e têm de se mudar por causa da inundação.

Uma das maneiras de dar "uma mãozinha" para a natureza é usar formas alternativas de energia, as chamadas energias limpas. A energia solar e a energia eólica (do vento) podem ser transformadas em energia elétrica.

Além de serem fontes praticamente inesgotáveis, elas não deixam resíduos no meio ambiente. As energias limpas estão sendo cada vez mais utilizadas para construir um futuro diferente para o nosso planeta.

Adaptado de: <http://www.canalkids.com.br/meioambiente/cuidandodoplaneta/sol.htm>. *Acesso em:* 8 maio 2018.

EM CONJUNTO COM A TURMA!

Economizar energia é uma medida essencial para evitar desperdícios e contribuir com o meio ambiente. Faça um grupo de discussão com seus colegas e aponte medidas importantes que você e sua família possam adotar no seu dia a dia para economizar energia.

Nosso desafio

1. Preencha os quadrinhos utilizando as seguintes palavras: condensação ou liquefação, fusão, gasoso, solidificação, sublimação, vaporização.

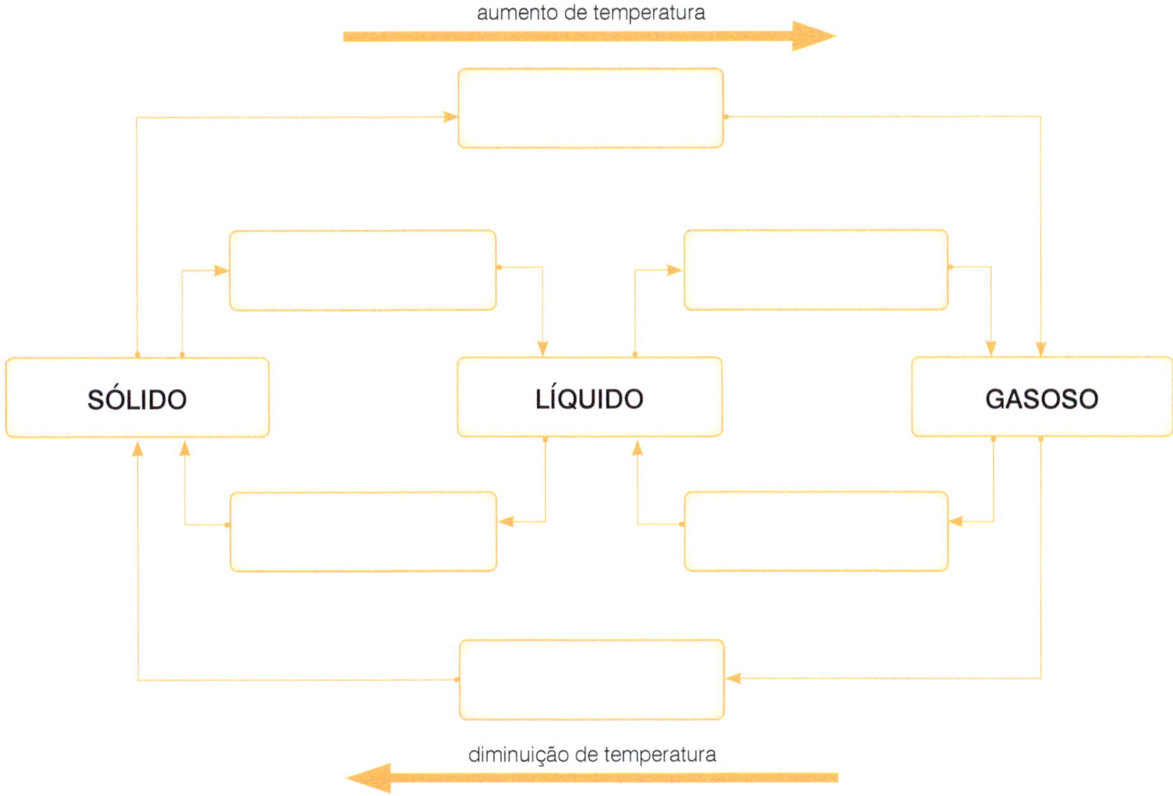

2. Para preencher os quadrinhos de 1 a 9, você deve utilizar as seguintes palavras: átomos, calor, energia, gasoso, líquido, luz, matéria, moléculas, sólido.

À medida que você preencher os quadrinhos, risque a palavra que você escolheu para não usá-la novamente.

Atividades

1. [1, 3] De que é constituído o Universo?

2. [1, 3, 5] Toda matéria possui massa e volume. Como é possível medir a massa e o volume de um corpo?

3. [1, 5] Quais são as unidades de medida mais utilizadas para se medir massa e volume?

4. [5] Quais as relações entre as unidades de medida citadas a seguir?
   a) Quilograma (kg) e grama (g).
   b) Grama (g) e miligrama (mg).
   c) Litro (L) e mililitro (mL).
   d) Mililitro (mL) e centímetro cúbico (cm^3).

5. [1, 3, 6, 9, 10] Como você aprendeu no início deste capítulo, o Universo é feito de matéria e energia.
   a) De que é feita a matéria?
   b) Cite dois exemplos de matéria necessária para a manutenção de sua vida.
   c) Cite duas modalidades de energia essenciais à sua vida.

6. [1, 3, 6, 9, 10] Nosso corpo se comunica com o meio externo por meio dos sentidos do tato, da audição, da visão, do olfato e da gustação.

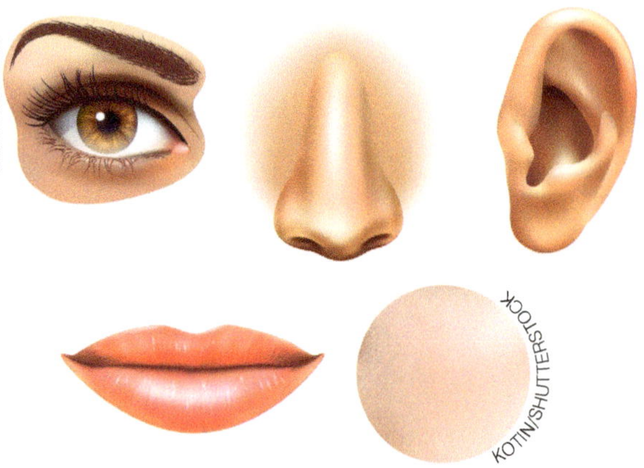

MACROVECTOR/ SHUTTERSTOCK

KOTIN/SHUTTERSTOCK

   a) Quais desses sentidos detectam formas de energia e qual é a modalidade de energia detectada?
   b) Quais desses sentidos percebem a existência de algumas características de determinados tipos de matéria?

7. [1, 3, 6, 9, 10] A água que sai de uma torneira e é colocada sobre a chama de um fogão no interior de uma panela com o tempo irá "desaparecer". O mesmo ocorre com uma vela acesa. No final, irá sobrar apenas um pouco da parafina. O processo que leva ao "desaparecimento" da água e da vela é o mesmo? Explique.

8. [1, 3, 6, 9, 10] Ao queimar uma vela há liberação de luz e calor, que são modalidades diferentes de energia. Qual é a origem dessa energia?

9. [1, 9] Nos itens abaixo, identifique a que processos de mudança de estado da matéria referem-se as transformações citadas.
   a) Água líquida transformando-se em gelo.
   b) Gelo transformando-se em água líquida.
   c) Água líquida transformando-se em vapor--d'água.
   d) Vapor-d'água transformando-se em água líquida.

10. [1, 3, 6, 9, 10] Por que as poças de água que ficam nas ruas após a chuva vão desaparecendo lentamente? Para onde vai a água dessas poças?

USOLTCEVA ANASTASIIA/SHUTTERSTOCK

11. [1, 3, 6, 9, 10] O que diferencia ebulição de evaporação? Dê exemplos desses fenômenos.

12. **[1, 3, 6, 9, 10]** Observe uma panela contendo água, sendo aquecida em um fogão, por exemplo, quando sua mãe está cozinhando o arroz. Nela, você pode notar o aparecimento de pequenas gotas de líquido na face da tampa voltada para o interior do recipiente.

CWALES/SHUTTERSTOCK

a) Como podemos explicar o surgimento dessas gotas de água?

b) Você pode usar esse comportamento da água em uma panela de arroz sendo cozido para explicar a formação da chuva? Justifique.

13. **[1, 3, 6, 9, 10]** Você já deve ter notado que, em dias frios, quando toma banho, o espelho e o azulejo do banheiro ficam repletos de gotinhas de água.

ANTON WATMAN/SHUTTERSTOCK

Por que isso ocorre?

14. **[1, 3, 6, 9, 10]** Quando saímos de uma piscina com o corpo todo molhado sentimos frio. Se recebemos um pouco de vento, a sensação de frio aumenta. Você pode fazer uma experiência muito simples: espalhe um pouco de álcool sobre sua mão e, em seguida, assopre. Repita este procedimento, porém colocando água em sua mão. Você vai notar que a sensação de frio é maior com o álcool do que com a água.

CUIDADO PRODUTO INFLAMÁVEL

Com base nas informações acima, responda os itens a seguir:

a) Como se chama a mudança de estado físico que está ocorrendo nas situações descritas acima?

b) Nessa mudança de estado físico, a água e o álcool perdem ou recebem calor?

c) Como você explica a sensação de frio, quando a água ou o álcool evaporam?

15. **[1, 3, 6, 9, 10]** Elabore um pequeno texto para explicar por que uma pedra de gelo retirada do congelador e colocada sobre a mesa se transforma em água no estado líquido. Se essa água for deixada sobre a mesa, o que ocorrerá com ela?

16. **[1, 7]** O que são moléculas? Como são representadas?

17. **[1, 7]** Os átomos na natureza sempre se unem formando moléculas?

18. **[1, 7]** Na natureza, a matéria pode ser encontrada em três principais estados de agregação, também conhecidos como estados físicos da matéria.

a) Quais são os principais estados de agregação da matéria?

b) Quais são as principais características de cada um deles?

19. **[1, 3, 6, 9, 10]** O que são energias limpas e por que elas estão sendo cada vez mais utilizadas?

20. **[1, 3, 9]** Parte da energia contida nos alimentos, se não for utilizada, pode ser armazenada em nosso corpo para ser aproveitada mais tarde. Qual é a forma utilizada por nossos corpos para armazenar energia?

capítulo 9

A IMPORTÂNCIA DA ÁGUA PARA OS SERES VIVOS

Quanta água existe na Terra?

Você consegue imaginar qual seria a quantidade de água que temos hoje em nosso planeta? Pois é, esse é um número bastante difícil de se estimar, mas os cientistas conseguiram chegar a um resultado surpreendente.

Estima-se hoje que a quantidade de água disponível na Terra seja de 1,4 bilhão de km^3. Só para você ter uma ideia, esse volume daria para encher 700 trilhões de piscinas olímpicas! Além da água presente no corpo de vegetais e animais, incluindo os seres humanos, esse volume ainda inclui os estoques de água sob a forma de gelo nos polos e no topo das montanhas, passando, evidentemente, por todos os oceanos, mares, lagos e rios. Também faz parte desse volume a água retida pelas florestas e a que se encontra infiltrada no solo, bem como a água das chuvas, da neve e das nuvens.

Parece muita água, não é mesmo? Mas é preciso lembrar que nem toda ela serve para ser consumida pelos seres vivos. Podemos consumir apenas a água potável, isto é, água doce, sem a presença de poluentes e microrganismos. O que garante a fonte constante de água potável, que abastece as nascentes e dá origem aos rios, é o ciclo hidrológico, um dos fenômenos mais fascinantes da Terra. Nesse ciclo, a água presente na Terra circula pelo solo, mares e atmosfera, passando pelos três estados físicos: sólido, líquido e gasoso.

Adaptado de: CAPOZZOLI, U. Ciclo hidrológico responde por água potável. *Disponível em:* <http://www.santoandre.sp.gov.br/biblioteca/bv/hemdig_txt/080270012.pdf>. *Acesso em:* 10 maio 2018.

Neste capítulo, conheceremos detalhes sobre a importância da água para os seres vivos na natureza.

SEAGULL PHOTOGRAPHIC/SHUTTERSTOCK

Por que a água é essencial para a vida?

Toda vez que se pensa na existência de vida em Marte ou em algum outro planeta, a principal preocupação é saber se lá existe água. Por que será que ela é necessária para a existência de vida como a conhecemos? Qual seria a razão de a água estar presente em todo e qualquer organismo, desde os simples microrganismos, como as bactérias, até seres mais complexos, como as grandes árvores da Mata Atlântica e os seres humanos? Para responder a essas perguntas, vamos inicialmente conhecer algumas funções desse líquido tão importante.

Algumas funções da água

A água é chamada de **solvente universal** para os seres vivos, porque dissolve a maioria das substâncias da natureza, tais como sais, gases, açúcares, muitas proteínas, algumas vitaminas etc. Dissolvidas em água, as substâncias químicas componentes dos organismos vivos reagem mais facilmente. Somente na água podem ocorrer todas as reações químicas vitais entre as numerosas substâncias que compõem os seres vivos.

Outra função da água é contribuir para a **manutenção da temperatura corporal**. A água eliminada pelo suor de uma pessoa evapora graças ao calor retirado da superfície do seu corpo, o que evita a elevação da temperatura do organismo.

Elevações da temperatura do corpo, como acontece nos estados febris, podem produzir alterações no funcionamento normal do organismo. Por isso é necessário descobrir qual a causa das febres e buscar tratamento adequado para que a temperatura do corpo volte ao normal.

A água nos seres vivos

Observe a tabela a seguir. Ela contém dados referentes ao teor de água, em porcentagem, presente em alguns organismos ou estruturas de diferentes organismos. Cerca de 97,5% de toda a água da Terra está nos oceanos. Nos seres vivos, é um dos componentes mais abundantes. A tabela mostra, por exemplo, que nas águas-vivas, um exemplo de organismo marinho, o teor de água pode chegar a 98%. No ser humano, o teor de água varia com a idade e de acordo com o órgão que consideramos. Nos vegetais, dependendo da estrutura, o teor de água também apresenta variação. Mas uma coisa é certa: a água é um componente essencial dos seres vivos.

A transpiração favorece a manutenção da temperatura corporal.

AHTURNER/SHUTTERSTOCK

Teor de água em diferentes organismos (em %).*

Organismo		Teor de água
Água-viva (organismo marinho)		98%
Minhoca (animal terrestre)		80%
Vegetais	Sementes	10-20%
	Folha de alface	95%
	Batata	78%
	Tomate	95%
Ser humano	Feto (3 meses)	94%
	Recém-nascido	69%
	Adulto	63%
	Pulmão	70%
	Músculo	83%

* Dados compilados pelos autores.

As águas-vivas habitam os oceanos e são muito famosas pelas queimaduras que podem ocasionar quando seus tentáculos encostam na pele de nadadores. Quando adultas medem, em média, 25 cm de diâmetro.

ULIYA KHANKISHIYEV/SHUTTERSTOCK

A água nos vegetais

A fotossíntese é um dos importantes fenômenos da natureza. É realizada por todos os vegetais terrestres e aquáticos e pelas algas aquáticas componentes de uma comunidade conhecida como fitoplâncton. É um processo que resulta na produção de alimento orgânico essencial para a sobrevivência de todos os seres vivos da Terra atual. Nos meios aquático e terrestre, seres fotossintetizantes abastecem de alimento orgânico (açúcares, proteínas, gorduras, vitaminas etc.) e oxigênio todos os demais seres delas participantes. E para a ocorrência desse processo é fundamental a participação da água, juntamente com o gás carbônico, a energia fornecida pela luz do Sol e um pigmento de cor verde, a clorofila.

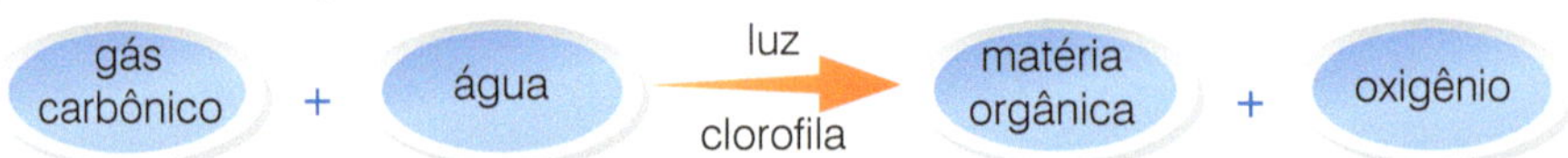

Organismos microscópicos do fitoplâncton, comunidade de seres vivos aquáticos produtores de matéria orgânica por meio da fotossíntese (aumento desconhecido).

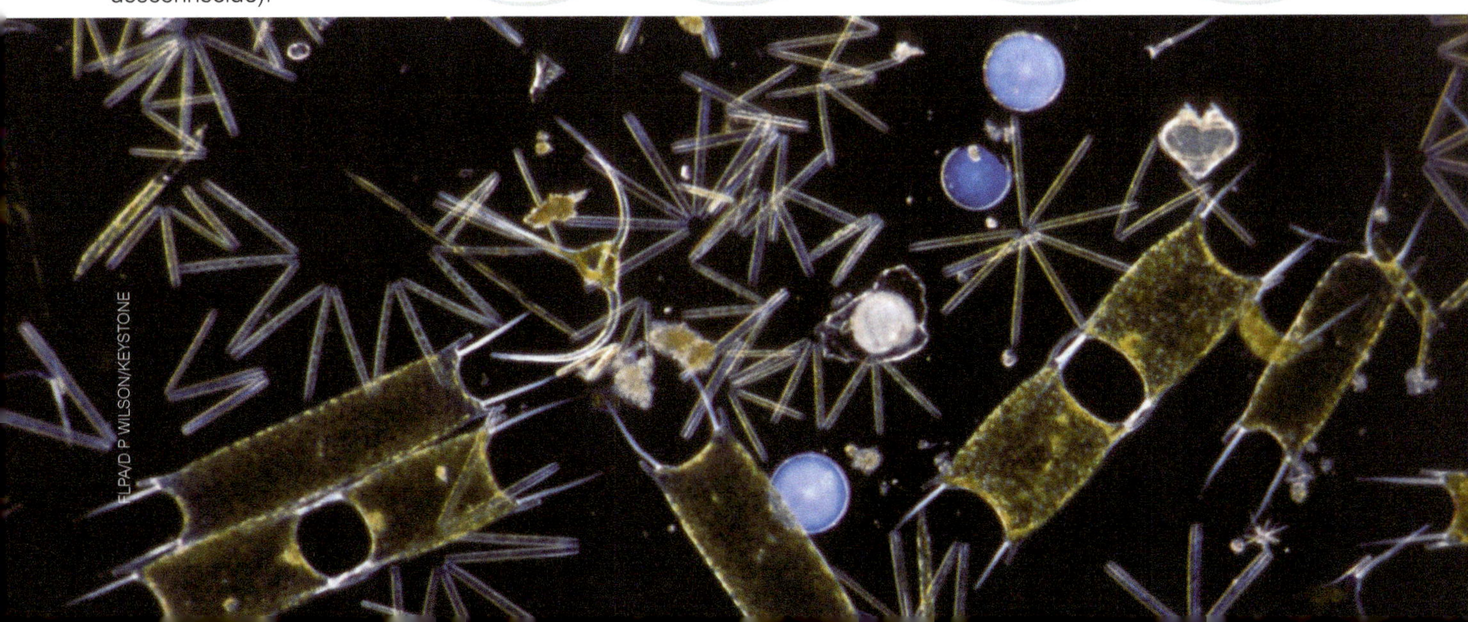

ELPA/D P WILSON/KEYSTONE

Seivas vegetais: água em movimento

Na árvore que você vê na foto ao lado, as substâncias inorgânicas e orgânicas encontram-se dissolvidas na água, importante componente das seivas vegetais. Água contendo substâncias minerais dissolvidas compõe uma seiva que é transportada por finíssimos tubos (vasos) condutores, da raiz às folhas, onde a água e alguns minerais serão utilizados na fotossíntese. Essa seiva é formada na raiz, a partir da água e substâncias inorgânicas provenientes do solo. Outra seiva, uma solução de água e substâncias orgânicas produzidas nas folhas por fotossíntese, é conduzida por outro conjunto de finíssimos tubos (vasos) a todos os demais locais da planta – caule, raiz, brotos, frutos etc. –, onde será consumida ou armazenada. Essas duas seivas circulam continuamente pelo corpo do vegetal e fornecem às diversas partes do organismo a água e as substâncias necessárias ao seu bom funcionamento.

Por outro lado, as folhas constantemente perdem água no estado de vapor por sua superfície e por inúmeros poros, fenômeno conhecido como **transpiração**. E a água perdida precisa ser constantemente reposta pelos finíssimos tubos que transportam a seiva que contém água e substâncias minerais.

CHEE-ONN LEONG/PANTHERMEDIA/KEYDISC

As sequoias são as árvores mais altas do planeta (podendo atingir mais de 80 m de altura) e algumas delas chegam a viver mais de 2.000 anos. Água e minerais devem percorrer o caule da raiz até as folhas, onde ocorre a fotossíntese.

Lembre-se!

A seiva contendo água e substâncias minerais é formada a partir da água retirada do solo e conduzida da raiz até as folhas (também era conhecida como seiva **bruta** ou **inorgânica**). A seiva contendo água e substâncias orgânicas é transportada das folhas para outras partes do vegetal (anteriormente conhecida como seiva **elaborada** ou **orgânica**).

STEVE GSCHMEISSNER/SPLI/LATINSTOCK

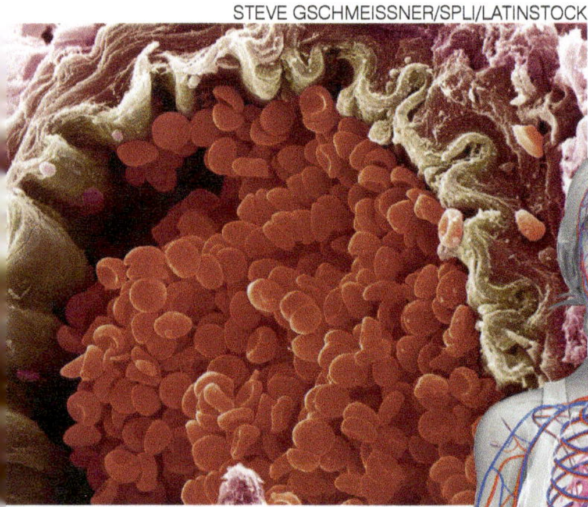

Na foto, glóbulos vermelhos dentro de uma arteríola (vaso sanguíneo de calibre menor do que o das artérias). (A imagem foi colorida artificialmente para facilitar a visualização e ampliada 250 vezes.)

A água nos animais complexos

Nos animais complexos, como o homem, o beija-flor, o lagarto, o sapo e o peixe, por exemplo, o sangue funciona como importante veículo de distribuição de diversas substâncias. O sangue contém grande quantidade de água e inúmeras substâncias dissolvidas, entre elas nutrientes orgânicos, hormônios, sais minerais para abastecer as células. Além disso, no sangue também existem células, como os glóbulos vermelhos responsáveis pelo transporte do oxigênio.

Passando pelos diversos órgãos, o sangue "entrega" as inúmeras substâncias essenciais que serão utilizadas pelas células. Ao mesmo tempo, ele "recolhe" impurezas que serão encaminhadas para o meio exterior. É o caso do gás carbônico, eliminado pelos pulmões, e da ureia, excretada por meio dos rins. E tudo isso ocorre graças à água que, no seu vai e vem, possibilita o transporte das diversas substâncias pelo corpo desses organismos.

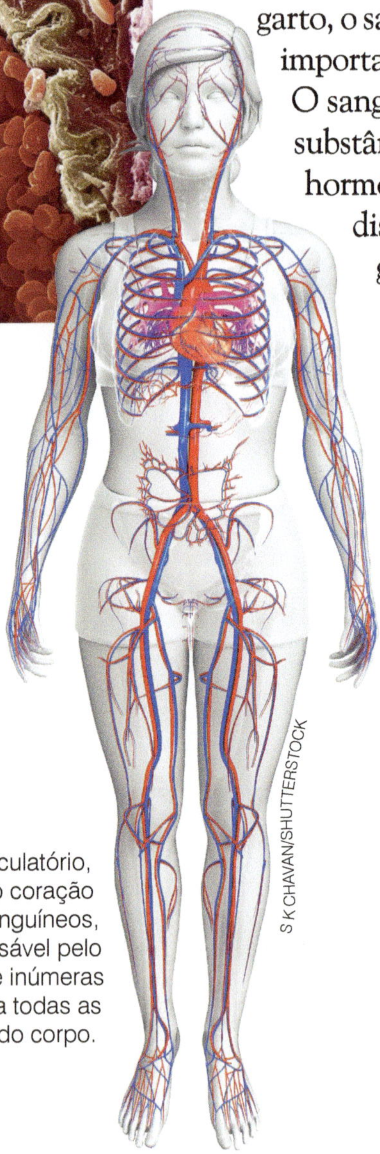

S K CHAVAN/SHUTTERSTOCK

O sistema circulatório, formado pelo coração e vasos sanguíneos, é responsável pelo transporte de inúmeras substâncias a todas as partes do corpo.

Jogo rápido

O suor, a respiração e a urina envolvem a perda de água pelo organismo humano. O volume de água perdido pela urina, por dia, por uma pessoa normal, é de cerca de 1 litro. A água perdida nessas situações deve ser reposta. Além da ingestão direta, que outras fontes servem para a reposição da água?

ESTABELECENDO CONEXÕES

Saúde

Diarreia: perda de água e sais

Toda vez que ocorre uma infecção intestinal, principalmente provocada por contaminação de alimentos por microrganismos causadores de doenças, um dos sintomas é a **diarreia**. É uma ocorrência preocupante, sobretudo em crianças, na medida em que envolve grande perda de água e de sais minerais (desidratação). A água do organismo é perdida e fará falta para o trabalho dos diversos órgãos. Nessa situação, é preciso repor a água, juntamente com os sais minerais essenciais, sempre sob supervisão de um médico, que indicará as quantidades necessárias de soros reidratantes a serem ingeridos ou injetados no sentido de recuperar o equilíbrio do organismo, preservando a saúde da pessoa.

➢ Que procedimento preventivo deve ser adotado no sentido de evitar ocorrências como estas, que incidem sobretudo em crianças?

De onde vem a água da chuva?

Você já notou como muitos acontecimentos ao seu redor repetem-se em determinados intervalos de tempo? Por exemplo, a noite que segue o dia e as estações que sempre se repetem a cada ano. Esses e muitos outros fenômenos naturais acontecem, como se costuma dizer, em ciclos. Observe seu comportamento e você perceberá que nós também obedecemos a um regime cíclico. A cada dia você se levanta, escova os dentes, toma seu café, vai para a escola, volta para sua casa, faz as tarefas escolares e, no final do dia, deita-se para dormir. No dia seguinte, tudo se repete.

A água também tem seu ciclo que representa o caminho que ela percorre na natureza. A formação das chuvas faz parte desse ciclo, como você verá a seguir.

É SEMPRE BOM SABER MAIS!

Ciclo da água

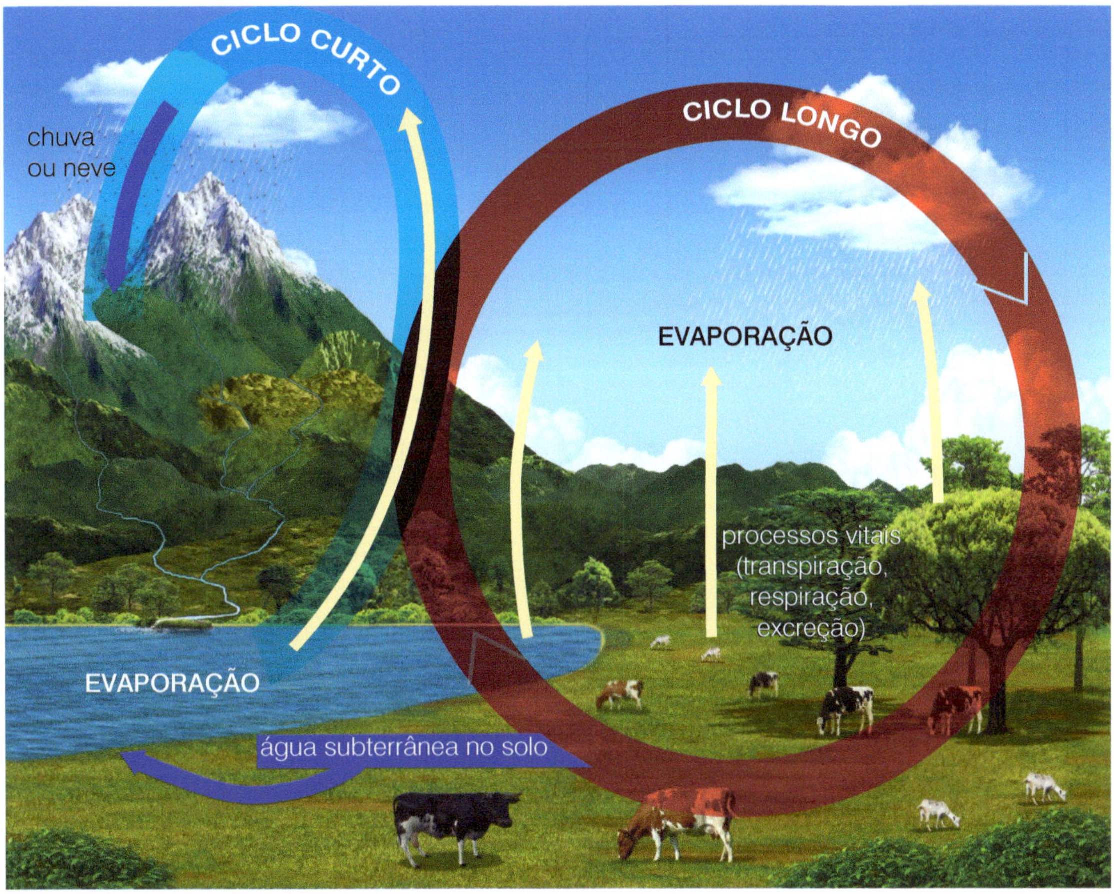

Ciclo da água na natureza. O ciclo curto (evaporação, condensação e precipitação) completa-se sem passar pelos organismos vivos. No ciclo longo, a água circula por todos os seres vivos existentes nos diversos ambientes.

A água que evapora dos oceanos, rios, lagos, pântanos e da terra se dirige para a atmosfera. Da água que as plantas retiram do solo, grande parte evapora pelas folhas e também encaminha-se para a atmosfera. O mesmo ocorre com a água na forma de vapor eliminada pelos pulmões ou através da pele de diversos animais na transpiração, ou a eliminada pela urina.

Nas regiões altas e frias da atmosfera, o vapor-d'água se condensa em gotas muito pequenas, formando as nuvens. Essas pequenas gotas se unem em gotas maiores e mais pesadas. Quando as nuvens estão carregadas, devolvem a água ao solo na forma de chuva, granizo ou neve.

A água que atinge o solo pode evaporar-se ou escorrer em direção aos rios e oceanos. Parte dessa água infiltra-se na terra. A água que se infiltra no solo forma reservatórios subterrâneos, os chamados *lençóis subterrâneos* ou *lençóis freáticos*.

A água desses lençóis abastece as nascentes dos rios, os lagos e os oceanos. Mais evaporação, mais nuvens, mais chuva, mais neve e, assim, o ciclo se repete.

E de onde vem a energia para isso tudo? Toda a energia para manter o ciclo da água vem do calor do Sol. Por isso, diz-se que o ciclo da água é "movido por energia solar". A quantidade de água existente no planeta não aumenta nem diminui. Acredita-se que a quantidade atual de água seja praticamente a mesma de há 3 bilhões de anos. Isto é possível porque o ciclo da água se repete de modo constante.

Uma das grandes reservas de água subterrânea de nosso país é o chamado Aquífero Guarani. Esse corpo de água se estende por 8 estados brasileiros e parte dos territórios da Argentina, Paraguai e Uruguai. Ao todo seu volume de água é estimado em 37.000 km^3 e sua área em 1.087.000 km^2.

ESTABELECENDO CONEXÕES

Geografia

Maior aquífero do mundo está localizado na Amazônia

Sistema Aquífero Grande Amazônia – SAGA

Fonte: Agência Nacional de Águas – ANA. Adaptado.

MÔNICA ROBERTA SUGUIYAMA/acervo da editora

Cada vez mais, o Brasil vem se apresentando como a grande potência ambiental da humanidade e um local onde a natureza não economizou em nada. O país é dono da maior biodiversidade do planeta, possui a maior floresta tropical do mundo, o maior rio em volume de água e dispõe também da maior quantidade de água doce. Somos donos de 11% de toda água doce disponível no mundo. E, para completar, temos ainda o Pantanal, considerado a maior planície de inundação.

Além dessas riquezas naturais já conhecidas, a região amazônica conta com um tesouro subterrâneo. Trata-se do SAGA, o Sistema Aquífero Grande Amazônia. O maior de que se tem conhecimento no planeta. São mais de 162 mil quilômetros cúbicos de água e uma extensão de quase 1,3 milhão de quilômetros quadrados. O SAGA é constituído pelas formações dos aquíferos Solimões, Içá e Alter do Chão, sendo de grande potencialidade hídrica, mas ainda pouco conhecido.

Levando em conta uma população mundial de cerca de sete bilhões de pessoas, um consumo individual médio de 150 litros de água por dia e uma expectativa de vida de 60 anos, o SAGA poderia abastecer a população por nada menos do que 250 anos!

Adaptado de: <http://radioagencianacional.ebc.com.br/geral/audio/2015-03/maior-aquifero-do-mundo-esta-localizado-na-amazonia> e <http://www.mma.gov.br/informma/item/6237-brasil-estuda-aquifero-tres-vezes-maior-que-o-guarani>. *Acesso em:* 2 maio 2018.

DE OLHO NO PLANETA

Meio Ambiente

Chuva ácida

Os veículos automotores, como carros, ônibus, caminhões e tratores, por exemplo, utilizam produtos derivados de petróleo, como a gasolina ou o óleo diesel, conhecidos como combustíveis fósseis, pois são originados a partir da decomposição de matéria orgânica.

Esses combustíveis são queimados pelos veículos e geram a energia necessária para se movimentarem. Porém, essa queima de derivados de petróleo libera muitos produtos para a atmosfera, entre eles o enxofre e o nitrogênio. Essas substâncias se transformam rapidamente em dióxido de enxofre e óxidos de nitrogênio. O dióxido de enxofre e os óxidos de nitrogênio reagem com o vapor-d'água na atmosfera, transformando-se em ácidos sulfúrico e nítrico, respectivamente. Esses se precipitam com a água, tornando a chuva ácida.

Além de corroer monumentos e objetos de mármore e de cobre, a água das chuvas ácidas contamina o solo, rios e lagos, prejudicando animais e vegetais.

ESTABELECENDO CONEXÕES

Cotidiano

Brrrrrrr... Que frio!

De manhã, quando o ar está frio e úmido, objetos ao ar livre, carros e plantas, às vezes ficam cobertos por gotas de água, sem que tenha chovido: é o **orvalho**. Ele se forma quando o vapor-d'água presente no ar perde calor ao entrar em contato com a superfície desses objetos e se condensa, ou seja, passa do estado gasoso para o estado líquido.

Se a temperatura estiver muito baixa, pode ocorrer o congelamento dessa água que se depositou nessas superfícies, formando uma camada de gelo: é a **geada**. Ela pode causar muito prejuízo às plantações, pois pode destruir folhas e frutos.

HELMA SPONA/PANTHERMEDIA/KEYDISC

Orvalho. Vapor-d'água que se condensa em contato com superfícies frias.

Geada. Em temperaturas muito baixas, o orvalho congela.

EMILY P/PANTHERMEDIA/KEYDISC

Neve, granizo e neblina

Nas camadas mais altas de certos tipos de nuvem, a temperatura é inferior a 0 °C (zero graus Celsius ou centígrados). Nesse caso, o vapor-d'água condensa-se e solidifica-se na forma de *flocos* que, em determinadas condições ambientais, precipitam-se na forma de **neve**. Esse fenômeno ocorre comumente no topo de altas montanhas e em alguns países situados nas regiões temperadas do globo terrestre. Em nosso país, a precipitação de neve ocorre durante o inverno em algumas localidades da Região Sul.

Pasto coberto de neve na serra gaúcha em São José dos Ausentes, RS.

GERSON GERLOFF/PULSAR IMAGENS

Durante algumas tempestades, pode ocorrer a precipitação de **granizo** ou **chuva de pedra**, causando grandes prejuízos. Isso ocorre quando, nas nuvens, flocos de gelo parcialmente fundidos formam gotas de água que são lançadas para cima, para as regiões mais frias dessas nuvens, por *fortes ventos*. Desse modo, a água volta a se congelar formando blocos de gelo cada vez maiores, que caem na terra como granizo.

FOTOBUEHL/PANTHERMEDIA/KEYDISC

Granizo.

DANIEL LORETTO/PANTHERMEDIA/KEYDISC

Você poderia perguntar: por que essas pedras de gelo não se fundem ("derretem") ao atravessar camadas mais baixas e mais quentes da atmosfera e caem como chuva normal? Isso até acontece, em parte, mas devido ao tamanho desses blocos e à rapidez com que descem, não há tempo suficiente para ocorrer a fusão completa das pedras.

A formação da **neblina**, também chamada de **nevoeiro**, se dá quando o vapor-d'água se condensa em gotículas que ficam suspensas nas partes mais baixas da atmosfera. Por isso, podemos dizer que a neblina é como uma nuvem que se forma perto do solo.

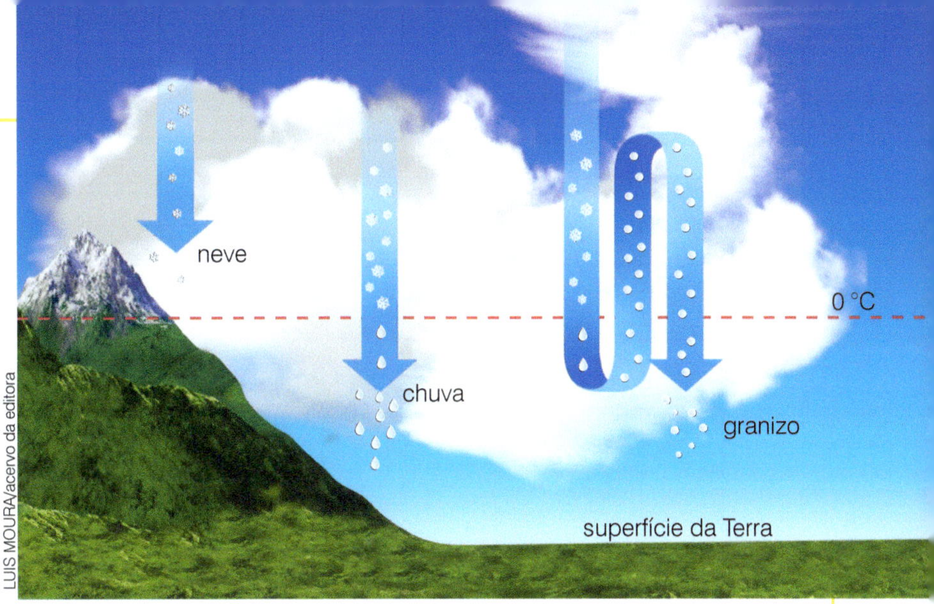

LUIS MOURA/acervo da editora

Nas camadas mais altas da nuvem, acima do traço horizontal (0 °C), a temperatura está abaixo de 0 °C. Nesse caso, temos a formação de flocos de gelo. Abaixo do traço horizontal, a temperatura está acima de 0 °C; o gelo se funde e a água resultante precipita-se como chuva. Se ventos fortes empurrarem essa água para as camadas mais altas (mais frias) da nuvem, forma-se o granizo. Formação de neve (à esquerda), de chuva (no centro) e de granizo (à direita).

JEFFREY VAN DAELE/PANTHERMEDIA/KEYDISC

A neblina nas estradas prejudica a visibilidade e pode causar muitos acidentes.

DE OLHO NO PLANETA

Ética & Cidadania

Você e a água

Abaixo seguem algumas dicas para você evitar o desperdício de água em sua casa. São atitudes simples, mas que, com certeza, fazem muita diferença.

- Não tome banhos demorados, pois cinco minutos debaixo do chuveiro já são suficientes para um bom banho.
- Quando estiver escovando os dentes, não deixe a torneira aberta. É puro desperdício!
- Algumas pessoas usam o vaso sanitário como se fosse uma lixeira. Evite esse comportamento: lugar de lixo é no lixo e não no vaso sanitário.
- Feche bem as torneiras, pois quando mal fechadas podem trazer muito prejuízo. Uma torneira pingando durante todo um dia desperdiça cerca de 46 litros de água.

➢ A boa utilização dos recursos do planeta depende de todos. Que outra atitude poderia ser adotada em sua casa para reduzir o desperdício de água potável?

Nosso desafio

Nos dois desafios a seguir, utilize as palavras indicadas para preencher os quadrinhos que compõem os mapas de conceitos. À medida que você preencher os quadrinhos, lembre-se de riscar a palavra que escolheu para não usá-la novamente.

1. Preencha os quadrinhos com os termos a seguir: animais, células, fotossíntese, pulmões, rins, substâncias orgânicas, substâncias inorgânicas, vegetais.

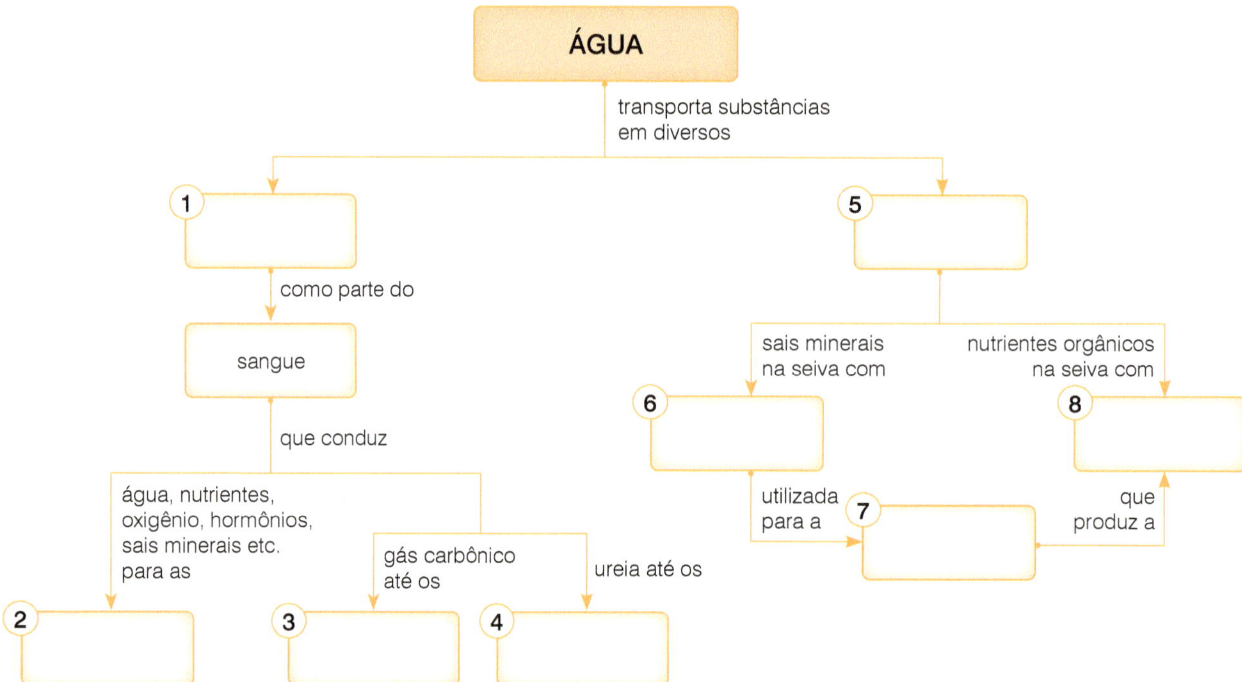

2. Preencha os quadrinhos com os termos: chuvas, lençóis freáticos, seres vivos, vapor-d'água.

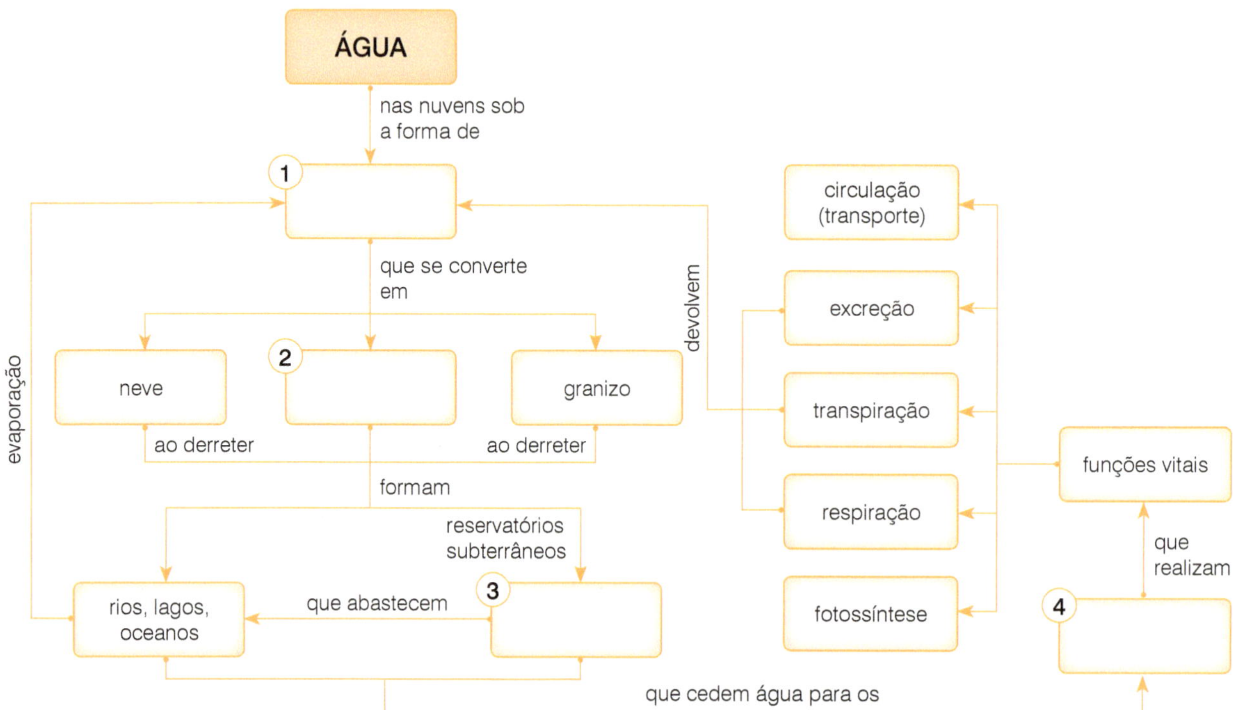

Atividades

1. **[6, 7]** "Toda vez que se pensa na existência de vida em Marte ou em algum outro planeta, a principal preocupação é saber se lá existe água", foi a frase que você leu no início do item *Por que a água é essencial para a vida?* Cite algumas funções da água que justificam a frase acima em termos da sobrevivência dos seres vivos.

2. **[6, 7, 9]** Ao dizer que água atua como solvente universal, chama-se a atenção para uma das importantes funções dessa substância nos seres vivos. Nesse sentido:
   a) O que significa dizer que a água atua como solvente universal em todos os seres vivos?
   b) Como justificar a importância da água como solvente universal em todos os seres vivos?

3. **[3, 6, 7]** Outra importante função da água é contribuir para a manutenção da temperatura corporal em muitos seres vivos que dependem dessa estabilidade.
   a) O que pode ocorrer caso a temperatura corporal de uma pessoa se eleve em demasia no caso de a água não desempenhar corretamente essa função ou se houver deficiência de água no organismo de uma pessoa?
   b) Qual é a contribuição do suor expelido por uma pessoa na regulação da temperatura?

4. **[1, 2, 3, 6, 7, 12]** A análise do conteúdo de água presente no corpo de seres vivos e a que existe na Terra revela algo extraordinário, uma característica fundamental, ou seja, é uma das substâncias mais abundantes, tanto nos seres vivos quanto no planeta que habitamos. Considerando essas informações e as informações presentes no item *A água nos seres vivos* deste capítulo:
   a) Que conclusão é possível elaborar, levando-se em conta as propriedades da água e sua presença na Terra atual?
   b) O teor de água em todos os seres vivos é o mesmo? E nas diferentes fases da vida de um organismo, como no ser humano, por exemplo?

5. **[6, 7]** A fotossíntese é, sem dúvida, um importante processo produtor de alimento orgânico e de oxigênio indispensável para a sobrevivência da grande maioria dos seres vivos da Terra atual. Desse processo participam a luz do Sol, clorofila, o gás carbônico e outra substância, sem a qual o processo não ocorreria. A esse respeito e utilizando os seus conhecimentos sobre o assunto, responda:
   a) Qual é a outra substância essencial para a realização de fotossíntese?
   b) Que seres vivos são responsáveis pela realização de fotossíntese na Terra atual?

6. **[6, 7]** Nos vegetais, a água é o componente fundamental que certamente será utilizado no metabolismo, como na fotossíntese, por exemplo. Na água também dissolvem-se inúmeras substâncias que são conduzidas às diversas regiões de uma planta.
   a) As substâncias dissolvidas na água são componentes das seivas vegetais. Quais são elas e como são originadas e conduzidas para as diversas regiões do vegetal?
   b) Constantemente a água é liberada do corpo do vegetal para a atmosfera. Sob que forma a água é liberada pelo corpo do vegetal e de que região do corpo da planta a água é mais frequentemente liberada?
   c) A água perdida pela planta para o meio precisa ser reposta. Como ocorre essa reposição?

7. **[6, 7]** Tanto em animais complexos, como o homem, quanto em vegetais de grande tamanho, a água circula pelo corpo conduzindo substâncias essenciais e, muitas vezes, removendo substâncias que devem ser eliminadas. Utilizando as informações que você obteve ao ler esse capítulo, responda:
   a) Qual é o líquido circulante nos animais complexos que realiza essas funções?
   b) Quais são os líquidos circulantes nos vegetais complexos, que conduzem substâncias para as diversas partes desses organismos?

8. [2, 6, 7, 9] Animais complexos como rãs, sapos, lagartos, crocodilos, gaviões e o homem possuem eficiente bombeamento do sangue graças à existência de um coração, cujas contrações conduzem o sangue a grandes distâncias. No sangue humano, por exemplo, há vários componentes, sejam células, sejam substâncias nele dissolvidas.

a) A água é um dos importantes componentes do sangue e nela estão dissolvidas e são transportadas algumas substâncias. Cite ao menos duas dessas substâncias.

b) Uma das células componentes do sangue é responsável pelo transporte de oxigênio aos tecidos. Qual é essa célula?

9. [2, 6, 7, 9] Ainda relativamente ao sangue e seus componentes:

a) Indique o papel desempenhado pelo sangue ao passar pelos diversos órgãos do organismo humano.

b) Considerando que o sangue é rico em células, em termos de níveis de organização em que categoria deve ser considerado?

10. [2, 3, 6, 7] Diarreia é uma ocorrência comum que, em várias pessoas, sobretudo crianças, é causada de modo geral por algum agente infeccioso que contamina água e alimentos. A perda de água e de sais minerais essenciais é preocupante, uma vez que pode levar o organismo à desidratação, situação em que muitos órgãos podem deixar de atuar corretamente. Sempre com a supervisão de uma equipe médica:

a) Que medida é indicada no sentido de repor a água e os sais minerais eliminados em casos de diarreia intensa?

b) Além da medida indicada em ***a***, qual será a conduta adequada a ser adotada pela equipe médica, em caso de diarreia intensa, quanto aos agentes causadores?

11. [3, 6, 7] No dia 22 de março de 1992, a Organização das Nações Unidas (ONU) criou o *Dia Mundial da Água*. Dois terços do planeta Terra são formados por esse precioso líquido, embora apenas aproximadamente 0,008% desse total seja água de consumo ou potável. Atualmente, há grande preocupação a esse respeito, considerando que as principais fontes dessa pequeníssima quantidade de água potável estejam localizadas em rios, lagos e represas.

a) Indique as principais causas que justificaram a preocupação da ONU quanto à qualidade da água e que conduziram à criação do Dia Mundial da Água.

b) Indique algumas das medidas sugeridas que colaborem com a preservação e economia desse bem natural.

12. [2, 6, 7] O caminho percorrido pela água ao passar da atmosfera para a superfície da Terra, passando ou não pelos seres vivos e voltando novamente para a atmosfera, constitui o ciclo da água ou ciclo hidrológico.

a) Que mudanças de estados físicos da água ocorrem durante esse ciclo?

b) Qual é o papel da energia térmica solar na manutenção do ciclo hidrológico?

13. [2, 6, 7] A Floresta Amazônica é considerada um dos grandes ambientes que contribuem para a manutenção do ciclo da água. Todos os dias, principalmente de suas enormes árvores, ocorre a liberação de grande quantidade de água, que se acumula na atmosfera. Essa água contribui para a formação de nuvens que resultam em chuvas que caem na própria área da floresta ou em outras regiões brasileiras.

a) A partir de quais órgãos das plantas ocorre liberação de água e sob que forma ela é liberada?

b) Como se denomina a liberação de água por esses órgãos?

14. [2, 6, 7] No ciclo da água,

a) indique por meio de que processos a água é liberada para a atmosfera, bem como os processos em que ocorre o seu retorno;

b) descreva o trajeto da água proveniente da atmosfera até retornar ao solo.

15. **[2, 6, 7, 8]** Uma das grandes reservas de água subterrânea de nosso país é o chamado Aquífero Guarani, que se estende por 8 estados brasileiros e parte dos territórios da Argentina, Paraguai e Uruguai. Indique:

a) os oito estados brasileiros em que esse aquífero está localizado;

b) pelo menos uma contribuição desse aquífero para a população brasileira.

16. **[2, 6, 7]** Veículos automotores e muitas indústrias liberam gases decorrentes da utilização de combustíveis fósseis. Dentre esses gases destacam-se os que contêm enxofre e nitrogênio que, ao reagirem com a água existente na atmosfera, originam ácidos que precipitam com a chuva, causando muitos danos ambientais e mesmo às pessoas.

a) Indique os dois gases citados e que contêm enxofre e nitrogênio.

b) Indique os ácidos originados da reação desses gases com a água atmosférica.

c) A que fenômeno o texto se refere?

d) Destaque possíveis prejuízos, causados por essa ocorrência, ao ambiente e aos seres vivos.

17. **[2, 6, 7]** De manhã, quando o ar está frio e úmido, objetos ao ar livre, vidros e latarias de carros e folhas das plantas ficam cobertos de gotas de água. Essas gotas se formam quando o vapor-d'água presente na atmosfera se deposita em uma superfície mais fria e se condensa, ou seja, passa do estado gasoso para o líquido.

a) Indique a qual fenômeno, resultante da condensação de vapor-d'água em superfícies dos automóveis e nas folhas de plantas, o texto acima se refere.

b) Por outro lado, se estiver muito frio essas gotas de água se condensam e formam camadas de gelo nas plantações e no solo, o que é visível em épocas de temperatura muito baixa, principalmente na área rural.

A que fenômeno o texto se refere ao descrever a formação de camadas de gelo em plantas e no solo em ocasiões de temperatura ambiental muito baixa?

18. **[2, 6, 7]** Em camadas mais altas da atmosfera, a temperatura é muito baixa, podendo aproximar-se de 0 °C. Nessas condições, o vapor-d'água se condensa, solidifica-se e forma flocos que podem se precipitar.

a) A que fenômeno o texto se refere.

b) Em que regiões do planeta e do nosso país pode-se constatar a ocorrência desse fenômeno atmosférico?

19. **[2, 6, 7]** Em algumas regiões do nosso país acontece um fenômeno curioso e, muitas vezes, frequente. Durante algumas tempestades ocorre a precipitação de pequenas pedras de gelo de tamanho variável, que se formam nas nuvens quando gotas de água são lançadas para cima e atingem regiões de temperatura mais baixa. Essas gotas congelam e formam pequenos blocos de gelo que se precipitam.

a) Como são normalmente conhecidas essas formações de que trata o texto acima?

b) Existe algum prejuízo decorrente da precipitação dessas formações no campo ou nas cidades?

c) Por que esses blocos de gelo, ao atravessarem camadas mais quentes da atmosfera, não se desfazem e caem como chuva normal?

20. **[2, 3, 6, 7]** É muito comum em determinadas épocas do ano que a baixa atmosfera dos campos, cidades e principalmente rodovias fique coberta por uma densa nuvem de vapor-d'água que pode provocar transtornos e acidentes rodoviários.

a) Indique uma hipótese que justifique a formação dessa nuvem.

b) Em sua opinião, que procedimento deve ser adotado em rodovias, principalmente nas de grande movimento, em que esse fenômeno ocorre com frequência?

capítulo 10

AS PROPRIEDADES DA ÁGUA

Nadar, sim; afundar, não!

Você já ouviu falar no mar Morto? Na verdade, não é um mar, mas sim um lago, que se estende na fronteira da Jordânia com Israel, ou seja, no Oriente Médio.

Sua grande extensão, 80 km de comprimento por 18 km de largura, é que fez com que esse lago fosse chamado de "mar" e a alta concentração de sal em suas águas não possibilita a existência de vida, com exceção de uma bactéria muito especial (*Haloarcula marismortui*), daí o nome de "morto". Mas o que tem de tão especial esse "lago-mar"?

O mar Morto está localizado em um vale, na verdade, a 360 m abaixo do nível do mar, local onde venta pouco, quase nunca chove e o ar sobre ele é quente e seco. Com isso, aumentam as condições para que haja uma evaporação lenta e constante de suas águas. Menos quantidade de líquido e altíssima quantidade de sais (300 g/L, enquanto nos oceanos temos 35 g/L) tornam suas águas mais densas do que nosso corpo, fazendo com que não afundemos nelas. Por isso, é até possível se aconchegar nas águas do mar Morto e ler um livro ou jornal, por exemplo, como se vê na foto.

Neste capítulo, vamos aprender algumas das propriedades da água, entre elas a densidade, que dá ao lago-mar suas características tão especiais.

GUILHERMEMESQUITA/SHUTTERSTOCK

Afundar ou flutuar?

Você, certamente, já notou que alguns objetos afundam e outros flutuam na água, e que, ao mergulhar, você tem a sensação de que está mais leve. Você fica de fato mais leve porque o seu peso diminui ou algum fenômeno físico produz essa sensação? É possível que objetos "pesados", quando colocados na água se tornem objetos com menos peso e por isso flutuem?

Para respondermos a essas questões vamos começar com um fato que você certamente já deve ter observado: o óleo de cozinha flutua na água. Se você despejar água lentamente em um copo que já contenha um pouco de óleo (apenas um dedo é suficiente), notará que óleo e água não se misturam.

Formam-se duas camadas e o óleo ocupa a parte superior. Algumas pessoas tentam explicar esse fato afirmando que a água é mais "pesada" do que o óleo e, por isso, fica por baixo. Seria essa explicação verdadeira?

Se despejarmos mais óleo no copo, de modo que essa quantidade seja maior do que a da água em massa e volume, ainda assim a camada de óleo permanecerá sobre a água.

Em conclusão: o óleo flutua não porque é "mais leve" do que a água, mas devido a uma propriedade da matéria, chamada **densidade**, que discutiremos a seguir.

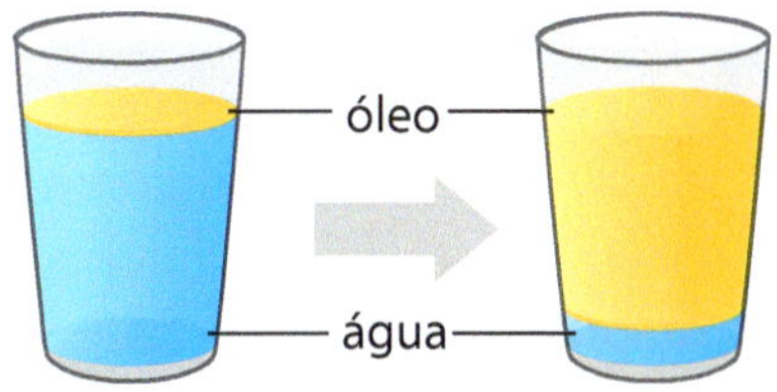

UENDERSON ROCHA/ acervo da editora

O óleo sempre flutua na água em qualquer quantidade. Portanto, o peso de um objeto ou de um líquido não é o que o faz flutuar ou afundar em outro líquido.

Densidade

Ao entender o que é densidade de uma substância ou de um material, você descobrirá porque óleo, isopor, cortiça, parafina e gelo flutuam na água e porque blocos de alumínio, ferro ou chumbo de qualquer tamanho afundam nesse mesmo líquido.

Vamos começar analisando, na tabela ao lado, a *quantidade de massa* que existe em *um mesmo volume* de alguns desses materiais.

Analisando os dados da tabela, notamos que as substâncias que flutuam na água diferem das que afundam pela quantidade de massa que possuem por unidade de volume. Isto é, as substâncias que flutuam têm menor quantidade de massa por unidade de volume (1 cm^3) do que a água, que possui exatamente 1 grama por centímetro cúbico.

Materiais	Volume (cm^3)	Massa (g)
Isopor	1	0,03
Azeite de oliva	1	0,92
Água sólida (gelo)	1	0,92
Água líquida	1	1
Ferro	1	7,8
Chumbo	1	11,3

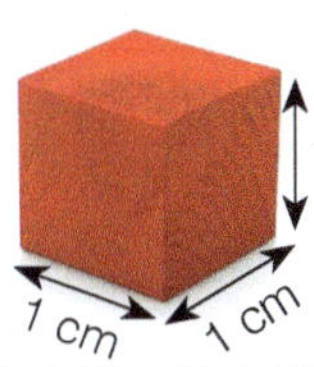

ALEX TARASSON/SHUTTERSTOCK

Um volume igual a 1 cm^3 é igual ao volume de um cubo de arestas com comprimento igual a 1 cm.

Por outro lado, as substâncias que afundam na água, têm mais massa em cada centímetro cúbico do que a água. A relação entre a quantidade de *massa* (m) contida em certo *volume* (V) de uma dada substância corresponde a uma nova grandeza física chamada *densidade* (d).

Para sabermos qual é a **densidade** de determinado material, basta dividir sua massa pelo volume ocupado, como está expresso a seguir:

$$\text{densidade (d)} = \frac{\text{massa (m)}}{\text{volume (V)}}$$

Podemos, então, dizer que o isopor tem *densidade* 0,03 gramas por centímetro cúbico ou, matematicamente, 0,03 g/cm^3; o azeite de oliva, 0,92 g/cm^3; a água líquida, 1 g/cm^3; o ferro, 7,8 g/cm^3; e o chumbo, 11,3 g/cm^3. Como esses números constituem a densidade das respectivas substâncias, podemos afirmar que os materiais com densidade superior à da água afundam quando nela mergulhados. Os que possuem densidade menor, flutuam.

Materiais	Volume (cm^3)	Massa (g)	Densidade (g/cm^3)	Imerso em água
Isopor	1	0,03	0,03	flutua
Azeite de oliva	1	0,92	0,92	flutua
Água sólida (gelo)	1	0,92	0,92	flutua
Água líquida	1	1	1	—
Ferro	1	7,8	7,8	afunda
Chumbo	1	11,3	11,3	afunda

É interessante observar que um material pode flutuar em um líquido e afundar em outro. O ferro (d = 7,8 g/cm^3), por exemplo, afunda na água mas flutua no mercúrio (d = 13,6 g/cm^3). Um pedaço de parafina (d = 0,9 g/cm^3) flutua na água mas vai ao fundo no álcool (d = 0,79 g/cm^3).

Agora que já sabemos por que alguns objetos afundam e outros flutuam em meios líquidos, falta compreender por que temos a sensação de que ficamos mais leves quando mergulhamos. Para isso, precisamos entender o que vem a ser uma outra grandeza física chamada *pressão*.

Fique por dentro!

Chama-se **grandeza** tudo o que pode ser medido ou calculado (comprimento, área, volume, massa, densidade, temperatura etc.) empregando-se instrumentos próprios para cada caso (régua, trena, frascos graduados, balanças, termômetros etc.). As medidas são expressas em unidades, tais como grama (g), metro (m), litro (L), grau (°) etc.

Jogo rápido

1. Por que o gelo flutua na água líquida?
2. O que queremos dizer quando afirmamos que a densidade do chumbo é maior do que a densidade do ferro?
3. Uma bolinha de gude possui densidade igual a 2,7 g/cm^3. Essa bolinha, quando colocada em um recipiente com água, que possui densidade igual a 1 g/cm^3, afunda ou flutua? Por quê?

É SEMPRE BOM SABER MAIS!

Tensão superficial

Será possível caminhar sobre a superfície da água? Provavelmente você deve ter pensado que isso não é possível. Bem, para nós, humanos, e para a maioria dos grandes animais, isso realmente é verdade. Mas para alguns insetos e aranhas, caminhar sobre a água é uma realidade.

Observe a foto ao lado e perceba como esse inseto consegue apoiar-se sobre a água. Isso só é possível porque a água apresenta uma propriedade muito especial, chamada de **tensão superficial**, que ocorre devido às forças de atração que as moléculas de água do interior do líquido exercem sobre a superfície. Por causa disso, as moléculas da superfície da água tendem a se comportar como uma membrana elástica, permitindo que insetos leves ou até mesmo pequenos objetos possam ficar sobre sua superfície sem afundar.

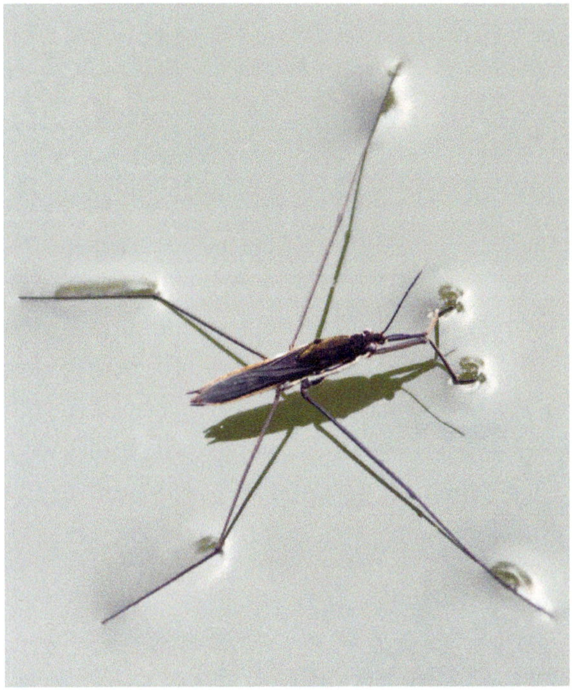

VADIM PETRAVOK/SHUTTERSTOCK

Inseto leve caminha ou apoia-se na superfície da água sem afundar.

Força e pressão

O conceito de força pode ser considerado intuitivo, pois em nosso dia a dia já estamos familiarizados com ele. Mas podemos conceituar **força** como algo que, ao atuar sobre um corpo, provoca alteração de sua velocidade e/ou sua deformação.

Intuitivo: aquilo que pode ser compreendido de maneira instintiva.

As pessoas costumam confundir força com **pressão**. Assim, vamos fazer uma pequena verificação, que permitirá compreender a diferença entre essas duas grandezas.

Tome um lápis apontado e comprima as duas extremidades com os dedos indicadores, aplicando forças de igual intensidade.

Você sentirá uma sensação de dor somente no dedo em contato com a extremidade mais fina. Por que isto ocorre?

A única diferença está na área das extremidades do lápis em contato com os dedos. A extremidade fina (ponta) possui a menor área de contato.

LUIS MOURA/acervo da editora

A área de contato maior está submetida a uma pressão menor, pois a força se distribui por uma área maior. A região de contato com menor área concentra a força num pequeno ponto. Assim, *forças iguais* aplicadas a ambas as extremidades do lápis provocam *pressões diferentes* nas superfícies. Se forças iguais podem produzir pressões diferentes, então força não é o mesmo que pressão. A pressão sempre está relacionada com certa área de aplicação; força, não.

A palavra **pressão** é usada quando se quer expressar certa quantidade de força aplicada a uma área de uma superfície.

Como vimos, forças iguais aplicadas a áreas superficiais de tamanhos diferentes produzem pressões diferentes. Por isso, na ponta do lápis a pressão é maior porque a força aplicada está "concentrada" em uma área menor; na extremidade oposta, a mesma força produz uma pressão menor porque está "distribuída" em uma área maior.

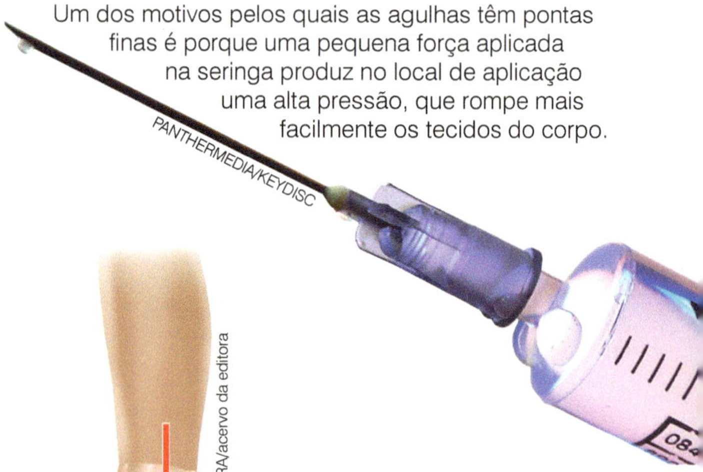

Um dos motivos pelos quais as agulhas têm pontas finas é porque uma pequena força aplicada na seringa produz no local de aplicação uma alta pressão, que rompe mais facilmente os tecidos do corpo.

PANTHERMEDIA/KEYDISC

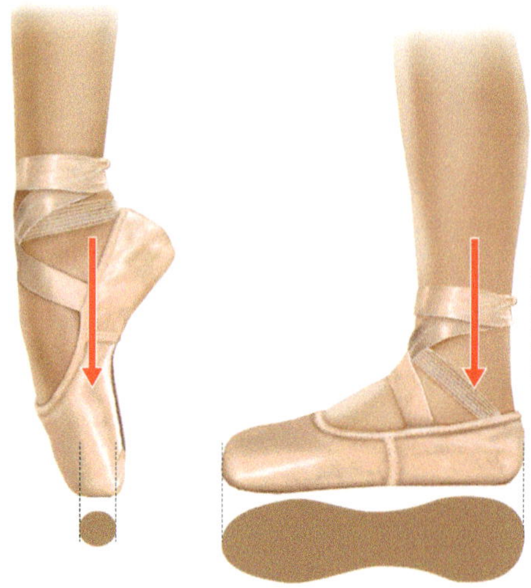

LUIS MOURA/acervo da editora

Quando o peso da bailarina exerce maior pressão sobre o tablado? Quando seu peso for aplicado a uma área superficial menor (pela ponta da sapatilha).

A partir dessas observações, concluímos que:

- existe diferença entre força e pressão: somente a *pressão* depende da área;
- quanto menor a área de contato, maior a pressão;
- quanto maior a força, maior a pressão.

Podemos nos referir à intensidade de uma força (maior, menor) sem fazer referência à área em que é aplicada. Já a pressão depende da extensão da área em que uma força de certa intensidade é aplicada.

Jogo rápido

Observe as figuras abaixo.

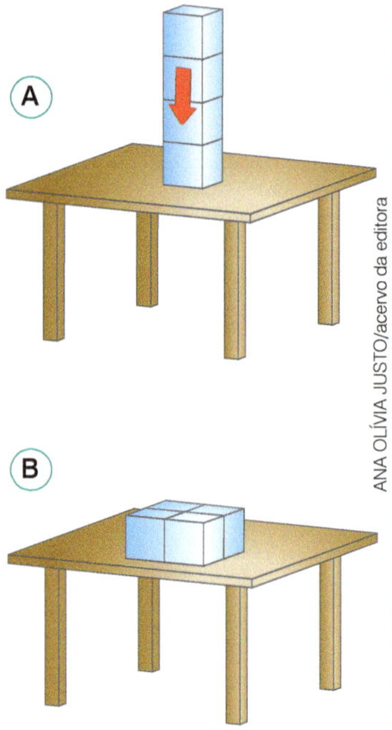

ANA OLÍVIA JUSTO/acervo da editora

Quatro cubos iguais (massa e volume) de um mesmo material sólido foram apoiados sobre a superfície de uma mesa em duas situações diferentes (A e B). Em qual delas a pressão exercida sobre a mesa é maior? Por quê?

A água exerce pressão

UENDERSON ROCHA/acervo da editora

Observe a figura ao lado, que mostra a água jorrando por orifícios de mesmo tamanho feitos em uma garrafa plástica. Você nota alguma diferença nos jatos que saem dos furos feitos em alturas diferentes na garrafa?

Você deve ter observado que quanto mais distante estiver o furo da superfície da água no interior da garrafa, maior a distância que o jato atinge.

Essa observação revela que a água exerce uma força sobre a superfície interna da garrafa, ou seja, exerce uma *pressão*. Essa pressão varia de acordo com a altura da água no recipiente, sendo maior no fundo do que na superfície. Por isso, a água que jorra do furo localizado mais próximo do fundo da garrafa é "empurrada" com maior intensidade (maior pressão) atingindo uma distância maior.

A pressão exercida pela água recebe o nome de **pressão hidrostática**.

ESTABELECENDO CONEXÕES

Saúde

Pressão e profundidade

Se, ao nadar, você costuma dar alguns mergulhos, saiba que à medida que se desloca para o fundo, a pressão da água sobre o corpo aumenta, pois a "altura" da água sobre você torna-se maior. O efeito desse aumento de pressão pode causar desconforto em sua orelha externa porque a água comprime o ar que permanece no conduto auditivo sobre o tímpano.

➢ Indique uma provável consequência que pode ocorrer na audição com o aumento de pressão que incide sobre o tímpano.

Pressão em todas as direções

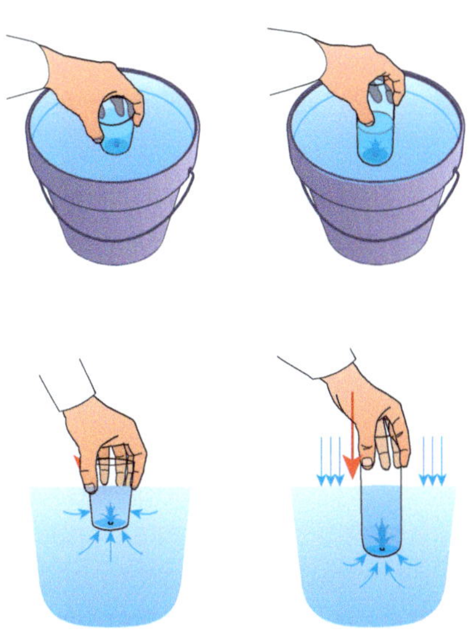

UENDERSON ROCHA/acervo da editora

É o peso das camadas de ar da atmosfera ou o peso da própria água que produz a pressão sobre os corpos na superfície da Terra ou mergulhados em água. É por isso que quanto maior a profundidade, maior a pressão que as moléculas de água aplicam na parede de um recipiente ou nos corpos que se encontram submersos. Mas será que a força gerada pela pressão da água só atua de cima para baixo e para os lados? Pode a pressão criar forças de baixo para cima?

Um recipiente cilíndrico transparente, como uma garrafa plástica com a base perfurada (furo com diâmetro de 0,5 cm), é forçado para dentro da água contida em uma tigela ou balde, como mostra a figura ao lado.

Um jato de água entra no recipiente através do furo em sua base. Quanto mais aprofundada estiver a base da garrafa, maior será a intensidade do jato. Isso revela que a pressão da água também é exercida de baixo para cima e aumenta com a profundidade.

Vamos resumir nossas conclusões:

- a água exerce pressão, que aumenta com a profundidade;
- a pressão da água é exercida em todas as direções, inclusive de baixo para cima

Não é somente a pressão da água que produz forças em todas as direções. Isso acontece com qualquer outro líquido ou gás. Por exemplo, a pressão do ar de nossa atmosfera (pressão atmosférica) age sobre todos os pontos da superfície dos nossos corpos.

A observação seguinte nos ajudará a compreender melhor a ação da pressão atmosférica: um copo cheio de água, fechado por uma carta de baralho (ou pedaço de papel cartão equivalente), é invertido cuidadosamente com uma das mãos apoiada sobre a carta. Ao retirarmos essa mão com cuidado, notaremos que a carta mantém-se na boca do copo e não cai. Por quê?

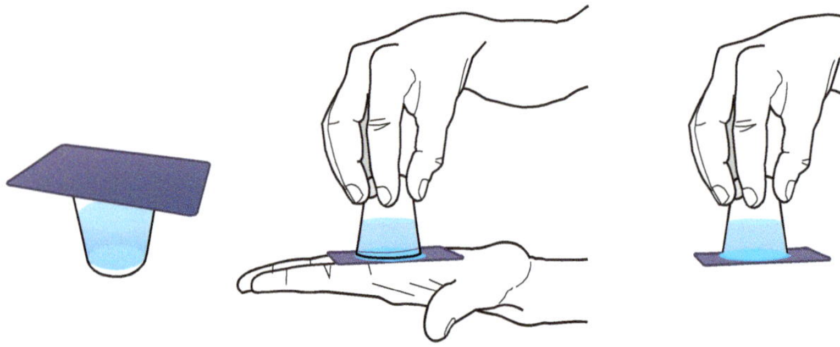

UENDERSON ROCHA/acervo da editora

O peso da água no interior do copo empurra para baixo a carta de baralho, que, no entanto, não cai. Isso só é possível se a força com que a água empurra a carta para baixo for anulada por uma força que empurre a carta para cima. Qual a origem dessa força? A pressão atmosférica que envolve o copo, criada pelo peso do ar, gera uma força de baixo para cima na carta de baralho, impedindo que o peso da coluna de água que está no interior do copo a empurre para baixo.

Podemos, então, concluir que a pressão de um gás ou de um líquido produz forças em *todas* as direções, inclusive de baixo para cima.

Jogo rápido

Se deslizarmos lentamente a carta pela "boca" do copo, provocando uma pequena abertura, o que acontecerá? Por quê?

ESTABELECENDO CONEXÕES

Cotidiano

Os seres vivos, sempre estão sob a ação da pressão atmosférica no meio terrestre, e das pressões atmosférica e hidrostática no meio aquático.

Esses indivíduos não são esmagados pois apresentam mecanismos capazes de igualar a pressão interna com a pressão externa. Os habitantes dos ambientes aquáticos estão submetidos a pressões maiores, tanto externa quanto internamente. Esta é a razão pela qual pessoas, e até mesmo submarinos, só podem mergulhar até determinada profundidade; do contrário, seriam esmagados pela enorme pressão da água, que, como você já sabe, aumenta com a profundidade.

Empuxo

Agora, podemos compreender por que temos a sensação de ficarmos mais leves quando mergulhamos.

Imagine um objeto qualquer, como um pequeno bloco de madeira, imerso em um líquido. Isto significa que ele está sob a influência de forças tanto laterais como de cima para baixo e de baixo para cima, já que a pressão da água atua em todas as direções.

Agora, observe a figura ao lado, em que cada seta representa uma força.

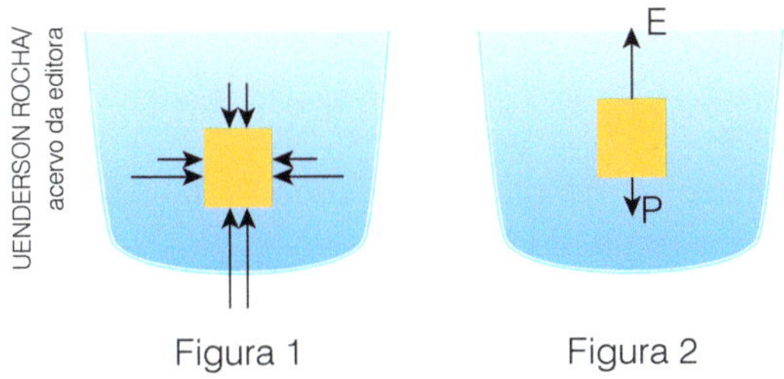

Na Figura 1, cada seta representa uma força e o comprimento da seta, sua intensidade (quanto maior a seta mais intensa a força). São representadas apenas algumas forças, no entanto todo o bloco está sob a influência da pressão do líquido e, portanto, de forças geradas pelo líquido. Na horizontal, as forças se anulam, mas, na vertical, a intensidade da força para cima supera a intensidade da força para baixo e, portanto, temos uma resultante para cima que é denominada **empuxo** (E), representada na Figura 2.
Na Figura 1, para simplificar, não representamos a força da gravidade, que é o peso (P) do corpo.

Note como todas as forças nas laterais se anulam, pois para cada força que surge em um sentido sempre existirá outra com sentido contrário, porém com a mesma intensidade (na figura, indicada pelo tamanho da seta). Note, na figura, como as duas setas horizontais menores se anulam (→←). O mesmo acontece com as duas setas horizontais maiores (——→←——).

Porém, isto não ocorre na vertical, onde a força aplicada de baixo para cima é maior do que a força aplicada de cima para baixo, pois a pressão embaixo é maior do que a pressão na parte de cima do bloco. Dessa forma os pares de forças verticais opostas, representados na figura, não se anulam, resultando sempre uma força para cima.

É essa força resultante de todas as forças aplicadas pelo líquido com sentido para cima que recebe a denominação de **empuxo**. Como essa força possui sentido contrário ao peso do corpo, poderá anulá-lo tornando o corpo mais leve.

É importante notar que o peso do corpo não é afetado quando ele está submerso. O que ocorre é o surgimento de uma força que poderá anular ou até superar o peso do corpo.

CREATIVE COMMONS

O primeiro a conceber a existência do empuxo foi Arquimedes, físico e matemático grego, nascido em 287 a.C.

Arquimedes Pensativo, de Domenico Fetli. Óleo sobre tela, 98 x 73,5 cm, 1620. Galeria Alte Meister, Dresden, Alemanha.

Fique por dentro!

É importante notar que o empuxo também pode ser causado por gases, como os que compõem o ar atmosférico, porém a sua intensidade é menos percebida do que o empuxo causado pela água.

Resumindo, podemos dizer que **empuxo** é uma força vertical, exercida pelo líquido e dirigida para cima, que atua sobre um corpo total ou parcialmente imerso e se opõe ao peso do corpo. Veja as figuras a seguir:

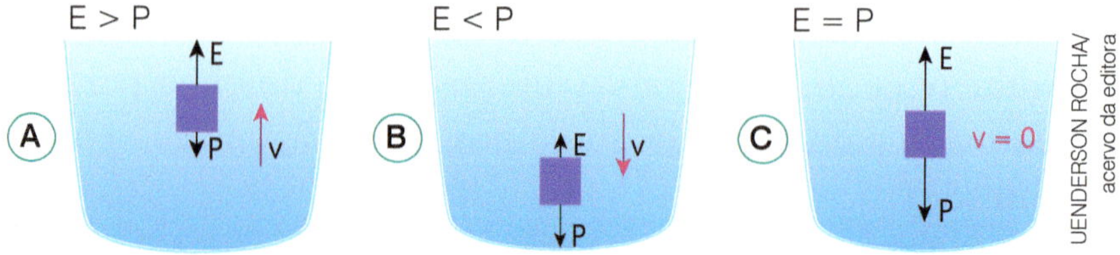

A – Quando a intensidade do empuxo for *maior* do que o peso, o corpo se dirige para cima. Isso ocorre quando a densidade do líquido é *maior* do que a densidade do corpo.
B – Quando a intensidade do empuxo for *menor* do que o peso, o corpo se dirige para baixo (afunda). Isso ocorre quando a densidade do líquido é *menor* do que a densidade do corpo.
C – Quando a intensidade do empuxo for *igual* à intensidade do peso, o corpo permanece parado no interior do líquido no local em que for colocado. Isso ocorre quando a densidade do líquido é *igual* à densidade do corpo.

É SEMPRE BOM SABER MAIS!

Por que os navios "flutuam"?

Embora construídos com grande quantidade de materiais mais densos do que a água, como o ferro, por exemplo, essas embarcações flutuam, desde que a água não invada o seu interior.

Para entendermos mais facilmente como isso ocorre, vamos analisar o que acontece com uma bolinha de massa de modelar quando imersa na água. Acompanhe pelas figuras abaixo.

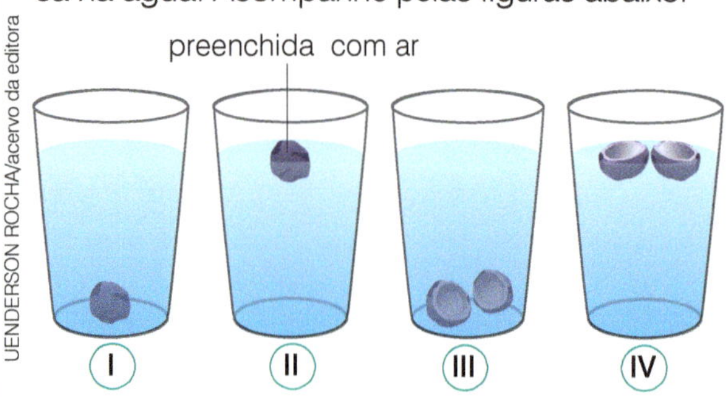

Como a massinha de modelar é mais densa do que a água, qualquer porção dela afunda na água (Figura I).

Porém, mesmo uma esfera de massa de modelar pode flutuar na água, desde que cheia de ar (Figura II). Se, no entanto, for cortada em duas metades e ambas forem completamente mergulhadas na água, afundam (Figura III).

Porém, se forem colocadas sobre a superfície líquida, de modo que a água não entre na parte côncava, flutuarão (Figura IV).

Uma parte do corpo flutuante sempre permanece imersa, deslocando certo volume de líquido. Se isso não ocorresse, não haveria o empuxo que permite ao corpo flutuar, pois o empuxo é uma força aplicada pelo líquido sobre o corpo. Os navios encontram-se na mesma situação de uma meia bola flutuante: construídos geralmente com materiais mais densos do que a água, podem flutuar desde que a água não entre em seu interior.

Naturalmente, como qualquer outro objeto flutuante, mesmo os navios devem deslocar certa quantidade de água: o objeto se aprofunda na água o tanto que basta para provocar uma força para cima (empuxo), que tem intensidade igual ao peso do navio.

Quanto mais carregada for uma embarcação, maior será a parte do casco submersa, portanto, maior será o empuxo, isto é, maior será a força que a água exerce de baixo para cima sobre o objeto, mantendo-o flutuante. Se o navio e sua carga superarem a força do empuxo a embarcação afundará.

Descubra você mesmo!

Um submarino na superfície flutua como um navio comum. Pesquise o que é feito para que ele fique submerso na água a grandes profundidades.

Vasos comunicantes

Observe, na figura abaixo, que quatro recipientes com formas e capacidades (volumes) diferentes se comunicam em suas bases por um tubo, formando um único recipiente. Recipientes desse tipo, que se comunicam entre si, são chamados de **vasos comunicantes**.

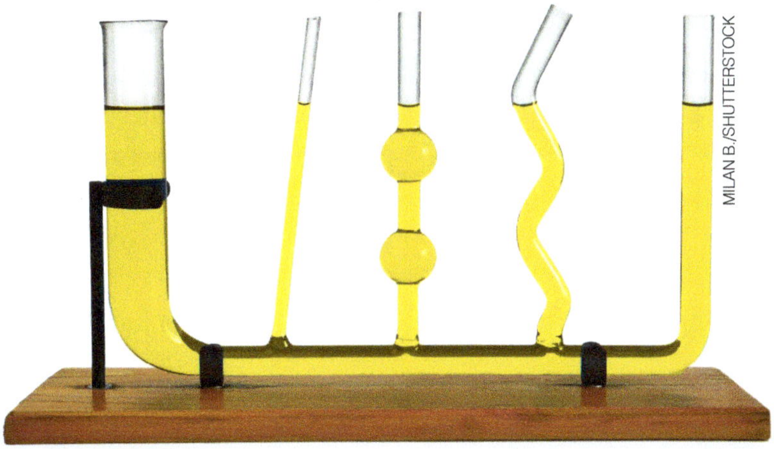
MILAN B./SHUTTERSTOCK

O nível da água é o mesmo nos recipientes, independentemente de seu volume ou forma. Se despejarmos água em um desses vasos, a pressão na base desse vaso aumenta, aumentando também as forças que empurram as moléculas de água, forçando o seu escoamento pelo tubo horizontal em direção aos outros vasos. Portanto, a água vai escoar e se distribuir entre todos de tal forma que o nível da água se torne o mesmo em todos os recipientes. Somente assim a pressão na base de cada tubo tem a mesma intensidade. Isso faz com que as forças se anulem e as moléculas de água permaneçam em "repouso".

Concluímos, então, que a *pressão não está associada com a quantidade de água contida nos recipientes, mas com a altura da coluna de água nesses frascos*. Quando as alturas das colunas de água se igualam, cessa o fluxo de água no tubo da base, indicando que a pressão é a mesma ao longo desse tubo. Assim, em um sistema de vasos comunicantes, a pressão depende apenas da altura da coluna de água e não de seu diâmetro.

Jogo rápido

Duas caixas de água cilíndricas foram construídas com a mesma altura, porém uma delas possui o dobro do diâmetro da outra. Se uma torneira for instalada junto à base em cada uma das caixas, a água vai jorrar com mais pressão de qual delas, quando ambas estiverem cheias e as torneiras abertas?

UENDERSON ROCHA/ acervo da editora

Agora que conhecemos o princípio dos vasos comunicantes, podemos entender como a água percorre o subsolo.

A água da chuva pode infiltrar-se no solo poroso até encontrar uma camada impermeável. Nesse ponto, a água ficará acumulada ou escoará na forma de um rio subterrâneo que poderá brotar em algum ponto como uma nascente, originando um rio.

A água retida pelas camadas impermeáveis é denominada **água freática** ou **lençol freático.** Neste caso, para ser retirada, são necessárias bombas hidráulicas. Existem também poços artesianos, em que a água pode jorrar com grande pressão e atingir a superfície porque as perfurações desses poços são muito mais profundas, atingindo 100 m a mais do que as perfurações de um poço comum.

Observe a figura abaixo, que mostra um esquema de fontes de água.

Jogo rápido

Se você retornar à observação da página 165 (recipiente com base perfurada e mergulhada em um balde com água), poderá responder à seguinte pergunta: por que a água que brota da fonte ou do poço comum flui mais lentamente do que a água que jorra do poço artesiano?

LUIS MOURA/acervo da editora

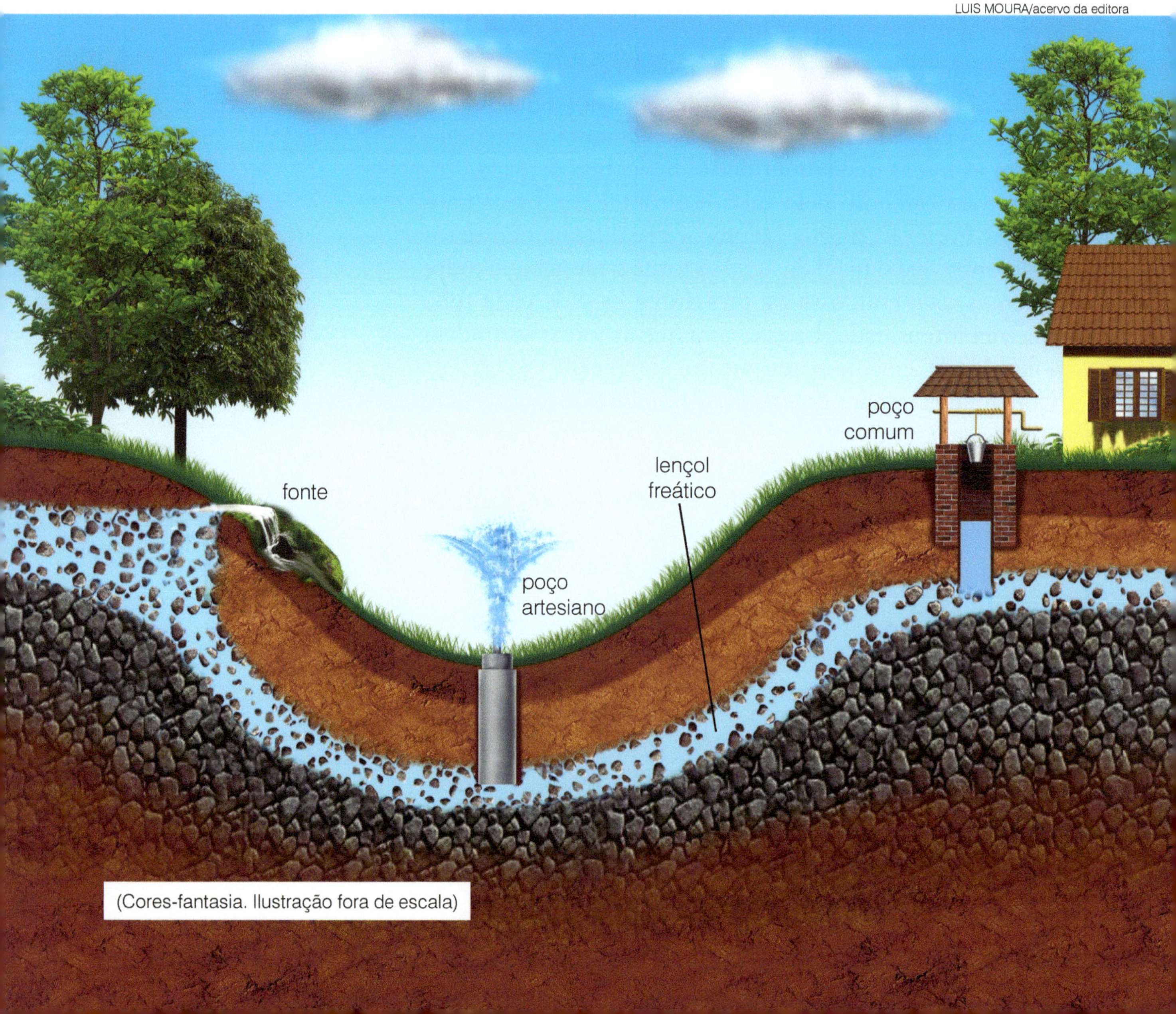

(Cores-fantasia. Ilustração fora de escala)

O sistema de distribuição de água potável

Você aprendeu como a natureza faz para distribuir a água pelo planeta, tanto pela atmosfera quanto pelo subsolo. O homem também criou sistemas para a distribuição de água. Da mesma forma que os sistemas de distribuição de água na natureza, a distribuição de água de uma cidade, ou mesmo de uma casa, utiliza-se da pressão gerada em um sistema de vasos comunicantes. Os reservatórios de água de uma região são sempre construídos no ponto mais alto para que a água tratada possa chegar naturalmente a todas as caixas-d'água e torneiras das casas, conforme o princípio dos vasos comunicantes.

Grandes edifícios de apartamentos têm reservatórios de água geralmente localizados no subsolo. Para que essa água seja conduzida para as caixas situadas acima do último andar, são necessárias bombas hidráulicas acionadas por energia elétrica. Uma vez armazenada no alto do edifício, a água flui para os apartamentos segundo a propriedade dos vasos comunicantes. (Cores-fantasia. Ilustração fora de escala)

LUIS MOURA/acervo da editora

EM CONJUNTO COM A TURMA!

1. A partir do que vocês aprenderam sobre pressão de água, que apartamentos em um edifício recebem água com maior e com menor pressão?
2. Até que altura a caixa-d'água de uma residência poderia ser instalada sem a necessidade de bombas para enchê-la?
3. Pesquisem para que serve um sistema de "boia" em uma caixa-d'água.

Mas de onde vem a água que abastece os reservatórios de nosso bairro ou região? E o que acontece com ela depois que a utilizamos?

Manancial: fonte, nascente.

Adutoras: sistema de canos bem grossos e longos, que leva a água de onde é captada até o local em que será tratada.

Captação e tratamento de água

A água que chega a nossas casas é obtida de fontes naturais, como rios, lagos ou mananciais. Depois de captada, ela é levada através de adutoras para as represas das chamadas **estações de tratamento**, locais em que a água é submetida a um tratamento para a retirada de impurezas e microrganismos que possam nos causar doenças.

Acompanhe pelo esquema a seguir as etapas do tratamento da água para torná-la própria para o nosso consumo.

LUIS MOURA/acervo da editora

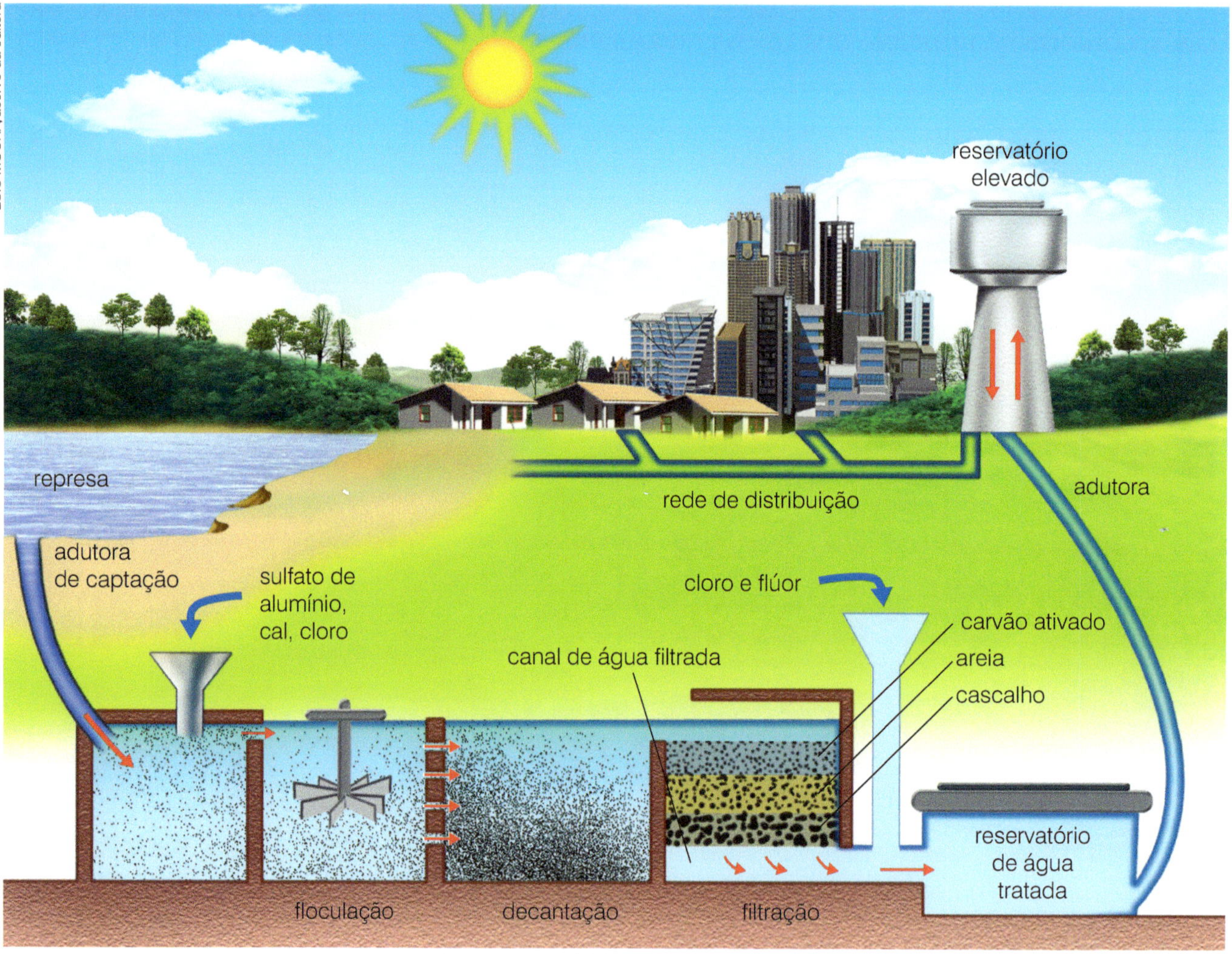

Adaptado de: BRANCO, S. M. Quem mexeu na nossa água? São Paulo: Instituto Samuel Murgel Branco/SABESP, 2010.

Etapas de tratamento de água.
(Cores-fantasia. Ilustração fora de escala.)

Depois de enviada pelas adutoras ao reservatório da estação de tratamento, a água

1. recebe os seguintes produtos químicos:
   a. sulfato de alumínio – que faz com que as partículas de sujeira existentes na água se agrupem;
   b. cal – para corrigir a acidez da água;
   c. cloro – a fim de eliminar microrganismos;
2. é agitada de modo suave para facilitar a formação de flocos com a sujeira existente na água. Essa etapa é conhecida como **floculação**;

3. a seguir, a água passa para outro tanque em que fica em repouso. Com isso, os flocos de sujeira, que são mais densos do que a água, afundam. Esse processo de separação das partículas sólidas da água líquida é chamado de **decantação**;
4. pronto, agora a água passa por um processo de **filtração**, em que filtros de carvão, areia e cascalho retiram quaisquer flocos de sujeira que ainda estiverem presentes ou até mesmo microrganismos;
5. a água tratada recebe a adição de cal, cloro para matar eventuais microrganismos, e flúor, importante elemento para auxiliar na redução das cáries dentárias, e é enviada para os reservatórios.

Tratamento de esgoto

A água utilizada para a higiene pessoal (banhos, lavatórios), descartada de vasos sanitários, limpeza em geral e alimentação transforma-se em esgoto doméstico. O esgoto também pode se originar das chuvas (esgoto pluvial) e das atividades comerciais e industriais (esgoto industrial). A coleta e o tratamento de esgotos são importantes para a saúde pública porque evitam a contaminação e a transmissão de doenças, além de preservar o meio ambiente.

Acompanhe pela ilustração a seguir as etapas que envolvem o tratamento de esgoto doméstico.

Etapas de tratamento de esgoto. (Cores-fantasia. Ilustração fora de escala.)

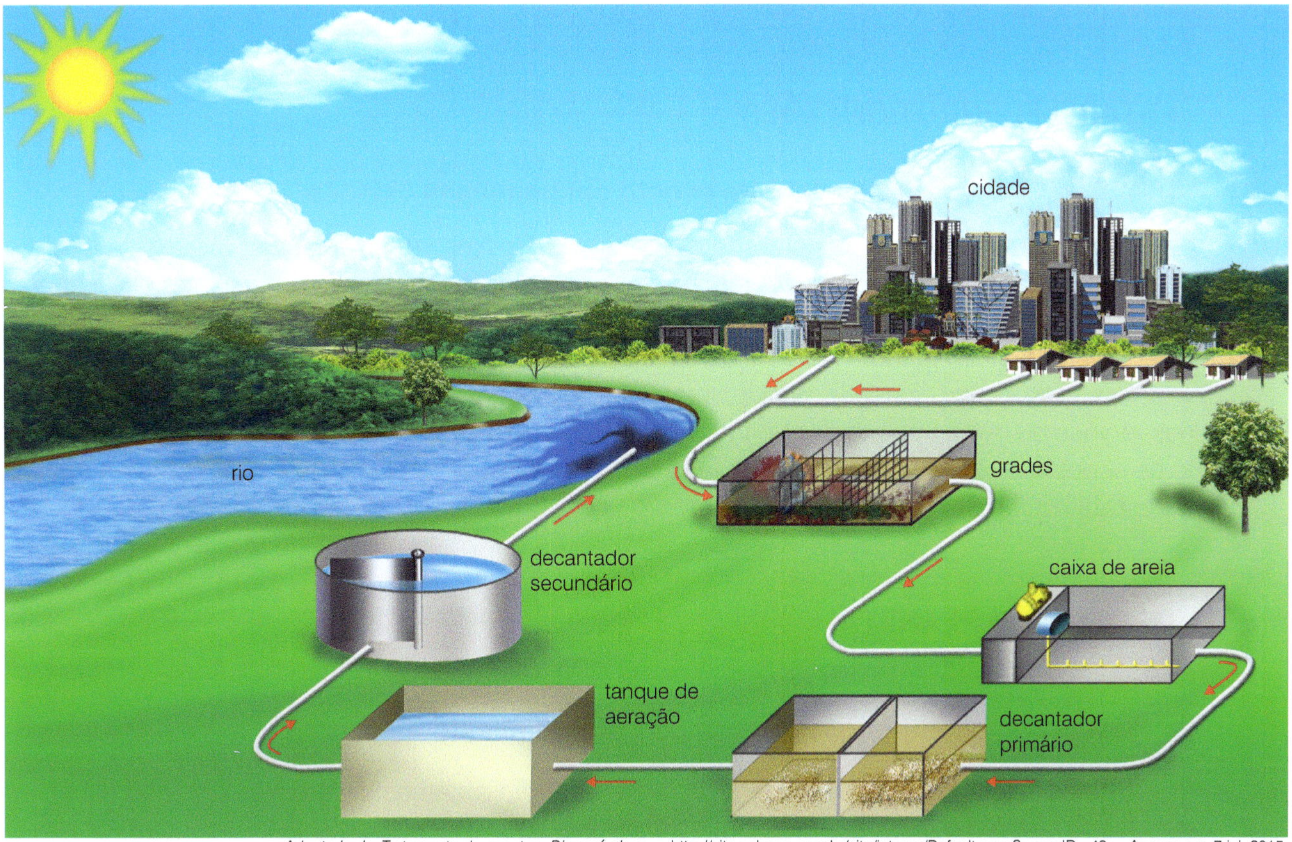

LUIS MOURA/acervo da editora

Adaptado de: Tratamento de esgotos. *Disponível em:* <http://site.sabesp.com.br/site/interna/Default.aspx?secaoID=49>. *Acesso em:* 7 jul. 2015.

Das residências, o esgoto é encaminhado para as redes coletoras até chegar nas **estações de tratamento de esgoto** (ETE), também chamadas de **estações depuradoras**, locais em que será tratado. Nessas estações, o esgoto

1. passa por **grades** de diferentes espessuras para a retirada de materiais que não devem passar pelo sistema, como plásticos, papel, garrafas etc.;
2. após passar pelas grades, o esgoto é transportado para caixas de areia para a **precipitação** da areia contida nele;
3. o esgoto passa para um **decantador primário**, local em que as partículas mais pesadas irão para o fundo, formando um lodo. Este poderá ser tratado e utilizado para a produção de gás;
4. o esgoto obtido do decantador, composto ainda por matéria orgânica e microrganismos, passa para **tanques de aeração**. Nesses tanques, uma grande quantidade de ar comprimido é borbulhada continuamente. O oxigênio favorece a multiplicação dos microrganismos, que se alimentam da matéria orgânica ainda presente;
5. em seguida, o esgoto passa para outros tanques (**decantadores secundários**) onde se dá a precipitação da grande quantidade de microrganismos que se formou nos tanques de aeração. Nos decantadores secundários, a parte líquida do esgoto já reduziu 90% das impurezas. No entanto, essa água não é potável, mas já pode ser lançada nos rios.

Fique por dentro!

A água que sai dos decantadores secundários não é potável, mas pode ser reaproveitada para diversos fins, como lavagem das ruas e praças, para regar jardins, geração de energia, refrigeração de equipamentos industriais. Essa água é chamada de **água de reuso**.

ESTABELECENDO CONEXÕES

Cotidiano

Tratamento de esgoto em pequenas cidades

Todo o processo de tratamento de esgotos apresentado acima é mais usado em grandes cidades, em que a quantidade de esgotos a ser tratada é muito grande.

Em pequenas cidades, principalmente nas regiões de clima tropical, para o tratamento de esgotos utilizam-se as chamadas **lagoas de estabilização** ou **de tratamento**.

Nessas lagoas, a aeração, isto é, o fornecimento de O_2 aos microrganismos decompositores, fica a cargo da fotossíntese realizada por algas microscópicas e bactérias.

O lodo acumulado no fundo dessas lagoas deve ser removido periodicamente e tratado antes de ser lançado em um curso-d'água coletador.

DE OLHO NO PLANETA

Meio Ambiente

Utilização de resíduos do tratamento de esgoto

O cuidado com o meio ambiente é um item cada vez mais importante em todos os processos e atividades humanas. O aproveitamento dos resíduos do tratamento de esgoto é um bom exemplo dessa atitude.

No tratamento de esgoto, o lodo recolhido dos decantadores ainda contém grande quantidade de água para ser retirada. Para isso, passa por tanques onde se torna mais concentrado por meio da separação de parte da água presente. A parte sólida restante é encaminhada para equipamentos chamados *biodigestores*, onde a matéria orgânica é degradada por microrganismos em um processo que leva à produção do gás metano (CH_4). Parte desse gás pode gerar energia; parte é queimada sem prejuízo para a atmosfera. O lodo que sai dos *biodigestores* passa por gigantescas prensas que compactam os resíduos sólidos. Estes, por sua vez, são depositados nos aterros sanitários ou aproveitados como adubo em algumas atividades agrícolas (reflorestamento, por exemplo).

Nosso desafio

Para preencher os quadrinhos de 1 a 8, você deve utilizar as seguintes palavras: empuxo, mais leves, massa, pressão, profundidade, superfície, volume, 1 g/cm³.

À medida que você preencher os quadrinhos, risque a palavra que você escolheu para não usá-la novamente.

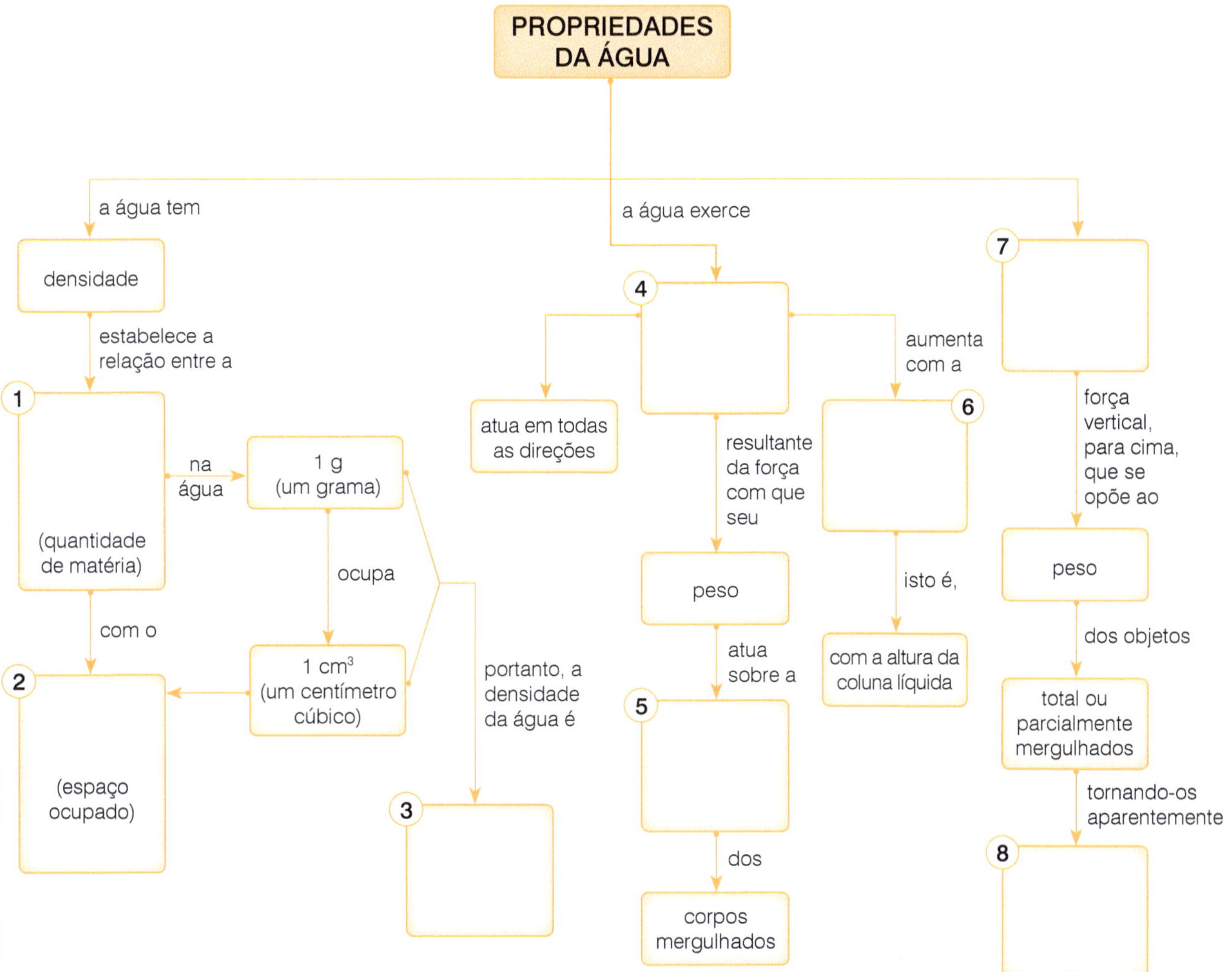

Atividades

1. [1, 6, 10] No oceano Pacífico encontra-se a região mais profunda conhecida pelo homem. Sua profundidade atinge 11.000 metros. É uma região muito fria e escura do fundo oceânico, pois não é atingida pela luz do Sol. Os peixes encontrados nessa região não sobrevivem nas águas próximas à superfície, pois são adaptados à pressão das águas profundas. Por que nas profundezas dos oceanos é grande a pressão exercida pela água?

2. [1, 10] Observe a foto abaixo. Ela nos mostra a barragem de uma usina hidrelétrica. Nessas usinas, a energia da água em movimento é transformada em energia elétrica. Por que a barragem apresenta a base mais espessa?

MARQUES/SHUTTERSTOCK

3. [1, 10] Da mesma forma que a pressão da água dificulta a presença do homem em algumas regiões do planeta, ela também pode ser usada para algumas aplicações práticas. Cite alguns exemplos da utilização da pressão da água pelo homem.

4. [1, 6, 10] Um cubo de 4 g de madeira maciça possui volume igual a 8 cm^3. Esse cubo de madeira flutua em água?

5. [1, 7, 9, 10] Por que a densidade das águas dos oceanos é maior do que a densidade das águas dos rios?

6. [1, 7, 9, 10] Na abertura deste capítulo foi apresentada uma figura contendo a imagem de uma pessoa flutuando na superfície das águas do mar Morto e lendo confortavelmente um livro. É possível repetir o mesmo procedimento nas águas de uma piscina ou lago? Explique.

7. [1, 7, 9, 10] No inicio deste capítulo fizemos a seguinte colocação: "Você, certamente, já notou que alguns objetos afundam e outros flutuam na água, e que, ao mergulhar, você tem a sensação de que está mais leve. Você fica de fato mais leve porque o seu peso diminui ou algum fenômeno físico produz essa sensação?".

BLUEORANGE STUDIO/SHUTTERSTOCK

Aplicando as ideias desenvolvidas neste capítulo, responda à pergunta acima.

8. [1, 10] Você se encontra acompanhado por um amigo em um passeio à beira de um lago, quando, ao observar um pedaço de madeira flutuando na superfície da água, ele afirma: "A madeira é mais leve, por isso flutua na água". A afirmação de seu amigo está correta? Aplicando as ideias desenvolvidas neste capítulo, o que poderia ser dito ao seu amigo?

MARYKIT/SHUTTERSTOCK

9. **[1, 10]** Um prego é colocado entre dois dedos que produzem a mesma força, de modo que a ponta do prego é pressionada por um dedo e a cabeça do prego pelo outro. Em qual dos dedos a pressão é maior? Por quê?

10. **[1, 10]** Você aprendeu muita coisa sobre pressão, então tente explicar por que caminhar descalço sobre areia é menos desagradável do que caminhar sobre pedregulhos.

11. **[8, 10]** Qual é a diferença entre força e pressão?

12. **[1, 10]** Se alguém afirmasse: "A pressão exercida pelos líquidos atua somente sobre o fundo dos recipientes", o que você poderia sugerir para demonstrar que essa afirmação está errada?

13. **[8, 10]** Sobre todos os corpos imersos (em líquidos ou gases) surge uma força vertical para cima.

a) Como é denominada essa força?

b) Por que ela surge?

c) Quem foi o primeiro cientista a conceber a existência dessa força?

14. **[1, 7, 9, 10]** Em um experimento muito simples, mergulhamos um ovo em um copo contendo água e notamos que ele submerge.

SARAH2/SHUTTERSTOCK

a) Por que o ovo submerge?

b) O que pode ser notado ao acrescentarmos sal à água? Proponha uma explicação para o fenômeno observado.

c) Se acrescentarmos areia limpa (fragmentos de mineral ou rocha) à água ao invés do sal, o efeito observado será o mesmo? Por quê?

15. **[1, 3, 6, 7, 9, 10, 11]** A 15 °C a densidade do leite com 3,0% de gordura é 1,029 g/mL e com 4,5% de gordura é 1,028 g/mL. A densidade da gordura do leite é, aproximadamente, 0,927 g/mL.

Disponível em: <http://www.agencia.cnptia.embrapa.br/Agencia8/AG01/arvore/AG01_196_21720039246.html>. *Acesso em:* 11 maio 2018.

Considerando a densidade da água igual a 1,0 g/mL, responda:

a) Caso o leite seja adulterado pela adição de água, sua densidade será alterada? Explique.

b) O leite desnatado, ou seja, aquele que é obtido após a retirada de gordura do leite puro, apresenta densidade menor, igual ou maior do que a do leite puro? Explique.

c) Por que um leite com 3,0% de gordura apresenta densidade maior do que aquele com 4,5%?

d) É possível retirar gordura e acrescentar água ao leite de tal forma que sua densidade não se altere?

e) É possível, somente pela verificação de sua densidade, concluir que o leite não foi adulterado?

16. **[1, 3, 6, 7, 9, 10]** A salinidade dos oceanos indica a quantidade de sais dissolvidos em suas águas e varia em função da evaporação e precipitação (chuvas), proximidade da foz de grandes rios, proximidade de geleiras (como as calotas polares), entre outros fatores. Essa alteração da concentração de sais também altera a densidade das águas oceânicas.

a) Regiões com alta evaporação e baixa precipitação apresentam alta ou baixa salinidade? Nessas regiões a densidade da água é alta ou baixa?

b) A densidade das águas oceânicas nas proximidades da foz dos rios é maior, menor ou igual à densidade das águas oceânicas distantes dos continentes (oceano aberto)?

c) No fundo dos oceanos, nas proximidades de vulcões ativos, ocorre o aquecimento das águas. Esse aquecimento faz com que grandes massas de água fluam em direção à superfície. Por que as águas aquecidas tendem a fluir em direção à superfície?

17. **[1, 6, 10]** A salinidade média dos oceanos é 35 g/kg. Isto significa que em cada quilograma de água salgada é possível encontrar 35 gramas de sais dissolvidos, que correspondem principalmente ao cloreto de sódio, popularmente conhecido como sal de cozinha.

ARENYSAM/SHUTTERSTOCK

Sabendo-se que para a obtenção do sal, a água do mar deve ser totalmente evaporada, determine a quantidade média de água do mar que deve ser evaporada para a obtenção de 1 kg (1.000 g) de sal.

18. **[1, 10]** O princípio dos vasos comunicantes é usado nos sistemas de abastecimento de água e de coleta de esgotos.
Explique o principio básico de funcionamento dos vasos comunicantes, que permite o funcionamento dos sistemas de distribuição de água e coleta de esgotos em uma cidade.

19. **[1, 6, 10]** O que ocorreria se, em uma cozinha, um reservatório de água estivesse apoiado no piso e ligado a uma torneira situada a meio metro abaixo do nível máximo do reservatório (observe a figura)?

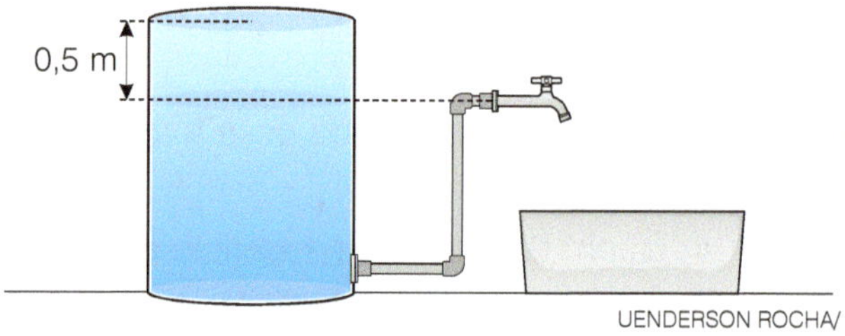

UENDERSON ROCHA/
acervo da editora

20. **[1, 10]** O que é água de reuso e onde pode ser utilizada?

21. **[1, 10]** O que são lagoas de estabilização?

Navegando na net

A SABESP – Companhia de Saneamento Básico do Estado de São Paulo coloca à disposição dos internautas vídeo sobre abastecimento e tratamento de água no endereço eletrônico:

<https://www.youtube.com/watch?v=P2ShcHsEGts>

Vale a pena conferir! (*Acesso em:* 19 abr. 2018.)

SUBSTÂNCIAS E MISTURAS

capítulo 11

Até parece um olho!

Você conhece o guaraná, esse fruto que mais parece um olho? É de sua semente que são feitos alguns tipos de refrigerante.

Tudo começa depois da colheita, que ocorre entre os meses de outubro e fevereiro. A semente, que é a parte pretinha dentro do fruto, é separada e lavada em um tanque com água. Em geral, os produtores utilizam peneiras para separar as sementes do restante do fruto durante o processo de lavagem.

Já lavadas, as sementes de guaraná são torradas para retirar toda a umidade, como se faz com as sementes de café. Depois, escolhidos os melhores grãos, eles são ensacados e podem ficar armazenados por um período bem longo (de até dois anos).

A partir das sementes torradas e moídas é preparada uma mistura, uma espécie de xarope concentrado, com a adição de aromatizantes, essências e outros produtos particulares de cada produtor do refrigerante de guaraná.

No caso das indústrias, esse xarope é distribuído para as diversas fábricas, onde com a adição de água torna-se a solução característica da bebida. O efeito espumante é dado pelo gás carbônico, adicionado antes de o refrigerante ser hermeticamente fechado.

No processo de produção do refrigerante falamos em solução, mistura e alguns de seus métodos de separação (a peneiração e escolha), alguns dos temas deste nosso capítulo.

FABIO COLOMBINI

Métodos de separação

Qual é a relação entre as três imagens abaixo? O que elas representam dentro do contexto da Química?

Seja na estação de tratamento de água, nas latas de lixo ou na refinaria de petróleo, temos nas três imagens um importante processo em comum: a separação.

(a) Estação de tratamento de água; (b) latas de separação de lixo; (c) refinaria de petróleo.

KEKYALYAYNEN/SHUTTERSTOCK

KONGSKY/SHUTTERSTOCK

RED IVORY/SHUTTERSTOCK

Na estação de tratamento de água, esse processo destina-se a separar certas impurezas da água, tornando-a potável. A separação utilizada nas diferentes latas de lixo facilita a reciclagem e o descarte dos resíduos. Já na refinaria de petróleo, os processos de separação têm por objetivo a produção de combustíveis e outros derivados do petróleo.

Mas será que nas três imagens são empregados os mesmos métodos de separação? Certamente não! Como então decidir sobre qual método de separação deve ser utilizado?

Para responder a essas perguntas, é preciso conhecer quais são os principais métodos de separação, além de identificar as diferentes substâncias e os diferentes tipos de mistura que estão envolvidos nos sistemas em que desejamos fazer uma separação.

Sistema: conjunto de elementos em que estamos interessados. Ao estudar uma bola de tênis que cai sobre uma mesa, por exemplo, a bola e a mesa constituem o sistema.

Substâncias puras e misturas

Após uma boa noite de sono, as reservas energéticas de nosso corpo encontram-se baixas, por isso o café da manhã é considerado por muitos como sendo a refeição mais importante do dia. Uma xicara de café com leite, pães, frutas e uma porção de cereal podem nos fornecer as quantidades de carboidratos, vitaminas e fibras necessárias para iniciar o dia.

Mas de que forma o café da manhã está relacionado ao que vamos estudar aqui? Bem, no processo de preparo de alguns alimentos que compõem o café da manhã, é possível identificar várias substâncias, misturas de substâncias e também processos de separação dessas substâncias.

Vamos começar analisando o preparo do café, para isso, leia o trecho do artigo a seguir que trata das diferentes substâncias contidas nesse grão.

MONTICELLO/SHUTTERSTOCK

Café e composição química

A maioria das pessoas que bebe café diariamente ignora quais são as substâncias que estão presentes nele e pensa que o café contém apenas ou principalmente cafeína. Grande engano. O café possui apenas 1% a 2,5% de cafeína e diversas outras substâncias em maior quantidade. E estas outras substâncias podem até ser mais importantes do que a cafeína para o organismo humano.

O grão de café (café verde) possui: uma grande variedade de minerais, como potássio (K), magnésio (Mg), cálcio (Ca), sódio (Na), ferro (Fe), manganês (Mn), rubídio (Rb), zinco (Zn), cobre (Cu), estrôncio (Sr), cromo (Cr), vanádio (V), bário (Ba), níquel (Ni), cobalto (Co), chumbo (Pb), molibdênio (Mo), titânio (Ti) e cádmio (Cd); aminoácidos, como alanina, arginina, asparagina, cisteína, ácido glutâmico, glicina, histidina, isoleucina, lisina, metionina, fenilalanina, prolina, serina, treonina, tirosina, valina; lipídios, como triglicerídios e ácidos graxos livres; açúcares, como sucrose, glicose, frutose, arabinose, galactose, maltose e polissacarídeos. Adicionalmente, o café também possui uma vitamina do complexo B, a niacina (vitamina B3, PP ou "Pelagra *Preventing*" do inglês), e, em maior quantidade que todos os demais componentes, os ácidos clorogênicos, na proporção de 7% a 10%, isto é, 3 a 5 vezes mais que a cafeína.

Fique por dentro!

Arginina é um aminoácido importante para o bom funcionamento do corpo humano. Em sua estrutura química, temos seis átomos de carbono, quatro átomos de nitrogênio, dois átomos de oxigênio e quatorze átomos de hidrogênio. A arginina pode ser encontrada no amendoim, castanha, aveia, leite, atum, iogurte, entre outras fontes.

Ácidos clorogênicos: determinado tipo de substância, formada a partir de dois outros ácidos presentes no café. São importantes, pois auxiliam a controlar o nível de açúcar no sangue.

DONOT6 STUDIO/ SHUTTERSTOCK

Mas apenas a cafeína é termoestável, isto é, não é destruída com a torrefação excessiva. As demais substâncias, como aminoácidos, açúcares, lipídios, niacina e os ácidos clorogênicos, são preservadas, formadas ou mesmo destruídas durante o processo de torra. (...)

Termoestável: objeto ou corpo que não é modificado pela ação do calor.

Composto	Café	Água Mineral	Bebida Isotônica
K	100-500 mg	1,50 mg	120 mg
Ca	100-300 mg	60 mg	0 mg
Mg	120-250 mg	13 mg	0 mg
Na	20 a 70 mg	1 mg	450 mg
Cl	0,01 mg	0,01 mg	420 mg
Fe	2 a 5 mg	0 mg	0 mg
Sr	5 a 20 mg	0 mg	0 mg

LIMA, D. R. *Café e composição química. Disponível em:* <https://www.cafepoint.com.br/noticias/giro-de-noticias/cafe-e-composicao-quimica-38703n.aspx>. *Acesso em:* 20 set. 2018.

Magnésio, cálcio, sódio, ferro, cromo, alanina, arginina, ácido glutâmico... todos esses nomes representam a diversidade de substâncias que compõem o café. Essas diferentes substâncias descritas no texto podem ser classificadas de acordo com sua composição. O magnésio isoladamente, por exemplo, por se tratar de uma substância composta por átomos de um único elemento químico – o magnésio (Mg) – é chamado de **substância pura simples**. Outros exemplos de substâncias puras simples são: zinco (Zn), sódio (Na), oxigênio (O_2), ferro (Fe), ozônio (O_3), cloro (Cl), entre outros.

Já a substância arginina é classificada como **substância pura composta,** pois é formada por átomos de diferentes elementos químicos. Outros exemplos de substâncias puras compostas são: açúcar ($C_6H_{12}O_6$), água (H_2O), gás carbônico (CO_2), entre outras.

Fique por dentro!

Alguns elementos químicos podem apresentar duas ou mais estruturas diferentes, fenômeno conhecido como alotropia. São exemplos o oxigênio, que pode se apresentar tanto na forma de O_2 como na de ozônio (O_3), e o carbono, em suas variedades diamante e grafite.

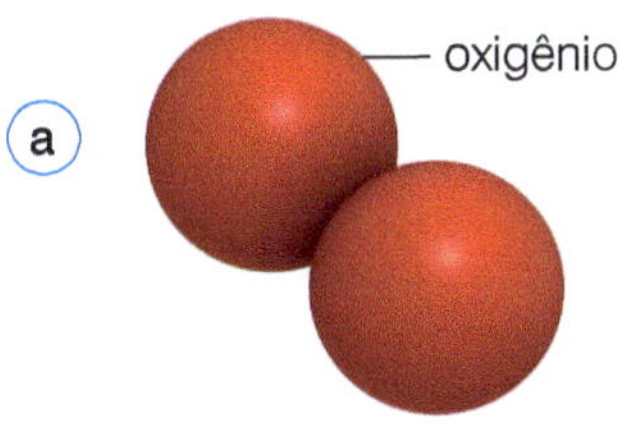

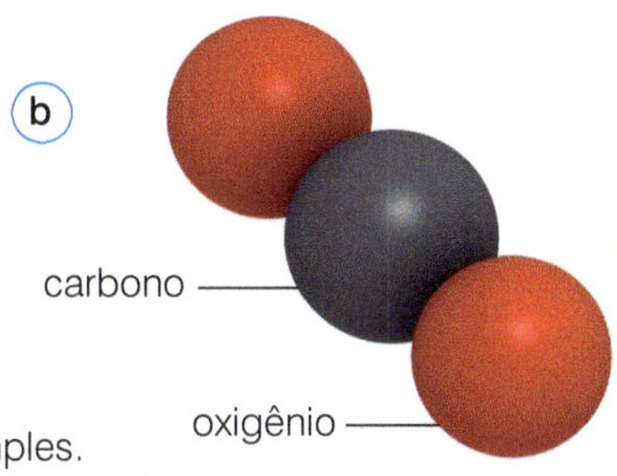

FOTOS: MOLEKUUL.BE/SHUTTERSTOCK

(a) Gás oxigênio (O_2), uma substância pura simples.
(b) Gás carbônico (CO_2), uma substância pura composta.

Ao classificar as substâncias como simples ou compostas, nos referimos a elas como sendo *puras*. Mas o que isso realmente significa? Ou seja, o que significa dizer que uma substância é pura? Seria a água uma substância pura?

Vejamos o caso da água mineral que encontramos em garrafas.

SOMCHAIJ/SHUTTERSTOCK

ÁGUA MINERAL FLUORETADA COMPOSIÇÃO QUÍMICA APROXIMADA (em mg/L)

carbonato de sódio	143,68
sulfato de sódio	65,71
bicarbonato de sódio	42,20
cloreto de sódio	4,07
sulfato de cálcio	2,29
sulfato de potássio	2,16
fluoreto de sódio	1,24
vanádio	0,07
sulfato de estrôncio	0,04

Para que pudesse ser considerada uma substância pura, a água encontrada no interior da garrafa deveria conter *apenas* H_2O. No entanto, veja ao lado o que encontramos tipicamente em sua composição.

Como podemos perceber, a água mineral não é uma substância pura, mas sim *um conjunto de substâncias*, ou seja, é uma **mistura**. Como veremos nos processos de separação a seguir, se a água mineral for aquecida até 100 °C, as moléculas de H_2O começam a evaporar, enquanto que as outras substâncias não. Condensando esse vapor, é possível (teoricamente) obter uma substância pura composta, água pura (apenas H_2O). O termo "teoricamente" foi colocado entre parênteses, pois durante todo o processo pode ser que alguma pequena partícula de sujeira ou mesmo alguma molécula de um dos sais minerais presentes na mistura inicial sejam carregados junto com o vapor. A água destilada, nesse caso, não seria 100% pura, mas poderia chegar a aproximadamente 99% de pureza.

Lembre-se!

Condensação ou liquefação é a passagem do estado gasoso para o líquido.

ESTABELECENDO CONEXÕES

Saúde

Limite de impurezas

O teor de pureza também pode ser aplicado para uma mistura. A Agência Nacional de Vigilância Sanitária (ANVISA) regulamenta o teor de pureza ou o limite de impurezas que podem estar presentes em vários alimentos.

No caso da canela em pó, por exemplo, como ela é extraída de cascas de árvore, pedaços de insetos podem ser processados juntos com a canela. Impurezas também podem ser processadas junto com o café ou com a farinha de trigo.

Veja a seguir alguns limites de impurezas estabelecidos pela ANVISA.

Produto	Norma ANVISA
canela	permitido 100 fragmentos a cada 50 g
café	permitido 60 fragmentos a cada 25 g
farinha de trigo	permitido 75 fragmentos a cada 50 g

➢ Quais dos três produtos apresentados na tabela acima apresenta maior rigidez no controle de pureza?

Voltando ao nosso café da manhã, ao pó de café em particular, ele é formado pelo conjunto das várias substâncias, como já vimos. Chamamos a esse conjunto de diferentes substâncias de **mistura.** Assim, como o pó de café é uma mistura, quando acrescentamos leite ao café (bebida) ou ainda quando adicionamos leite a uma porção de cereal, também temos misturas. Essas e outras misturas podem ser classificadas como **homogêneas**, também chamadas **soluções**, quando apresentam uma única fase, ou **heterogêneas**, quando apresentam mais de uma fase.

JNE VALOKUVAUS/SHUTTERSTOCK

Açúcar em pó é um sistema homogêneo (uma fase).

Fase: cada um dos componentes de uma mistura que pode ser visto a olho nu. Por exemplo, uma mistura homogênea de água e sal apresenta uma fase só. Já uma mistura de água com areia apresenta duas fases.

IFONG/SHUTTERSTOCK

Em um pote de cereal com leite, temos uma mistura heterogênea. Nela, é possível identificar duas fases: a fase líquida do leite e a fase sólida do cereal.

DOTTA 2/SHUTTERSTOCK

Sistema heterogêneo trifásico (3 fases).

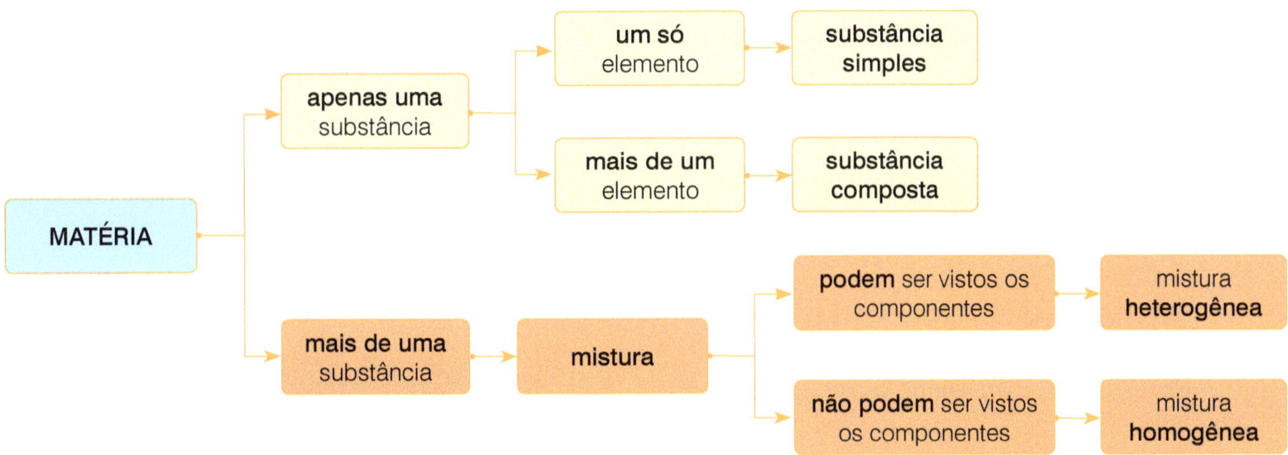

É SEMPRE BOM SABER MAIS!

Solução

Uma solução ou mistura homogênea é aquela que apresenta uma única fase e pode ser líquida (como um refrigerante), sólida (como o bronze) ou gasosa (por exemplo, ar atmosférico).

Em uma solução, uma substância é dissolvida em outra; por exemplo, em uma solução de água e sal, o sal é dissolvido na água. A substância que é dissolvida (sal) se chama **soluto** e a substância que dissolve é chamada **solvente** (água).

As soluções em que a água é o solvente são chamadas **soluções aquosas**.

RUNZELKORN/ SHUTTERSTOCK

Processos de separação dos componentes de uma mistura e suas aplicações

Para preparar o café, misturamos água fervente e o pó de café. Nessa solução, parte do pó é completamente dissolvida na água; outra parte, no entanto, permanece separada (parte sólida). Assim, o café e a água fervente constituem uma mistura heterogênea. Para que possamos desfrutar da bebida, é preciso separar a parte homogênea (café diluído na água) da parte heterogênea (pó não diluído) dessa solução. Para isso, é preciso filtrar a mistura, que é o primeiro método de separação dos componentes de uma mistura que vamos estudar.

Filtração

Processo utilizado para separar a porção líquida de uma mistura de sua porção sólida não dissolvida ou para separar a parte sólida de uma mistura de sua parte gasosa.

Esse processo de separação consiste em fazer a mistura atravessar um filtro poroso, cujos poros sejam pequenos o suficiente para reter a porção sólida, mas que tenham o tamanho adequado para deixar a parte líquida (ou gasosa) passar. Como exemplos, temos a preparação do café, separação da água da areia, separação de partículas de poeira do ar atmosférico.

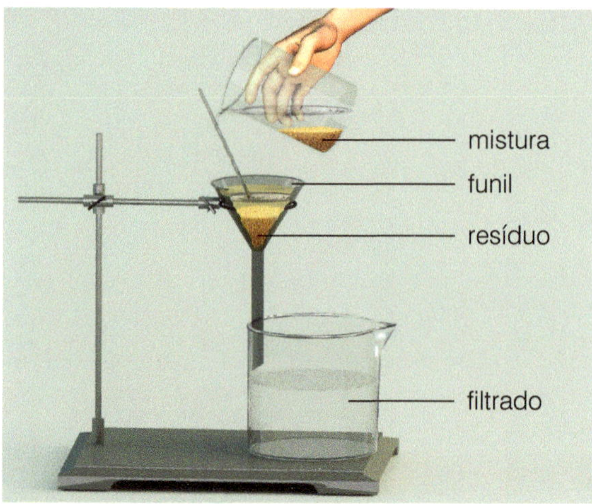

LUIS MOURA/acervo da editora

Esquema ilustrativo do processo de filtração.

Descubra você mesmo!

Deixando de lado por um momento os exemplos relacionados ao café da manhã, que outras misturas presentes no cotidiano você poderia descrever? Em que casos é necessário algum método de separação para essas misturas?

Lembre-se!

Misturas homogêneas: possuem apenas uma fase.

Misturas heterogêneas: possuem mais de uma fase.

Catação

Este processo de separação de misturas está baseado na diferença visual do tamanho entre os materiais a serem separados e está associado às misturas sólido-sólido.

ANA OLÍVIA JUSTO/acervo da editora

No cotidiano, o processo de catação é utilizado para separar, por exemplo, o feijão das impurezas que vêm no pacote desse cereal.

DE OLHO NO PLANETA

Ética & Cidadania

Lixo, reciclagem e coleta seletiva

Atualmente, todos os dias são gerados milhões de toneladas de lixo nas cidades, que vão se acumulando nos aterros sanitários sem qualquer tipo de separação ou tratamento. Nesses locais, catadores remexem o lixo e separam os materiais que têm algum valor, a fim de que possam sustentar suas famílias. Em muitos lixões já foram implantadas cooperativas para que seja feita a coleta seletiva, fortalecendo a reciclagem e propiciando uma melhor gestão do aterro sanitário.

A coleta seletiva e a reciclagem de lixo têm um papel muito importante para o meio ambiente. Por meio delas, recuperam-se matérias-primas que, de outro modo, seriam retiradas da natureza. A ameaça de exaustão dos recursos naturais não renováveis aumenta a necessidade de reaproveitamento dos materiais recicláveis, que são separados por meio da coleta seletiva de lixo.

Há uma diferença entre *coleta seletiva* e reciclagem. *Reciclagem* é o processo de transformação de um material, cuja primeira utilidade terminou, em outro produto. Por exemplo, um processo de reciclagem é o de transformar o plástico da garrafa PET em cerdas de vassoura ou fibras para moletom. *Coleta seletiva* de lixo é um sistema de recolhimento de materiais recicláveis: papéis, plásticos, vidros, metais e orgânicos, previamente separados na fonte geradora e que podem ser reutilizados ou reciclados. A coleta seletiva também tem papel no processo de educação ambiental na medida em que sensibiliza a comunidade sobre os problemas do desperdício de recursos naturais e da poluição causada pelo lixo.

Adaptado de: SECRETARIA DO MEIO AMBIENTE/GOVERNO DO ESTADO DE SÃO PAULO. Coleta seletiva. *Disponível em:* <http://www.lixo.com.br/documentos/coleta%20seletiva%20como%20fazer.pdf>. *Acesso em:* 10 maio 2018.

➢ Separar é diferente de reciclar. Separar é retirar do lixo aquilo que ainda pode ser aproveitado ou reciclado (transformado). De que forma você e sua comunidade poderiam atuar de modo a conscientizar as pessoas sobre a necessidade de implantar a coleta seletiva de lixo a fim de propiciar a reciclagem de materiais? Em que essa reciclagem contribuiria para a melhoria do meio ambiente?

OKSANA SHUFRYCH/ SHUTTERSTOCK

Peneiração (tamisação)

É um processo empregado para separar, pela diferença de tamanho, uma mistura de sólido com outros sólidos. Para isso, são utilizadas peneiras de malhas apropriadas, em que os grãos maiores ficam retidos e somente os grãos menores passam. Esse método é usado, por exemplo, para separar a areia grossa da areia fina.

Malha de uma peneira: espaços vazios entre a trama da peneira. Uma malha de 1 mm significa que seus espaços vazios deixarão passar partículas menores do que 1 mm, retendo as que forem maiores do que essa medida.

Agricultor ventilando café após a colheita na zona rural do município de Guaranésia, sul de Minas Gerais.

Levigação

Processo de separação de mistura que usa como referência a diferença de densidade entre os sólidos a serem separados. Para isso, utiliza-se um fluxo de água que, ao passar pela mistura, leva consigo a parte sólida mais leve (menos densa). Muito utilizado nos garimpos para separar a areia, menos densa, do ouro, mais denso.

FRANCO HOFF/PULSAR IMAGENS

Garimpeiro à procura de ouro no Rio Araguari, povoado de Desemboque, MG

Ventilação

Processo que utiliza uma corrente de ar para favorecer a separação de sólidos com diferentes densidades. É usado, por exemplo, para separar os cereais colhidos de suas cascas.

Separação magnética ou imantação

Método empregado para separar os componentes sólidos de uma mistura que são atraídos por um ímã. Vale a pena destacar que apenas parte dos constituintes da mistura deve ter a propriedade de ser atraída por um ímã. O ferro, por exemplo, possui propriedades magnéticas e pode ser separado da areia pelo processo de imantação. Também os objetos de metal presentes no lixo podem ser separados dessa forma para serem reciclados.

Separação magnética de mistura de limalhas (raspas) de ferro e enxofre.

LUIS MOURA/acervo da editora

Flotação (sedimentação fracionada)

Método empregado na utilização de água ou outro solvente para separar sólidos com diferentes densidades. O sólido mais leve (menos denso) flutua e o denso sedimenta. Serragem e areia, por exemplo, podem ser separadas pela adição de água; neste caso, a areia sedimenta e a serragem flutua. A flotação é utilizada, por exemplo, nas estações de tratamento durante o processo de tratamento de esgoto.

Dissolução fracionada

Nesse processo, a separação de dois sólidos é realizada quando um deles é solúvel em água ou outro solvente qualquer, e o outro não. Uma das formas de separar o sal da areia da praia, por exemplo, é pela adição de água ao recipiente em que a mistura se encontra; nesse caso, apenas o sal vai se dissolver, enquanto a areia irá sedimentar no fundo. Na sequência, é realizada uma filtração para separar a areia da água salgada, que será colocada para evaporar a fim de separá-la do sal.

LUIS MOURA/acervo da editora

Imiscíveis: que não se misturam.

Decantação

Esse processo consiste em separar líquidos imiscíveis ou um sólido precipitado em um líquido. Se pensarmos novamente em um recipiente contendo uma mistura de água e barro, por exemplo, ao deixarmos esse sistema em repouso, o sólido irá se posicionar no fundo do recipiente, enquanto a parte líquida ficará acima dele. A seguir, é preciso decantar o líquido e isso pode ser feito por meio de uma mangueira para retirá-lo de uma posição mais elevada para outra mais baixa.

LUIS MOURA/acervo da editora

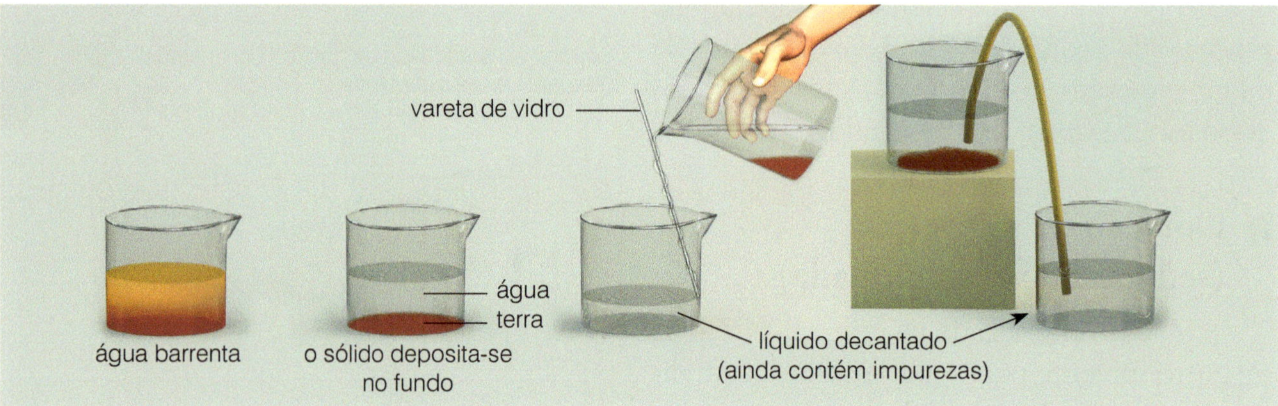

DE OLHO NO PLANETA

Sustentabilidade

Decantação na produção de biodiesel

Os óleos de origem vegetal são uma alternativa para o óleo diesel, derivado de petróleo, utilizado como combustível por caminhões. Para a produção do diesel vegetal (biodiesel), utiliza-se, principalmente, o óleo de soja, mas também os resíduos de óleo de fritura (veja tabela abaixo), cuja coleta seletiva também tem sido estimulada.

Produção de biodiesel por matéria-prima (em %).

Matéria-prima	2008	2010	2012	2014	2017
Óleo de soja	69%	82%	75%	75%	70%
Gorduras animais	18%	14%	18%	21%	17%
Óleo de algodão	2%	2%	5%	2%	0,3%
Óleo de fritura usado	0%	0%	1%	1%	1,4%
Outras	12%	1%	2%	1%	11,3%
Total	100%	100%	100%	100%	100%

Fonte/elaboração: ANP/ABIOVE – Coordenadoria de Economia e Estatística

Durante o processo de produção do biodiesel, o óleo vegetal é submetido a uma série de reações, transformando-se em uma mistura que apresenta glicerina como resíduo. Para separar a glicerina (mais densa) do óleo (menos denso), utiliza-se um **funil de decantação**.

O funil de decantação ou balão de decantação é uma peça de vidro, em geral com o formato de pera, em cuja base há uma torneira que fecha o sistema. Para separar líquidos imiscíveis, eles são colocados nesse funil e deixados descansar. Com isso, o líquido mais denso se coloca na parte de baixo do funil, próximo à torneira, enquanto o menos denso fica na parte de cima. Controlando-se a abertura e o fechamento da torneira, é possível recolher para outro recipiente primeiro o líquido mais denso.

PR HANEY/CREATIVE COMMONS

Funil de decantação separando óleo e água colorida, dois líquidos imiscíveis.

Centrifugação

Método de separação de misturas que faz uso de um equipamento chamado *centrífuga*. O interior dessa máquina possui "compartimentos" para que as amostras que se quer centrifugar sejam colocadas. Tampada a máquina, sua parte interna gira em alta velocidade e, devido à ação da força aplicada, a fase líquida das amostras é separada de sua fase sólida (devido à diferença de densidade entre os materiais). Esse método é muito usado para separar os diversos componentes do sangue.

Jogo rápido

Sabendo que hemácias são mais densas do que glóbulos brancos e estes são mais densos do que o plasma, como esses componentes estariam dispostos em um tubo de sangue depois de ter sido centrifugado?

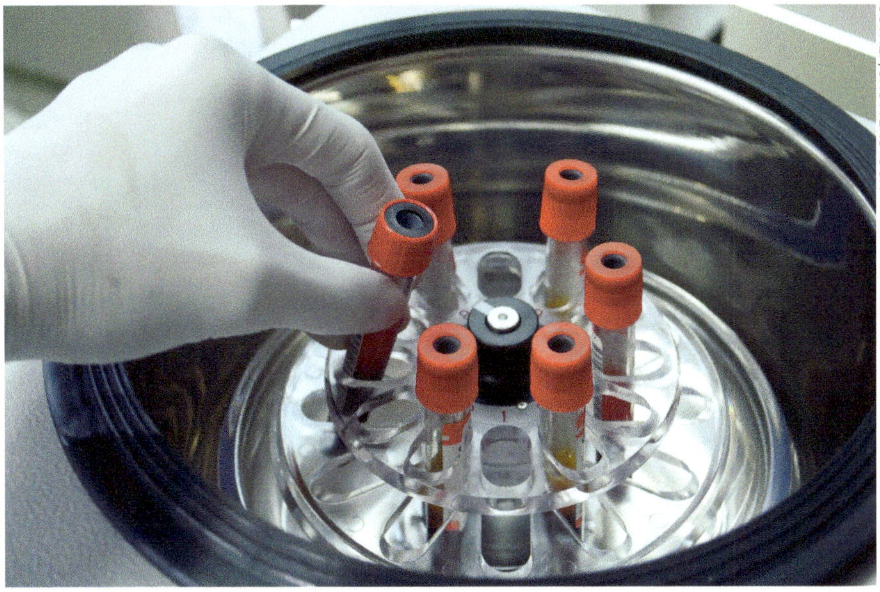

SUTHEP/SHUTTERSTOCK

Tubo contendo sangue sendo colocado no interior de uma centrífuga. O interior do aparelho é posto a girar em alta velocidade, o que faz com que a porção mais densa do material seja forçada para a base do tubo.

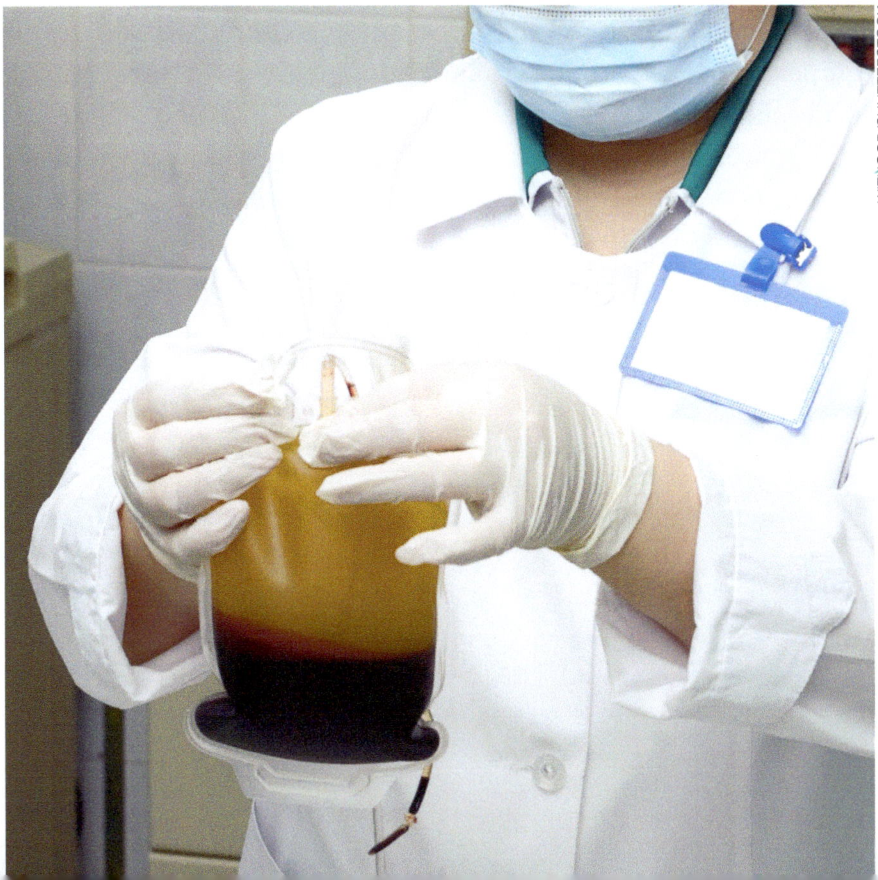

WITHGOD/SHUTTERSTOCK

Jogo rápido

Cite uma vantagem de se utilizar a centrifugação e a separação de glóbulos vermelhos, em relação ao plasma e aos glóbulos brancos.

Técnico carrega uma bolsa de sangue que foi submetido à centrifugação (os glóbulos vermelhos se depositaram na base e sobre eles, amarelado, está o plasma).

Evaporação

Esse processo é usado na separação de um sólido dissolvido em um líquido, quando a mistura fica exposta ao calor em um ambiente aberto.

T. W. VAN URK/SHUTTERSTOCK

Nas salinas, utiliza-se o processo de evaporação a fim de separar os sais da água do mar.

Destilação simples

Suponha que tenhamos uma mistura homogênea de um sólido dissolvido em um líquido e que desejamos separar essas duas fases. Para isso, podemos utilizar o método da destilação simples.

Condensador: o que condensa, que torna o vapor em líquido. Em um destilador, é um tubo mantido a baixa temperatura.

Com um equipamento adequado (chamado destilador), aquecemos a mistura fazendo com que a porção líquida se vaporize, sendo direcionada para o condensador, onde é resfriada. A diferença de temperatura faz com que o vapor condense e possa ser recolhido na forma líquida em outro recipiente.

Se quiséssemos separar os sais da água do mar, recuperando as duas fases, poderíamos utilizar o método da destilação simples.

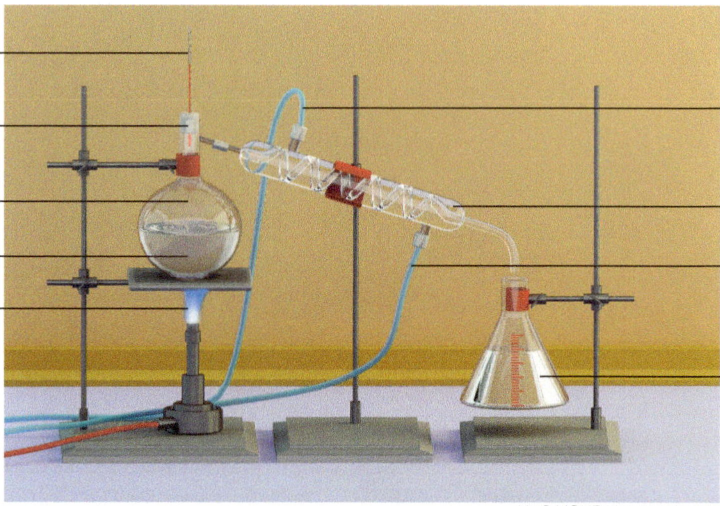

LUIS MOURA/acervo da editora

Destilação fracionada

Você já pensou como são separados os derivados de petróleo em uma refinaria? Além dos óleos combustíveis e do petróleo também são obtidos o gás, o diesel, os óleos lubrificantes, entre outros derivados. Até seus resíduos são aproveitados como matéria-prima para a produção de asfalto.

A separação desses componentes leva em conta uma propriedade chamada *ponto de ebulição*. Isso porque substâncias puras e misturas apresentam comportamentos diferentes durante a ebulição: nas substâncias puras, a temperatura permanece constante durante toda a ebulição, enquanto nas misturas essa temperatura aumenta durante o processo.

Lembre-se!

Ponto de ebulição é a temperatura em que uma substância passa do estado líquido para o gasoso.

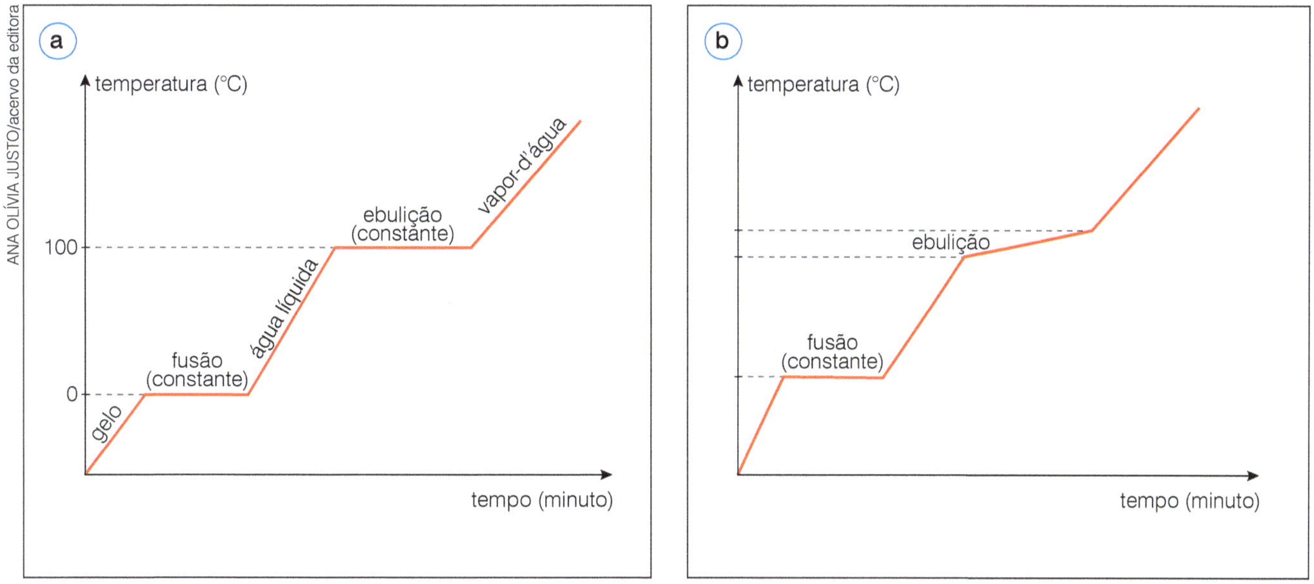

Curvas de aquecimento para (a) uma substância pura e (b) uma mistura. Observe como na mistura a temperatura de ebulição aumenta durante o processo.

Aquecendo-se a mistura chamada petróleo, seus componentes se vaporizam a diferentes temperaturas e podem ser recuperados por meio do processo de destilação, desta vez parte a parte (fração a fração). Nesse processo, conhecido como destilação fracionada, utiliza-se uma coluna de fracionamento onde é possível separar as diferentes frações de uma mistura, segundo seus diferentes pontos de ebulição, e coletá-las.

Veja no infográfico a seguir como a destilação fracionada separa compostos para diferentes finalidades em uma refinaria de petróleo.

Descubra você mesmo!

Suprir a falta de água potável no mundo é e será um dos grandes desafios da humanidade. Algumas regiões já estão sofrendo com a falta de água trazendo sérios problemas ambientais, sociais e econômicos. Será que é possível transformar a água do mar, que é muito abundante, em água potável?

Faça uma pesquisa sobre o processo de obtenção de água potável a partir da água do mar pelo processo de dessalinização.

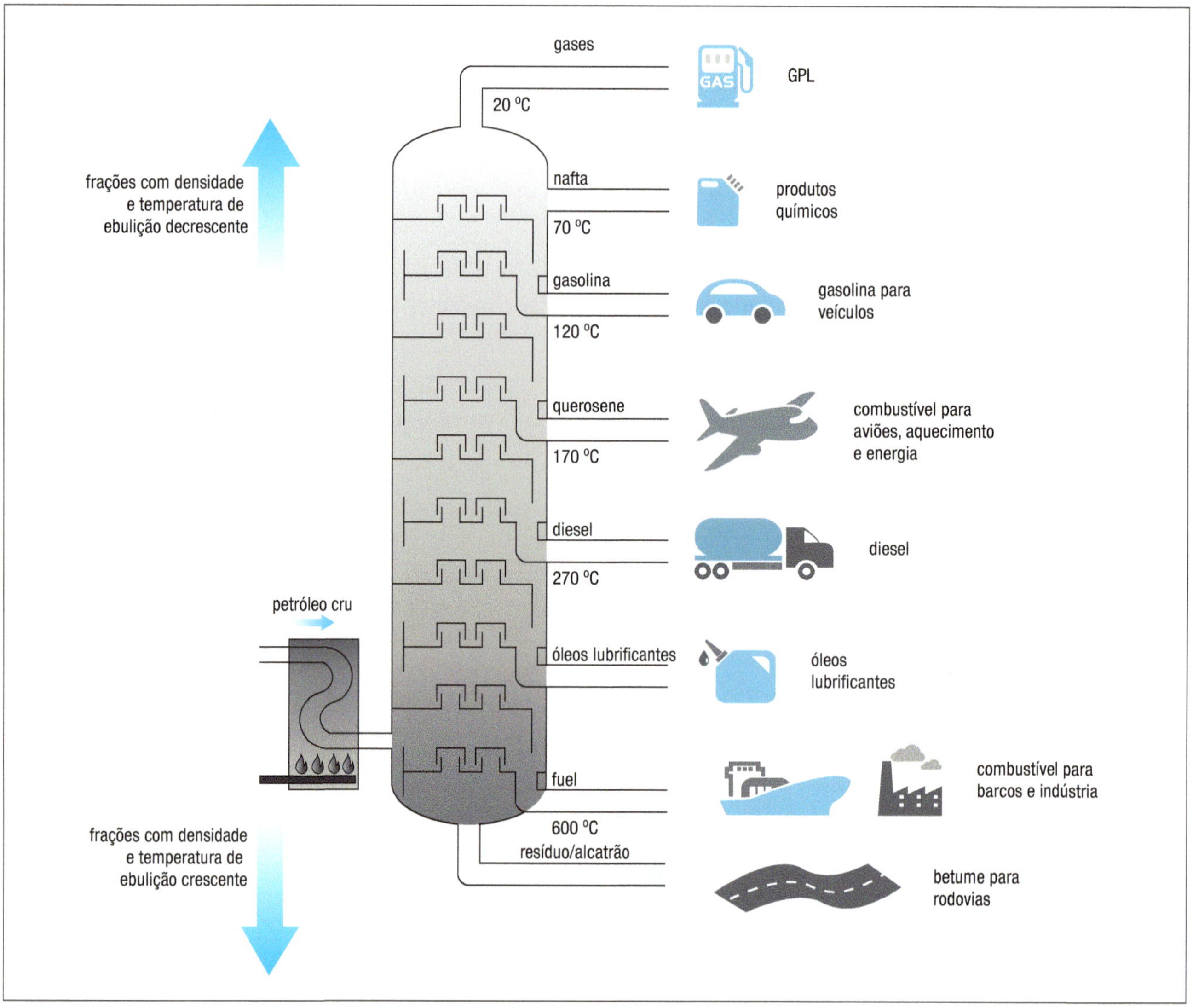

Adaptado de: ALMEIDA, J. R. de; BERGMANN, N. *Química Orgânica*. 3. ed. São Paulo: HARBRA, 2015. p. 27.

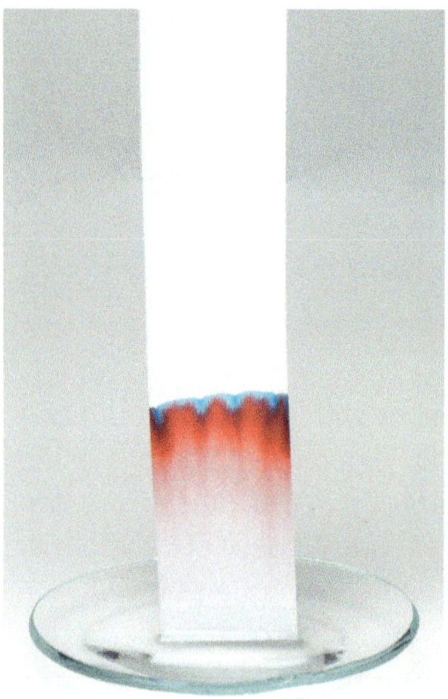

DORLING KINDERSLEY/UIG/SCIENCE PHOTO LIBRARY/ LATINSTOCK

Cromatografia

Diferentes substâncias que compõem uma mistura podem apresentar diferentes comportamentos ao se deslocarem em um fluido. Por volta do ano de 1900, o botânico russo Mikhail Semenovich Tswett (1872-1919) propôs um método de separação, chamado **cromatografia**, que faz uso dessa propriedade.

Para compreender como funciona a cromatografia, considere uma tinta roxa, que é uma mistura de duas substâncias: um pigmento azul e um pigmento vermelho. Ao pingar tinta roxa em um papel poroso, por exemplo, e imergir esse papel em um líquido apropriado, podemos separar cada um dos pigmentos que compõem essa tinta, pois cada um deles apresentará velocidade diferente e percorrerá no papel uma distância diferente, como mostra a imagem ao lado.

A imagem mostra a separação dos componentes de uma tinta roxa, submetida ao método de cromatografia em papel.

ENTRANDO EM AÇÃO

Cromatografia em papel

Neste experimento, vamos explorar a cromatografia como técnica para separação de substâncias. Vamos separar as cores da tinta de uma caneta em um filtro de papel. Para isso, você vai precisar dos seguintes materiais: uma tira de papel-filtro (pode ser usado filtro para coar café), um lápis para usar como suporte para a tira, 100 mL de álcool, um recipiente de vidro e duas canetas (uma hidrográfica e outra esferográfica). Inicialmente, faça um traço com uma das canetas a uns 3 cm da borda inferior do papel-filtro. Repita o procedimento em outro pedaço de papel-filtro, mas agora com a outra caneta. Monte com cuidado as duas tiras de papel sobre o lápis.

Agora, coloque o álcool dentro do recipiente de vidro e mergulhe os papéis-filtro no líquido por tempo o bastante para que o álcool embeba o papel. CUIDADO: você deve mergulhar apenas a ponta dos papéis-filtro e não toda a tira.

CUIDADO PRODUTO INFLAMÁVEL

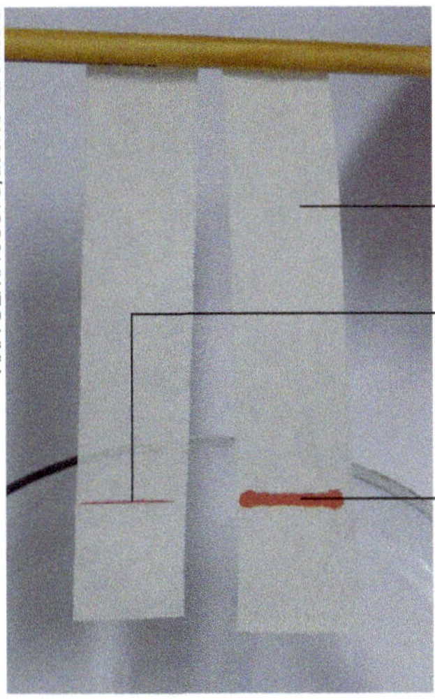

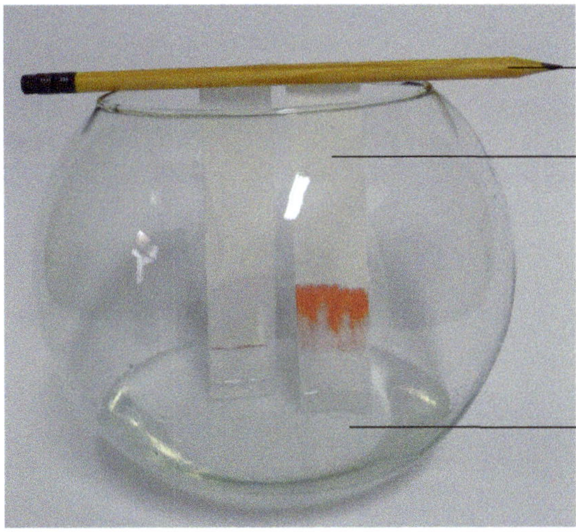

ANA OLÍVIA JUSTO/acervo da editora

1. Observe o que ocorre com a marca feita com caneta após o álcool entrar em contato com o filtro. Como é possível explicar as diferentes cores formadas?
2. Há alguma diferença entre o comportamento da caneta hidrográfica e da caneta esferográfica? Se sim, como é possível explicar essa diferença?

EM CONJUNTO COM A TURMA!

Utilizando os conhecimentos adquiridos na seção *De olho no planeta – Ética & Cidadania* sobre reciclagem e separação de misturas, com seu grupo de trabalho elabore uma cartilha de esclarecimento à comunidade sobre a separação e a importância da reciclagem do lixo.

A cartilha deve trazer dicas e informações relevantes sobre a reciclagem. Podem ser abordadas questões como a separação do lixo nas residências, locais públicos, escolas e ruas, por exemplo, como também sobre o tempo de decomposição do lixo, ideias de como se pode reaproveitar o lixo, vantagens da reciclagem, levantamento sobre a quantidade de lixo que é produzido em média pela população.

Vocês ainda poderão incluir informações sobre o que já foi feito e até as possibilidades de gerar lucros para quem recicla.

TIAGO M NUNES/SHUTTERSTOCK

Transformações químicas

Observe as imagens a seguir. Que tipos de transformações estão ocorrendo?

Podemos perceber o aparecimento da ferrugem, o escurecimento de algumas frutas quando cortadas ou mordidas, a queima de um fósforo quando riscado, a solidificação da clara de ovo à medida que está sendo aquecida, produtos da combustão sendo lançados na atmosfera, a transformação de um bolo assando e do bicarbonato de sódio quando misturado com vinagre.

Todos esses processos são o resultado de transformações químicas, também denominadas **reações químicas**, isto é, são

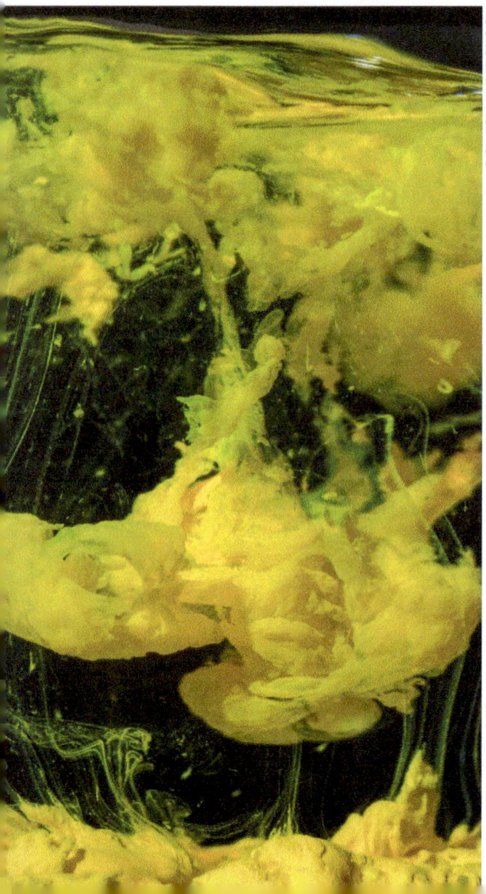

GGW/SHUTTERSTOCK

TALITHA_IT/SHUTTERSTOCK

o resultado de processos em que há a transformação de uma ou mais substâncias (chamadas de **reagentes**) em uma nova substância ou substâncias (chamadas de **produtos**). De uma forma mais geral, reação química é a reorganização de átomos, que formarão substâncias diferentes das iniciais.

Apesar de presentes em nosso cotidiano, em muitos casos as reações químicas não são percebidas, como na purificação da água que usamos todos os dias, no preparo de alimentos, na ação dos detergentes quando lavamos a louça, na combustão que possibilita o movimento dos automóveis, entre tantos outros exemplos.

MÔNICA ROBERTA SUGUIYAMA/acervo da editora

TIAGO M NUNES/SHUTTERSTOCK

VANKAD/SHUTTERSTOCK

KOKHANCHIKOV/SHUTTERSTOCK

POOHMINT/SHUTTERSTOCK

Lembre-se!

Nas reações químicas, os átomos que estavam presentes no início continuam presentes no final delas. Não há "criação" nem "extinção" de átomos: eles apenas se "combinam" de modo diferente.

Algumas reações químicas liberam calor, como, por exemplo, a reação entre o sódio metálico com a água, em que há formação de hidróxido de sódio e gás hidrogênio. O calor liberado por essa reação é grande o bastante para derreter o sódio e inflamar o hidrogênio.

ALBERT RUSS/SHUTTERSTOCK

Evidências de transformações químicas

O simples fato de colocar duas substâncias em contato não quer dizer que ocorrerá uma reação química. Como muitas vezes é difícil perceber a ocorrência de uma reação química, os químicos analisam cuidadosamente as propriedades das substâncias envolvidas para se certificar de que novas substâncias foram criadas. Contudo, é possível observar alguns sinais que indicam a ocorrência de uma reação química. As principais evidências são:

- **liberação de calor** – como ocorre, por exemplo, na queima de uma folha de papel, de um palito de fósforo, do álcool ou da gasolina;
- **mudança de cor** – pode ser notada, por exemplo, no amadurecimento das frutas ou no escurecimento de algumas frutas quando cortadas ou mordidas; nas folhas das árvores que secam; em um alvejante, como a água sanitária, em contato com uma roupa colorida; na queima de uma folha de papel ou dos fogos de artifício;
- **mudança de odor** – por exemplo, no aparecimento do perfume das flores, no cozimento dos alimentos, no apodrecimento de frutas, legumes e carnes;
- **liberação de gás** – pode ser vista, por exemplo, quando um comprimido efervescente é colocado em água ou o bicarbonato de sódio é misturado com vinagre produzindo gás carbônico que se desprende em forma de bolhas. A água oxigenada em contato com um ferimento produz o gás oxigênio, que também pode ser notado por meio de bolhas que se desprendem do ferimento;
- **formação de precipitado (substância no estado sólido)** – como ocorre, por exemplo, ao se adicionar solução de iodeto de potássio a uma solução de nitrato de chumbo, em que há formação de um precipitado amarelo de iodeto de chumbo, que se deposita no fundo do recipiente.

Materiais naturais e sintéticos

Materiais **naturais** são aqueles encontrados na natureza e que não foram criados pelo homem. Por exemplo, as florestas, a água, o ar e as pedras não foram criados pelo homem e, portanto, são materiais naturais.

Também as frutas são naturais. Por exemplo, a laranja é produzida em laranjeiras e, portanto, é um produto natural, bem como a vitamina C que ela contém. No entanto, os cientistas conseguiram sintetizar a vitamina C em laboratório com estrutura molecular idêntica àquela produzida pelas laranjeiras e hoje é produzida em escala industrial. Como essa vitamina é feita em laboratório pela combinação de diferentes substâncias químicas, dizemos que ela é um produto **sintético**, ou seja, não vem de sua fonte natural, que é, por exemplo, a laranja. O mesmo ocorre com a vitamina D. Nossa pele sintetiza a vitamina D quando exposta ao Sol. Porém, ela pode ser fabricada em laboratórios e vendida em farmácias. Portanto, a vitamina D produzida em sua pele é *natural* e a produzida em laboratórios é *sintética*. O mesmo pode ser observado com a insulina e tantas outras substâncias.

Como os materiais sintéticos são feitos pelo homem alterando quimicamente as substâncias naturais para criar um material com outras características, eles podem ter impactos muito negativos no meio ambiente. Por isso você deve sempre observar os impactos negativos e positivos para a sociedade ao utilizar um produto sintético: Quais recursos naturais estão sendo utilizados em sua fabricação? Esses recursos são renováveis ou não renováveis? Quais processos químicos estão envolvidos? Quais subprodutos estão sendo gerados no processo? Quanto tempo os materiais sintetizados permanecem na natureza? Como afetam o meio ambiente?

É importante notar que a natureza realiza uma infinidade de transformações químicas, sempre mantendo um equilíbrio entre a criação e a destruição de substâncias. Isso pode se notado, por exemplo, nos ciclos do nitrogênio e do carbono. Porém, esse equilíbrio pode ser quebrado pela síntese de materiais sintéticos pelo homem e, por isso, devemos sempre questionar a utilização de qualquer material sintético.

Dessa forma, produtos naturais são produzidos pela natureza e produtos sintéticos são produzidos pelo homem ao manipular substâncias naturais em laboratórios. Os plásticos, por exemplo, que são materiais sintéticos, são criados a partir de substâncias químicas naturais, pois essas sustâncias são obtidas do petróleo, que é extraído da natureza e, portanto, é um material natural.

A vitamina C *natural* é obtida a partir da fruta laranja, mas a versão *sintética* dessa vitamina pode ser produzida em laboratórios.

ORAWAN PATTARAWIMONCHAI/ SHUTTERSTOCK

Nosso desafio

Para preencher os quadrinhos de 1 a 10, você deve utilizar as seguintes palavras: catação, compostas, de líquidos, de sólidos, decantação, filtração, heterogêneas, homogêneas, misturas, simples.

À medida que você preencher os quadrinhos, risque a palavra que escolheu para não usá-la novamente.

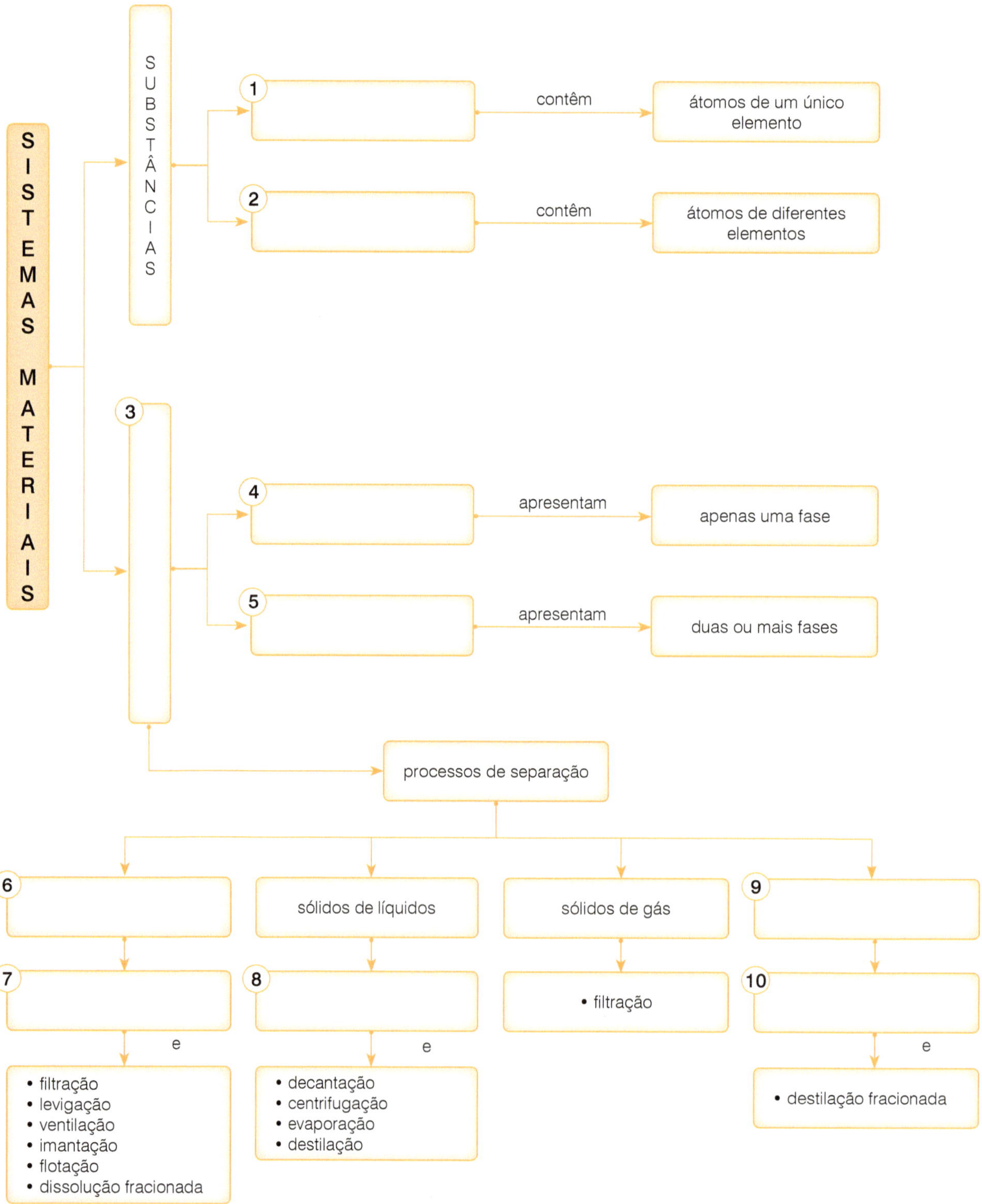

Atividades

1. [1, 10] O que é uma substância?

2. [1, 10] Qual é a diferença entre substâncias puras e misturas?

3. [1, 10] As substâncias puras podem ser simples ou compostas.

a) O que é uma substância pura simples?

b) O que é uma substância pura composta?

4. [1, 10] As misturas podem ser homogêneas ou heterogêneas.

a) O que é uma mistura homogênea?

b) O que é uma mistura heterogênea?

5. [1, 10] O que é fase de uma mistura?

6. [1, 3, 6, 7, 9] Você coloca alguns cubos de gelo em um copo contendo água. Observando a água em seu estado líquido com os cubos de gelo, determine:

a) O número de fases.

b) A quantidade de substâncias.

7. [1, 10] Toda mistura homogênea também pode ser chamada de solução. Em um copo contendo água, você adiciona uma pitada de sal que se dissolve totalmente. Nessa mistura, identifique o soluto e o solvente.

8. [1, 3, 6, 7, 9] A água, depois de captada de rios, lagos ou mananciais é transportada por meio de adutoras para estações de tratamento e passa por várias etapas até tornar-se água potável. Em uma dessas etapas, a água recebe sulfato de alumínio. Essa substância química faz com que as partículas de sujeira se agrupem formando pequenos flocos, que em sua grande maioria submergem. Qual é o método de separação usado para retirar esses flocos de sujeira?

9. [1, 9, 10] Quando mencionamos a mistura de cereal com leite, como poderíamos classificar o leite isoladamente? Como substância (simples ou composta)? Como mistura? Pesquise quais são os componentes do leite.

10. [1, 9, 10] Classifique cada substância a seguir como sendo simples ou composta.

Substância	Fórmula molecular	Classificação
cloro	Cl_2	
gás carbônico	CO_2	
ácido nítrico	HNO_3	
enxofre	S_8	
sacarose	$C_{12}H_{22}O_{11}$	
cobre	Cu	
ácido sulfúrico	H_2SO_4	
glicose	$C_6H_{12}O_6$	
nitrogênio	N_2	
hélio	He	
ferro	Fe	
bicarbonato de sódio	$NaHCO_3$	

11. [1, 9, 10] Para cada uma das misturas a seguir, aponte qual é o método capaz de separar suas substâncias integrantes.

(1) limalha de ferro e areia

(2) óleo e água

(3) sal e água

12. [1, 9, 10] Sabendo que a gasolina é imiscível na água e que o cloreto de sódio é solúvel em água, podemos separar uma mistura de gasolina, água e cloreto de sódio de acordo com o esquema a seguir:

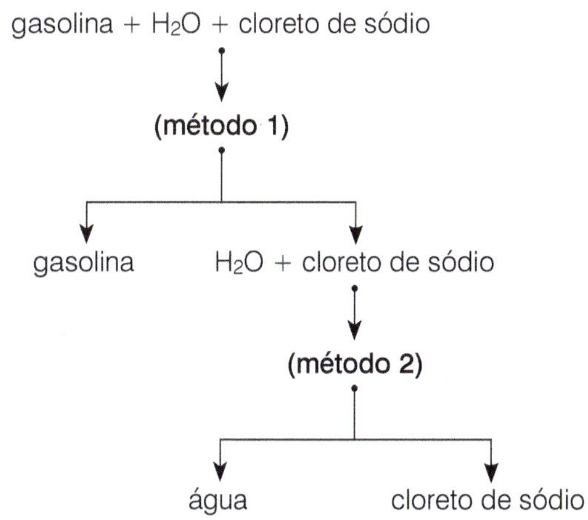

Os métodos 1 e 2 usados para separar a mistura são, respectivamente:

a) decantação e destilação simples.
b) centrifugação e decantação.
c) decantação e filtração.
d) filtração simples e centrifugação.
e) destilação simples e filtração simples.

13. **[1, 9, 10]** Quantas fases existem em cada um dos sistemas a seguir?

I. gelo, água e óleo
II. água com gás e gelo
III. gelo, óleo, areia e parafina

14. **[1, 9, 10]** O sal obtido nas salinas contém impurezas insolúveis em água. Os procedimentos para se obter o sal livre dessas impurezas são:

a) catação, dissolução em água e destilação.
b) separação magnética, decantação e dissolução em água.
c) sublimação, dissolução em água e peneiração.
d) dissolução em água, filtração simples e evaporação.
e) dissolução em água, decantação e sublimação.

15. **[1, 6, 9, 10]** Quais dos processos a seguir são transformações químicas que ocorrem com misturas de substâncias?

I. queima do gás de cozinha
II. aquecimento de um cubo de gelo
III. obtenção do sal de cozinha a partir da água do mar
IV. crescimento da unha
V. digestão de alimentos

16. **[1, 9, 10]** O sistema a seguir é constituído de duas fases, uma sólida e outra líquida, onde foram aplicadas as separações por filtração, resultando em um sólido (sólido 1) e um líquido (líquido 1). Na segunda etapa, foi realizada uma destilação que resultou em um sólido (sólido 2) e um líquido (líquido 2), ambos de aparência homogênea.

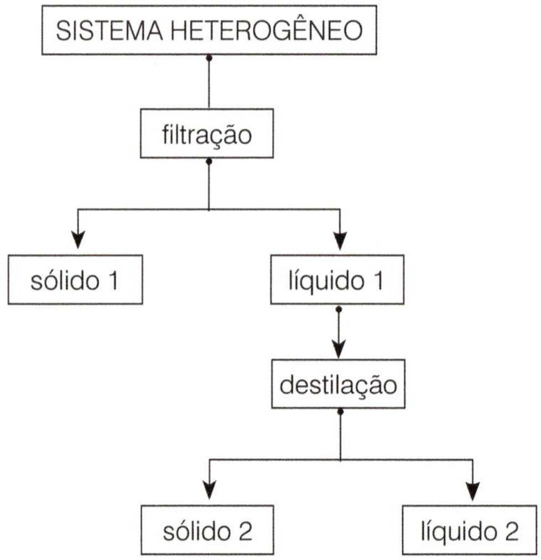

Pelo esquema, podemos concluir que:

a) o sólido 2 e o líquido 2 são substâncias puras.
b) o líquido 1 é uma substância composta.
c) o líquido 2 é uma substância composta.
d) o sólido 2 é uma substância pura.
e) o líquido 1 é uma mistura homogênea.

17. **[1, 6, 9, 10]** (ENEM) Em visita a uma usina sucroalcooleira, um grupo de alunos pôde observar a série de processos de beneficiamento da cana-de-açúcar, entre os quais se destacam:

1. A cana chega cortada da lavoura por meio de caminhões e é despejada em mesas alimentadoras que a conduzem para as moendas. Antes de ser esmagada para a retirada do caldo açucarado, toda a cana é transportada por esteiras e passada por um eletroímã para a retirada de materiais metálicos.
2. Após se esmagar a cana, o bagaço segue para as caldeiras, que geram vapor e energia para toda a usina.
3. O caldo primário, resultante do esmagamento, é passado por filtros e sofre tratamento para transformar-se em açúcar refinado e etanol.

Com base nos destaques da observação dos alunos, quais operações físicas de separação de materiais foram realizadas nas etapas de beneficiamento da cana-de--açúcar?

a) Separação mecânica, extração, decantação.
b) Separação magnética, combustão, filtração.
c) Separação magnética, extração, filtração.
d) Imantação, combustão, peneiração.
e) Imantação, destilação, filtração.

18. [1, 2, 3, 6, 9, 10, 11] (ENEM) O lixão que recebia 130 toneladas de lixo e contaminava a região com o seu chorume (líquido derivado da decomposição de compostos orgânicos) foi recuperado, transformando-se em um aterro sanitário controlado, mudando a qualidade de vida e a paisagem e proporcionando condições dignas de trabalho para os que dele subsistiam.

Quais procedimentos técnicos tornam o aterro sanitário mais vantajoso que o lixão, em relação às questões abordadas no texto?

a) O lixo é recolhido e incinerado pela combustão a altas temperaturas.
b) O lixo hospitalar é separado para ser enterrado e sobre ele é colocada cal virgem.
c) O lixo orgânico e inorgânico é encoberto, e o chorume canalizado para ser tratado e neutralizado.
d) O lixo orgânico é completamente separado do lixo inorgânico, evitando a formação de chorume.
e) O lixo industrial é separado e acondicionado de forma adequada, formando uma bolsa de resíduos.

19. [1, 3, 6, 7, 9] (OBQjr) Ponha em uma panela 200 g de açúcar (cujo nome químico é sacarose), meio copo de água e meio copo de xarope de milho (solução de glicose). Aqueça a mistura mexendo sempre. Continue a aquecer, depois de o xarope ferver. Observe como a mistura vai ficando castanha, borbulha e desprende vapores. Quando a temperatura atingir 140 °C, jogue na panela um punhado de amendoim, com uma pitada de bicarbonato de sódio. Depois, despeje tudo, rapidamente, sobre uma folha de papel de alumínio. Deixe esfriar, corte o sólido castanho em pequenos pedaços e prove um deles. Você acabou de fazer um pé-de-moleque! E durante a preparação realizou muitas operações que os químicos praticam todos os dias: observou mudanças químicas e físicas e diferentes estados da matéria; fez observações qualitativas e quantitativas e efetuou medidas (KOTZ e TREICHEL, *Química e Reações Químicas*, v. 1).

A respeito do texto acima, julgue as afirmativas que seguem.

I. O xarope de milho é uma substância composta.
II. Sacarose (açúcar) e glicose (do xarope de milho) são solúveis em água, portanto a mistura inicial será homogênea.
III. Por se tratar de uma mistura, a temperatura será constante durante a fervura (ebulição).
IV. Com a adição do amendoim, a mistura se tornará heterogênea.
V. O fato de a mistura líquida passar a ser sólida depois de esfriar caracteriza uma mudança física.

20. [1, 3, 6, 7, 9] (OBQjr) Uma das etapas para processamento do mel de forma higiênica e segura envolve o uso de um equipamento que, por meio do movimento de rotação em torno de seu próprio eixo, retira esse alimento dos alvéolos existentes na colmeia. No comércio, esse tipo de equipamento é encontrado com várias capacidades de extração, podendo ser com sistema de rotação acionado manualmente ou por eletricidade, com motor e dispositivos de controle de velocidade de rotação.

Adaptado de:
<http://www.obq.ufc.br/OBQJunior2011.pdf>.
Acesso em: 20 set. 2018.

Que tipo de processo de separação é realizado nesse equipamento?

Leitura

Você, desvendando a Ciência

Mundo declara guerra ao canudo plástico, vilão do meio ambiente

Quantos canudos plásticos você já usou em sua vida? Nos Estados Unidos, são 500 milhões por dia. Mas quem paga essa conta é a natureza.

A vida útil de um canudo é de, em média, quatro minutos – tempo suficiente para você terminar sua bebida. Só que, feitos normalmente de polipropileno ou poliestireno, materiais que não são biodegradáveis, eles demoram até 200 anos para se decompor. Pior: quando descartados, se desintegram em pequenas partículas, que chegam aos oceanos e acabam engolidas pelos animais. (...)

Em meio à busca por alternativas ao plástico, outras opções já vêm sendo usadas, como canudos de metal, de vidro e até comestíveis. Na Espanha, por exemplo, um grupo de amigos criou um canudo comestível, biodegradável e reciclável. Feito de açúcar, gelatina bovina e amido de milho, o Sorbos pode vir aromatizado em sete sabores diferentes (limão, lima, morango, canela, maçã verde, chocolate e gengibre), mas, segundo seus inventores, não altera o gosto da bebida.

Respondendo por 4% de todo o lixo plástico encontrado no mundo, os canudos ainda representam um desafio. Segundo dados da ONG Ocean Conservancy, sediada nos Estados Unidos, foi o 7.º item mais coletado nos oceanos em todo o mundo em 2017.

O biólogo Cláudio Gonçalves Tiago, professor do Centro de Biologia Marinha (Cebimar) da Universidade de São Paulo (USP), chama atenção para a necessidade de educar a população para o uso do plástico. "O plástico revolucionou a humanidade e nos permitiu um avanço considerável de desenvolvimento. Não devemos vilanizá-lo. O problema é o destino que damos ao plástico. Não adianta nada proibir determinado objeto, se a população não tem alternativas. O caminho para um mundo com menos plástico vai se dar por educação, não por proibição. Precisamos ensinar as pessoas como descartar esses objetos e pressionar por novas tecnologias biodegradáveis", diz.

BONNARINA/SHUTTERSTOCK

Com reportagem de Luís Barrucho, da BBC News Brasil em Londres, 8 jun. 2018. *Disponível em:* <https://www.bbc.com/portuguese/geral-44419803>.

Vamos analisar nossa "pegada" no planeta? Diariamente, que tipo e que quantidade de objetos plásticos são utilizados uma única vez em sua casa e são descartados?

TecNews

O que há de mais moderno no mundo da Ciência!

Exoplanetas, água e vida

A existência de vida na Terra é obra do acaso ou uma consequência inevitável das leis da natureza? É fácil surgir vida em um novo planeta ou ela é o resultado final de uma sequência teórica de eventos precursores impossíveis à primeira vista?

A descoberta de inúmeros exoplanetas (planetas que orbitam em torno de uma estrela que não seja o nosso Sol) tem entusiasmado o renascimento de estudos científicos sobre a origem da vida. De modo surpreendente, quase todos os novos sistemas solares descobertos, assim como novos exoplanetas, são bastante diferentes do nosso Sistema Solar e do nosso planeta. Então, o que é fundamental existir nesses novos ambientes para que a vida possa se concretizar, ou seja, para que a vida, como a conhecemos, possa existir? A resposta óbvia para a maioria das pessoas é: **água**.

Como aprendemos nessa unidade, a água é fundamental para a execução de inúmeras reações químicas metabólicas, serve de meio de veiculação de inúmeras substâncias do meio extracelular para o intracelular e, no caso de muitos animais e vegetais, é o principal componente químico do sangue e das seivas, respectivamente. Mas só água não basta! Para entender como a vida pode ser iniciada em outros planetas, é preciso primeiro deixar bem claro como e com quais ingredientes químicos ocorre a formação de tais planetas.

Uma nova geração de radiotelescópios, notadamente o existente no Deserto do Atacama, Chile, tem proporcionado excelentes imagens dos chamados "discos de poeira e gases da fase inicial de um planeta (chamados gases de protoplanetas)", bem como sua composição química. Essas informações inspiram a construção de modelos de como os planetas se formam a partir de poeira e gases presentes nesses discos. No nosso Sistema Solar, a chamada Missão Rosetta foi destinada a fazer visita a um cometa e recolher amostras de asteroides, as quais podem fornecer o inventário essencial dos materiais necessários que, em conjunto, podem proporcionar a origem de um planeta. E, naturalmente, a partir desses conhecimentos, aliado à presença de água, é possível ter informações e levantar hipóteses a respeito da provável existência de vida nesses ambientes ainda desconhecidos. A descoberta de água nesses locais, se porventura for confirmada, é o primeiro passo que poderá permitir que se conclua sobre a provável existência de vida em exoplanetas. A Terra serviu de bom exemplo. Será que esse exemplo se repetiu em outros sistemas solares? Com o tempo, a Ciência nos responderá.

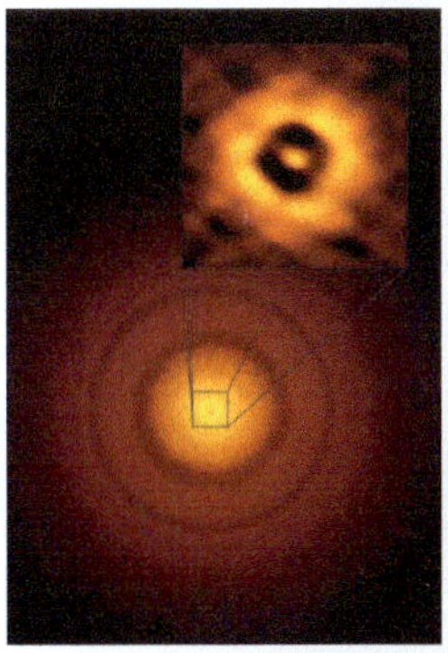
S. ANDREWS (HARVARD-SMITHSONIAN CFA), ALMA (ESO/NAOJ/NRAO)

Evidência de formação planetária em uma órbita semelhante à da Terra em torno de uma estrela jovem. A imagem sobreposta (em cima à direita) apresenta um *zoom* do espaço em que uma versão do nosso planeta poderá estar emergindo do gás e poeira do disco.

Adaptado de: SZOSTAK, J. How Did Life Begin? Innovations, The Biggest Questions in Science. *Nature*, London, v. 557, n. 7704, 10 May 2018. p. S13-S15.

Investigando

Com seus colegas de classe, pesquisem sobre o projeto ALMA, no Deserto do Atacama, Chile, e também sobre o que foi a Missão Rosetta.

UNIDADE 3

NASA IMAGES/SHUTTERSTOCK

Terra e UNIVERSO

Planeta Terra: essa enorme esfera cheia de vida, com seus quase 4,6 bilhões de anos, apresenta alguns problemas... Entre eles, cada vez mais preocupante, é o da destinação do lixo produzido nas grandes cidades e nas zonas rurais. O lixo descartado de maneira imprópria coloca em risco a saúde individual, na medida em que é portador de microrganismos patogênicos que podem causar graves infecções no organismo humano e no de outros animais, além de contaminar o solo, comprometendo suas características.

Nesta unidade, além de conhecer ferramentas tecnológicas que nos ajudam a conhecer o espaço cósmico, o interior de nosso planeta, como se dá a formação do solo e técnicas para sua recuperação, você conhecerá algumas atitudes com relação ao manuseio e destinação do lixo que, corretamente implementadas, contribuirão para a manutenção da saúde coletiva.

capítulo 12 A EXPLORAÇÃO DO ESPAÇO CÓSMICO

A criação das estrelas

Uma das questões que mais intriga os seres humanos é saber como foi formado o Universo. Independente das atuais teorias científicas sobre o assunto e do que nos ensinam as diferentes religiões, os povos mais antigos já buscavam explicações sobre como se deu a formação dos diferentes corpos celestes e muitas delas vinham na forma de mitos ou lendas. Os indígenas brasileiros estão repletos de lendas sobre esse tema e uma delas nos vem da tribo dos bororós, que habitam o estado do Mato Grosso.

Reza a lenda que a vida na aldeia seguia como sempre: os homens caçavam e as mulheres se dedicavam à lavoura, a cuidar da comida e das crianças. As noites na aldeia eram muito escuras, pois a Lua era muito inconstante: aumentava de tamanho, depois diminuía, chegava a sumir, aparecia novamente...

Certa ocasião, as crianças bororós olhavam para as nuvens e resolveram subir até o infinito. Viram que o beija-flor batia suas asas e voava rapidamente. Então, pegaram um cipó, o amarraram no bico da ave, e pediram que o beija-flor voasse rumo ao infinito. Os pequenos índios amarravam um cipó atrás do outro à medida que a ave se afastava e, puxados pelo beija-flor, foram subindo até o céu.

Quando as mulheres voltaram da plantação, não encontraram seus filhos e, desesperadas, embrenharam-se na mata à procura dos garotos. Encontraram a ponta do cipó e entenderam que eles haviam subido em busca do céu. Elas se puseram a gritar, chamando por eles, que, rindo ao ver o desespero das mães, não se importaram e continuaram a seguir o beija-flor.

Vendo o pouco caso com que cuidavam do desespero das mães, as crianças foram condenadas a viver no céu, sem nunca mais poderem voltar. Apenas lhes era permitido olhar para a Terra em busca de notícias de suas mães depois que o Sol se punha. Para isso, seus olhos foram transformados em estrelas, diz a lenda as mesmas estrelas que vemos brilhar à noite no céu.

ALBERT BARR/SHUTTERSTOCK

A forma esférica da Terra

Os antigos gregos já tinham conhecimento de que a Terra tem a forma esférica. Eles verificaram que os navios desapareciam gradualmente no horizonte até que apenas a ponta do mastro podia ser vista. Isso só fazia sentido se a superfície do mar se curvasse, mergulhando atrás do horizonte. Como o mar tinha uma superfície curva, foi fácil admitir que a Terra também a teria.

Essa visão podia ser confirmada observando-se a sombra em forma de disco projetada pela Terra na Lua por ocasião dos eclipses lunares. Somente um objeto esférico poderia projetar uma sombra em forma de disco.

NASA

FRED ESPENAK

Sequência de um eclipse lunar, quando Sol, Terra e Lua estão alinhados. Nessa condição, o Sol ilumina a Terra que projeta sua sombra sobre a Lua. Observe na imagem acima o formato da sombra da Terra sobre a Lua.

Além disso, o fato de a própria Lua ser redonda sugere que a esfera era a forma natural dos corpos celestes. Todas essas observações fortaleciam a ideia de uma Terra redonda.

Geocentrismo e heliocentrismo

Mas, se a Terra é esférica, perguntavam os antigos gregos, o que impede que as pessoas na parte de baixo "se desprendam" e caiam?

Os gregos acreditavam que o Universo tinha um centro e tudo seria atraído para esse centro. Assim, o centro da Terra coincidiria com o centro do Universo. Para os antigos gregos, a Terra era estática (parada), ocupando o centro do Universo, e tudo sobre sua superfície seria atraído em direção ao seu centro. Portanto, todas as coisas no planeta ficariam presas ao chão por essa força.

Para eles, concluir que a Terra era o centro do Universo foi consequência direta de suas observações. A cada dia, observavam o Sol cruzar o céu. O mesmo ocorria com a Lua e as estrelas à noite. O solo por onde caminhavam era firme e fixo, por isso era natural concluir que os corpos celestes se moviam em torno de uma Terra parada. Aristóteles (384-322 a.C.) e Ptolomeu (83-161 d.C.) foram os principais filósofos gregos a defender essa ideia, que foi denominada de **geocentrismo** (do grego, *geo* = Terra + *kentron* = centro).

Somente no século XVI, o astrônomo e matemático Nicolau Copérnico (1473-1543), em seu livro chamado *Das revoluções dos corpos celestes*, propôs o **sistema heliocêntrico** (do grego, *helios* = Sol).

A importância da tecnologia na exploração do espaço cósmico

A tecnologia desempenha papel importante para que possamos conhecer o Universo à nossa volta. É por meio de aparelhos (como lunetas, telescópios, sondas espaciais, entre outros) que os cientistas estudam os corpos celestes, e com as informações recebidas diariamente conseguem identificar de modo mais preciso o que existe além do planeta Terra.

Telescópios e lunetas

Tanto **telescópios** como **lunetas** são instrumentos que nos permitem ver objetos que estão localizados muito distantes de nós (como a Lua, os planetas, as estrelas) como se estivessem próximos. Isso é possível porque esses aparelhos são construídos a partir de um sistema de lentes, no caso das lunetas, e de lentes e espelhos no caso dos telescópios.

Como as lunetas são construídas apenas com um sistema de lentes mais simples, seu alcance é muito menor do que o dos modernos e potentes telescópios, e a imagem obtida por elas pode apresentar distorções.

PANTHERMEDIA/KEYDISC

JIM MILLS/PANTHERMEDIA/KEYDISC

STEVEN HEAP/PANTHERMEDIA/KEYDISC

TONO BALAGUER/SHUTTERSTOCK

DOTTED YETI/SHUTTERSTOCK

O aumento de complexidade e potência dos telescópios – desde (a) os mais simples, de pequeno alcance, passando pelos mais potentes, como (b) o do Observatório Palomar, na Califórnia, (c) o do GTC, nas ilhas Canárias (Espanha), considerado o mais potente do mundo, até chegar ao (d) telescópio espacial Hubble, que se encontra em viagem no espaço desde 1990, enviando para a Terra milhares de fotos e dados – nos permitiu ter uma melhor compreensão do Universo.

É SEMPRE BOM SABER MAIS!

Instrumentos antigos de Astronomia

Certamente os primeiros instrumentos astronômicos usados pelo homem foram o olho e o cérebro humanos. Foi com eles que os antigos astrônomos conseguiram olhar e procurar entender o mundo em que viviam. Nada além do cérebro e dos olhos foi necessário para que as estrelas fossem classificadas em constelações, as quais eram consideradas, indevidamente, como imutáveis com o passar do tempo.

Foi também, sem o uso de qualquer instrumento adicional, que os antigos conseguiram separar os planetas das então chamadas estrelas fixas. Hiparco [astrônomo grego], sem o uso de qualquer instrumento artificial, conseguiu classificar as estrelas segundo seu brilho, classificação essa que, apesar de algumas modificações, se mantém ainda hoje.

Foi só quando maiores precisões passaram a ser exigidas quanto ao posicionamento dos astros é que instrumentos começaram a ser elaborados e usados para se estudar esses astros. Ainda assim, eram instrumentos sem veículos ópticos, de modo que, pode-se dizer que as observações continuavam a ser feitas a olho nu; e assim foi até o início do século XVII com o aparecimento da luneta.

Dentre os antigos instrumentos de astronomia, podemos citar o gnômon, o sextante, o astrolábio etc.

a

SERGEY MELNIKOV/SHUTTERSTOCK

b

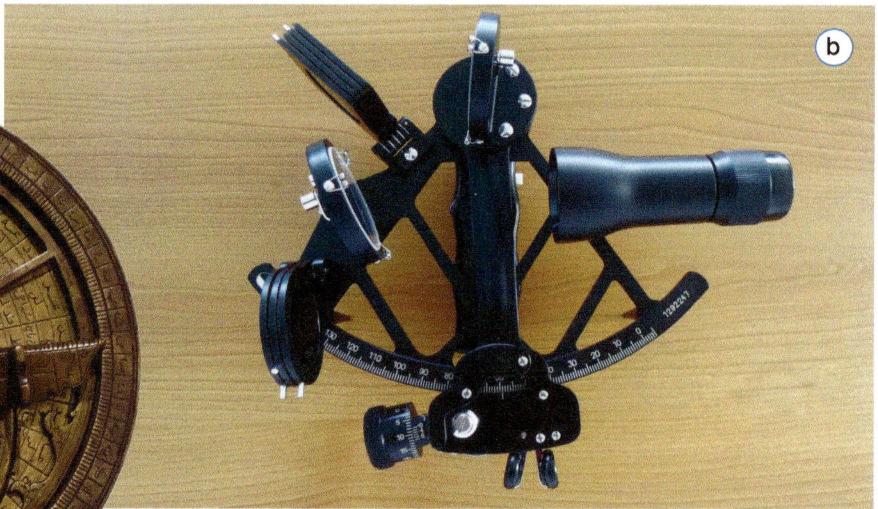

SHAHRIZAL/SHUTTERSTOCK

c

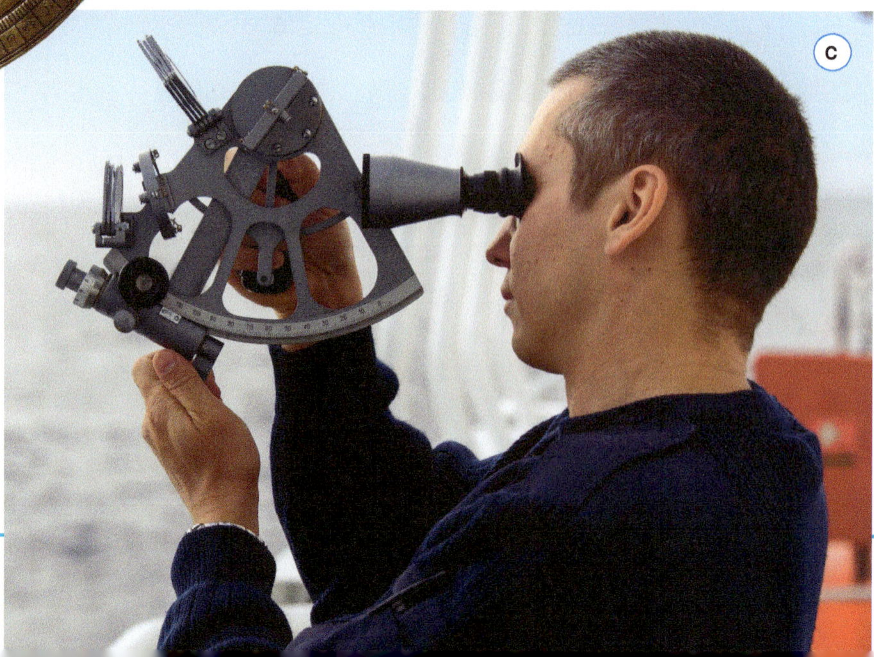

ALEXEY SEAFARER/SHUTTERSTOCK

(a) O astrolábio é um instrumento utilizado para a navegação marítima que, tomando como base a linha do horizonte, permite determinar a altura do Sol e das estrelas. Posteriormente, foi substituído pelo (b) sextante para determinar a altura dos astros e ainda hoje (c) é utilizado na navegação marítima.

Gnômon

O gnômon deve ter sido o mais antigo instrumento astronômico construído pelo homem. Em sua forma mais simples, consistia apenas de uma vara fincada, geralmente na vertical, no chão. A observação da sombra dessa vara, provocada pelos raios solares, permitia materializar a posição do Sol no céu ao longo do tempo.

Observando a sombra da gnômon ao longo de um dia, os antigos astrônomos puderam perceber que ela era muito longa ao amanhecer e que ia mudando tanto de direção como de comprimento ao longo do dia. Verificaram que o instante em que a sombra era a mais curta do dia, correspondia ao instante que dividia a parte clara do dia em duas metades. A esse instante deram o nome de Meio-dia e a direção em que a sombra se encontrava nesse instante recebeu o nome de Linha do Meio-dia, ou seja, linha meridiana.

À linha horizontal perpendicular à linha meridiana chamaram de linha Leste-Oeste, sendo que a direção Leste foi nomeada aquela que correspondia a do lado do nascer do Sol, ficando o Oeste para o lado oposto. De pé, com os dois braços esticados na horizontal, e apontando o direito para o Leste, definia-se o Norte como sendo a direção da linha meridiana à frente da pessoa e Sul para trás. Assim foram definidos os pontos cardeais Norte, Sul, Leste e Oeste.

A observação da variação cíclica do comprimento da sombra mínima ao longo do tempo permitiu definir o conceito de estações e de Ano das Estações. Ao intervalo de tempo necessário para que o comprimento da sombra completasse um ciclo chamaram de Ano das Estações. Observaram que quando a sombra ao meio-dia era a mais longa de todas, era uma época fria, enquanto que, na época da sombra mais curta, era uma época mais quente. Definiram que o início do inverno ocorria quando a sombra ao meio-dia era a mais longa; o início do verão ocorria quando essa sombra era a mais curta. Para definir os instantes dos inícios da primavera e do outono, usaram a posição da sombra no instante em que ela dividia ao meio o ângulo formado pelas posições do Sol nos inícios do verão e do inverno.

Disponível em: <http://www.iag.usp.br/siae98/astroinstrum/antigos.htm>. Acesso em: 12 abr. 2018.

Satélites artificiais

Um **satélite** é qualquer corpo ou objeto que, atraído por uma força, se desloca em torno de outro, sempre seguindo determinado "caminho". Os satélites **artificiais** são equipamentos construídos pelo homem que, colocados no espaço, desempenham inúmeras funções. Dentre eles, destacam-se os satélites *astronômicos*, destinados à observação do espaço cósmico, os de *comunicação*, que permitem a transmissão de informações em tempo real, e os *meteorológicos*, que nos informam sobre o clima no planeta.

Concepção artística de satélite de monitoramento em órbita da Terra.

NASA/KIPP TEAGUE

Foguetes e ônibus espaciais

São conhecidos os **foguetes espaciais**, aqueles veículos em formato tubular, lançados ao espaço por meio da liberação de uma nuvem de gases. Munidos com instrumentos específicos, os foguetes são utilizados não apenas para missões tripuladas, mas também para coleta e análise de dados, experimentos científicos e lançamento de satélites artificiais, por exemplo.

NASA/KIPP TEAGUE

Os foguetes tripulados têm sua estrutura formada por vários módulos (partes) conectados. À medida que o voo se desenvolve, esses módulos vão sendo desprendidos, e o que volta para a Terra é apenas uma das partes com espaço suficiente para trazer os astronautas. À esquerda, lançamento do foguete Apolo 11, em 16 de julho de 1969 (Cabo Canaveral, EUA), que levou os primeiros astronautas a pisarem na Lua. À direita, o módulo desse foguete trazendo os astronautas de volta à Terra, sendo resgatado no oceano Pacífico em 24 de julho de 1969.

NASA/KSC

Mais modernos do que os foguetes espaciais, os **ônibus espaciais** são veículos com capacidade para retornar à Terra depois de suas missões, com sua estrutura praticamente completa. No entanto, esses veículos ainda precisam estar acoplados a um foguete para a sua decolagem.

Os ônibus espaciais foram utilizados no período de 1981 a 2011 para lançamento e ajuste de satélites, além do deslocamento de astronautas para a Estação Espacial Internacional.

À esquerda, lançamento do ônibus espacial Atlantis, em abril de 1985 (Flórida, EUA), veículo utilizado para inúmeras missões. Abaixo, imagem de seu último pouso em 21 de julho de 2011.

NASA/KIM

Sondas espaciais

Sondas espaciais são veículos não tripulados, especialmente desenhados para, como o próprio nome diz, sondar, ou seja, explorar um corpo celeste ou o espaço cósmico. São equipados com instrumentos para a análise (de solo, da temperatura, da atmosfera, por exemplo) e envio dos dados coletados para a Terra.

NASA/JPL/CORNELL UNIVERSITY

DOTTEDI YETI/SHUTTERSTOCK

Concepção artística de duas sondas espaciais. Acima, a sonda espacial Cassini: lançada ao espaço em 2004, enviou dados e imagens nunca antes vistas de Saturno. Perdeu-se contato com essa sonda em 15 de setembro de 2017. À esquerda, a sonda Opportunity, destinada a explorar a superfície do planeta Marte.

Estação Espacial Internacional

Com o objetivo de obter novos conhecimentos que não são possíveis a partir do nosso planeta, a Estação Espacial Internacional começou a ser construída em 1998 e foi concluída em 2011. Esse "laboratório" espacial encontra-se a 360 km da Terra e recebe astronautas de várias partes do mundo, que cooperam entre si em prol da Ciência.

Estação Espacial Internacional se deslocando em torno da Terra.

NASA

EM CONJUNTO COM A TURMA!

Com seu grupo de trabalho, pesquisem sobre o programa espacial brasileiro e onde se localiza o seu principal centro.

ESTABELECENDO CONEXÕES

Saúde

Pesquisas na Estação Espacial Internacional

No espaço, as coisas não acontecem exatamente como se espera..., mas isso pode ser uma coisa boa. No caso do câncer, por exemplo, pesquisadores da Estação Espacial Internacional observaram que alguns tumores se mostram menos agressivos no espaço do que aqui na Terra. Essa observação pode ajudar os cientistas a compreender melhor o mecanismo da doença e, com isso, desenvolver medicamentos contra os tumores para os quais atualmente não temos tratamento.

Essa descoberta é uma, dentro de uma larga gama de evidências, que mostram como a exploração do espaço pode beneficiar a todos nós aqui na Terra.

Fonte: NASA. Tackling Tumors with Space Station Research. *Disponível em:* <www.nasa.gov>. *Acesso em:* 8 abr. 2018.

DE OLHO NO PLANETA

Meio Ambiente

Lixo cósmico

Quando objetos criados pelos humanos e que se encontram em órbita ao redor da Terra não desempenham mais nenhuma função útil – como, por exemplo, as diversas partes e dejetos de naves espaciais deixados para trás quando do seu lançamento ou satélites que se tornaram obsoletos –, transformam-se em lixo cósmico e causam risco de acidentes graves, tanto em órbita (pelo risco de possíveis colisões), quanto em uma possível reentrada de tais detritos na atmosfera terrestre.

A maior preocupação, no entanto, não deve ser com o risco de um satélite em queda. Um acidente no espaço é mais provável e pode afetar satélites em funcionamento, essenciais para serviços como a meteorologia e as comunicações.

Segundo a Agência Espacial Europeia, mais de 170 milhões de escombros de objetos lançados ao espaço giram em torno da Terra, uma quantidade que ameaça as comunicações e sistemas de navegação por satélite e torna inevitáveis missões futuras para remover o lixo espacial.

Adaptado de: <http://www.inpe.br/acessoainformacao/> e <https://www.brasil247.com/pt/247/revista_oasis/212845/Lixo-espacial-170-milh%C3%B5es-de-escombros-ao-redor-da-Terra.htm>. Acesso em: 8 abr. 2018.

Estrelas, constelações e galáxias

Você certamente já olhou para um céu estrelado. **Estrelas** são corpos celestes que produzem a própria luz, por isso são chamados de astros *luminosos*. Embora pareçam como pontinhos brilhantes no céu, são astros enormes, compostos de gás incandescente a vários milhões de graus Celsius. O Sol que vemos brilhar durante o dia é uma estrela como as que vemos durante a noite. Mas, ao contrário das estrelas, a Lua e os planetas não têm luz própria. Eles brilham no céu porque o Sol os ilumina e, por isso, são chamados de astros *iluminados*.

No passado, ao observarem o céu, os antigos imaginavam conjuntos de estrelas formando figuras e a cada um desses conjuntos davam o nome de *constelação*. Assim, surgiu a Constelação do Cruzeiro do Sul, Constelação de Orion, Constelação de Touro, entre tantas outras.

Incandescente: qualquer material que ao ser aquecido em alta temperatura, produz luz. Por exemplo, as lâmpadas que possuem um fio finíssimo (chamadas de lâmpadas de filamento), quando são submetidas à passagem de uma corrente elétrica, tornam-se incandescentes. Um metal também pode ser aquecido em uma chama e passar a emitir luz, tornando-se incandescente.

Não é fácil visualizar as figuras que dão nome às constelações ao se olhar um céu estrelado. Acima, desenho da Constelação de Touro, pelo astrônomo polonês Johannes Hevelius, publicado em seu atlas celeste, datado de 1690.

YURI BELETSKY/NASA

Observe a foto ao lado. Você consegue identificar nela a Constelação do Cruzeiro do Sul?

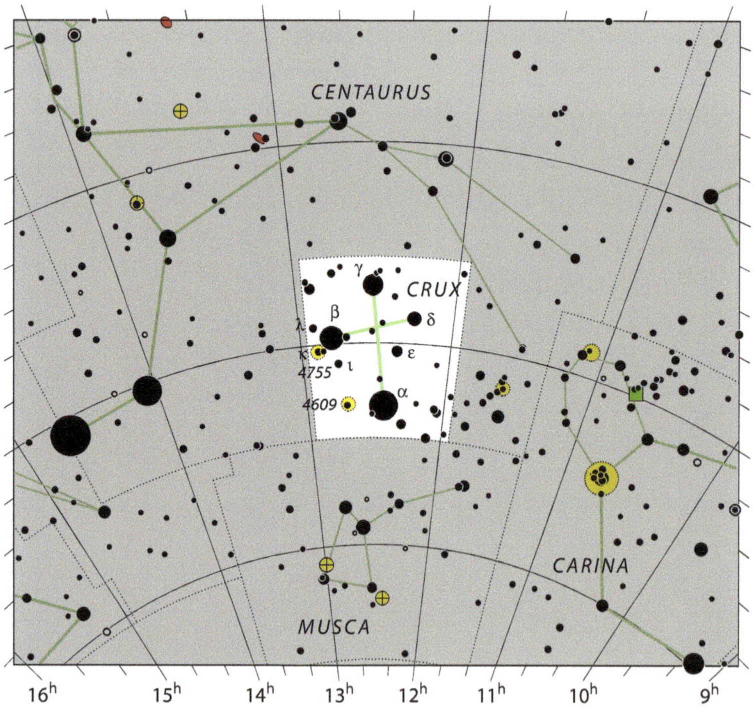

Atual constelação da Cruz.

Fonte: <http://www.iau.org/public/themes/constellations/>. *Acesso em:* 8 abr. 2018.

Em 1930, foi proposto e aceito pela comunidade de astrônomos, que a esfera celeste fosse dividida imaginariamente em 88 "pedaços", cada um deles chamado de **constelação**. Assim, atualmente, o que se entende por constelação é uma *região da esfera celeste*, e qualquer corpo celeste (estrela, cometa etc.) que estiver dentro de um desses espaços faz parte dessa constelação.

NASA/JPL

Você deve estar se perguntando: e a "nossa casa", o planeta Terra, onde está localizado? Nosso planeta está localizado em uma galáxia, chamada **Via Láctea**, cujo nome quer dizer "caminho leitoso".

Galáxias são gigantescos aglomerados de estrelas, planetas, gás interestelar e poeira cósmica. A nossa galáxia, a Via Láctea, possui mais de 200 bilhões de estrelas semelhantes ao nosso Sol. Muitas estrelas já estão na fase final de sua existência, enquanto outras estão se formando.

Todas as estrelas visíveis a olho nu fazem parte de nossa galáxia, uma estrutura tão grande que a luz, cuja velocidade é de aproximadamente 300.000 km/s, leva 100 mil anos para cruzá-la. Mas esta galáxia é apenas uma entre bilhões de outras e, como todas, ela não está imóvel, mas viajando pelo Universo arrastando consigo todo o Sistema Solar.

Concepção artística da Via Láctea, como se estivesse sendo vista de fora.

É SEMPRE BOM SABER MAIS!

Ano-luz

As estrelas, os planetas, estão muito distantes. Se fôssemos expressar essas distâncias em quilômetros teríamos de usar muitos "zeros". Por isso os cientistas criaram uma unidade de medida para expressar essas distâncias usando números pequenos.

A unidade de medida usada é o ano-luz. *Um ano-luz é a distância que a luz percorre no vácuo em um ano*, ou seja, aproximadamente 10 trilhões de quilômetros. Os cientistas escrevem 1 ano-luz, em vez de

10.000.000.000.000 km!

Nosso desafio

Para preencher os quadrinhos de 1 a 9, você deve utilizar as seguintes palavras: de comunicação, espelhos e lentes, lentes, lunetas, não tripulados, satélites artificiais, sondas espaciais, telescópios, tripulado.

À medida que você preencher os quadrinhos, risque a palavra que escolheu para não usá-la novamente.

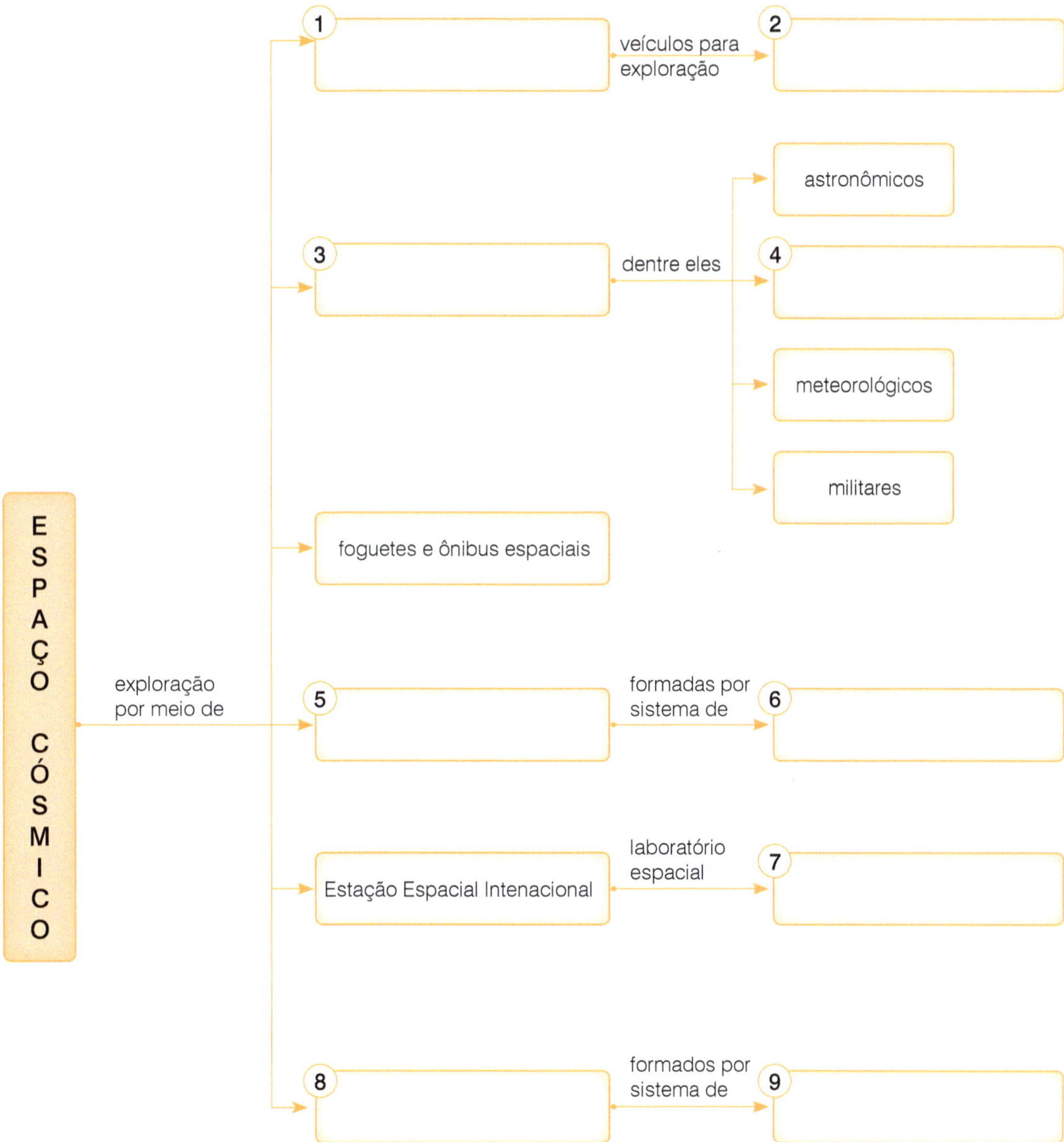

Atividades

1. [6, 7, 8, 9, 10] Muitas culturas desenvolveram seus próprios mitos sobre a origem do Universo. Esses mitos diferem muito uns dos outros, principalmente porque cada um reflete o ambiente e a sociedade em que se originou. Porém, todos invocam acontecimentos sobrenaturais para explicar a criação do Universo. Na abertura deste capítulo, você teve contato com um mito indígena que explica a formação das estrelas. Cite pelo menos um acontecimento sobrenatural usado nesse mito para explicar a formação das estrelas.

2. [6, 7, 8, 9, 10] Galileu Galilei, em 1609, aperfeiçoou o telescópio que fora inventado por Hans Lippershey. O primeiro astro estudado por Galileu foi a Lua. Observando que a Lua era "repleta de protuberâncias, profundos abismos e sinuosidades", Galileu comprovou que os corpos localizados no céu não eram esferas perfeitas como então se acreditava.

a) Acreditar que as regiões celestes devem ser ocupadas pela perfeição, representada pela esfera, é mito ou atitude científica?

b) O que permitiu a Galileu destruir o mito?

3. [6, 7, 8, 9, 10] Eratóstenes, filósofo da Grécia Antiga, acreditava que o Sol e as estrelas eram pedras incandescentes e não divindades. Por volta de 200 a.C., usando geometria e algumas medidas, como o comprimento de uma vareta fincada verticalmente no chão (gnômon) e o comprimento de sua sombra, determinou a circunferência da Terra, da Lua e do Sol, além das distâncias da Lua e do Sol à Terra, encontrando valores próximos aos determinados atualmente. Caso Eratóstenes acreditasse que o Sol e a Lua fossem divindades, teria sido possível a determinação de suas dimensões?

4. [1, 6, 7, 8, 10] Lunetas e telescópios são instrumentos que nos permitem ver objetos localizados muito distantes de nós. Qual é a diferença entre lunetas e telescópios?

5. [1, 6] O que são satélites artificiais?

6. [1, 6] O que são foguetes espaciais?

7. [1, 6] O que são ônibus espaciais?

8. [1, 6] O que são sondas espaciais?

9. [1, 6] O que é Estação Espacial Internacional e qual é sua função?

10. [1, 6] O que é a Via Láctea?

11. [1, 6, 7, 8, 10] Em um telescópio, quanto maior o diâmetro do espelho, maior a sua capacidade de visualização, pois mais luz pode ser captada de objetos distantes. Por que, além de possuir grandes espelhos, os telescópios estão localizados em observatórios construídos em grandes altitudes e em regiões distantes das cidades?

12. [1, 6, 7, 8, 10] O Hubble é um telescópio refletor e seu espelho principal possui 2,4 metros de diâmetro, muito inferior aos espelhos dos grandes telescópios situados em terra. Por que, mesmo utilizando um espelho muito menor, o Hubble produziu algumas das mais impressionantes imagens do Universo?

13. [1, 6, 7, 8, 10] A Via Láctea possui uma estrutura tão grande que a luz leva 100 mil anos para cruzá-la de uma extremidade a outra. Utilizando a unidade de medida ano-luz, determine o diâmetro da Via-Láctea.

14. [1, 6, 7, 8, 10] Sabendo-se que as ondas de rádio se propagam com a velocidade da luz, suponha que um observatório tenha captado um sinal de rádio proveniente do centro da Via-Láctea, que está localizado a 50.000 anos-luz da Terra. Supondo que esse sinal tenha sido emitido por vida inteligente, os astrônomos do observatório respondem, enviando um sinal de rádio na direção da fonte emissora. Depois de quanto tempo, após terem emitido o sinal, os supostos alienígenas receberiam a resposta?

15. [1, 6] Quais são as principais funções de um satélite colocado em órbita de nosso planeta? Os satélites fabricados pelo homem podem orbitar outros planetas?

16. [1, 6] O que é lixo cósmico?

A SUPERFÍCIE E O INTERIOR DA TERRA

capítulo 13

Viagem ao centro da Terra

São muitas as concepções criadas a respeito de como seria o interior de nosso planeta. Uma delas dizia que abaixo da porção do planeta que podia ser vista, estariam quatro elefantes sobre o casco de uma tartaruga, e todo esse conjunto vagaria pelos céus.

Outra história que ficou famosa encontra-se no livro *Viagem ao Centro da Terra*, escrito em 1864, pelo francês Julio Verne. Nela, o jovem Axel e seu tio, o professor Otto Lidenbrok, seguem as pistas deixadas em um manuscrito antigo. Viajam até a Islândia, onde contratam o caçador Hans como guia, e entram na cratera de um vulcão, em busca do caminho que os levaria ao centro da Terra. Nessa incrível aventura, encontram um mundo subterrâneo repleto de surpresas que vão de oceanos a dinossauros.

Parece fantástico? E é, mas trata-se apenas de uma incrível história de ficção. A realidade é bem diferente e você vai conhecer um pouco dela neste capítulo.

ELENA SCHWEITZER/SHUTTERSTOCK

Da ficção à realidade

Ficção: criação imaginária ou fantasiosa.

Em 1864, o francês Júlio Verne (1828-1905) escreveu sua fantástica "Viagem ao Centro da Terra". Trata-se de uma obra de ficção, isto é, a narrativa é feita com muita imaginação.

O cenário descrito a milhares de metros de profundidade, está muito distante de tudo o que acontece no interior da Terra. Em 1864, quando Júlio Verne escreveu sua história, não se tinha escavado sequer um quilômetro em direção ao centro do planeta.

Lembre-se!

A pressão de 1 atm (1 atmosfera) é equivalente à pressão exercida por um bloco de massa 1 kg sobre uma superfície de área 1 cm^2, quando este bloco está sob a influência da gravidade da Terra.

O centro da Terra está localizado a 6.400 quilômetros da superfície, não é muito, se você pensar que a costa brasileira tem 8.000 quilômetros de extensão, ou seja, é mais longa do que a distância ao centro do nosso planeta. Lá, a temperatura se aproxima de 6.000 °C (temperatura semelhante à da superfície do Sol) e a pressão pode ultrapassar três milhões de atmosferas.

O interior de nosso planeta é um mundo digno da imaginação de um escritor de ficção científica: a profundidades maiores que algumas poucas dezenas de quilômetros, as altíssimas pressões e temperaturas derreteriam qualquer instrumento de pesquisa por mais resistente que fosse. Por isso, é impossível atingi-lo utilizando qualquer máquina construída pelo homem.

Mas, afinal, o que existe lá embaixo? É possível conhecer o interior de nosso planeta?

A Ciência tem acumulado uma quantidade enorme de informações a respeito do Universo.

Temos tecnologia para enviar uma sonda espacial para Marte e pousá-la em sua superfície, mas não conseguimos penetrar no interior do planeta. Até agora, nenhum equipamento atingiu uma profundidade superior a 12.262 metros (pouco mais que 12 quilômetros). Além disso, as perfurações são lentas, complicadas e caras. Então, como conhecer o interior da Terra?

O conhecimento das estruturas internas da Terra é obtido de maneira indireta, analisando o comportamento dos terremotos. Os focos da maioria dos tremores estão a menos de 100 quilômetros (100.000 metros) de profundidade. Esses tremores emitem ondas em todas as direções, propagando-se por todo o interior do planeta e podem ser captadas pela rede de sismógrafos distribuídos pelos continentes. A análise das informações transmitidas por essas ondas, depois de percorrerem o interior do planeta, permitiu aos cientistas reunir muito conhecimento sobre a estrutura da Terra, como será visto a seguir.

Sismógrafo: instrumento utilizado para detectar as vibrações da Terra, que podem ser provocadas por processos naturais ou pelo homem.

A Terra e suas camadas

Embora compacta, a Terra não é um bloco homogêneo. É possível compará-la a uma imensa cebola, em que diversas camadas se sobrepõem. Na Terra, são três essas camadas: a externa chamada **crosta terrestre**; a camada média é o **manto** e a mais profunda é o **núcleo**. À medida que a profundidade aumenta, a temperatura e a pressão também aumentam.

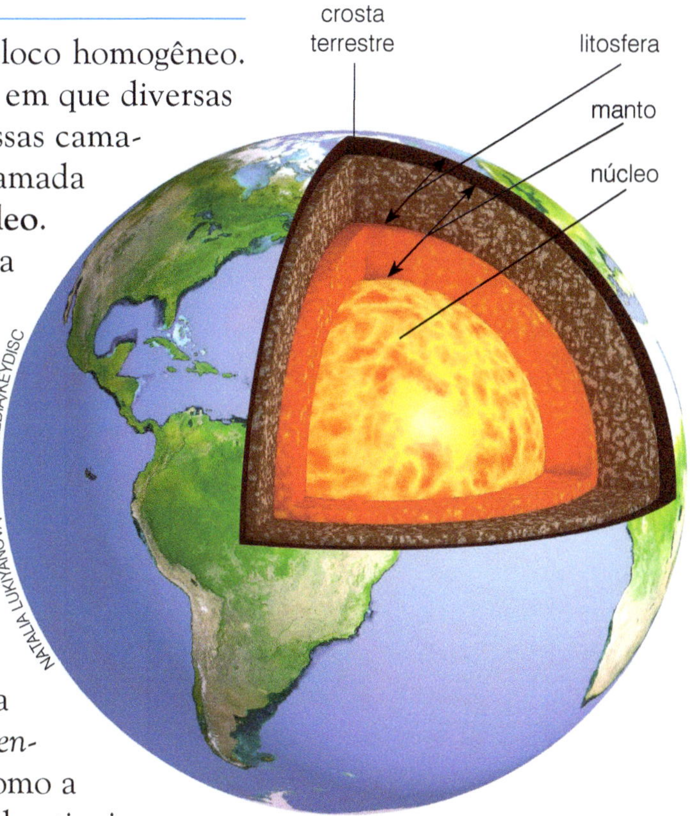

NATALIA LUKIYANOVA/PANTHERMEDIA/KEYDISC

As camadas do planeta Terra, do seu exterior ao interior, são **crosta**, **manto** e **núcleo**. Observe que a porção do manto próxima à crosta terrestre forma com ela a chamada **litosfera**.

Crosta terrestre

A camada mais externa da Terra é chamada de *crosta terrestre*. A vida, na forma como a conhecemos, desenvolve-se principalmente na superfície da crosta terrestre. É a camada mais fina da Terra, com espessura média variando de 5 a 10 quilômetros nos oceanos (*crosta oceânica*) e de 25 a 50 quilômetros nos continentes (*crosta continental*), sendo que sob as grandes cordilheiras, como a do Himalaia, situada na Ásia, a espessura pode atingir até 100 quilômetros.

Para obter mais conhecimento sobre a crosta terrestre, os cientistas utilizam os fragmentos de rochas recolhidos durante perfurações.

Fique por dentro!

A água dos oceanos e mares cobre 75% da crosta terrestre; o restante (25%) corresponde aos continentes e ilhas.

GALYNA ANDRUSHKO/PANTHERMEDIA/KEYDISC

Na cordilheira do Himalaia encontra-se a montanha mais alta do mundo, a do Everest, com 8.848 m de altitude.

GRONDIN JULIEN/PANTHERMEDIA/KEYDISC

Manto

O manto também pode ser dividido em camadas, com temperaturas que variam de 1.000 °C (nas proximidades da crosta) a 3.500 °C (nas proximidades do núcleo). A camada do manto mais próxima da crosta é sólida e suas rochas, reunidas à crosta, formam o que chamamos de **litosfera** (do grego *lithos* = = pedra e *sphaira* = esfera), que significa *esfera de pedra*.

Abaixo da litosfera está a segunda camada do manto, de aproximadamente 100 km de espessura. Nessa camada, as rochas, submetidas à alta temperatura, apresentam-se em estado pastoso. Esse material rochoso fundido é chamado de **magma**.

Lembre-se!

A litosfera compreende a crosta terrestre mais a parte superior e sólida do manto.

Nas erupções vulcânicas, o magma que se encontra a altíssimas temperaturas no interior da Terra é expelido, além de vapor-d'água, vários gases e cinza. Esse magma que chega à superfície quando das erupções é chamado de **lava**.

É SEMPRE BOM SABER MAIS!

Gêiseres e fontes termais

Quando o magma se localiza mais próximo da superfície da Terra, aquece reservatórios de água subterrânea, dando origem às **fontes termais**, as conhecidas "águas quentes", que atraem visitantes em algumas regiões do nosso país. Se essa água jorrar em jatos, sob pressão e temperatura elevadas, forma os **gêiseres**.

JENS KRAUSE/PANTHERMEDIA/KEYDISC

Gêiser. Observe como a água aquecida jorra para fora da crosta.

Núcleo

O núcleo, camada mais interna do planeta, também pode ser dividido em duas partes: o **núcleo externo** e o **núcleo interno**.

O núcleo externo (raio médio de 3.400 km) é composto essencialmente dos metais ferro e níquel no estado líquido. No seu interior localiza-se o núcleo interno (1.200 km de raio), com ferro e níquel no estado sólido. A temperatura se aproxima dos 6.000 °C.

A temperatura de fusão do ferro e do níquel na superfície do planeta é, aproximadamente, 1.500 °C a uma pressão de 1 atmosfera. Porém, no núcleo, o ferro se mantém sólido, mesmo a 6.000 °C, devido à elevadíssima pressão. Mais uma vez, você está percebendo que as mudanças de estado físico não dependem apenas da temperatura, mas também da pressão que atua sobre os materiais. Altas pressões, por exemplo, dificultam a passagem do estado sólido ao líquido.

É como se as partículas que formam a matéria (átomos, moléculas) ficassem "aprisionadas", impedidas de se agitar, de se libertar.

Lembre-se!

O estado físico em que determinado material se encontra depende do grau de agitação de seus átomos ou moléculas. Esse grau de agitação aumenta à medida que um sólido passa para o estado líquido e mais ainda ao passar para o estado gasoso.

É SEMPRE BOM SABER MAIS!

A atmosfera terrestre

A atmosfera da Terra, camada de gases (ar) que a envolve, tem sua origem em processos físicos, químicos e biológicos que ocorreram continuamente durante toda a vida do planeta. Portanto, o ar que respiramos hoje não é o mesmo de quando a atmosfera surgiu juntamente com o planeta há 4,6 bilhões de anos.

A atmosfera terrestre atual é composta 78% por nitrogênio (N_2), 21% por oxigênio (O_2), 1% por gás carbônico (CO_2), e em menor quantidade (0,03%) por outros elementos como hélio, neônio, argônio, entre outros, além de quantidades variáveis de vapor-d'água. Devido à ação gravitacional do planeta, quanto mais próximo da superfície, maior a concentração das moléculas que compõem o ar.

As cinco camadas mais importantes da atmosfera são **troposfera**, **estratosfera**, **mesosfera**, **termosfera** e **exosfera**. A passagem de uma camada para outra é gradual.

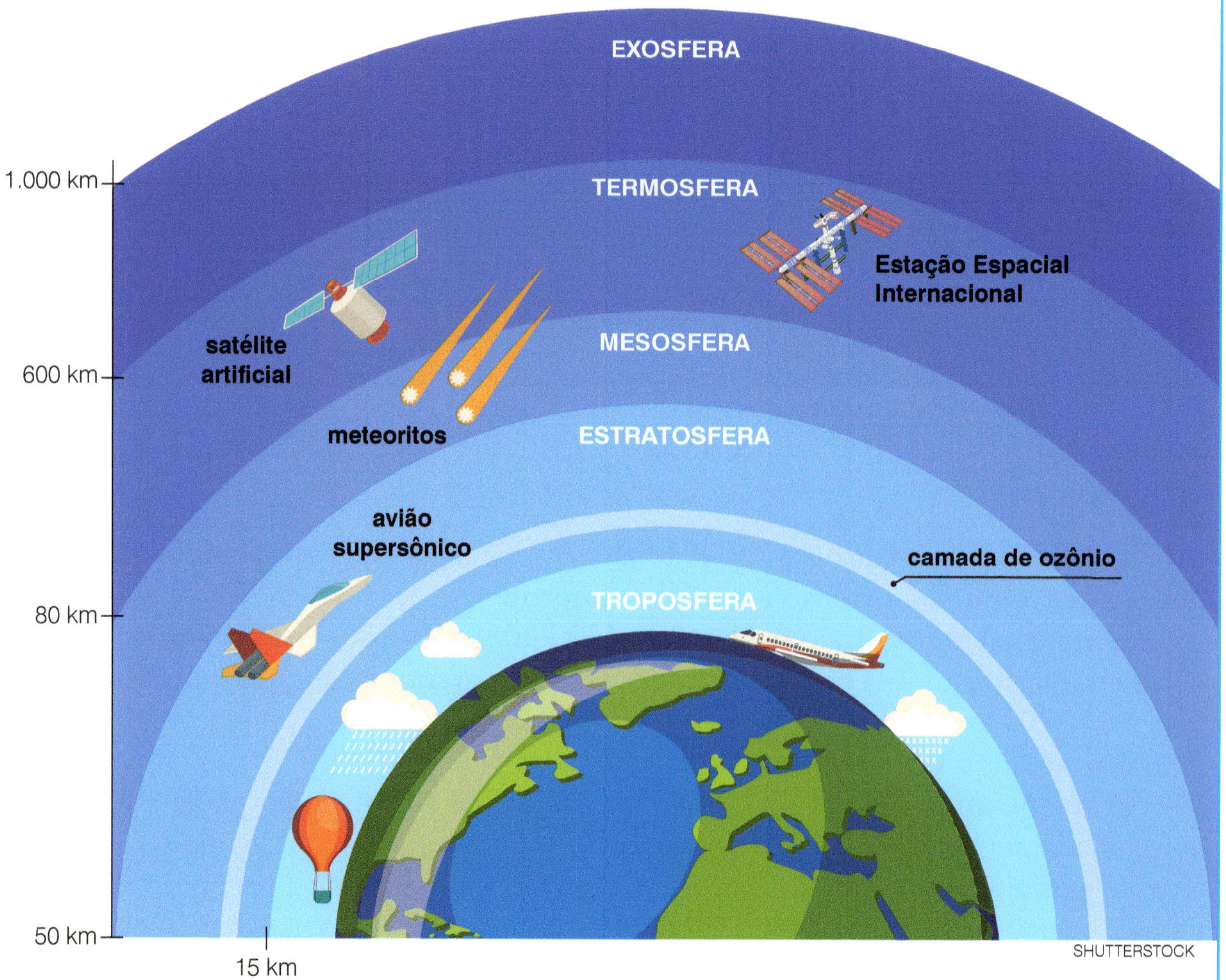

Minerais e rochas da crosta terrestre

Minerais são substâncias sólidas, com composição química definida, formadas naturalmente por meio de processos geológicos na Terra ou em corpos extraterrestres. Geralmente são encontrados misturados formando as **rochas**. Portanto, o termo rocha é usado para descrever um agregado de minerais, intimamente ligados, podendo ser separados em todos os seus componentes. Por exemplo, o granito é uma rocha formada por três tipos de minerais: (1) o quartzo, que apresenta aspecto transparente, semelhante ao vidro; (2) a mica, de cor preta e (3) o feldspato, de cor rósea, branco ou cinza. Cada um deles pode ser identificado facilmente a olho nu.

Quando o mineral ou rocha apresenta alguma importância econômica recebe a denominação de **minério**. Assim, um minério sempre apresenta uma ou mais substâncias úteis economicamente.

O Brasil possui grandes reservas de minérios, principalmente ferro, alumínio, manganês e nióbio. O manganês é muito utilizado na fabricação de aços e pilhas. O nióbio é usado na fabricação de alguns aços inoxidáveis e na fabricação de componentes de motores que necessitem resistir a altas temperaturas, como turbinas de aviões e foguetes.

Agregado: um acumulado, uma reunião.

O granito é uma rocha formada por três minerais: quartzo, mica e feldspato.

VLADIMIR ARNDT/SHUTTERSTOCK

STEFANO CAVORETTO/SHUTTERSTOCK

Quartzo.

PANCAKETOM/PANTHERMEDIA/KEYDISC

Mica.

ZBYNEK BURIVAL/SHUTTERSTOCK

Feldspato.

Tipos de rochas

Os principais tipos de rochas são: **magmáticas, sedimentares** e **metamórficas**.

Descubra você mesmo!

Procure nos livros de sua biblioteca ou na internet qual o significado da palavra ígnea. A denominação rocha ígnea como sinônimo de rocha magmática é válida? Por quê?

Rochas magmáticas ou ígneas

Vimos que quando um vulcão entra em erupção, grandes quantidades de rocha fundida, denominada magma, são lançadas à superfície. Quando esse magma se resfria e se solidifica, ele dá origem às chamadas rochas magmáticas ou ígneas, como basalto, pedra-pomes e granito.

- **Basalto** – quando o magma escorre das crateras recebe a denominação de lava. Ao escorrer pelas encostas e em contato com o ar, a lava esfria-se, solidifica e dá origem a um tipo de rocha magmática muito resistente, escura, chamada de *basalto*, muito usada na pavimentação de calçadas. A lenta transformação do basalto originou as férteis terras-roxas em áreas do planeta onde, no passado, houve derramamento de lava vulcânica.

Fique por dentro!

O basalto é o tipo de rocha mais comum na crosta terrestre compondo a maior parte do fundo dos oceanos.

GLOW IMAGES

MARCHELLO74/SHUTTERSTOCK

SIIM. SEPP/SHUTTERSTOCK

O basalto é uma rocha que geralmente possui cor escura muito utilizada pela construção civil (na calçada, a rocha de cor clara é o calcário). Acima, você também pode ver o paredão íngreme de basalto na praia de Guarita em Torres, RS.

- **Pedra-pomes** – quando ocorrem erupções vulcânicas explosivas, o magma, que pode ser rico em gases, é expulso violentamente para a atmosfera. Ao entrar em contato com o ar, havendo um resfriamento muito rápido, o magma se solidifica aprisionando em seu interior os gases em forma de bolhas. A rocha porosa formada nessas condições recebe a denominação de *pedra-pomes*; é usada para polir objetos e esfoliar a pele.

SIIM. SEPP/SHUTTERSTOCK

MÔNICA ROBERTA SUGUIYAMA/acervo da editora

A pedra-pomes é formada durante erupções vulcânicas violentas, quando lava rica em gases se solidifica dando origem a uma rocha esponjosa de densidade menor do que a água. Por isso a pedra-pomes é uma rocha que flutua em água.

- **Granito** – o magma pode também solidificar-se no interior da crosta terrestre, sob grande pressão, a partir de um lento resfriamento. Este é o caso do *granito*, empregado na fabricação de pias, mesas, pisos e em esculturas.

VALLEFRIAS/SHUTTERSTOCK

GYVAFOTO/SHUTTERSTOCK

Extração de granito em jazida. O granito é uma rocha muito empregada como revestimento em edifícios e monumentos.

CIFOTARKT/SHUTTERSTOCK

Monumento às Bandeiras, localizado na cidade de São Paulo, SP, esculpido em granito no ano de 1954 por Victor Brecheret. A escultura tem 12 m de altura, 50 m de extensão e 15 m de largura. Foram utilizados 240 blocos de granito de 50 toneladas cada.

Rochas sedimentares ou estratificadas

A formação das rochas sedimentares ocorre quando os fragmentos que resultaram da erosão de rochas (sedimentos) são transportados pelo vento e água e se depositam em regiões baixas, como lagos e oceanos. Com o passar do tempo, esses sedimentos vão sendo comprimidos pela ação da gravidade, e o peso das camadas superiores comprime e compacta as camadas inferiores. Com isso formam-se rochas que possuem camadas ou estratos de sedimentos que podem ser visíveis a olho nu. Por isso são denominadas de **rochas sedimentares** ou **estratificadas** (estrato = camada).

São exemplos de rochas sedimentares o arenito, o argilito e o calcário.

- **Arenito** e **argilito** – a origem do arenito deve-se à compactação de grãos de areia (fragmentos de quartzo) provenientes da erosão de rochas como o granito. Cortado na forma de placas, esse tipo de rocha é usado no revestimento de paredes e pisos.

  Por outro lado, partículas de feldspato (mineral também encontrado no granito), também chamadas de argila, originaram, pela compactação, o *argilito*. É empregado na fabricação de objetos de cerâmica (louças, filtros, moringas, vasos), azulejos, revestimentos de pisos, telhas e tijolos.

MICHEL812/ PANTHERMEDIA/KEYDISC

Arenito.

JOSÉ MARQUES LOPES/SHUTTERSTOCK

A "Taça", formação arenítica, em Vila Velha, PR. A rocha foi modelada pela erosão durante milhares de anos. Nela é possível observar as camadas de sedimentos que lentamente a originaram.

- **Calcário** – é uma rocha sedimentar formada pelo acúmulo de fragmentos de carbonato de cálcio (sal de cálcio) ou pelo acúmulo de restos de corais, conchas e carapaças. É a partir do calcário que se produzem cal e cimento. Na agricultura, cal e calcário são usados para corrigir a acidez dos solos.

Calcário, rocha sedimentar originária de Ipeúna, SP.

FABIO COLOMBINI

JEREMY RED/SHUTTERSTOCK

A famosa pirâmide de Quéops, no Egito, foi construída a partir de blocos de rocha calcária e é considerada o monumento mais pesado construído pelo ser humano.

É SEMPRE BOM SABER MAIS!

Fósseis

Durante a formação das rochas sedimentares, restos ou vestígios (pegadas, por exemplo) de seres vivos podem ser cobertos pelos sedimentos, dando origem ao que chamamos de **fósseis**. Eles são importantes em nossa tentativa para reconstruir uma visão da vida na Terra em épocas distantes, como ela evoluiu, que organismos vivos viveram em dado local e em que época, por exemplo.

MÁRCIO JOSÉ BASTOS SILVA/SHUTTERSTOCK

DE OLHO NO PLANETA

Sustentabilidade

O Cerrado e a aplicação de calcário

No Cerrado brasileiro, o maior problema não é a falta de água, pois esta existe em abundância, nem seu clima, que apresenta duas estações bem definidas: inverno seco e verão chuvoso. Então, por que durante muito tempo, essa área em estado natural foi tida como não adequada à prática agrícola?

O problema do Cerrado, acredite, está em seu próprio solo, que é ácido, apresenta deficiência de alguns micronutrientes, como o zinco, e, em contraste, altas concentrações de manganês, ferro e alumínio. A acidez do solo dificulta a atividade dos microrganismos que decompõem a matéria orgânica e, com isso, promovem a adubação natural, como também prejudica a retenção de água no próprio solo.

Para a agricultura no solo do Cerrado, o calcário desempenha um papel importantíssimo, na medida em que sua aplicação corrige inicialmente a acidez do solo. Essa correção, juntamente ao equilíbrio dos micronutrientes, tornou a região extremamente produtiva, com destaque para as lavouras de soja, que se tornou um de nossos principais produtos de exportação.

FABIO COLOMBINI

Correção da acidez do solo com calcário em plantação do MT.

Rochas metamórficas

As rochas metamórficas surgem da transformação de qualquer tipo de rocha (ígneas, sedimentares, ou outra rocha metamórfica). O processo que dá origem a uma rocha metamórfica é denominado de **metamorfismo**, que significa "mudança de forma".

A transformação das rochas em rochas metamórficas só é possível por estarem submetidas a intensas pressões de camadas superiores e a altas temperaturas (calor do manto) em regiões localizadas entre 12 a 16 km abaixo da superfície. Com o movimento da crosta terrestre, essas rochas atingem a superfície.

São exemplos de rochas metamórficas o gnaisse, a ardósia e o mármore.

- **Gnaisse** – origina-se da transformação de diversas rochas, como, por exemplo, o granito. É empregado no revestimento de pisos e paredes. Fragmentado, na forma de brita, entra na produção de concreto, no leito das estradas de ferro (sob a camada asfáltica), em canteiros etc.
- **Ardósia** – origina-se da transformação do argilito. É usada na produção de pias, mesas, revestimentos de pisos, paredes e telhados.

- **Mármore** – forma-se a partir da transformação do calcário. É empregado na fabricação de mesas, pias, no revestimento de pisos e paredes, em esculturas. O mármore, assim como o calcário, do qual se origina, reage com substâncias ácidas que aos poucos o dissolvem. Assim, esculturas em mármore expostas ao tempo estão sujeitas à corrosão pela ação da chuva ácida.

O mármore (à esquerda), a ardósia (ao centro) e o gnaisse (à direita) são rochas formadas a partir de outras rochas (respectivamente, do granito, da argila e do calcário). Como sofreram uma metamorfose, são chamadas de rochas metamórficas.

SIIM SEPP/SHUTTERSTOCK

Mármore.

TYLER BOYES/SHUTTERSTOCK

Ardósia.

SIIM SEPP/SHUTTERSTOCK

Gnaisse.

O granito, formado no interior da crosta terrestre, ao ser submetido a altas temperaturas e pressão origina o gnaisse. Com o movimento da crosta terrestre essas rochas atingem a superfície. O Corcovado, o Pão de Açúcar, no Rio de Janeiro, e a maioria das rochas da Serra do Mar são de gnaisse.

DMITRY ISLENTEV/SHUTTERSTOCK

EM CONJUNTO COM A TURMA!

Vimos, nesta seção, algumas das inúmeras aplicações que podem ser dadas para as rochas de nosso planeta, segundo suas características. Podem ser usadas em construções, pavimentação, em detalhes ornamentais, em obras de arte etc. Agora, com seu grupo de trabalho, pesquisem:

1. se há algum produto derivado de rocha que é utilizado em culinária; em caso afirmativo, qual é esse produto?
2. por que é melhor utilizar granito para a produção de tampos de pia de cozinha e não mármore.

Nosso desafio

Para preencher os quadrinhos de 1 a 9, você deve utilizar as seguintes palavras: 1/4, 3/4, crosta, ilhas, líquido, manto, placas tectônicas, sólido, terremotos.

À medida que você preencher os quadrinhos, risque a palavra que escolheu para não usá-la novamente.

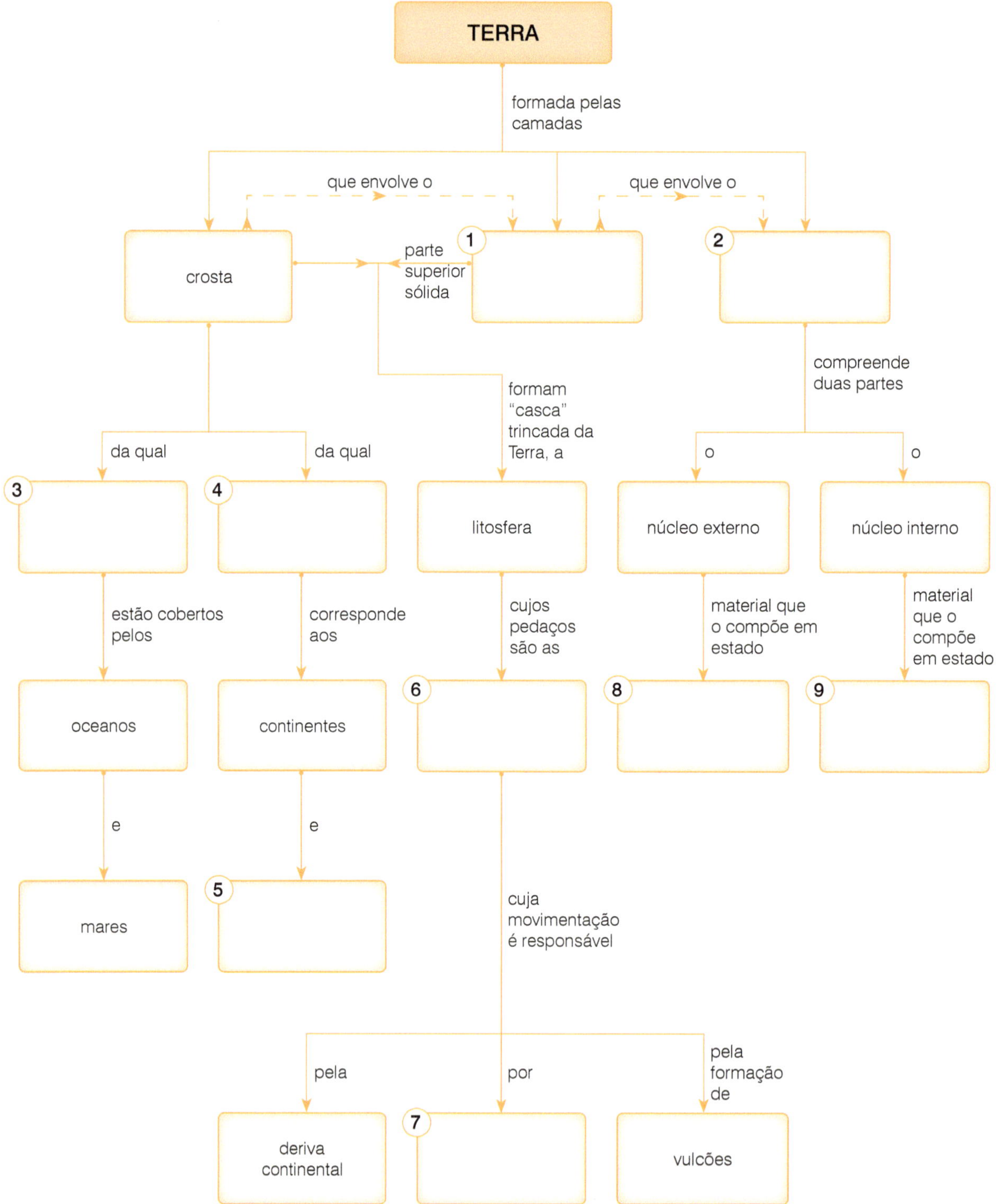

Atividades

1. [1, 3, 6, 8, 9, 10] Quando, em 1864, o francês Júlio Verne escreveu "Viagem ao Centro da Terra", pouco se conhecia a respeito do interior do planeta. A narrativa descreve uma grande galeria em que é possível a existência de vida a milhares de metros de profundidade. Hoje, sabemos que isso é impossível. Escreva um pequeno texto explicando os porquês da impossibilidade de tal viagem.

2. [1, 6, 9, 10] Spirit e Opportunity são robôs exploradores enviados pela NASA para Marte. Pousaram no planeta em janeiro de 2004 e sua missão foi considerada um sucesso. No entanto, não é possível enviarmos robôs para investigar o núcleo do nosso próprio planeta. Explique por que é tão difícil enviarmos equipamentos em direção ao centro da Terra.

3. [1, 10] De acordo com a origem, como podem ser classificadas as rochas? Dê exemplos da utilização de cada uma.

4. [1, 10] Nosso planeta possui um raio de aproximadamente 6.400 km, ou seja, o centro da Terra localiza-se a aproximadamente 6.400 km de profundidade. Até o momento nenhum equipamento atingiu uma profundidade superior a 12.262 metros. Então, como foi possível obter tantas informações a respeito do interior da Terra?

5. [1, 7, 10] Por que não é possível enviarmos equipamentos para investigar o núcleo da Terra?

6. [10] A vida, como a conhecemos, desenvolve-se na camada mais externa da Terra. Como é denominada esta camada?

7. [10] A segunda camada abaixo da crosta é denominada manto. O manto pode ser dividido em duas camadas: manto superior e manto inferior. Quais são suas principais características?

8. [10] O que é litosfera?

9. [1, 7, 10] O núcleo é a camada mais interna do planeta, composta principalmente por ferro e níquel, e como o manto também pode ser dividido em duas partes: o núcleo externo e o núcleo interno. Embora o núcleo externo seja líquido, o núcleo interno está no estado sólido, mesmo possuindo uma temperatura muito superior à temperatura do núcleo externo. Como é possível explicar isso?

10. [10] Cite a diferença entre minerais e rochas.

11. [10] Basalto e granito são exemplos de rochas magmáticas. Como se dá a formação dessas rochas?

12. [10] O calcário é um tipo de rocha muito utilizado para corrigir a acidez dos solos. Como ocorre a formação desse tipo de rocha?

13. [10] O mármore e a ardósia são rochas muito usadas na produção de pias, mesas e revestimentos de pisos e paredes. Como essas rochas se formaram?

14. [1, 3, 9, 10] "Uma vez formadas, as rochas não mais se transformam, permanecem inalteradas." Você concorda com essa afirmação? Justifique sua resposta.

15. [1, 6, 10] No Brasil, principalmente na região que vai do estado de São Paulo ao Rio Grande do Sul, há grandes extensões de terras-roxas, muito férteis para a atividade agrícola. Qual é a origem dessas terras?

16. [1, 7, 10] Os fósseis são restos ou vestígios de seres vivos cobertos pelos sedimentos e são muito importantes para reconstruir uma visão da vida na Terra em épocas distantes. Qual é o tipo de rocha que permite a formação dos fósseis?

MERLIN74/SHUTTERSTOCK

Registro fóssil de trilobitas, artrópodes extintos.

capítulo 14

O SOLO

Terrinha boa!

Ao preparar um terreno para o cultivo de plantas, os agricultores remexem o **solo**, do qual as plantas retiram vários nutrientes minerais. Nas florestas, as árvores fixam-se no **solo** pelas raízes. O **solo** é o local de vida de inúmeros seres, desde microscópicas bactérias e fungos, até minhocas, besouros, cupins, formigas e animais maiores, como os tatus. Ao se deslocarem, os tatus movimentam o **solo**. O mesmo é feito por cupins, formigas, minhocas e inúmeros outros seres vivos que, além de remexerem a terra, tornando-a mais fofa, favorecem a distribuição de água, arejam e alteram a composição e as características do **solo**. E, claro, essa atividade ajuda as plantas a se desenvolverem melhor. Isso porque as raízes dispõem de mais espaço para se desenvolverem, além de obterem a água, o oxigênio e os elementos minerais necessários que permitirão um bom desenvolvimento vegetal. Afinal, como já ouvimos falar várias vezes, terra boa para plantar é aquela que tem minhocas e, como se pode perceber, também besouros, formigas, microrganismos e ... tatus.

Você percebeu que, no texto, a palavra **solo** não só está destacada como aparece várias vezes. Afinal, o que é **solo**? Como ele foi formado, quais são suas características, como é organizado, quais são seus componentes e quais são os tipos mais comuns? Essas e outras perguntas você poderá responder ao ler as páginas deste capítulo. E, no final, conseguirá responder várias perguntas que se relacionam ao ... **solo**.

FUNNYANGEL/SHUTTERSTOCK

As calçadas, o asfalto das ruas, as nossas casas, as plantas cultivadas que nos fornecem alimentos, as árvores que crescem nas florestas, apoiam-se no **solo**. Chamamos de solo à cobertura superficial da parte continental do planeta, formada pela ação de diversos fatores sobre a rocha bruta. Dependendo do tipo de rocha que se decompõe sob a ação desses fatores, os solos originados são diferentes.

Formação do solo

Há bilhões de anos, quando o nosso planeta surgiu, a superfície da Terra era constituída por um imenso bloco rochoso. Lentamente, porém, sob a ação de agentes físicos (chuvas, ventos, temperatura), químicos (substâncias ácidas) e biológicos (bactérias, fungos, liquens), a superfície terrestre começou a sofrer modificações, originando os solos.

Inicialmente, a ação dos agentes atmosféricos desintegrou as formações rochosas iniciais, chamadas **rocha-mãe** ou **rocha-matriz**, dando origem a fragmentos de rocha de diversos tamanhos. Você deve estar se perguntando como isso foi possível se as rochas são tão duras.

A água da chuva, caindo sobre a rocha-mãe, preenche as pequenas cavidades que nela existem. Com a diminuição acentuada de temperatura, essa água congela e aumenta de volume, forçando as paredes rochosas da cavidade em que se encontra. Após anos de variação de temperatura, a rocha-mãe vai se fragmentando.

BALAZS KOVACS IMAGENS/SHUTTERSTOCK

A água é um importante agente transformador das rochas em virtude não só do próprio impacto que causa, mas também das substâncias que carrega consigo. Como na atmosfera terrestre temos gases que reagem com a água e se transformam em ácidos, a água das chuvas é ácida; o contato sucessivo dessa água ácida com a rocha acaba por modificá-la.

Lembre-se!

Quando a água congela, ela aumenta seu volume.

RAYMOND THILL/PANTHERMEDIA/KEYDISC

A água do mar tem um alto conteúdo de sal, que em contato com os minerais presentes nas rochas pode levar à sua fragmentação.

Posteriormente, a atividade de liquens, seres vivos primitivos que se fixaram nas rochas, liberou substâncias ácidas que também contribuíram para a sua fragmentação. Com a morte dos seres vivos primitivos, a matéria orgânica que os constituía foi sendo sucessivamente decomposta e incorporada a esse "solo primitivo".

Jogo rápido

Como o solo foi formado?

Após milhares de anos, sobre o solo primitivo então formado, se desenvolveram pequenas plantas e a decomposição dos inúmeros restos desses vegetais favoreceu o aumento de espessura dos solos e permitiu o crescimento de plantas de tamanho maior.

Descubra você mesmo!

As raízes dos vegetais interferem na formação do solo?

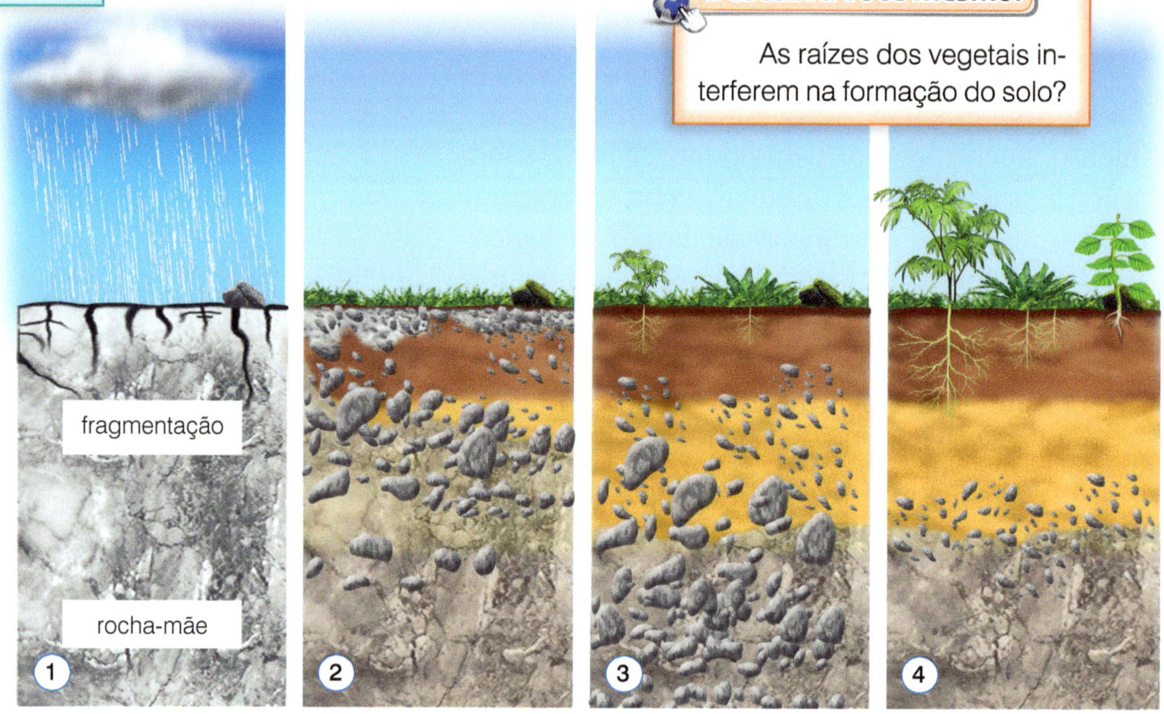

LUIS MOURA/acervo da editora

Etapas na formação do solo. (1) A ação sucessiva dos agentes atmosféricos inicia o processo de fragmentação da rocha-mãe. (2) Liquens liberam substâncias ácidas que também auxiliam nessa fragmentação. (3) Pequenas plantas conseguem se instalar e a sua decomposição leva a um aumento da matéria orgânica. (4) O solo formado favorece o crescimento de vegetais de maior porte.

É SEMPRE BOM SABER MAIS!

O intemperismo sobre as rochas

A ação de vários fatores ambientais que produzem alterações nas rochas, resultando na formação dos solos, é denominada de intemperismo. Ciclos diários de aquecimento, gerado pela luz do Sol, e de resfriamento provocam dilatações e contrações, que fragmentam ou provocam a formação de fendas nas rochas. As raízes dos vegetais, ao penetrarem nessas fendas, contribuem para o seu alargamento. A acidez da água das chuvas altera quimicamente as rochas e leva à produção de inúmeros outros fragmentos. A ação erosiva do vento "metralha" as rochas, esculpindo-as e produzindo o mesmo efeito. O congelamento da água que penetra nas fendas em muitas regiões da Terra também é um fator que acentua a fragmentação de rochas. A água, ao congelar, aumenta seu volume em cerca de 9%, gerando uma extraordinária força que rompe a rocha na qual se encontra. Todos esses fatores, combinados, acabam por provocar alterações profundas na estrutura das rochas, cuja decomposição conduz à formação dos diferentes tipos de solo na superfície terrestre.

BERNA AMP AFO AMP LU/PANTHERMEDIA/KEYDISC

As camadas do solo

Uma camada de cobertura de morango, outra de creme de baunilha, outra de creme de chocolate, apoiadas sobre uma massa. Este pode ser um bolo de aniversário que, quando fatiado, mostra o seu perfil. Do mesmo modo, a maioria dos solos possui um perfil em que se sobrepõem algumas camadas, sendo a inferior a *rocha-mãe*, aquela que originou o solo.

Perfil: visto de lado; imagem de algo que foi cortado perpendicularmente, ou seja, desde a sua parte superior até a sua base.

Cada camada do solo se denomina **horizonte** e mede entre 10 e 50 cm de profundidade. A figura abaixo representa, de modo simplificado, as principais camadas ou horizontes que formam o perfil dos solos em geral.

PANTHERMEDIA/KEYDISC

Jogo rápido

Compare o tamanho das partículas da tabela abaixo. Qual é o fator de multiplicação entre elas?

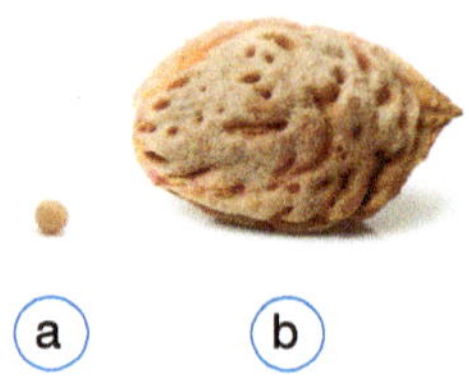

ABEL TUMIK/JIANG HONGYAN/ SHUTTERSTOCK

Observe um comparativo da proporcionalidade do tamanho das principais matérias minerais. A semente de mostarda (a), com aproximadamente 2 mm de diâmetro, representa o tamanho da partícula de argila, enquanto o tamanho da partícula de silte é ilustrado pela semente de pêssego (b), com aproximadamente 2 cm de comprimento. Seguindo a mesma escala, para representar a partícula de areia teríamos um ser humano de 2 m de altura.

Composição do solo

A maioria dos solos possui quatro componentes: **matéria mineral**, **matéria orgânica**, **água** e **ar**. Além desses componentes, no solo podem ser encontrados inúmeros seres vivos.

Matéria mineral

A matéria mineral é constituída de partículas de tamanhos diferentes, decorrentes da fragmentação da rocha que originou o solo. As principais são: partículas de **areia**, de **silte** (também chamado de limo) e de **argila**. A tabela a seguir mostra os tamanhos aproximados dessas partículas.

Partícula	Tamanho aproximado (em milímetros)
Areia	0,02-2,0
Silte (limo)	0,002-0,02
Argila	menos que 0,002

Por que é útil conhecer o tamanho das partículas do solo? Imagine, por exemplo, um solo rico em areia. As partículas de areia, por possuírem grande tamanho, deixam muitos espaços entre si. Um solo assim é altamente poroso, isto é, assim que uma chuva cai, a água não é retida, ela escorre e se dirige para as profundezas do solo. Por outro lado, no extremo oposto, um solo extremamente rico em argila é impermeável, quer dizer, as partículas de argila possuem tamanho tão pequeno, ficam tão juntas umas das outras, que a água da chuva não penetra entre elas e o solo acaba ficando encharcado. Então, o ideal para um solo, principalmente para ser utilizado no cultivo agrícola, é a sua **textura**, ou seja, o tamanho e a forma das partículas minerais e a maneira como estão dispostas. No caso dos solos agrícolas, é importante que sua composição seja equilibrada, isto é, que contenha quantidades aproximadamente equivalentes dos três tipos de partículas. Podemos dizer que o solo ideal é aquele que se comporta como uma esponja, retendo água e ar, que poderão ser utilizados pelas raízes e animais que nele vivem.

JOANNA WNUK/PANTHERMEDIA/KEYDISC

Um torrão de terra úmida e arejada retém água e ar para o desenvolvimento de plantas, microrganismos e animais do solo.

ESTABELECENDO CONEXÕES

Cotidiano

Potes e objetos de cerâmica

Você sabia que os conhecidos potes e artigos de cerâmica (do grego, *kéramos* = terra queimada) são produzidos a partir de uma simples mistura de argila e água? Depois de prontas as peças, elas são "cozidas" a alta temperatura em fornos apropriados.

Já a porcelana é um pouco diferente da cerâmica. Vitrificada, translúcida, é também produzida a partir de uma argila especial, chamada caulim, à qual foram acrescentados quartzo e feldspato.

SCOTT GRIESSEL/PANTHERMEDIA/KEYDISC

NATKAMOL PANOMNANTAKIT/PANTHERMEDIA/KEYDISC

Matéria orgânica

A matéria orgânica é derivada dos restos dos seres vivos: folhas, galhos, fezes de animais. Esses restos orgânicos são fragmentados pela ação de seres detritívoros, como as minhocas e, também, por bactérias e fungos decompositores. Essa ação resulta na formação de um material que se deposita na superfície do solo, conhecido como **húmus**, rico em nutrientes minerais (amônia, cálcio, fósforo etc.), sobretudo para os vegetais.

Detritívoro: (do latim, *detritus* = ejeitado + *devorare* = = devorar, engolir) ser que se alimenta de restos de animais ou vegetais.

É comum hoje a prática de estimular a **compostagem** a partir da decomposição de restos orgânicos como, por exemplo, resíduos de alimentos, depositados em locais apropriados, conhecidos como *composteiras*, que, inclusive, podem ser domésticas. A ação de fungos e bactérias que decompõem a matéria orgânica conduz à produção de uma mistura denominada **composto**, rica em substâncias inorgânicas e húmus, que pode ser utilizada como adubo.

DE OLHO NO PLANETA

Meio Ambiente

Húmus de minhoca

O acúmulo de restos orgânicos provenientes de galhos, folhas, raízes e restos animais no solo proporciona o desenvolvimento de uma comunidade de seres detritívoros e decompositores, especializados na sua utilização. A ação desses organismos leva à formação de um composto escuro, de cheiro característico, conhecido como *húmus*. É frequente o uso, por agricultores brasileiros, do húmus de minhoca, decorrente da atividade detritívora desses animais, para fertilizar os solos. Criadas em reservatórios contendo estrume de vaca e restos de vegetação, as minhocas alimentam-se desses detritos e liberam suas fezes, repletas de matéria orgânica finamente fragmentada, e urina, que sofrerão a ação de microrganismos decompositores. Essa ação microbiana resulta na mineralização dos restos orgânicos, ficando os nutrientes minerais disponíveis para absorção pelas plantas.

Mineralização: processo de incorporação de minerais ao solo.

FABIO COLOMBINI

A vida no solo

Em solos de boa qualidade, existe uma rica comunidade de seres vivos, constituída de animais, vegetais e uma infinidade de microrganismos. A partir dos restos de vegetais e animais em decomposição constitui-se uma teia alimentar complexa, em que os principais atores da desintegração da matéria orgânica são as bactérias e os fungos que, ao formar o húmus, liberam, no solo, a água e os minerais que serão absorvidos pelas raízes dos vegetais.

Três nutrientes são necessários aos animais e, como não são fabricados pelo próprio organismo, devem ser obtidos pela dieta. É o caso, por exemplo, do nitrogênio (importante nas atividades metabólicas), fósforo (participa do material hereditário) e potássio (necessário na condução dos impulsos nervosos).

Jogo rápido

Folhas, galhos e os restos de animais e de outros seres vivos contêm muitos nutrientes minerais que poderão ser úteis aos vegetais. O que é necessário ocorrer, para que esses nutrientes possam ser absorvidos pelas raízes?

Apesar de 78% da atmosfera ser constituída por nitrogênio (N), nós não conseguimos usá-lo diretamente, pois esse se encontra na forma gasosa. Algumas espécies de bactérias presentes no solo são as responsáveis pela transformação do nitrogênio gasoso em uma forma que possa ser absorvida pelas plantas e, a partir daí, pelos consumidores. Outras espécies de bactérias atuam no sentido inverso, devolvendo o nitrogênio à sua forma gasosa.

O fósforo praticamente não existe na atmosfera. Ele é liberado para o solo a partir da quebra de rochas fosfatadas e sais de fosfato dissolvidos na água e no solo são absorvidos pelas plantas, sendo que os animais o obtêm por meio da alimentação e também da água. Retorna para o solo pela ação de organismos decompositores que atuam nos restos liberados por animais e pela vegetação.

O elemento potássio é abundante na natureza, apesar de os seres vivos não serem capazes de sintetizá-lo. É absorvido pelas plantas a partir da água do solo e a decomposição de seres vivos faz com que esse elemento retorne à natureza.

Tipos de solo

Estudamos como o solo é formado e também como é sua composição. Mas o solo não é exatamente igual em todos os lugares, pois sua textura varia de acordo com a proporção de cada tipo de partícula que o compõe. Assim, dentre os diferentes tipos de solo, temos os

- **arenosos**, que possuem (como o próprio nome já indica) uma maior proporção de partículas de areia em sua composição (cerca de 70%). Como essas partículas são grandes, deixam entre elas grandes espaços, o que faz com que a água escorra rapidamente por eles. Com isso, os solos arenosos são pobres, pois a água não é retida e passa levando consigo os sais minerais;

OLLIRG/SHUTTERSTOCK

Solo arenoso.

SABPHOTO/SHUTTERSTOCK

Solo argiloso.

MADLEN/SHUTTERSTOCK

Solo humífero.

- **argilosos**, formados principalmente por partículas de argila (cerca de 30%). Diferentemente da areia, as partículas de argila são muito pequenas, o que faz com que os espaços entre elas sejam muito reduzidos e a água tenha dificuldade para percorrê-los. Isso auxilia os solos argilosos a serem mais ricos em minerais;
- **humíferos** ou **humosos**, que apresentam em sua composição pelo menos 10% de húmus. Trata-se de um tipo de solo arejado, fértil e permeável à água.

Independente do tipo de solo, no entanto, medidas podem ser tomadas no sentido de sua melhoria.

ESTABELECENDO CONEXÕES

História

Terra roxa

Um tipo de solo muito fértil é a chamada *terra roxa*, um solo de cor avermelhada por ser rico em ferro. Esse solo é proveniente da decomposição das rochas basálticas e está presente nos estados da Região Sul, São Paulo, Minas Gerais e Mato Grosso do Sul. Sua textura varia de argilosa a muito argilosa.

O nome desse solo vem do tempo dos imigrantes italianos que trabalhavam nas lavouras de café no Brasil no início do século XX. Esses trabalhadores se referiam à terra avermelhada pelo termo terra *rossa* (em italiano, *rossa* = vermelha), que foi traduzido erroneamente como terra roxa.

FABIO COLOMBINI

Terra roxa em fazenda de Londrina, PR. Observe a cor avermelhada da terra em razão do alto teor de ferro.

Melhoria do solo

Quando o ser humano descobriu a agricultura, cerca de 12000 anos antes de Cristo, os homens passaram a cultivar a terra e a extrair dela o seu sustento. Com o uso do solo para a prática agrícola e o possível esgotamento de seus nutrientes, são necessárias algumas técnicas a fim de melhorar a qualidade do solo, como, por exemplo, **aração**, **adubação**, **irrigação**, **drenagem** e **rotação de culturas**.

Aração

Se você tem em sua casa uma planta há muito tempo dentro de um vaso e pretende adubá-la, pegue antes uma pequena pá e escarifique a terra. Esse simples procedimento trará muitos benefícios à sua planta: arejará o solo, permitirá que a água penetre nele mais facilmente e possibilitará a melhor distribuição do adubo pela terra. Os agricultores também fazem isso periodicamente em suas terras, procedimento denominado de **aração**. Para isso, utilizam arados acionados por animais ou por tratores, como pode ser visto nas fotos.

Escarifique: remexa, revolva.

IURII KONOVAL/PANTHERMEDIA/KEYDISC

PANTHERMEDIA/KEYDISC

Quer seja por tração animal ou de forma mecanizada, os arados auxiliam no trabalho de revolver a terra e prepará-la para o plantio.

Adubação

Nas florestas, como a Amazônica, por exemplo, a matéria orgânica existente nas folhas, galhos, frutos e sementes que caem das árvores assim como os dejetos e restos de animais mortos, é constantemente decomposta pelos microrganismos do solo, resultando na liberação dos nutrientes minerais, o que

Fique por dentro!

Inúmeras espécies de orquídeas, assim como bromélias e o cipó-imbé, que crescem em matas, não utilizam o solo para a obtenção da água e nutrientes minerais. Isso porque essas plantas são epífitas, isto é, crescem apoiadas em galhos elevados de árvores. Essa adaptação favorece a recepção de luz para a fotossíntese. A água e os nutrientes minerais são obtidos das chuvas que caem nas matas e lavam as copas das árvores, sendo prontamente absorvidos pelas espessas raízes aéreas desses vegetais. É claro que, sendo pequena a disponibilidade de nutrientes minerais nessas condições, o tamanho atingido por essas plantas também não é grande.

Orquídea crescendo sobre tronco de árvore.

RUI DIAS-AIDOS/PANTHERMEDIA/KEYDISC

garante a adubação constante e permanente do solo da floresta. Ao contrário, em um solo agrícola, grande parte dos minerais absorvidos pelas plantas cultivadas não retorna mais para o solo. Isso acontece porque o que se colhe é enviado para outros locais. O solo fica empobrecido em nutrientes minerais, que foram absorvidos pela plantação. É preciso, então, efetuar a reposição para novos plantios. O procedimento adotado pelos agricultores para a reposição desses nutrientes é a **adubação**.

Adubar um solo é enriquecê-lo com nutrientes minerais essenciais. Dentre os sais minerais destacam-se, entre outros, os que contêm os elementos químicos nitrogênio (N), fósforo (P), potássio (K) e magnésio (Mg). Tais elementos químicos participam da composição de importantes moléculas orgânicas ou executam importantes funções nos vegetais.

JULIJA SAPIC/PANTHERMEDIA/KEYDISC

Adubo orgânico.

Para adubar um solo, os agricultores recorrem a uma das técnicas que você conhecerá a seguir.

- **Adubação orgânica** – nesse tipo de adubação, utilizam-se estercos (restos alimentares existentes nas fezes de animais) ou restos orgânicos, principalmente de vegetais, que são incorporados ao solo. Nestes dois casos, o fundamento da adubação consiste na ação de microrganismos (bactérias e fungos) que decompõem a matéria orgânica, liberando os nutrientes minerais que serão absorvidos pela vegetação.
- **Adubação mineral** – também chamada de *adubação química* ou *inorgânica*, consiste em adicionar nutrientes ao solo (principalmente fósforo, potássio e nitrogênio) a partir de adubos químicos.

Jogo rápido

Após a colheita da soja, do feijão, do milho e de outras plantas, os agricultores costumam incorporar os restos desses vegetais ao solo. Que tipo de adubação essa incorporação de restos caracteriza?

SINGKHAM/SHUTTERSTOCK

Adubo mineral.

É SEMPRE BOM SABER MAIS!

No chão de uma floresta, como a Amazônica, acumulam-se inúmeras folhas, galhos, frutos e sementes, que caem das árvores. Esse acúmulo, que forra o chão da floresta, é conhecido como **liteira** (do latim, *lectus* = = leito) ou **serapilheira**. A decomposição desses restos gera inúmeros nutrientes minerais, que poderão ser reaproveitados pela vegetação para a produção de novas folhas, galhos, frutos e sementes. A exuberância da floresta depende da reciclagem do material orgânico depositado no solo.

Irrigação

A água é o componente mais abundante das células em geral, nas quais dissolve substâncias e facilita reações químicas. No solo, dissolve os minerais e, com eles, é absorvida pelas raízes das plantas. Essa solução constituirá a *seiva rica em nutrientes minerais*, conduzida ao longo da planta por vasos especializados.

Vimos anteriormente, no ciclo da água, que a evaporação da água do solo e a transpiração das plantas, seguidas de condensação e precipitação promovem o retorno da água, reabastecendo o solo. No meio agrícola, porém, geralmente é preciso recorrer à irrigação, ou seja, é preciso dispor de quantidades extras de água, notadamente em áreas em que a chuva não é tão frequente, para irrigar a plantação. Esse procedimento pode ser realizado com irrigadores de grande alcance nas lavouras maiores, acionados por bombas que extraem a água de diversas fontes.

ELENA ELISSEEVA/PANTHERMEDIA/KEYDISC

Pivô de irrigação.
Neste equipamento, a água percorre um tubo horizontal, ligado a vários aspersores (dispositivos para rega). À medida que o equipamento se desloca por meio de rodas, a plantação vai sendo irrigada.

Drenagem

Em muitas regiões agrícolas, o acúmulo excessivo de água no solo ou a presença de fontes provoca o alagamento da área por muito tempo, o que leva a uma menor quantidade de ar do solo e a consequente morte da vegetação, pois as raízes não conseguem oxigênio para a respiração. Nesse caso, é necessário drenar o excesso de água antes do plantio, o que pode ser realizado por meio de alguns procedimentos:

- aspirar o excesso de água por meio do emprego de bombas;
- fazer valas que distribuam a água para outros locais;
- cobrir o local encharcado com terra;
- se as condições do local permitirem, criar desníveis que possibilitem que a água escorra.

Vala: escavação no solo, relativamente profunda e ampla, para coleta e distribuição do excesso de água do terreno.

Descubra você mesmo!

Sugira uma consequência para a situação em que o excesso de chuvas alague um solo agrícola por muitos dias.

Rotação de culturas

O plantio sempre do mesmo produto agrícola leva a um esgotamento do solo. Assim, plantar, no mesmo espaço de terra, produtos diferentes a cada nova safra, faz com que nutrientes minerais sejam devolvidos ao solo, diminuindo assim a possibilidade de sua exaustão. Essa técnica de alternância de culturas em um mesmo espaço de solo é chamada de **rotação de culturas**.

Não se trata, porém, de alternar qualquer tipo de cultura. O ideal é alternar com o plantio de vegetais do grupo das leguminosas, como o feijão e a soja, que enriquecem o solo com compostos nitrogenados inorgânicos. Isso é fácil de entender. É que nas raízes dessas plantas vivem bactérias que produzem amônia a partir do nitrogênio existente na atmosfera e que está presente no ar que banha o solo. Parte da amônia é absorvida pelas próprias plantas e parte vai para o solo, onde é convertida em nutrientes nitrogenados, entre eles nitratos, por outras bactérias que vivem no solo. Assim, é comum dizer-se que plantas leguminosas, como feijão e soja, enriquecem o solo com compostos inorgânicos nitrogenados graças à ação de bactérias. E, após a colheita do feijão e da soja, se o agricultor plantar milho, por exemplo, esses nutrientes estarão disponíveis para absorção pelas raízes do milho. Claro que o milho esgotará o solo ao absorver os nutrientes nitrogenados. Mas, em seguida, o agricultor volta a plantar feijão ou soja, e, novamente, o solo fica enriquecido com nutrientes nitrogenados. E, assim, a rotação de culturas é mantida, contribuindo para colheitas contínuas de feijão, milho, soja, cana-de-açúcar e outras plantas.

Nosso desafio

Para preencher os quadrinhos de 1 a 7 você deve utilizar as seguintes palavras: água, argila, argiloso, humífero, intemperismo, matéria orgânica, silte.

À medida que você preencher os quadrinhos, risque a palavra que escolheu para não usá-la novamente.

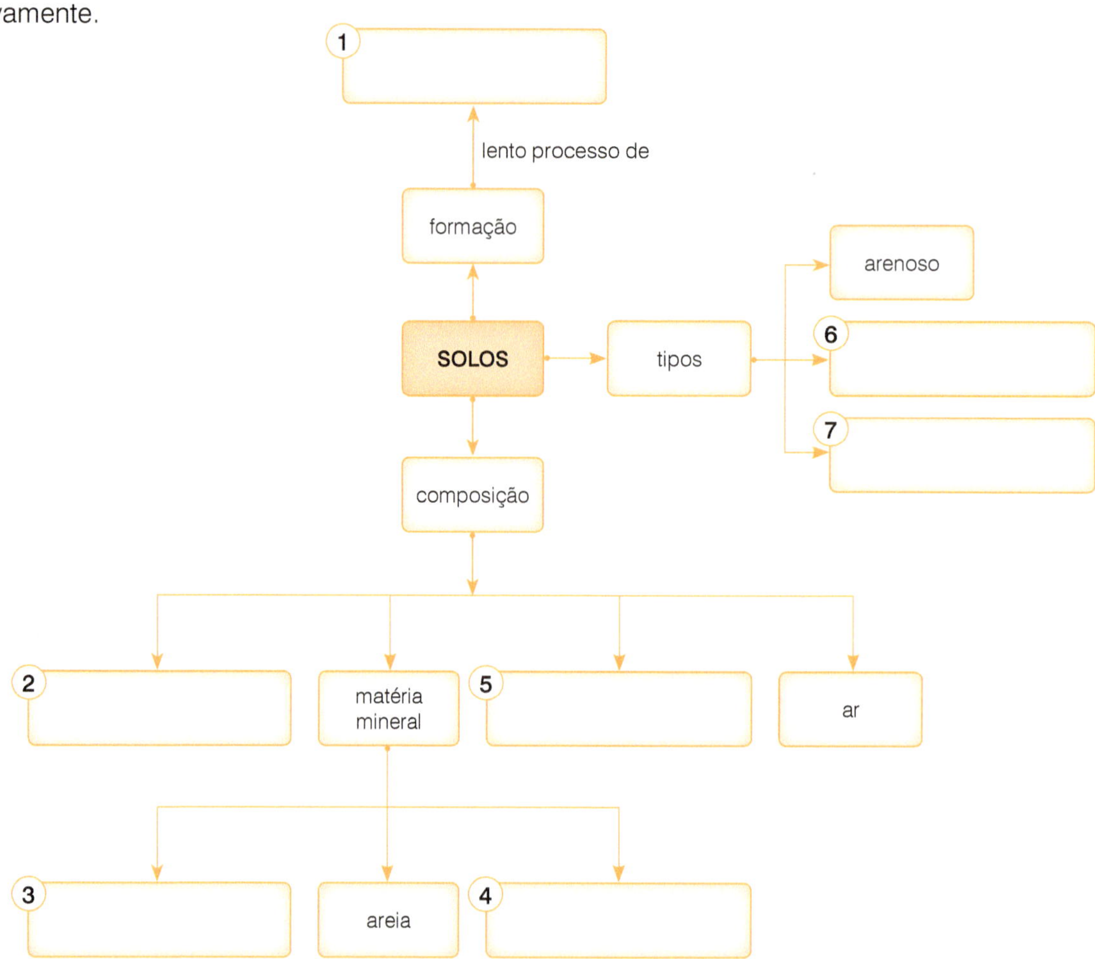

Atividades

1. [2, 3, 6, 7] Utilizando as informações que você obteve neste capítulo, responda aos itens seguintes.
   a) Qual é a origem dos solos existentes na superfície terrestre?
   b) Descreva, em poucas palavras, o que você entende por intemperismo.
   c) Cite os fatores que possibilitaram a formação dos solos a partir da rocha-mãe.
   d) Qual é o significado de perfil do solo?

2. [2, 3, 6, 7, 10] Observando o esquema do item *As camadas do solo*, percebe-se que as raízes da vegetação distribuem-se preferencialmente nas camadas mais superiores. Qual é a principal razão para essa distribuição?

3. [2, 3, 6, 7] Areia, silte e argila são as principais partículas minerais normalmente encontradas em solos. As quantidades relativas dessas três partículas são utilizadas para definir se o solo é adequado para o cultivo de vegetais. A partir de seus conhecimentos sobre o assunto, responda às questões a seguir.
   a) Qual é a origem dessas três partículas do solo?
   b) Imagine um solo arenoso, poroso, e outro argiloso, compacto. O que acontece com a água da chuva que cai nesses dois tipos de solo?

4. [2, 3, 4, 6, 7, 8, 12] A produção agrícola brasileira é uma das maiores do mundo, em termos da produção de alimentos para consumo doméstico, nutrição animal e produção industrial de derivados vegetais. Para o cultivo de vegetais, nosso país é dotado de uma excelente característica – o solo propício para o cultivo de plantas. Nossos solos possuem boa qualidade e se enquadram no conceito de que "solo ideal é aquele que se comporta como uma esponja, retendo água e ar, que poderão ser utilizados pelas raízes e animais que nele vivem", conforme você leu no item *Matéria mineral*, no texto deste capítulo.
   a) A porosidade do solo ao funcionar como esponja permite que, além de reter água e ar, também sejam disponíveis outros dois componentes importantes para o desenvolvimento da vegetação. Quais são eles?
   b) Que órgãos vegetais absorvem o que está presente no solo e de que maneira esse material absorvido atinge as folhas das plantas?

5. [2, 3, 4, 6, 7, 8, 12] Prática bastante comum hoje no meio agrícola e em muitas residências, a compostagem com utilização de composteiras, desde as mais simples até as mais complexas, contribuem para o aproveitamento de resíduos orgânicos e restos de alimentos gerados nas atividades diárias. Em composteiras residenciais, em um dos compartimentos é comum formar-se um acúmulo de água contendo nutrientes minerais.
   a) Em que consiste o processo de compostagem e que benefícios podem resultar de sua utilização?
   b) Que utilidade podem ter os resíduos e o líquido gerados em composteiras para uma plantação de vegetais?

6. [2, 3, 6, 7] A palavra húmus possui o significado de terra ou chão e refere-se à tradição de empregar o chamado "húmus de minhoca" na fertilização de solos destinados ao cultivo de vegetais.
   a) Como se justifica o uso do termo "húmus de minhoca" na designação desse material utilizado no meio agrícola?
   b) Que vantagem a utilização do "húmus de minhoca" oferece ao cultivo de vegetais?

7. [2, 3, 6, 7] "Solo bom é o que tem minhocas." Comente esta frase, indicando a razão que faz as pessoas do meio agrícola acreditarem que as minhocas são benéficas para os solos.

8. **[2, 3, 4, 6, 7, 10, 12]** O tipo de solo no qual ocorrerá a plantação de vegetais de interesse alimentar, econômico ou até ecológico é fundamental na determinação do que se quer plantar. Claro que certos tipos de solo são mais recomendados do que outros, dependendo do interesse envolvido no plantio. Certos tipos de solo são bastante porosos, devido às partículas que os compõem e, por isso, não retêm a água necessária ao crescimento vegetal. Outros tipos são impermeáveis e a água não penetra neles, o que também constitui um fator de escasso crescimento vegetal. Ao reler o item *Tipos de solo*, neste capítulo:

a) Indique, dentre os tipos de solo mais conhecidos, os citados no texto acima.

b) Qual dos tipos de solo citados no capítulo é o que melhor se presta ao cultivo de vegetais de interesse alimentar e econômico? Justifique sua resposta.

9. **[2, 3, 6, 7, 15]** Frequentemente, nos campos agrícolas, os agricultores realizam a aração do solo com utilização de animais de tração ou de máquinas agrícolas. Juntamente com esse procedimento, realizam a adubação do solo, com a utilização de adubos orgânicos ou industrializados. A respeito do exposto, responda:

a) De que maneira a aração contribui para o melhor desenvolvimento das culturas que os agricultores semeiam?

b) Qual é a diferença entre adubação orgânica e mineral, esta, no caso, com a utilização de adubos minerais industrializados?

10. **[1, 2, 3, 6, 7, 8, 10, 12]** O homem do passado era considerado caçador-coletor, na medida em que não tinha residência fixa, caminhava longamente e se alimentava do que encontrava pelo caminho: raízes, tubérculos, frutas e até o alimento gerado pela caça de animais. Com a prática da agricultura, que ocorreu cerca de 12.000 anos antes de Cristo, os homens passaram a cultivar a terra e a extrair dela o seu sustento. Para isso, ao longo do tempo, desenvolveram-se algumas técnicas que visavam a melhorar a qualidade do solo. Indique quais são essas técnicas.

11. **[2, 3, 6, 7]** Utilize as informações do texto a seguir e seus conhecimentos sobre o assunto para responder ao que se pede.

Os organismos são extremamente importantes na decomposição da matéria orgânica. Podemos chamar de matéria orgânica o material "morto" que sofrerá a ação de outros organismos, em uma sequência de eventos que começa com animais maiores até chegar aos microscópicos: formigas são capazes de triturar as folhas que caem das árvores; cupins se alimentam de troncos mortos; minhocas se movimentam no interior da terra cavando buracos e misturando diferentes camadas, promovendo a circulação do ar no solo. Aranhas e escorpiões aguardam o melhor momento de caçar outros animais. E, finalmente, bactérias e fungos que vivem no solo se alimentam daquilo que os animais maiores não conseguiram aproveitar, transformando tudo em húmus, ou seja, em compostos que ficarão no solo por um tempo até serem novamente aproveitados. Pequenos túneis, feitos pelas minhocas, formigas e cupins, servem para o ar circular e para a água e as raízes penetrarem no solo.

Adaptado de: <http://educar.sc.usp.br/cienciasrecursos/solo.html>.

a) Cite os animais mencionados no texto considerados detritívoros.

b) Cite os animais que se comportam como predadores.

c) Cite o benefício promovido pelas minhocas, formigas e cupins, ao construírem túneis no solo.

d) O texto faz referência ao papel de bactérias e fungos no tratamento da matéria orgânica existente no solo. Sublinhe o trecho relacionado a essa informação.

12. **[2, 3, 6, 7]** Julgue se a frase a seguir é verdadeira ou falsa e justifique a sua resposta: "Toda e qualquer planta somente consegue crescer se estiver fixada pelas raízes em algum tipo de solo".

13. **[1, 2, 3, 6, 7, 8, 12]** Após a colheita de milho, banana e outras culturas, muitos agricultores costumam cobrir o solo com os restos da vegetação, deixando-o assim coberto até o próximo plantio e protegendo-o da ação direta dos raios solares.

De certo modo, a cobertura do solo feita com esse procedimento assemelha-se bastante à liteira existente em florestas naturais. Que benefícios, em termos de conteúdo mineral, essa cobertura traz para o solo?

14. **[1, 2, 3, 6, 7]** Observe a foto abaixo. Que benefício resulta para as plantas o procedimento que você está observando?

CANDYBOX IMAGES/PANTHERMEDIA/KEYDISC

15. **[1, 2, 3, 6, 7, 8, 12]** Muitas espécies de orquídea são plantas consideradas epífitas. Essa denominação é dada a plantas que não crescem apoiadas no solo mas em galhos de altas árvores, o que é comum na Floresta Amazônica e na Floresta Atlântica brasileira. Nessa posição, obtêm a luz necessária à realização da fotossíntese e o gás carbônico é por elas obtido da atmosfera circundante.

a) Nesse caso, como essas espécies de orquídeas epífitas obtêm água essencial para a realização de fotossíntese?

b) E os nutrientes minerais que normalmente seriam absorvidos do solo, como são obtidos por essas orquídeas epífitas?

16. **[1, 2, 3, 6, 7]** Na foto a seguir, perceba que o vaso em que a orquídea está se desenvolvendo é dotado de furos. Cite uma utilidade desses furos para o bom desenvolvimento da orquídea.

PANTHERMEDIA/KEYDISC

17. **[1, 2, 3, 6, 7, 8, 12]** Adubar um solo é enriquecê-lo com nutrientes minerais essenciais, dentre eles os que contêm os elementos químicos potássio, fósforo, nitrogênio e magnésio, essenciais e utilizados em grande quantidade pelas plantas. Atualmente, é também comum cultivar certos vegetais – como alface e couve, cujas raízes ficam mergulhadas em água – com a técnica denominada de hidroponia.

BULE SKY STUDIO/SHUTTERSTOCK

a) Para adubar um solo, agricultores recorrem a, pelo menos, duas técnicas. Indique quais são essas técnicas.

b) Como são fornecidos nutrientes minerais na técnica de hidroponia, em que raízes ficam periodicamente mergulhadas em água?

18. **[1, 2, 3, 6, 7]** No chão das florestas, matas e mesmo em alguns jardins e praças dotados de árvores é comum ocorrer a queda de folhas, galhos e flores que se amontoam no solo desses ambientes.

TAIGI/SHUTTERSTOCK

Diz-se que esse acúmulo de restos vegetais é benéfico para as árvores desses locais.

a) Indique a denominação utilizada para esse amontoado de folhas que se acumula no chão de florestas e matas.

b) Que benefício esse acúmulo de restos vegetais acarreta às árvores desses locais?

19. **[1, 2, 3, 6, 7, 12]** Em muitos locais do Brasil, os agricultores recorrem à técnica de rotação de culturas no sentido de aumentar a produção de vegetais de interesse econômico, tais como soja, milho, cana-de-açúcar e feijão.

a) Em que consiste a técnica de rotação de culturas?

b) Que benefícios essa técnica traz para a produção agrícola?

20. **[1, 2, 3, 6, 7, 8, 12]** Um agricultor possui uma propriedade na zona rural em que cria galinhas e cultiva uma horta repleta de verduras para o consumo de sua família.

Periodicamente, ele mistura na terra o esterco produzido pelas galinhas com os restos da vegetação da horta. E ele afirma, orgulhoso: "Nesta terra, tudo o que eu planto vai bem". Com relação ao texto, responda às questões a seguir.

a) Qual é a importância do esterco de galinha e dos restos da vegetação da propriedade do agricultor para a fertilidade do solo?

b) Que outros fatores devem ser observados para que o solo em que o agricultor cultiva suas verduras seja considerado de boa qualidade?

c) Em termos dos tipos de nutrientes químicos normalmente utilizados pelas plantas, haveria alguma diferença significativa se o agricultor empregasse, no cultivo do seu pomar, um fertilizante agrícola industrializado contendo os nutrientes minerais essenciais em vez de utilizar o adubo orgânico? Justifique a sua resposta.

DEGRADAÇÃO E RECUPERAÇÃO DO SOLO

capítulo 15

PANIMONI/SHUTTERSTOCK

O que existe no subsolo de uma grande cidade?

Canos da rede de água e de gás, fiação elétrica, tubos de esgoto, estações de metrô situadas em várias profundidades. O ser humano invadiu e dominou o subsolo das grandes cidades, modificando suas características.

Ao utilizar o solo para o plantio dos vegetais e a criação de animais necessários à produção de alimentos, o homem também causou várias mudanças, que resultaram em desgaste e poluição, além da extinção de inúmeras espécies de seres vivos que nele viviam e dele dependiam.

Neste capítulo, veremos como se originaram as alterações provocadas principalmente pela interferência humana e o que é necessário fazer para diminuir os impactos e promover a recuperação dos solos.

Alterações da paisagem

Observando as fotos a seguir, você poderá perguntar: como os vales foram esculpidos e como os rios sofreram desvios ao longo do seu caminho? A ação dos ventos, das correntezas dos rios, das enxurradas, da água do mar e das geleiras alteram as paisagens naturais. Rochas e solos foram deslocados, transportados e depositados em diferentes localidades.

Estática: sem movimento, parada, imóvel.

A superfície da Terra sempre sofreu e continua sofrendo modificações naturais. Afinal, a Terra não é estática e encontra-se sempre em constante processo de modificação.

PANTHERMEDIA/KEYDISC

JEFF DEMENT/PANTHERMEDIA/KEYDISC

PANTHERMEDIA/KEYDISC

DANIEL WIEDEMANN/ PANTHERMEDIA/ KEYDISC

O homem modifica os ambientes

Até aproximadamente 12000 anos antes de Cristo, o ser humano era nômade, isto é, não tinha residência fixa. Ele ia atrás do alimento, caçava animais e coletava plantas para o consumo. Aos poucos, porém, o homem percebeu que podia criar os animais e cultivar as plantas que lhe serviam de alimento. Formaram-se pequenos grupos populacionais fixos, que começaram a utilizar o solo para desenvolver a agricultura e a criação de animais. Os ambientes se modificaram profundamente. Com o tempo, formaram-se as cidades e os solos, que antes eram cobertos por campos, florestas e eram cortados por rios, passaram a ser dominados pelo homem.

As cidades cresceram e o solo passou a ser utilizado também para a construção de casas, rodovias, ferrovias e para abrigar as construções subterrâneas.

Nas regiões rurais, alterações também aconteceram e o ser humano passou a utilizar técnicas mais sofisticadas para o cultivo, havendo mudanças profundas nas características dos solos.

Tudo mudou e continua mudando. Na medida do possível, é fundamental promover a recuperação dos solos já degradados e planejar de modo consciente o uso e a ocupação de áreas ainda não alteradas. A qualidade da vida no futuro depende tanto dessa como de muitas outras de nossas atitudes.

Jogo rápido

Os cientistas dizem que até 12000 anos antes de Cristo o homem era caçador-coletor. Justifique o emprego dessa expressão para se referir às atividades do homem nessa época.

Fatores de degradação do solo

Erosão

A **erosão** é um processo de desgaste do solo pela ação da água (**erosão hídrica**), ventos (**erosão eólica**), temperatura e outros fatores ambientais:

- **erosão hídrica** (do grego, *hydor* = água) é a provocada pela água das chuvas, dos rios, dos mares. Por exemplo, o impacto das gotas de água da chuva no solo desprotegido, seguido de enxurradas, carrega grandes volumes de terra para outros locais;
- **erosão eólica** (do latim, *aeolus* = em referência a Éolo, deus dos ventos) é a causada por ventos intensos, que transportam partículas de solos para grandes distâncias.

HENNING KRUSE/PANTHERMEDIA/KEYDISC

A erosão desfaz e transporta solo e rochas na direção do vento, de um local para outro, onde se acumulam.

KLEYTON KAMOGAWA/SHUTTERSTOCK

O deslizamento em encostas é uma "tragédia anunciada": sob as camadas de solo encontra-se a rocha-mãe. Com chuvas intensas, quando não há condições de o terreno absorver toda a água, o excesso de líquido acumula-se sobre a rocha-mãe, como se fosse uma lâmina de água. Quando o peso do solo encharcado ultrapassa o limite de estabilidade, a lâmina de água desliza e tudo o mais que está sobre ela desliza também. Na foto, Morro do Carioca, Rio de Janeiro.

Antes de o homem utilizar as terras para cultivo, havia um equilíbrio entre os processos naturais de erosão e a lenta formação de novos solos. Porém esse equilíbrio foi desfeito.

Ao invadir novos ambientes para produzir mais alimento ou para construir casas ou estradas em encostas de morros, o ser humano derruba ou queima as matas, expondo o solo à ação direta dos raios solares e às enxurradas. Encostas também são aradas e ficam sujeitas a deslizamentos. A utilização desordenada e sem critérios provoca desgastes e empobrecimento dos solos, que são arrastados pelas águas das chuvas e pelos ventos, originando fendas, valas e sulcos característicos da erosão.

O solo transportado pelo vento ou arrastado pelas águas das chuvas para um rio ou córrego deposita-se em seu leito, causando o seu assoreamento. Por ocasião do período de chuvas abundantes, o rio pode transbordar mais facilmente, acarretando sérios problemas para as cidades e seus habitantes.

Assoreamento: acúmulo de detritos, lixo, solo, areia em um rio, fazendo com que sua profundidade fique menor.

A enxurrada proveniente da água das chuvas, principalmente em encostas, rasga os solos, aprofunda as fendas e os sulcos, desgasta o subsolo e pode originar grandes extensões de profundas erosões, denominadas **voçorocas** (do tupi-guarani, *ybi* = terra + *soroc* = rasgar, significando terra rasgada).

Voçoroca em Aparecida, SP.

ESTABELECENDO CONEXÕES

Cotidiano

Deslizamentos

Os deslizamentos são responsáveis por inúmeras vítimas fatais e grandes prejuízos materiais. O Brasil, pelo fato de ter predominância de clima tropical, apresenta elevados índices de chuva no verão e, com isso, as encostas naturalmente são locais de risco de deslizamentos de terra.

É evidente que os deslizamentos em encostas e morros urbanos vêm ocorrendo com uma frequência alarmante nestes últimos anos, devido ao crescimento desordenado das cidades, com a ocupação de novas áreas de risco. Muitas cidades, em sua expansão, avançam para terrenos mais inclinados e instáveis. É o caso da ocupação de vertentes de morros ou de obras efetuadas em áreas extremamente suscetíveis a intempéries intensas ou solos fragilizados.

Alguns sinais indicam que pode ocorrer um deslizamento, e a população que habita zonas de risco precisa estar atenta a eles: aparecimento de fendas, depressões no terreno, rachaduras nas paredes das casas, inclinação de tronco de árvores, de postes e o surgimento de minas d'água. Ocorrendo um desses sinais, a Defesa Civil deve ser imediatamente acionada.

Entre as inúmeras ações para evitar um deslizamento, algumas delas são: não destruir a vegetação das encostas; não amontoar sujeira e lixo em lugares inclinados porque eles entopem a saída de água e desestabilizam os terrenos, provocando deslizamentos; em morros e encostas, não plantar bananeiras e outras plantas de raízes curtas, porque as raízes dessas árvores não fixam o solo e aumentam os riscos de deslizamentos.

Adaptado de: <http://www.geografia.seed.pr.gov.br/modules/conteudo/conteudo.php?conteudo=237>. *Acesso em:* 20 set. 2018.

O que acelera a erosão?

- **Chuvas intensas** – em solos recém-arados e adubados, chuvas leves, de pequena intensidade, não provocam estragos, pois a água é absorvida lentamente pela terra. Chuvas intensas, ao contrário, provocam enxurradas, que carregam o solo exposto e acentuam a erosão.
- **Profundidade do solo** – solos profundos são menos sujeitos à erosão que os rasos. Nestes, as camadas superficiais ficam próximas à rocha-mãe, sendo arrastadas com mais facilidade pelas enxurradas.
- **Textura do solo** – a erosão pelo vento é mais fácil de ocorrer em solos *arenosos*, pois as partículas de areia soltam-se mais facilmente e se espalham. Por outro lado, solos *argilosos*, compactos, são impermeáveis à água, que não se infiltra e se acumula na superfície, favorecendo a ocorrência de enxurradas.
- **Inclinação do terreno** – nas regiões montanhosas, cujos terrenos são muito inclinados e o solo fica exposto, a velocidade da água das chuvas é maior, promovendo o arrastamento acentuado das terras e intensificando a erosão.

Fique por dentro!

Os solos formam-se muito lentamente, cerca de 2 mm por ano. São necessários 30 anos para se formarem 2,5 cm do horizonte superior do solo. Todo esse trabalho da natureza pode ser perdido em menos de dez anos como resultado de práticas agrícolas inadequadas e pastagem excessiva. A agricultura acelera a erosão, porque o ato de arar a terra desmancha o solo e elimina a cobertura de vegetais que evitam a erosão.

- **Ausência de cobertura vegetal** – solos onde existem florestas são mais resistentes ao impacto da água das chuvas. A copa das árvores forma uma barreira de proteção, evitando o impacto direto da chuva sobre o solo, além de reduzir a incidência dos raios solares e dos ventos. As raízes entrelaçadas retêm o solo, evitando a erosão. Ao contrário, o plantio de culturas chamadas anuais (milho, soja, cana-de-açúcar) não cobre o solo nos primeiros meses de crescimento, tornando-o mais sujeito a ser arrastado pelo impacto da água das chuvas.

Descubra você mesmo!

Os cientistas costumam dizer que as técnicas agrícolas promovem desagregação do solo. Procure em um dicionário ou em livros de sua escola o significado da palavra desagregar.

É SEMPRE BOM SABER MAIS!

Desertificação

A terra de muitas regiões brasileiras localizadas principalmente em solos secos que não retêm água (regiões áridas, semiáridas) pode sofrer um processo de desertificação. Nesse processo, o solo perde a sua camada fértil, tornando-se impróprio para a agricultura.

A desertificação pode ter causas naturais, porém a ação do homem pode contribuir para a sua ocorrência.

Os principais fatores que desencadeiam a degradação do solo por ação humana são: a mecanização agrícola inadequada, a erosão, o uso inadequado de agrotóxicos, o desmatamento, queimadas, monoculturas (café, milho, soja, eucalipto, pinus), criação de gado à custa de uma pastagem "pobre". Como consequência, o solo se esgota e caminha para a desertificação.

Nas terras semiáridas do Nordeste brasileiro, cerca de 1,5 milhão de quilômetros quadrados está em via de desertificação. O mesmo acontece em outras regiões do Brasil, como Amazônia, Paraná, Rio Grande do Sul.

PETER J. WILSON/PANTHERMEDIA/KEYDISC

Queimadas e desmatamentos

Muitos agricultores utilizam as queimadas como um recurso rápido e econômico para limpar um terreno, eliminar pragas, facilitar colheitas (caso da colheita da cana-de-açúcar) e renovar pastos. Acreditam ainda que as cinzas, ricas em nutrientes minerais, adubam o solo, o que favoreceria, por exemplo, a recuperação mais rápida das pastagens. No entanto, como são feitas com muita frequência, aumentam a poluição da atmosfera, expõem o solo à ação direta dos raios solares, favorecem a erosão e muitos nutrientes são carregados pela chuva para locais distantes.

Queimadas e desmatamentos constantes empobrecem o solo.

Além das queimadas, o desmatamento de forma descontrolada, quer para a retirada de madeira das florestas, para o plantio de monoculturas ou mesmo para a pecuária, é um sério problema de empobrecimento do solo.

GUENTERMANAUS/SHUTTERSTOCK

Fique por dentro!

Entre 1988 e 2017, segundo dados do Prodes (Projeto de Monitoramento da Floresta Amazônica por Satélites), foram desmatados na Amazônia Legal brasileira 428.721 km², uma área equivalente à do Distrito Federal somada à área dos estados de Amapá, Rio Grande do Norte, Paraíba, Pernambuco, Alagoas e Espírito Santo!

EM CONJUNTO COM A TURMA!

Com seu grupo de trabalho, pense que sugestões poderiam ser dadas aos agricultores que adotam queimadas, no sentido de evitar os efeitos indesejáveis que esse procedimento acarreta. Depois, troquem as sugestões com os outros grupos da classe.

Contaminação do solo por substâncias químicas

Embora pouco visível, o solo pode apresentar grandes áreas de contaminação por infiltração de substâncias tóxicas provenientes de refinarias de petróleo, de fábricas de produtos químicos, da exploração de minérios a céu aberto. Além disso, pesticidas e fertilizantes sintéticos, quando aplicados em excesso, podem se concentrar no solo e impedir o desenvolvimento da vegetação.

A decomposição de matéria orgânica nos chamados lixões produz o **chorume**, um líquido escuro, espesso e mal cheiroso que, ao penetrar no solo, contamina a água dos lençóis freáticos, das represas e dos rios com microrganismos, metais pesados (mercúrio, chumbo) e muitas outras substâncias.

Conservação do solo

A procura de novas terras para o cultivo de alimentos, a recuperação de áreas agrícolas esgotadas, a criação de novas áreas para a construção de moradias, rodovias e ferrovias e a proteção de áreas florestais remanescentes são alguns dos desafios da humanidade. Medidas de ocupação adequada, recuperação e conservação do solo devem ser estimuladas no sentido de enfrentar esses desafios de forma controlada, a fim de não causar prejuízos desnecessários à terra. Algumas dessas medidas são descritas a seguir.

Proteção de áreas florestais

Degradadas: destruídas, deterioradas.

É muito importante conscientizar as populações de que é preciso evitar queimadas e desmatamentos de reservas e florestas naturais. Ao mesmo tempo, também é necessário recuperar áreas florestais degradadas, com espécies vegetais nativas, isto é, aquelas que sempre foram encontradas nessas regiões. Por exemplo, não é indicado reflorestar uma área de Mata Atlântica com árvores de eucalipto, que não são típicas desse bioma. Deve-se dar preferência a reflorestamento com espécies típicas da Mata Atlântica. Esse procedimento garante a biodiversidade (variedade de espécies de seres vivos do ecossistema) e a preservação dos ecossistemas e do solo. O plantio de eucalipto e *pinus* (o pinheiro comum) para o fornecimento de madeira, lenha e carvão, se necessário, deve ser feito, em princípio, em áreas de solos muito inclinados, pouco férteis, de acentuada erosão, evitando, assim, a exploração de matas nativas para essas finalidades.

ROGÉRIO REIS/PULSAR IMAGENS

Replantio com plantas nativas da Mata Atlântica nas encostas do Arco Metropolitano, distrito de Xerém, Duque de Caxias, RJ.

Proteção de encostas

Em encostas em que a vegetação natural foi removida para o cultivo ou para a construção de casas ou estradas, se o solo não for protegido ele se desmancha facilmente, amolece e é carregado com a força da água das chuvas, destruindo tudo em seu caminho e colocando em perigo a vida das pessoas.

A proteção das encostas pode ser feita com o plantio de vegetação cujas raízes segurem o solo, ou então com obras de engenharia. Cimentar as encostas também ajuda a protegê-las do desbarrancamento.

Contenção de encosta na BR-040 Rodovia Washington Luís, km 69, Petrópolis, RJ.

LUCIANA WHITAKER/PULSAR IMAGENS

Conservação de matas ciliares

Matas ciliares são as que crescem ao longo das margens de rios e córregos. As raízes da vegetação (plantas rasteiras, arbustos e árvores) "seguram" o solo e impedem o desbarrancamento das margens. A remoção da mata ciliar deixa o solo exposto, sujeito à erosão. A água das chuvas carrega o solo para o leito do rio (ou córrego), fato que pode ser agravado se, ao mesmo tempo, arrastar para essas águas lixo ou outros resíduos produzidos pelas cidades ou regiões. A consequência mais grave desse fenômeno é o assoreamento do rio ou córrego.

As águas do rio assoreado correm mais lentamente, aumentam a erosão das margens o que gera mais assoreamento, prejudicam a navegação e o abastecimento de água e, em ocasiões de fortes chuvas, podem ocorrer inundações, com consequências desastrosas para a região afetada.

Descubra você mesmo!

Busque na internet ou em livros da biblioteca de sua escola por que se utiliza o nome "mata ciliar" para se referir à vegetação que cresce ao longo das margens de um rio.

FABIO COLOMBINI

Mata ciliar às margens do Rio Canoas, em Urubici, SC.

Terraceamento

Em terrenos de acentuada inclinação, construção de **terraços (terraceamento)**, como mostrado na foto ao lado, ajuda a evitar a erosão. Assemelhando-se a degraus de uma grande escada, controlam as enxurradas, facilitam a infiltração da água no solo e o seu escoamento para local seguro. Esse procedimento é utilizado em áreas de cultivo e também para a proteção de encostas.

ANDREA PAGGIARO/PANTHERMEDIA/KEYDISC

Cultivo em terraços.

Curvas de nível

A técnica de plantio em **curva de nível** também é empregada em terrenos de alta inclinação. Esse tipo de plantação é feito em linhas horizontais paralelas à base do terreno inclinado. A distância entre uma linha de plantação e outra é sempre a mesma.

Assim como no plantio em terraços, as curvas de nível são construídas perpendicularmente ao fluxo de água que tende a correr encosta abaixo. Por isso, ajudam a conter as enxurradas e evitam erosões.

CHARLES TAYLOR/PANTHERMEDIA/KEYDISC

Plantação em curva de nível.

Técnicas adequadas de plantio

Práticas agrícolas que preservem e evitem o esgotamento dos recursos do solo são algumas medidas que podem resultar na volta do equilíbrio entre a natureza e as necessidades humanas. Dentre estas práticas destacam-se a rotação de culturas (como vimos no capítulo anterior), a mistura de plantações no mesmo terreno, o plantio direto na palhada e a hidroponia.

- **Mistura de plantações em um mesmo terreno** – em um pomar em que, por exemplo, se intercala o cultivo de plantas frutíferas de pequeno tamanho com hortaliças, o procedimento de misturar diferentes vegetais é uma prática que garante a proteção do solo e, ao mesmo tempo, evita a erosão.
- **Plantio direto na palhada** – nesse tipo de cultivo, os restos da vegetação resultantes de uma colheita (de milho, por exemplo) são deixados no solo. A seguir as sementes do novo plantio são colocadas por baixo da camada de cobertura, juntamente com quantidades adequadas de fertilizantes. Esse procedimento evita a exposição à ação direta dos raios solares e garante a retenção de água no solo, pois reduz a evaporação. É uma prática utilizada, por exemplo, em plantações de soja.

ERNESTO REGHRAN/PULSAR IMAGENS

Plantação de soja em sistema de plantio direto, Cornélio Procópio, PR.

- **Hidroponia** – cultivar plantas em água contendo os nutrientes minerais essenciais, este é o princípio da hidroponia (do grego, *hydor* = água + *ponos* = trabalho). Em pequenos espaços, utilizam-se tubos perfurados nos quais são introduzidas as raízes das plantas e pelos quais corre a água contendo os nutrientes minerais. O controle maior da área de cultivo aumenta a produtividade vegetal. Além disso, diminui a possibilidade de contaminação por agentes causadores de doenças humanas (por exemplo, ovos de vermes, protozoários), que podem estar presentes no solo ou na água usada para regar as culturas tradicionais, isto é, não hidropônicas.

Descubra você mesmo!

Na próxima vez que a sua mãe for ao mercado, vá com ela e verifique se no setor de verduras existem vegetais cultivados por hidroponia. Em geral são embalados com as raízes. Pergunte às pessoas que consomem alface, se acham diferente o sabor de uma alface cultivada em solo, em relação à cultivada em água contendo nutrientes minerais.

HIENG LING TIE/PANTHERMEDIA/KEYDISC

Hidroponia é uma alternativa viável economicamente para quem não possui grandes extensões de terreno, principalmente para o cultivo de hortaliças (alface, rúcula, agrião etc.).

DE OLHO NO PLANETA

Ética & Cidadania

Monocultura

Monocultura (do grego, *mónos* = único) é o cultivo de apenas uma espécie vegetal em uma grande extensão agrícola. É o caso, entre outras, das plantações de cana-de-açúcar, de milho, de soja, de café, de eucaliptos e de pinheiros.

A derrubada de uma área de mata tropical ou cerrado para se efetuar o plantio de uma monocultura, por exemplo, de soja, acarreta a perda da biodiversidade original. Outro efeito é o esgotamento dos nutrientes minerais do solo, pois, na maioria das vezes, os produtos da colheita são enviados para locais distantes, e, desse modo, não permitem a devolução dos nutrientes minerais que existiam naturalmente no solo do bioma.

Com a implantação de monoculturas, inúmeras espécies animais que dependiam dos recursos do bioma natural deslocam-se para outras áreas ou simplesmente deixam de existir. Por outro lado, algumas espécies de insetos, deixando de ser controladas por seus inimigos naturais (competidores, predadores ou parasitas), aumentam muito em número e transformam-se em pragas. O homem, então, lança mão de defensivos agrícolas (inseticidas) que poluem o ambiente e as culturas agrícolas.

➢ Sugira uma solução para o problema representado pelo plantio de monoculturas. Que medidas podem ser tomadas no sentido de se evitar: a) a perda de biodiversidade; b) o desenvolvimento de pragas da agricultura; c) a perda de nutrientes minerais do solo?

Monocultura de cana-de-açúcar.

RON CHAPPLE/PANTHERMEDIA/KEYDISC

DE OLHO NO PLANETA
Meio Ambiente

Defensivos agrícolas: inseticidas, fungicidas, herbicidas

Nas matas e campos naturais existe um equilíbrio entre a vegetação, os animais e os microrganismos das comunidades. Todos têm oportunidade de se alimentar. As diversas populações têm o número de indivíduos regulado por seus inimigos, competidores, parasitas e predadores. Não há crescimento exagerado no tamanho de nenhuma delas.

Com o crescimento excessivo da população humana e a necessidade de produzir mais alimentos, o homem invadiu os ambientes naturais. Mais terras tornaram-se necessárias para a agricultura. Matas foram derrubadas. Campos foram degradados. Somente plantas de interesse alimentar para o homem passaram a ser cultivadas. Essa atitude rompeu o equilíbrio dos ecossistemas. Insetos, fungos, plantas daninhas, além de diversos outros seres vivos cujas populações se mantinham em equilíbrio, tornaram-se pragas para as plantações humanas.

Para combatê-las, o homem produziu diferentes tipos de substâncias sintéticas: inseticidas, para o combate de insetos; fungicidas, para o combate de fungos causadores de doenças nos vegetais; herbicidas, para o controle de ervas daninhas competidoras das plantações humanas. Todas estas substâncias se enquadram na categoria de praguicidas, que combatem as pragas agrícolas. Por não serem reconhecidas pelos microrganismos decompositores, passaram a se acumular no ambiente e a poluir o solo e a água.

Nosso desafio

Para preencher os quadrinhos de 1 a 11 você deve utilizar as seguintes palavras: desmatamentos, erosão eólica, indústrias químicas, matas ciliares, monoculturas, pela água, pesticidas, rochas, rotação de culturas, terraços, voçorocas.

À medida que você preencher os quadrinhos, risque a palavra que escolheu para não usá-la novamente.

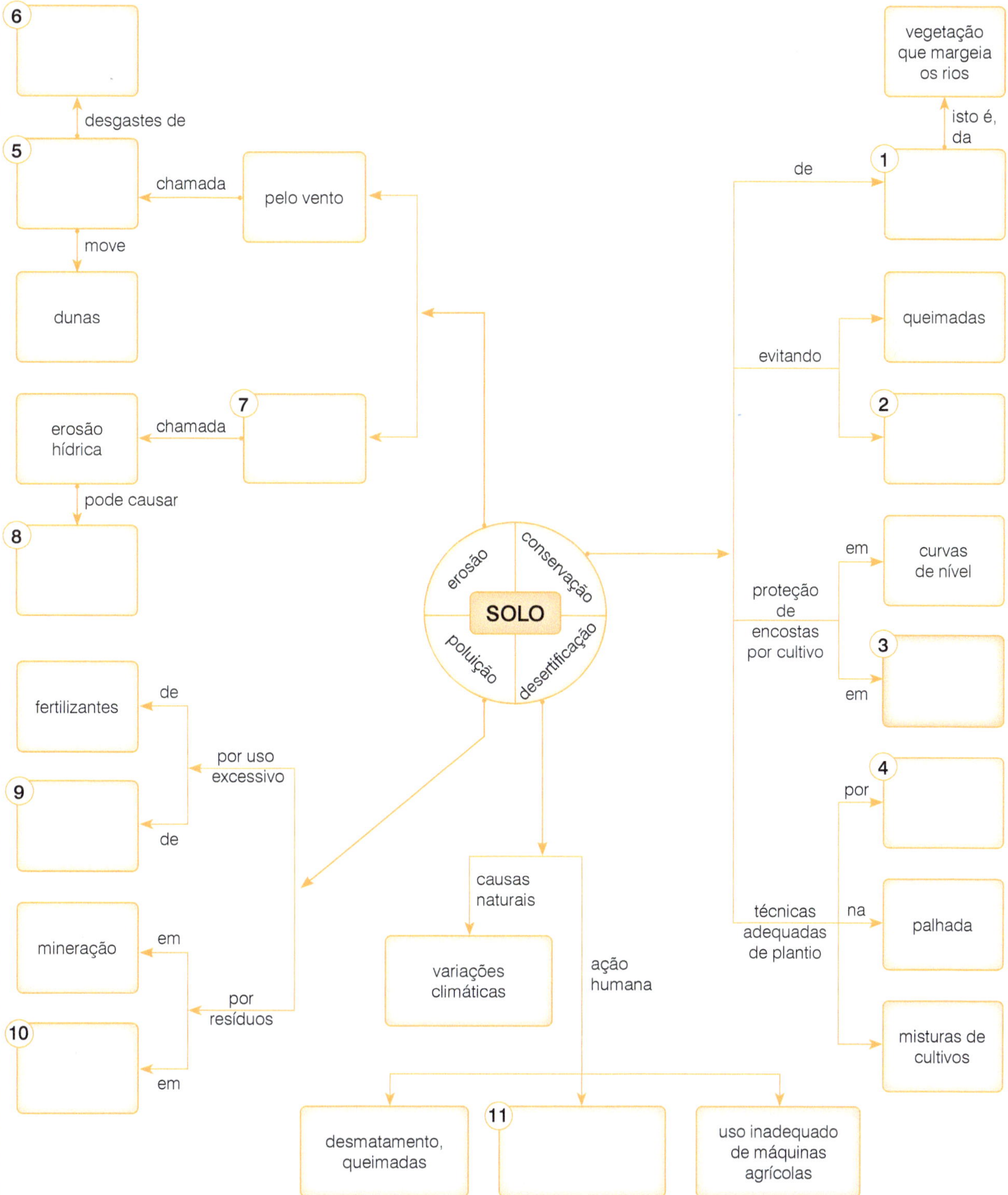

Atividades

1. **[1, 3, 6, 7, 12, 17]** Com o desenvolvimento da agricultura, ocorreram profundas modificações nas características dos solos quando os comparamos com a época em que os seres humanos eram supostamente caçadores-coletores. Cidades cresceram e o solo continuou sendo alterado com a construção de casas, rodovias e construções subterrâneas.

O texto acima é uma adaptação do que consta neste capítulo no item *O homem modifica os ambientes*. Recorrendo novamente à leitura do texto original, indique a recomendação sugerida no que respeita aos solos.

2. **[2, 3, 6, 7]** Observe as fotos e esquemas a seguir. Em A, mostra-se um cânion no fundo do qual há um rio. Em B, um vale com montanhas baixas e um rio. Em C, um rio com seus meandros (caminhos tortuosos), correndo em vale amplo, plano. São paisagens naturais, que não sofreram a interferência humana. Utilizando os seus conhecimentos sobre o assunto, responda:

PETER KIRSCHNER/PANTHERMEDIA/KEYDISC

JENS WULF/PANTHERMEDIA/KEYDISC

RENE MALLY/PANTHERMEDIA/KEYDISC

a) Cite o fenômeno responsável pela escultura dos vales e pelos meandros dos rios.

b) Considerando a erosão eólica (causada pelo vento) e a erosão hídrica (causada pela água), qual delas, em sua opinião, seria a responsável pelo aspecto da paisagem em cada um dos casos ilustrados?

3. **[1, 2, 3, 6, 7, 9, 17, 18]** A utilização de áreas localizadas em encostas de morros para cultivo de plantas e construção de moradias ou estradas acarreta a derrubada ou a queimada de matas que originalmente cobriam essas regiões e, com o desmatamento, deixam os solos expostos.

a) Indique duas consequências da exposição dos solos devida à utilização das encostas e da derrubada ou queimada de matas.

b) Solos assim desgastados e expostos ficam sujeitos a importante fenômeno ao serem deslocados e depositados em outras regiões. Indique qual é esse fenômeno e a consequência do transporte desses solos para outras regiões como, por exemplo, para o leito de um rio ou córrego.

4. **[1, 3, 6, 7, 17, 18]** A erosão provoca desgaste do solo e proporciona o aumento do risco de acidentes, além de dificultar a manutenção da integridade do solo e o cultivo de vegetais. Há uma série de fatores que contribuem para a ocorrência desse fenômeno.

a) Indique os principais fatores que propiciam e aceleram a ocorrência de erosão.

b) Por que a cobertura vegetal, sobretudo em regiões de floresta mantidas intactas, dificulta a ocorrência de erosão?

c) Qual é o significado de desertificação e por que é comum admitir-se que a retirada da cobertura vegetal de uma floresta ou cerrado pode conduzir a esse fenômeno?

5. **[1, 2, 3, 6, 7, 8, 17, 18]** Enxurradas decorrentes da água das chuvas, principalmente em regiões de encostas desmatadas e ocupadas, rasgam o solo, aprofundam fendas e sulcos, desgastam o subsolo e podem originar áreas com profundas erosões.

a) Como são denominadas essas profundas erosões?

b) Que medidas devem ser tomadas no sentido de evitar o deslizamento de encostas?

6. **[1, 2, 3, 6, 7, 17, 18]** As fotos a seguir mostram dois fatores (A e B) que podem conduzir à degradação dos solos.

EVGENY DUBINCHUK/PANTHERMEDIA/KEYDISC

SERGEY YAKOVLEV/PANTHERMEDIA/KEYDISC

a) Escreva nas linhas abaixo os nomes desses fatores.

A: ______________________________

B: ______________________________

b) Cite as prováveis consequências da ação desses fatores.

7. **[1, 2, 3, 6, 7, 9, 11, 12, 17, 18]** Substâncias químicas provenientes de diversas atividades industriais ou agrícolas frequentemente atingem o solo. O aumento da concentração dessas substâncias pode contaminar o solo e dificultar o cultivo de vegetais, além de interferir com a diversidade de seres vivos, sobretudo os que atuam no controle de conhecidas pragas agrícolas.

a) Indique as principais fontes de contaminantes químicos do solo.

b) Nos lixões, a decomposição de matéria orgânica gera um líquido escuro, espesso e mal cheiroso, que penetra no solo e o contamina, podendo atingir a água de represas e rios. Indique qual é essa substância e destaque o prejuízo que pode causar nos locais que atinge.

8. **[1, 2, 3, 6, 7, 17]** Com a crescente procura por produtos agrícolas, aumentou a necessidade de novas áreas para o cultivo de plantas de interesse alimentar e econômico, o que põe em risco muitas formações naturais, sobretudo florestas. Nesse sentido, é preciso incentivar medidas de ocupação adequada dos solos e adotar soluções que auxiliem sua recuperação e sua conservação. Dentre essas medidas, podem ser citadas a proteção de encostas com o plantio de vegetação, a construção de terraços (terraceamento) e o plantio em curvas de nível.

a) De que forma esses três procedimentos favorecem a manutenção da integridade dos solos?

b) Considerando os procedimentos citados no texto deste capítulo, que medida poderia ser incentivada no sentido de se evitar o desmatamento de áreas florestais com o objetivo de aumentar a área destinada à agricultura?

9. **[1, 2, 3, 6, 7]** As fotos a seguir mostram duas técnicas de proteção de encostas, em A e B. Reconheça-as, escrevendo na linha correspondente a técnica utilizada.

WONG YU LIANG/PANTHERMEDIA/KEYDISC

PIUS LEE/PANTHERMEDIA/KEYDISC

A: ____________________

B: ____________________

10. **[1, 2, 3, 6, 7, 12, 17, 18]** Observe as imagens a seguir.

GALYNA ANDRUS HKO/SHUTTERSTOCK

THPSTOCK/SHUTTERSTOCK

Em A, mostra-se uma mata natural com muitas espécies de árvores e de outros vegetais. Em B, mostra-se uma plantação de algodão. Em ambos os casos, o terreno possui um razoável declive. Os números que acompanham as imagens revelam o quanto de solo é perdido por erosão em cada um dos ambientes. Baseando-se nos esquemas e utilizando os seus conhecimentos sobre o assunto, responda:

a) Qual é a principal diferença, em termos da quantidade de espécies, entre os ambientes A e B?

b) Sugira uma razão que explique por que a erosão do solo na mata é menor que a observada no solo contendo apenas plantas de algodão.

11. **[1, 2, 3, 6, 7, 8, 12, 17, 18]** Agora que você resolveu o exercício 10, observe o esquema a seguir que mostra um ambiente de razoável declividade, preparado para o plantio. No entanto, o procedimento adotado nesse plantio protege o solo da erosão, conforme é mostrado pelas setas.

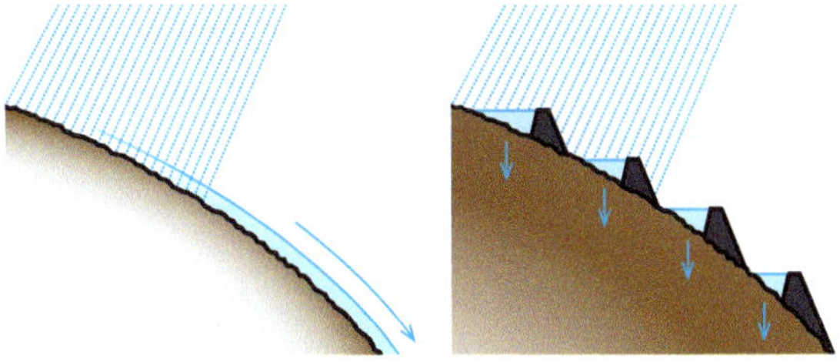
ZERN LIEW/SHUTTERSTOCK

a) Cite o procedimento adotado nesse plantio, que favorece a proteção do solo contra a erosão.

b) Cite o outro procedimento de plantio que poderia ser adotado nesse ambiente e que também protegeria o solo, evitando a ocorrência de erosão.

12. [1, 2, 3, 6, 7, 17, 18] Ao longo de rios e córregos recomenda-se o plantio de arbustos e árvores cujas raízes, ao se "espalharem" pelo solo, contribuem para a manutenção da integridade da encosta que margeia rios e córregos. Esse procedimento é valioso ainda, uma vez que contribui para a absorção das águas das chuvas, em ocasiões de grandes tempestades.

a) Como se costuma denominar a vegetação que margeia rios e córregos? Indique o porquê dessa denominação.

b) Indique uma consequência que poderia advir da remoção desordenada dessa vegetação que margeia rios e córregos.

13. [1, 2, 3, 6, 7]

a) Que consequências podemos esperar da atuação da correnteza sobre as margens de um rio?

b) Cite o procedimento que deve ser adotado no sentido de se evitar essas consequências.

14. [1, 2, 3, 6, 7, 17, 18] Duas técnicas agrícolas de plantio que contribuem para preservação do solo e evitam o esgotamento de recursos, principalmente água e nutrientes minerais, são amplamente utilizadas no meio agrícola brasileiro. Uma delas consiste em intercalar em um pomar, por exemplo, o cultivo de plantas frutíferas de pequeno tamanho com hortaliças. A outra recorre ao plantio com a utilização de restos de vegetação de uma colheita anterior, por exemplo, de milho ou cana-de-açúcar.

a) Indique de que técnicas o texto está tratando.

b) Indique uma possível vantagem decorrente de se espalhar sementes de um novo cultivo por baixo da camada de cobertura formada por restos de vegetação.

15. [1, 2, 3, 6, 7, 8, 17, 18] Rotação de culturas é outra técnica frequente no meio agrícola brasileiro. Nesse procedimento, o plantio e a colheita de vegetais do grupo das leguminosas, por exemplo, feijão e soja, são seguidos pelo plantio de vegetais que não pertencem a esse grupo, a exemplo do milho e da cana-de-açúcar.

a) Quanto à fertilidade dos solos, qual é a vantagem da adoção desse procedimento?

b) Caso esse procedimento não seja adotado, que medida deve ser empregada para manter a fertilidade do solo?

16. [1, 2, 3, 6, 7] "No sítio de um agricultor, toda vez que ele planta milho e depois colhe as espigas, derruba as plantas e forra o chão com os restos de caules e folhagens. Em seguida, no novo plantio de milho ele enterra as sementes por baixo dos restos da vegetação. Mas ele gasta muito adubo com esses novos plantios e reclama do custo do adubo. Ano desses, aprendeu com um vizinho que seria bom plantar milho um ano e, no seguinte, feijão ou soja, o que o faria economizar um bom dinheiro com fertilizantes. E não é que deu certo!

Bom mesmo é ver a horta do agricultor. No mesmo terreno ele planta várias verduras em um cercado, que é para os bichos não comerem a produção, e ali perto há vários pés de laranja, de mexerica, de mamão e de siriguela. Dá gosto andar pela horta do agricultor."

a) Reconheça, no texto acima, na ordem em que são propostos, três procedimentos de técnicas adequadas de cultivo que foram utilizados com sucesso pelo agricultor.

b) Por que é vantajoso alternar o plantio de milho com o de soja ou feijão no mesmo terreno, como fez o agricultor com muito sucesso?

17. **[1, 2, 3, 6, 7, 15]** Plantas de alface, agrião e rúcula podem ser cultivadas em água corrente contendo nutrientes, em vez de serem cultivadas no solo de uma horta. Esse procedimento é conhecido pelo nome de hidroponia ou hidrocultura. Utilizando os seus conhecimentos sobre o assunto, responda ao que se pede.

a) Considere os seguintes nutrientes: nitratos, glicose, gás carbônico, oxigênio, fosfatos, sais de magnésio e sais de potássio. Quais devem ser acrescentados à água de cultivo para absorção pelas raízes? Justifique a sua resposta.

b) Cite a principal vantagem do cultivo dessas plantas por hidroponia.

18. **[1, 2, 3, 6, 7]** Em muitas regiões do Brasil, formações florestais foram desfeitas e em seu lugar foi feito o plantio de cana-de-açúcar ou milho ou soja, entre outras culturas, resultando em perda da biodiversidade na região desmatada.

PAULO VILELA/SHUTTERSTOCK

a) Como é denominado o cultivo de uma única espécie agrícola em determinada área?

b) Em consequência do cultivo mencionado em *a*, que riscos uma possível perda de biodiversidade pode acarretar à lavoura? Que medida(s) pode(m) ser adotada(s) no sentido de evitar esses danos e garantir uma boa colheira?

19. **[1, 2, 3, 6, 7, 8, 12, 15, 17, 18]** Desde o início da civilização humana, nossa espécie passou por uma transformação radical, modificando sua conduta de caçador-coletor, em que se alimentava de frutos, sementes, caules e animais que caçava em suas andanças, para o desenvolvimento da agricultura. Decorridos tantos séculos, as práticas agrícolas se modificaram com o uso de tecnologia, a população mundial aumentou e o pouco esclarecimento sobre a necessidade de utilizar os recursos do planeta de forma sustentável trouxe dano ao patrimônio ambiental.

a) Em sua opinião, qual foi o principal prejuízo decorrente da perda de grandes áreas florestais e de cerrado para serem utilizadas em monoculturas?

b) Como argumentar que o desmatamento de áreas florestais causa prejuízos a determinadas espécies que ali vivem?

20. **[1, 2, 3, 6, 7, 8, 12, 15, 17, 18]** Uma consequência da remoção de vegetação nativa para o cultivo de plantas de interesse foi o aumento de pragas agrícolas, causadas por animais, fungos, vírus ou por vegetais daninhos concorrentes das plantas cultivadas. Considerando que os inimigos naturais dessas pragas também desapareceram, não sobrou outra alternativa senão a produção de substâncias sintéticas (inseticidas, fungicidas e herbicidas) para o controle das pragas da agricultura.

a) Indique uma possível consequência da utilização dessas substâncias sintéticas para o ambiente, incluindo o solo e a água.

b) Indique uma possível sugestão no sentido de minimizar o impacto causado por defensivos agrícolas para o ambiente e para o ser humano.

O MANUSEIO E A DESTINAÇÃO DO LIXO

capítulo 16

Lixo colocado no lixo

Cenas como esta eram comuns em algumas cidades brasileiras, e em muitas delas ainda são. Toneladas de lixo são descarregadas a céu aberto e inúmeras pessoas, entre elas crianças, no meio de ratos, moscas e urubus, revolvem o lixo com as mãos desprotegidas e retiram garrafas plásticas, latas e vários outros objetos que lhes garantirão a sobrevivência. Ao mesmo tempo, expõem-se a agentes causadores de doenças.

A lenta decomposição da matéria orgânica presente nos lixos gera substâncias tóxicas que, se não forem removidas, podem penetrar no solo, contaminando-o. Gases também produzidos pela ação de microrganismos decompositores do lixo são lançados na atmosfera, poluindo-a. Como evitar a ocorrência desses problemas? É o que veremos neste capítulo.

PUWANAI/SHUTTERSTOCK

O lixo

O lixo é um problema que incomoda, não apenas pelo aspecto visual, mas porque o seu acúmulo, principalmente aquele que contém restos de alimentos, atrai ratos, moscas, baratas e outros animais indesejáveis que são transmissores de doenças. Objetos cortantes contaminados, descartados no lixo incorretamente, podem causar graves infecções. Vasilhames e pneus podem acumular água da chuva favorecendo a proliferação dos mosquitos transmissores da dengue. O lixo em decomposição libera gases tóxicos para a atmosfera e outras substâncias que se infiltram e contaminam o solo e as águas subterrâneas. O lixo atirado nas vias públicas é responsável pelo entupimento de galerias pluviais com consequentes casos de alagamentos urbanos.

Galerias pluviais: conjunto de bocas coletoras e condutos (canais) destinados à coleta e transporte das águas das chuvas.

Em séculos anteriores ao atual, em que a população humana era bem menor, as pessoas costumavam jogar lixo nas ruas. As doenças eram constantes e, com elas, uma grande quantidade de mortes. Com o tempo, ao se perceber que o lixo estava associado a doenças, passou-se a efetuar a coleta e a deposição em local seguro, distante dos grandes centros urbanos. Claro que esse procedimento melhorou a situação de saúde nas grandes cidades. Mas, com o aumento da população humana, também aumentou a produção de lixo. Outros locais eram necessários para receber os resíduos gerados pela atividade humana. Surgiram outros problemas. Um deles foi o que fazer com a enorme quantidade de materiais não biodegraváveis, como muitos tipos de plásticos, que não são decompostos por microrganismos e se acumulam no ambiente; o outro foi a contaminação do solo por substâncias produzidas pela decomposição dos restos orgânicos e outros tipos de materiais, ou por diversos agentes causadores de doenças.

Biodegradável: material que pode ser completamente decomposto pela ação de microrganismos (bactérias e fungos).

Fique por dentro!

Poluir o solo é introduzir diferentes tipos de substâncias e materiais capazes de prejudicar a saúde humana ou a qualidade do ambiente.

Muitos materiais resultantes das atividades humanas são lançados no solo e, pelas suas características ou quantidades, não são atacados por microrganismos decompositores, acumulando-se e gerando poluição.

Jogo rápido

Faça um levantamento dos diversos materiais existentes em sua sala de aula (alimentos, embalagens, utensílios, móveis, materiais de decoração, vestuário etc.) e organize uma tabela relacionando o que você considera biodegradável ou não.

Biodegradável ou não?

Se você deixar um pedaço de carne em um frasco aberto, ela apodrecerá e, após certo tempo, desaparecerá. O apodrecimento da carne se deve à ação de microrganismos decompositores (bactérias, fungos), que produzem substâncias especiais para efetuar o “desmanche” da matéria orgânica. A carne, assim como inúmeros restos alimentares que produzimos diariamente em nossas casas, é um material biodegradável (*bio* = vida), isto é, que se degrada, se decompõe pela ação de seres vivos. Agora, se você abandonar uma garrafa de plástico em qualquer lugar, provavelmente ao longo de toda a sua vida ela permanecerá inalterada. Os microrganismos não produzem substâncias capazes de decompor o plástico da garrafa. É material não biodegradável, que se acumula no ambiente. O que fazer, então, com os materiais não biodegradáveis? Logo adiante veremos sugestões que podem solucionar o problema do acúmulo desse tipo de material no ambiente.

A destinação do lixo

Em virtude do tamanho das cidades, nem sempre o lixo de nossas casas é recolhido diariamente pelas empresas contratadas pelos governos para esse fim. Com isso, um primeiro e importante passo para evitarmos doenças e proliferação de animais indesejáveis é manter o lixo de nossa casa acondicionado em sacos plásticos devidamente fechados. Para evitar que esses sacos sejam rompidos enquanto não são coletados, o ideal é mantê-los em uma lixeira com tampa (que deve ser limpa regularmente), apropriada para esse fim.

Mas o que acontece com o lixo que é recolhido em nossa casa, nas empresas, indústrias, nos comércios e hospitais, por exemplo?

Lixão

Apesar de que há todo um empenho no sentido de terminar com os lixões, esses terrenos em que o lixo é simplesmente jogado a céu aberto ainda são muito comuns em nosso país.

A céu aberto: exposto ao ar livre; descoberto.

Sem nenhum tipo de tratamento ou controle dos resíduos que lá são jogados, os lixões são um problema de saúde pública em virtude da quantidade de animais transmissores de doenças, como ratos, por exemplo, que neles encontram alimento, e pela possibilidade de contaminação do solo e do lençol freático com produtos da própria decomposição do lixo.

A.PAES/SHUTTERSTOCK

Os lixões são depósitos de lixo em que não há qualquer tipo de preparo do solo ou de tratamento dos resíduos.

Aterro sanitário

Aterro sanitário é um dos locais para onde é enviado o lixo produzido nas cidades. Ao se construir um aterro sanitário, primeiro é preciso revestir o solo com um material impermeabilizante (plástico, concreto, argila). A impermeabilização evita que substâncias tóxicas existentes nos líquidos resultantes da decomposição do lixo penetrem no solo. Do contrário, sem impermeabilização, tais substâncias contaminariam o solo, podendo atingir a água contida no *lençol freático* subterrâneo. Após esse cuidado inicial, o lixo é então depositado até atingir uma camada de cerca de 2 metros de altura. Depois, com um trator dotado de um rolo compressor contendo dentes de aço, compacta-se o lixo e cobre-se com entulho ou areia. A seguir, nova camada de lixo e, depois, nova compressão e nova camada de entulho ou areia.

A área do aterro deve conter, no seu entorno, vegetação que absorva o gás carbônico resultante da decomposição da matéria orgânica do lixo. Com o tempo, após alguns anos de uso, o aterro deixa de ser utilizado devido ao esgotamento da capacidade de receber mais lixo. É coberto com terra e fechado. A área pode servir para o plantio de árvores que formarão uma mata. O aterro sanitário é considerado o método mais barato de tratamento do lixo.

Metano: gás resultante da decomposição do lixo

Nos aterros sanitários instalam-se tubos enterrados verticalmente, como chaminés no solo, cuja função é deixar sair os gases resultantes da decomposição da matéria orgânica, entre eles o gás carbônico e o metano. O gás carbônico pode ser utilizado na fotossíntese realizada por algas e vegetais. Inflamável quando em contato com o ar, o metano é um gás que não tem cheiro e contribui para acentuar o aquecimento global. Pode ser utilizado como fonte de energia, que pode ser transformada inclusive em energia elétrica.

Vista aérea do aterro sanitário de Caieiras, SP. Observe como o aterro é revestido para evitar contaminação do solo. Os caminhões e tratores compactam o lixo e jogam areia sobre ele.

DELFIM MARTINS/PULSAR IMAGENS

DE OLHO NO PLANETA

Sustentabilidade

Aterros sanitários e mecanismo de desenvolvimento limpo

Preocupados com o meio ambiente e o aquecimento global, há muitos anos representantes de diversos países têm se reunido a fim de encontrar alternativas para o desenvolvimento sustentável, ou seja, para que possamos continuar a usufruir dos bens do nosso planeta, porém sem causar prejuízos para ele e para a sobrevivência das espécies que nele vivem. Vários documentos foram preparados a partir dessas reuniões a fim de auxiliar os países a atingir os objetivos a que todos se propuseram e um desses documentos ficou conhecido como **MDL**, sigla de **M**ecanismo de **D**esenvolvimento **L**impo. Uma das principais propostas do MDL é implantar nos países em desenvolvimento mecanismos que contribuam para o desenvolvimento sustentável e também para diminuir a emissão de gases de efeito estufa, principalmente a emissão de gás carbônico.

Na cidade de Perus, Estado de São Paulo, temos um dos exemplos mais bem-sucedidos de projetos de MDL em nosso país: trata-se da captação do gás metano produzido no Aterro Sanitário Bandeirantes, localizado em Perus, no Estado de São Paulo.

O gás metano (biogás) que é gerado no aterro Bandeirantes é tratado em uma usina termelétrica, onde é transformado em energia elétrica suficiente para abastecer uma cidade de 400.000 habitantes.

Chorume: uso como fertilizante

Chorume é o líquido de coloração variada e de mau cheiro resultante da decomposição do lixo orgânico. Ele é rico em substâncias químicas minerais, algumas delas tóxicas e que, ao atingirem as profundezas do solo, podem comprometer a qualidade das águas subterrâneas ao contaminá-las. Por esse motivo, é fundamental impermeabilizar o solo do aterro sanitário, coletar o chorume e encaminhá-lo para local apropriado. Depois de seco e convenientemente tratado, removendo-se as substâncias tóxicas, os nutrientes minerais do chorume podem até ser aproveitados como fertilizantes na agricultura.

IMFOTO/SHUTTERSTOCK

Coleta de chorume.

Jogo rápido

No processamento da cana feito nas usinas de açúcar e destilarias de álcool, resulta um resíduo líquido, o vinhoto (também chamado de vinhaça, restilo ou calda de destilaria), rico em substâncias orgânicas e minerais (entre eles fósforo, nitrogênio e potássio). Por muito tempo, o vinhoto era lançado diretamente no solo ou em um rio, poluindo-os. Percebeu-se, porém, que se for convenientemente tratado, o vinhoto pode ser utilizado como fertilizante agrícola. Em vista destas informações, justifique por que dizemos que, após ser convenientemente tratado, removendo-se substâncias indesejáveis, o vinhoto, do mesmo modo que ocorre com o chorume produzido nos aterros sanitários, pode ser utilizado como eficiente fertilizante agrícola.

Compostagem

Compostagem é o processo natural em que microrganismos (bactérias e fungos) atuam em restos orgânicos e efetuam a sua decomposição, originando o **composto**, rico em nutrientes minerais e orgânicos finamente fragmentados.

Restos de vegetação (folhas, galhos, cascas de árvores), estercos e o lixo doméstico contendo restos de alimentos de origem vegetal podem ser submetidos a esse processo nas chamadas *usinas de compostagem* existentes nas grandes cidades. Claro que materiais impróprios, não biodegradáveis, como plásticos, vidros e latas, devem ser retirados antes do procedimento. Os materiais adequados são, então, moídos em máquinas apropriadas e, ao fim do processo de decomposição pelos microrganismos, o produto (o composto) pode ser utilizado como adubo.

Composto secando em usina de compostagem.

ERIC KROUSE/PANTHERMEDIA/KEYDISC

Incineração

A **incineração** é a queima de diversos tipos de lixo, principalmente o hospitalar. Ela é realizada em fornos especiais ou usinas de incineração.

O lixo contém substâncias poluentes e microrganismos causadores de doenças. Ao incinerá-lo evita-se a poluição do solo e das águas, preservando o ambiente. No processo de incineração, gases tóxicos são liberados pelas chaminés. A solução para este problema é a instalação de filtros que retêm esses gases.

A incineração reduz o volume de lixo, pois as cinzas ocupam um espaço bem menor do que os resíduos não incinerados. As cinzas são encaminhadas aos aterros sanitários.

Fique por dentro!

O lixo hospitalar é constituído por seringas, agulhas, luvas descartáveis, frascos plásticos, gaze, algodão, fraldas, medicamentos com prazo de validade vencido, filmes de raio X etc. Ele deve obrigatoriamente ser incinerado, pois está contaminado por microrganismos causadores de doenças.

EM CONJUNTO COM A TURMA!

Organize um grupo de discussão com os seus colegas a respeito do seguinte tema: "Na natureza, todos os restos orgânicos dos seres vivos acabam sendo decompostos pelos microrganismos, e os nutrientes minerais que deles faziam parte retornam para o meio, participando de um ciclo de materiais que é essencial para a manutenção da vida na biosfera terrestre. Há, portanto, um caminho de mão dupla: nutrientes minerais são utilizados pelos seres vivos para a construção de seus corpos e, por meio da decomposição dos restos orgânicos, os nutrientes minerais retornam para o solo. No entanto, ao depositar o lixo doméstico contendo restos orgânicos recicláveis em aterros sanitários, o homem, de certo modo, quebra o ciclo natural de materiais, prejudicando a reutilização natural dos nutrientes minerais por outros seres vivos. Ou seja, há um caminho de mão única, do campo, onde são produzidos os alimentos, para as cidades, que não devolvem os nutrientes minerais para os solos agrícolas".

Que soluções o grupo propõe para resolver o impacto causado por essa quebra do ciclo natural dos nutrientes minerais?

Reciclagem

Boa parte do lixo que geramos contém produtos que, depois de tratados, podem ser utilizados novamente, ou seja, podem ser reciclados. Assim, reciclagem nada mais é do que o reaproveitamento de materiais que já foram usados uma vez para, a partir deles, preparar novos produtos. Mas por que reciclar?

THORSTEN RUST/PANTHERMEDIA/KEYDISC

Símbolo internacional de reciclagem.

É preciso que o cidadão seja responsável pela conservação dos recursos do planeta, e isto está diretamente ligado aos resíduos que gera. Assim, ao reciclar resíduos, como papel, vidro, plástico, alumínio, óleo, por exemplo, isso faz com que esses produtos voltem novamente para a cadeia produtiva, diminuindo o consumo de recursos naturais e minimizando o impacto ambiental causado pelo lixo em demasia.

Na reciclagem, por exemplo, latinhas de alumínio são fundidas e o alumínio obtido é utilizado para a produção de novas latinhas ou outros materiais contendo esse material em sua composição; o papel usado pode ser reciclado e entrar como um dos compostos para a produção de uma nova qualidade de papel; o vidro triturado torna-se novamente matéria-prima para as indústrias; o óleo de cozinha usado para frituras pode ser reciclado e entrar na produção de sabões.

Cadeia produtiva: um conjunto de etapas sucessivas, que transformam uma ou mais matérias-primas em um produto acabado.

Descubra você mesmo!

Reciclar é o mesmo que reutilizar?

ESTABELECENDO CONEXÕES

Cotidiano

Coleta seletiva e reciclagem: incentive essas ideias

Facilitar o tratamento do lixo por meio da coleta seletiva é uma atividade que cada vez ganha mais adeptos no Brasil. O lixo biodegradável é recolhido por caminhões que passam pelas ruas das cidades e o encaminham aos aterros sanitários. O lixo não biodegradável é colocado à parte e recolhido por caminhões específicos, que passam semanalmente pelas residências ou, então, é depositado pelas próprias pessoas em postos de coleta distribuídos em vários pontos das cidades. Recipientes ou tambores de cores diferentes indicam o tipo de material que cada um deverá receber. É recomendável limpar e lavar garrafas e latinhas antes de colocá-las no lixo, evitando, assim, a proliferação de animais ou microrganismos nocivos.

PHALAKON JAISANGAT/PANTHERMEDIA/KEYDISC

As lixeiras para coleta seletiva de lixo são identificadas por cores. No Brasil, as de cor azul recebem papel e papelão; as de cor verde, vidro; as de cor amarela, metal; e as de cor vermelha, plástico.

Nas estações de tratamento de lixo, os diversos materiais são separados e encaminhados para as usinas de reciclagem.

O descarte de pilhas e baterias usadas deve ser feito sempre por meio de locais de coleta específicos para esse fim e nunca devem ser colocados no lixo doméstico, pois se esses produtos forem amassados podem vazar substâncias tóxicas que estão presentes em seu interior. Como essas substâncias não são biodegradáveis, elas podem contaminar o solo.

Separar o lixo para reciclagem pode – e deve! – ser feito por todos. Afinal, por mais óbvio que possa parecer, é dos recursos deste planeta que produzimos tudo o que está à nossa volta – e esses recursos, se não cuidados, se não poupados, poderão se esgotar.

RUSS WITHERINGTON/PANTHERMEDIA/KEYDISC

Reciclar não diz respeito apenas a produtos de tamanho reduzido – reciclar independe de tamanho. O ferro de veículos fora de uso, por exemplo, pode ser reciclado e entrar como matéria-prima para a fabricação de peças em aço inoxidável.

WK1003MIKE/SHUTTERSTOCK

Pilhas e quaisquer tipos de bateria, inclusive as de celular e de automóvel, não devem ser colocadas com o lixo doméstico, mas levadas para descarte em local de coleta desses produtos.

ENTRANDO EM AÇÃO

Vamos aproveitar parte do lixo orgânico de nossa casa para preparar adubo por meio do processo de compostagem. Para isso, separe cascas e sobras de vegetais, legumes e frutas, que normalmente seriam colocadas no lixo, evitando utilizar sobras de carnes e de peixes, apenas para que o processo se desenvolva mais rapidamente. Também podem ser acrescentados restos de grama, folhas caídas de árvores e flores, independentes se murchas ou não.

Para a formação do composto, pegue um recipiente transparente para que você possa acompanhar todo o processo. Vamos à montagem:

- coloque um saco plástico grande dentro do recipiente transparente e, dentro desse saco, deposite um punhado de terra que será a base de nosso composto;
- sobre essa primeira camada de terra, disponha parte dos restos orgânicos que você separou;
- continue o processo intercalando uma camada de terra com uma camada de restos orgânicos, deixando espaço suficiente para fechar o saco plástico com uma presilha;
- faça alguns furos no saco plástico a fim de que o ar penetre na preparação.

Uma vez por semana, revire todo o conjunto (terra + restos orgânicos) com uma pá a fim de que a mistura seja arejada; nessa ocasião, acrescente um pouco de água ao solo se a mistura estiver muito seca.

A montagem não deve ter cheiro nem atrair qualquer tipo de inseto. Se isso estiver acontecendo, você deve revirar a mistura mais frequentemente.

Ao final de 90 dias, o processo de compostagem deve ter sido completado. Para saber se o produto está pronto para ser usado, coloque dois dedos do composto em um copo e complete com água e uma colher (de café) de amoníaco. Misture tudo e deixe descansar. Se a cor do líquido for preta e a maior parte do material estiver em suspensão no líquido, o composto está pronto para ser usado como adubo em suas plantas. Caso contrário, é preciso continuar com o processo de compostagem, pois só assim o adubo poderá ser empregado sem prejuízo para as plantas.

Lembre-se!

O amoníaco é um produto tóxico. **Não deve ser inalado.**

MARINA LOHRBACH/PANTHERMEDIA/KEYDISC

Nosso desafio

Para preencher os quadrinhos de 1 a 8 você deve utilizar as seguintes palavras: aterros sanitários, coleta seletiva, hospitalares, incineração, materiais biodegradáveis, não recicláveis, reciclagem ou descarte, resíduos.

À medida que você preencher os quadrinhos, risque a palavra que escolheu para não usá-la novamente

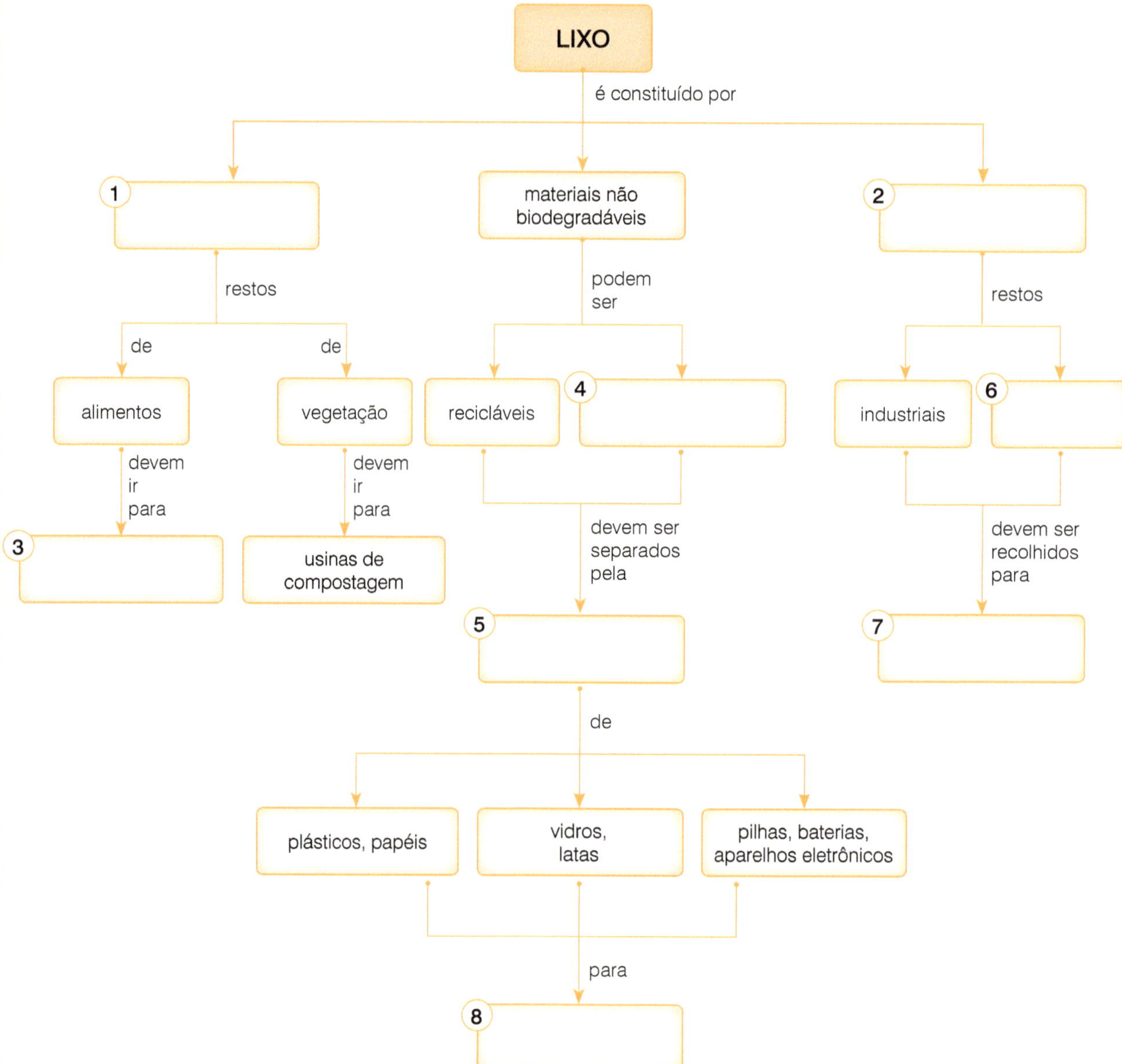

Atividades

1. [1, 2, 3, 6, 7, 8, 9, 11, 12, 17, 18] Com o crescimento da população humana e a migração das pessoas das zonas rurais para os centros urbanos, o problema resultante do acúmulo de lixo tornou-se um grave problema para a saúde pública. Restos de alimentos, objetos cortantes, sacos plásticos umedecidos com água da chuva, pneus abandonados que acumulam água, latas e garrafas vazias e destampadas, acumulando água, todos esses resíduos incomodam as pessoas e preocupam as autoridades de saúde nos municípios brasileiros.

a) Que consequência pode acarretar o acúmulo de lixo com restos de alimentos nas ruas, praças e jardins das regiões urbanas das cidades?

b) Que risco representa o acúmulo de água em pneus abandonados, latas e garrafas de plástico abertas e sacos plásticos molhados e repletos de água de chuva?

2. [1, 2, 3, 6, 7, 8, 9, 11, 12, 17, 18] Atualmente, a população humana atinge o expressivo número de 7 bilhões de pessoas e a tendência é de aumento do número de habitantes nas grandes cidades. Obviamente, a produção de lixo também aumentou e, com ela, a preocupação com o destino a ser dado aos resíduos gerados pelos habitantes dos meios urbanos.

a) Indique a solução encontrada para o problema do aumento da produção de resíduos gerados nos centros urbanos das grandes cidades.

b) Mesmo que a solução sugerida no item anterior tenha resolvido razoavelmente o problema gerado pelo acúmulo de lixo, tornou-se necessário o encontro de locais apropriados para receber os resíduos gerados pela atividade humana. No entanto, apesar dos esforços, a solução não foi perfeita. Indique pelo menos um problema relacionado aos grandes depósitos de lixo de uma cidade.

3. [1, 2, 3, 6, 7, 8, 9, 11, 12, 17, 18] Considere a seguinte relação de materiais:

pedaço de pão
latinha de refrigerante
recipiente de plástico comum
folha de alface
pedaço de madeira
folha de papel

teclado de computador
bateria de telefone celular
barra de ferro
barra de chocolate
pedaço de lasanha
copo de vidro

pedaço de queijo
fio elétrico
tampa de refrigerante PET
semente de feijão
monitor de computador
abacate

Utilizando os seus conhecimentos sobre o assunto, responda aos itens abaixo.

a) Que denominação é dada aos compostos orgânicos que podem ser degradados por organismos vivos e aos que não podem ser decompostos por seres vivos, respectivamente?

b) Faça uma tabela contendo duas colunas, acrescentando em uma delas os materiais que podem ser decompostos por seres vivos e, na outra, os que não são decompostos por esses seres.

4. [1, 2, 3, 6, 7, 8, 9, 11, 12, 17, 18] Lixões e aterros sanitários constituem medidas que contribuem para a destinação do lixo gerado pelos moradores de cidades. O encaminhamento do lixo para esses locais foi uma necessidade decorrente da vida moderna, uma vez que é totalmente desaconselhável o armazenamento de lixo por longo tempo em residências.

a) Indique a principal diferença entre lixão e aterro sanitário, em termos da constituição desses locais como armazenadores de lixo.

b) Qual desses dois locais oferece menos risco à saúde coletiva e ao ambiente de modo geral? Justifique sua resposta.

5. **[1, 2, 3, 6, 7, 8, 9, 11, 12, 17, 18]** Leia o texto a seguir: "Todo lixo gerado pela população deveria ser coletado, armazenado e processado de forma adequada. Ao jogar lixo nas ruas, lixões, córregos e rios, os resíduos dele decorrentes penetram no solo e são carregados pela água das chuvas, contaminando o lençol freático. Além disso, o lixo jogado em local inadequado também pode agravar o problema das enchentes, gerar doenças, atrair insetos e outros animais que comprometem a saúde humana".

Fonte: FUNDESPA (Fundação de Estudos e Pesquisas Aquáticas) – Programa de Ações de Cidadania – Transpetro – Terminal Aquaviário de São Sebastião, 2008, p. 108.

a) Tendo como base as informações contidas no texto, reconheça e reescreva no seu caderno os trechos que se referem às consequências de se jogar o lixo em locais inadequados.

b) O texto deixa claro que o lixo gerado pela população não deve ser jogado em local inadequado. Cite o local mais adequado para receber lixo biodegradável produzido pela população.

6. **[1, 2, 3, 6, 7, 8, 9, 11, 12, 17, 18]** Qualquer alimento deixado fora da geladeira apodrece após alguns dias. Uma garrafa de plástico contendo água mineral, ao contrário, após o consumo permanece no ambiente por vários anos. Esse é um dos motivos que justificam atualmente o uso de garrafas de plástico descartadas para produzir objetos que sirvam para a decoração, paredes e mesas. O mesmo nunca poderia ser feito com os restos de alimentos que normalmente são consumidos pelas pessoas, como carnes, pães, massas etc.

a) No que diz respeito ao tema deste capítulo, indique a principal diferença existente entre os alimentos citados e as garrafas de plástico.

b) Por que restos de alimentos expostos no ambiente não se comportam como as garrafas de plástico, ou seja, por que não permanecem no ambiente por vários anos?

c) Indique uma possível utilidade das garrafas de plástico.

A ilustração ao lado é um esquema de aterro sanitário. Baseando-se no esquema e utilizando os seus conhecimentos sobre o assunto, responda às questões **7** a **9**.

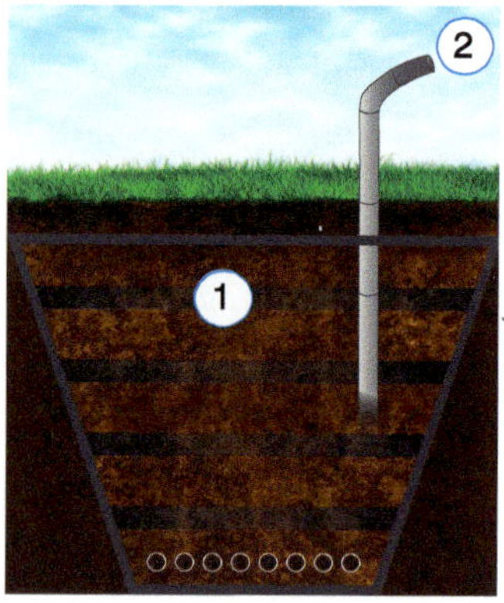

ANA OLÍVIA JUSTO/acervo da editora

7. **[1, 2, 3, 6, 7, 8, 9, 11, 12, 17, 18]**

a) Cite os papéis desempenhados pela camada 1 e pelo tubo 2, desenhados no esquema.

b) O lixo domiciliar, ou seja, aquele produzido pela população em suas residências é constituído de diversos tipos de materiais: restos de alimentos e guardanapos de papel, sacos plásticos, recipientes PET, latinhas de alumínio e caixas de papelão. Dos materiais citados, recomenda-se que sejam depositados em um aterro sanitário os restos de alimentos e os guardanapos. Explique, em poucas palavras, a razão desse procedimento.

8. **[1, 2, 3, 6, 7, 8, 9, 11, 12, 17, 18]** Sacos plásticos, recipientes PET, latinhas de alumínio e caixas de papelão, bem como pilhas, baterias, teclados e monitores de computador, recipientes de isopor e inúmeros outros materiais industrializados não devem ser encaminhados a aterros sanitários. Em vista disso, responda:

a) Qual deve ser o destino dos seguintes materiais: sacos plásticos, recipientes PET, latinhas de alumínio e caixas de papelão?

b) Como proceder no caso dos demais materiais citados?

9. **[1, 2, 3, 6, 7, 8, 9, 11, 12, 17, 18]** O lixo hospitalar é constituído de agulhas, seringas, algodões, luvas descartáveis, remédios com prazos de validade vencidos, filmes fotográficos de raios X, entre outros, que não devem ser depositados em aterros sanitários. Por outro lado, restos de vegetação, como galhos, folhas, raízes e outros materiais orgânicos merecem um destino diferente. Em vista dessas informações, responda:

a) Para onde deve ser encaminhado o lixo hospitalar? Justifique a sua resposta, citando a principal vantagem desse procedimento.

b) O que deve ser feito com os restos de vegetação e outros materiais orgânicos, no sentido de reaproveitar os nutrientes minerais neles existentes?

10. **[1, 2, 3, 6, 7, 8, 9, 11, 12, 17, 18]** Gás metano e gás carbônico são dois resíduos gasosos liberados por microrganismos e também resultantes da decomposição do lixo orgânico depositado em lixões e aterros sanitários. Essas duas substâncias podem ter utilidade no meio ambiente.

a) Indique por que razão se recomenda que a área do lixão e do aterro sanitário seja dotada de vegetação no seu entorno?

b) Que destino pode ser dado ao gás metano recolhido em aterros sanitários?

11. **[1, 2, 3, 6, 7, 8, 9, 11, 12, 17, 18]** A decomposição de matéria orgânica, sobretudo de resíduos alimentares, nos lixões e aterros sanitários é o resultado da ação de microrganismos. Essa ação resulta no "desmanche" de muitas substâncias orgânicas. Com a decomposição nesses depósitos de lixo, pode haver a formação de um líquido escuro.

a) Indique como é denominado o líquido escuro que se origina da decomposição de matéria orgânica em lixões e aterros sanitários.

b) Que propriedades desse líquido escuro podem comprometer o solo e o ambiente em que é originado?

c) Embora possa comprometer o solo e o ambiente, substâncias contidas no líquido escuro podem ser úteis? Justifique sua resposta.

12. **[1, 2, 3, 6, 7, 8, 9, 11, 12, 17, 18]** Usinas de açúcar e destilarias de álcool utilizam o açúcar de cana e resíduos dessa planta na obtenção de açúcar para consumo humano, bem como para a produção de álcool combustível e de uso doméstico. Do processamento dos resíduos da cana-de-açúcar resulta um líquido, que se convenientemente tratado pode ser útil.

a) Indique as denominações atribuídas ao líquido resultante do processamento dos resíduos da cana-de-açúcar.

b) Por muito tempo o líquido resultante do processamento de resíduos da cana-de-açúcar foi lançado indiscriminadamente no solo. Atualmente, porém, essa atitude mudou e convenientemente tratado esse resíduo pode ser útil. Indique a utilidade resultante do tratamento desse líquido.

13. **[1, 2, 3, 6, 7, 8, 9, 11, 12, 17, 18]** Em muitas regiões agrícolas – e atualmente em muitas residências – tem-se adotado o hábito de não descartar os restos de vegetação e de muitos alimentos, despejando-os em cavidades devidamente revestidas no solo ou em recipientes apropriados de fácil manutenção e manuseio em residências. Folhas, galhos, frutos, flores, cascas que caem de árvores, bem como esterco de animais e restos de alimentos, sobretudo de origem vegetal, são despejados nesses locais protegidos e originam um material que pode ser utilizado para o cultivo de vegetais.

a) Que denominação designa o processo em que microrganismos atuam nesses restos orgânicos e qual é o material dele resultante?

b) Indique a utilidade que o material resultante desse processo pode ter para o cultivo de plantas.

14. **[1, 2, 3, 6, 7, 8, 9, 11, 12, 17, 18]** Resíduos hospitalares, comumente designados de lixo hospitalar, que contêm seringas, luvas, restos de medicamentos e, às vezes, instrumentos cirúrgicos, costumam estar contaminados por microrganismos, muitos deles patogênicos, ou seja, capazes de causar danos à saúde das pessoas que com eles possam ter contato.

Devido a essa ocorrência, o destino dado a esses resíduos deve ser bem avaliado no sentido de evitar malefícios. Qual é o melhor destino para esses resíduos? Justifique sua resposta.

15. **[1, 2, 3, 6, 7, 8, 9, 11, 12, 17, 18]** Na natureza, tudo o que faz parte do corpo de seres vivos deve retornar ao ambiente. No corpo humano, por exemplo, há uma utilização intensiva de substâncias contendo os elementos químicos sódio, potássio, cálcio, ferro, carbono, entre outros, que são essenciais para o bom funcionamento do organismo.

a) Argumente a favor da necessidade de devolver ao meio os elementos químicos que compõem os seres vivos.

b) Indique que seres vivos possuem fundamental importância para a devolução ao meio dos elementos que compunham o organismo dos indivíduos enquanto vivos.

---

16. **[1, 2, 3, 6, 7, 8, 9, 11, 12, 17, 18]** A foto A, à esquerda, mostra uma das mais bem-sucedidas atitudes das sociedades modernas, ou seja, o correto procedimento na coleta do lixo produzido nas cidades. O esquema B ilustra o princípio dos "três erres", que simboliza a necessidade de conscientizar a população de que deve adotar medidas concretas para resolver o problema do lixo: reduzir a produção de resíduos e consumir com moderação, reutilizar os materiais e reciclar, sempre que possível. Com relação a este assunto, responda:

A

LUCA DE POLO/PANTHERMEDIA/KEYDISC

B

PANTHERMEDIA/KEYDISC

a) Qual é a principal mensagem da foto representada em A?

b) Com relação ao esquema dos "três erres", sugira um exemplo, com algum tipo de material que você conheça, de que é possível concretizar o que o símbolo sugere.

---

17. **[1, 2, 3, 6, 7, 8, 9, 11, 12, 17, 18]** Segundo algumas estimativas, consomem-se anualmente cerca de 500 bilhões a um trilhão de sacos plásticos ao redor do mundo (*National Geographic*). O plástico, embora represente um conforto em termos de embalagem, acarreta um grave problema ambiental que precisa ser resolvido.

Com relação ao texto acima e utilizando os seus conhecimentos sobre o assunto, responda:

a) Por que os plásticos atualmente utilizados em sua grande maioria representam um grave problema ambiental?

b) Sugira algumas soluções que resolvam o problema representado pela maioria dos plásticos atualmente utilizados.

O gráfico abaixo, em forma de *pizza*, relaciona as porcentagens de resíduos sólidos produzidos em uma grande cidade hipotética. Utilize-o para elaborar as respostas das questões **18** e **19**.

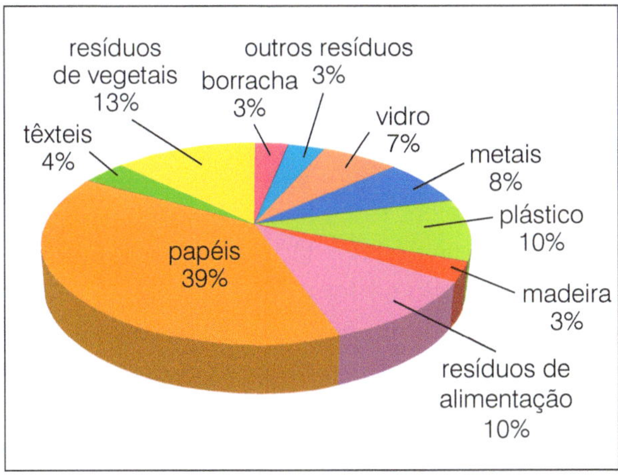

ANA OLÍVIA JUSTO/acervo da editora

18. [1, 2, 3, 6, 7, 8, 9, 11, 12, 17, 18]

a) Cite dois materiais que se destinam a centros de reciclagem ou que possam ser reutilizados.

b) Quais dos resíduos devem ser destinados a um aterro sanitário?

c) Que materiais podem servir para a elaboração de um composto orgânico usado como adubo?

19. [1, 2, 3, 6, 7, 8, 9, 11, 12, 17, 18]

a) Qual é a porcentagem final de resíduos que se destinariam a um possível processo de produção de composto que poderá ser utilizado para finalidades agrícolas?

b) Em termos porcentuais, quais dos resíduos são mais abundantes, os biodegradáveis ou os não biodegradáveis? Justifique sua resposta com os cálculos correspondentes.

20. [1, 2, 3, 6, 7, 8, 9, 11, 12, 17, 18] O esquema a seguir simboliza e resume tudo o que abordamos neste capítulo. A partir de sua observação e análise, responda:

DANIEL VILLENEUVE/PANTHERMEDIA/KEYDISC

a) Qual é a mensagem contida nessa ilustração?

b) Interprete a frase que acompanha o esquema: "Mude de atitude: não jogue tudo fora. Recicle!".

Navegando na net

As ações sobre coleta seletiva são divulgadas, geralmente, pelos sites das prefeituras. Visite o site da prefeitura de sua cidade para saber os dias em que os caminhões de coleta seletiva passam pela rua em que você mora. Além disso, o endereço eletrônico

<http://www.mpsp.mp.br/portal/page/portal/Cartilhas/coleta_seletiva.pdf>

apresenta uma cartilha com orientações sobre o processo de separação dos resíduos recicláveis (*acesso em:* 26 maio 2018).

Leitura

Você, desvendando a Ciência

E se a Terra não tivesse solo?

Já pensou se nosso planeta não tivesse solo? Inúmeras atividades seriam impossíveis de realizar. Por exemplo, não seria possível cultivar plantas. A não ser que conseguíssemos cultivá-las de outro jeito. Por exemplo, na água. Hoje, isso já é possível por meio de cultivo hidropônico, mas não com qualquer espécie de planta.

O solo foi fundamental para a nossa espécie. Com ele, aprendemos a cultivar plantas de interesse alimentar, além de árvores cuja madeira o homem utiliza para uma infinidade de finalidades. Sem pensar neste momento sobre como o solo se formou no nosso planeta, é graças a ele que a vegetação que cultivamos retira a água e os nutrientes minerais indispensáveis para o seu bom desenvolvimento.

Outros seres vivos também se beneficiam da existência de solo. É o caso de bactérias e fungos decompositores, que ajudam a transformar a matéria orgânica em nutrientes que possam ser utilizados pela vegetação. Só para lembrar, foi do solo que os cientistas descobriram inúmeras espécies de bactérias e fungos produtores de antibióticos, substâncias úteis para o tratamento de inúmeras enfermidades. Minhocas, besouros e outros animais ao movimentarem os componentes do solo contribuem para a sua aeração, o que favorece também o desenvolvimento das raízes das plantas.

Você dirá: sim, mas o solo também abriga inúmeros outros seres, entre eles vermes, vírus e bactérias causadores de doenças. Sim, você tem razão, mas cabe a nós, seres humanos, saber evitar, por meio de medidas de saneamento básico, as doenças que esses seres poderiam nos causar.

Hortaliças sendo cultivadas pelo processo de hidroponia, em que o solo é substituído por uma solução nutritiva, adequada ao desenvolvimento das plantas.

Em sua opinião, qual é o maior benfício que os seres vivos que habitam o solo nos proporcionam?

TecNews

O que há de mais moderno no mundo da Ciência!

Lixo útil e resgate da cidadania

A crescente preocupação com meio ambiente tem sido frequentemente relatada tanto na literatura científica quanto nos diversos meios de comunicação. Seja nos países desenvolvidos, subdesenvolvidos ou em desenvolvimento, a consciência política e social da integração entre meio ambiente e saúde humana é um fato. Esta interdependência da saúde com os fatores ambientais é denominada saúde ambiental.

A busca e a consciência do desenvolvimento sustentável é a abordagem universal para preservação do meio ambiente e manutenção da qualidade de vida. A coleta seletiva de lixo objetiva a diminuição da poluição do ar, do solo e dos recursos hídricos, o reaproveitamento de matéria-prima, diminuindo a exploração das riquezas naturais como a extração de minérios e madeira, do mesmo modo que aponta para a economia de energia.

Do ponto de vista da saúde pública, várias são as moléstias que se desenvolvem em função do lixo, direta ou indiretamente. Geralmente, doenças associadas à falta de saneamento básico ou à precariedade do sistema, à carência de educação sanitária e higiene; especialmente doenças de veiculação e de origem hídrica. Estas vêm ganhando especial atenção pela sua prevalência, passando a ser consideradas como um dos principais problemas de saúde da população, em função de seus elevados índices de mortalidade, morbidade e pelos elevados custos sociais que acarretam. Este fato mostra-se ainda mais relevante pelo fato de atingir, predominantemente, as camadas populacionais mais carentes, o que se torna bastante preocupante, ao levarmos em conta que o Brasil, considerado atualmente como país em desenvolvimento, possui ainda considerável parte da população sem os benefícios do saneamento básico.

Atividades de reciclagem e reaproveitamento do lixo, que são fundamentais para o desenvolvimento do país, não dizem respeito apenas à preservação do meio ambiente ou do equilíbrio ecológico, mas à valorização da própria natureza humana. Não é suficiente, em um país como o Brasil, fazer a reciclagem do lixo: precisa-se também fazer uma reciclagem da cidadania, promovendo, antes de qualquer coisa, o ser humano e o cidadão.

Fonte: MULLER, A. P. B. *et al. Lixo útil e resgate da cidadania. Disponível em*: <http://www.unaerp.br/documentos/789-lixo-util-e-resgate-da-cidadania/file>. *Acesso em:* 25 maio 2018.

Investigando

Com seu grupo de trabalho, façam uma pesquisa a respeito da coleta de lixo em sua cidade, tanto a doméstica como a hospitalar. Pesquisem também sobre o trabalho dos catadores de material reciclável, responsáveis pelos significativos índices de coleta seletiva no país, fazendo do Brasil um dos campeões mundiais em reciclagem de alumínio.

BIBLIOGRAFIA

ANDERY, M. A. *et al.* *Para Compreender a Ciência*. Rio de Janeiro: Garamond, 2007.

BRESINSKY, A. *et al.* *Tratado de Botânica de Strasburger.* 36. ed. Porto Alegre: Artmed, 2012.

BRUSCA, R. C.; BRUSCA, G. J. *Invertebrados*. 2. ed. Rio de Janeiro: Guanabara Koogan, 2007.

CANIATO, R. *As Linguagens da Física*. São Paulo: Ática, 1990. (coleção Na sala de aula).

CHALMERS, F. A. *O que É Ciência Afinal?* São Paulo: Brasiliense, 1993.

CHANG, R. *Chemistry*. 9. ed. New York: McGraw-Hill, 2007.

CLEMENTS, J. *Darwin's Notebook* – the life, times and discoveries of Charles Robert Darwin. Philadelphia: The History Press, 2009.

CUNNINGHAM, W.; CUNNINGHAM, M. A. *Environmental Science* – a global concern. 10. ed. New York: McGraw-Hill, 2008.

LEPSCH, I. F. *Formação e Conservação dos Solos*. São Paulo: Oficina de Textos, 2010.

MILLER, T. G. *Living in the Environment* – principles, connections, and solutions. 13. ed. Belmont: Cengage Learning, 2004.

NELSON, D. L.; COX, M. M. *Lehninger Principles of Biochemistry*. 5. ed. New York: W. H. Freeman, 2008.

POUGH, F. H.; JANIS, C. M.; HEISER, J. B. *Vertebrate Life*. 6. ed. New Jersey: Prentice-Hall, 2002.

PRESS, F. *et al.* *Para Entender a Terra*. 4. ed. Porto Alegre: Artmed, 2008.

RAVEN, P. H.; EVERT, R. F.; EICHHORN, S. E. *Biology of Plants*. 7. ed. New York: W. H. Freeman, 2005.

SILVERTHORN, D. U. *Fisiologia Humana* – uma abordagem integrada. 5. ed. Porto Alegre: Artmed, 2010.

STARR, C. *et al.* *Biology* – the unity and diversity of life. 13. ed. Stamford: Brooks/Cole, 2009.

TAIZ, L.; ZEIGER, E. *Plant Physiology*. 3. ed. Sunderland: Sinauer Associates, 2002.